EL AMOR ES IMPOSIBLE

DARÍO SZTAJNSZRAJBER

EL AMOR ES IMPOSIBLE

Ocho tesis filosóficas

Obra editada en colaboración con Editorial Planeta - Argentina

© 2023, Darío Sztajnszrajber

Armado y corrección de textos: Esteban Bértola

© 2023, Editorial Paidós SAICF. - Buenos Aires, Argentina

Derechos reservados

© 2023, Ediciones Culturales Paidós, S.A. de C.V.
Bajo el sello editorial PAIDÓS M.R.
Avenida Presidente Masarik núm. 111,
Piso 2, Polanco V Sección, Miguel Hidalgo
C.P. 11560, Ciudad de México
www.planetadelibros.com.mx
www.paidos.com.mx

Primera edición impresa en Argentina: abril de 2023
ISBN: 978-950-12-0407-0

Primera edición impresa en México: julio de 2023
ISBN: 978-607-569-444-3

Impreso en los talleres de Litográfica Ingramex, S.A. de C.V.
Centeno núm. 162-1, colonia Granjas Esmeralda, Ciudad de México
Impreso en México – *Printed in Mexico*

Para Sole

ÍNDICE

FORMAS DE LEER ESTE LIBRO

1) Tal como el índice lo propone.

2) Comenzando con la tesis 2, siguiendo con la 3 y luego la 1. Después invertir el orden de la 4 y 5 (leer primero la 5, continuar con la 4). De allí hasta el final tal como se presentan las últimas tesis: de la 6 a la 8.

Este recorrido respeta cierta secuencia programática. Si se prioriza más una lectura conceptual, éste es el camino. Si lo que se busca es un abordaje emocional, con seguir el índice propuesto es suficiente.

3) Este también es un libro autónomo en sus tesis. Se puede leer cada una de ellas con total independencia del resto. Aunque hay algunas continuidades, son realmente mínimas.

Algo se le debe haber destrabado con la enfermedad de mi papá. Cincuenta años juntos, pero sobre todo, cincuenta años de comulgar con un mismo proyecto existencial: desde tener el mismo posicionamiento ideológico hasta preferir mejor el bar de la otra cuadra porque con el café te dan un vasito de soda fría y no solo de agua. No era tanto el abrupto silencio de mi padre, su falta de respuesta constante debido al deterioro cognitivo, o simplemente su falta de acompañamiento en ese ir y venir de las pequeñas cosas cotidianas: el ya no estar para la queja por los ruidos de la vecina, para los problemas del ascensor, para indignarse por un chisme del programa de la mañana. De hecho, mi papá era alguien que en su mejor momento no dejaba de ser una persona más bien retraída, con algunos silencios que permitían entrever otros tiempos interiores, más calmos, lentos, como quien disfruta siempre un poco más de las cosas. No creo que mi madre extrañara ese diálogo asimétrico. La vi, con mi padre ya enfermo, hablarle como siempre lo había hecho: dando por supuesta la respuesta que iba a recibir, sabiendo de antemano cuál iba a ser su reacción. Casi como si no importara.

Mis padres estuvieron juntos más de cincuenta años en una pareja sin ninguna sorpresa, sin sobresaltos, con un preciso trabajo de disolución de cualquier riesgo. Rutinas propias de una generación que anhelaba lo seguro: el despertador a la misma hora todos los días, hacer las compras en los mismos comercios, el llamado telefónico esperado. Rutinas propias de alguien como mi padre que nació en el medio de la guerra inmerso en la incertidumbre diaria de quienes no sabían si iban a lograr sobrevivir al día. Mi papá no tenía ninguna duda de su anhelo de felicidad: la tranquilidad de que todo se repita una vez más.

Aquello que mi madre más extrañaba era el corte abrupto de su principal deseo en la vida: viajar. Moverse. Nada había más rutinario como los viajes de mis padres, pero ya el cambio de una rutina por otra significaba para ellos un acto revolucionario. En un mundo donde todo es una ilusión, un artificio se mueve con otro artificio. Mis padres amaban viajar, aunque después no salieran de la habitación del hotel o se la pasasen todo el viaje mirando la televisión. Grandes viajes y pequeños viajes: irse de tour por Europa o irse a caminar un rato por Parque Centenario.

Mis padres siempre constituyeron para mí una representación contundente del amor. Contundente. No solamente por su deseo aspiracional de encajar en absolutamente todos los mandatos del sentido común amoroso, sino por no mostrar ningún envés, ningún espacio a la duda, ningún arrebato. La historia prototípica, por no decir arquetípica, de subjetividades insertas en un esquema ordenado y previsible. Mis padres siempre han sido un modelo de construcción de la familia tradicional, pero sobre todo de la pareja ideal: un proyecto común, esto es, un matrimonio.

Nací en un hogar que prescriptivamente exigía una adecuación constante a la matriz familiar tradicional. Pero el problema nunca fue la tradición sino lo regulativo. Lo aspiracional básicamente establece una experiencia inauténtica de consumación afectiva. Inauténtica no por ambigua sino por segura. Lo artificial es suponer que afectivamente nos espera un lugar de realización. Mis padres eran sobrevivientes. Nacieron ya sobrevivientes. Su único gran deseo no podía ser otro que el de pertenecer. Y el esquema heteronormativo brinda todas las seguridades necesarias. Crecí en un hogar liderado por dos sobrevivientes que todas las noches agradecían el haber traspasado desde los márgenes hacia el interior. Todo resultaba contenedor. Todo está hecho con un objetivo de contención: cada fragmento ocupa su lugar debido y tiene todas las posibilidades de realizarse en su función.

Nunca los escuché discutir. Siempre asistí a esos pequeños besos cotidianos de inauguración y despedida del día. Nada más tranquilizante que la falta de obstáculos para el despliegue de las capacidades de cada uno: el padre yendo todos los días a trabajar, la madre criando a los hijos, las cuatro comidas diarias, el televisor rigiendo la mesa de la noche, los niños siendo buenos alumnos, el cuidado de la salud a la corrección, el consumo inspirado en las publicidades dominantes. Y como todo espacio de legalidad institucional, el permiso obvio para la filtración de las ínfimas transgresiones que todo sistema también amerita: mi papá permaneciendo fuera de hora en el café jugando al dominó, mi mamá haciendo cursos de cine.

Incluso ya de adolescentes, los hijos escuchando al padre relatar alguna aventura sexual propia de los códigos aceptados por el dispositivo matrimonial tradicional. La heteronormatividad en toda su manifestación: el único propósito real es el sostenimiento de la institución familiar donde los roles no son los mismos y los derechos tampoco. O peor; nada es lo mismo, pero todo está naturalizado como si así lo fuera. La familia es una institución; o mejor dicho, una religión. Y el problema siempre es el mismo: lo normativo que se oculta presentándose como una instancia meramente descriptiva.

Las instituciones no reflejan ningún orden natural, porque nada es en sí mismo natural, ni nada es de por sí necesariamente de un único modo: las instituciones ordenan lo real. No describen: ordenan. Se presentan como expresión de lo dado, pero no hacen otra cosa que moldearlo, regularlo, enmarcarlo, insertarlo al interior de su necesidad e interés. Las instituciones sobre todo *prescriben* el orden; esto es, privilegian el sosiego de la armonía a la inquietud precaria del deseo.

Algo se le debe haber destrabado con la enfermedad de mi papá. No lloraba ni se desesperaba, pero se escindía. Se perdía con la mirada. Se lamentaba. Iba y volvía de sí misma a sí misma. Iba y volvía, pero nunca podía terminar de salirse. Cuando se pierden los lugares de seguridad no hay retorno: o buscamos aferrarnos denodadamente a lo perdido, o asumimos la anarquía emocional con riesgo. Pero mi mamá no comulgaba con el riesgo. O eso pensaba yo. En especial porque en esos meses aumentó considerablemente los fármacos para la depresión, para la ansiedad, para la angustia. Por suerte, pudo volver a hacer terapia y es cierto que algo en su corporalidad se había modificado. Cada tanto empecé a verla como parada sobre otro eje, con otro desglose de sus ideas, otro ritmo. Ese día mientras tomábamos un café en la mesa de la cocina de su departamento, con la misma distancia y semifrialdad con la que siempre iniciaba conversaciones emocionalmente importantes, me sorprendió con las siguientes palabras: "¿sabés?, una vez me enamoré".

Sabía que no se refería a mi papá. Con motivo de algunos de mis desamores, pude empezar a ver algunas huellas que me entramaban en algún lugar familiar repetitivo. Recordé que, de chico, en la casa de mi abuela, me topaba con unas fotos de mi madre cortadas por la mitad. O sea, se la veía a mi madre, pero faltaba la persona con la que claramente ella estaba posando. Mi abuela solo me decía que lo que faltaba era un novio de mi mamá con el que se habían peleado y que por suerte había conocido a tiempo a mi papá.

Lo que faltaba… ¿Hay otra forma del amor que no sea la experiencia de una falta? A tiempo… ¿Por qué me dijo "a tiempo"? Eran muchas las fotos cortadas a mano y con algo de violencia. A mano. Menos con el objetivo de resguardar lo que quedaba de la foto y más con el gesto del enojo: siempre esas fotos recordarían la bronca del vínculo trunco. Mi mamá jovencísima y en blanco y negro. Sonriente como nunca más la vi. Nunca entendí la necesidad de tener a mano esas fotos en un cajón. Nunca entendí el deseo de no poder escurrirse aunque sea un poco del acontecimiento frustrado.

Creí que mi mamá se estaba refiriendo al novio cortado. En estos últimos años me fui enterando de toda la historia. O por lo menos de la versión de mi madre. En especial porque necesitaba poder explicarme a mí mismo y a mis fluctuaciones amorosas: vengo de un hogar idílicamente normal que sin embargo encubre un amor trunco. Lo encubre, pero lo deja a la vista para que su influjo sea determinante. La idealización del matrimonio perfecto del que supuestamente provengo deja relucir su artificiosidad: el verdadero amor de mi madre era otro. Siempre el verdadero amor es otro. De hecho, mi mamá y el cortado se iban a casar, pero a último momento el hombre decidió suspenderlo todo. Obviamente no hay en el relato versiones encontradas sino una víctima y un villano: un día el villano se arrepintió y la abandonó a mi madre a pasos del altar (tres meses antes, pero a mi mamá siempre le gustaba contarlo como que la dejaron a punto de casarse). El relato incluye también un viaje de mi abuela al pueblo natal del novio abandónico y la frustración de mi madre que casualmente en esas semanas posteriores conoce a mi papá. Una vez constatado el abandono del novio, mi madre conoce a mi padre y se enamora. ¿Tan rápido? ¿Por qué no? ¿Qué es enamorarse? Los sobrevivientes nunca dejan de ser sobrevivientes…

Pero mi madre me sorprendió y mientras sonreía por mi insistencia para que aceptara que se trataba del hombre de la foto cortada, volvió a la carga y se confesó. Fue la única vez que la escuché hablar así. "Me enamoré de un amigo de tu padre", me dijo. Mi papá estaba del otro lado de la puerta postrado en su cama casi sin conciencia rodeado de enfermeras. "No te voy a decir quién es, pero me enamoré". No modificó su rictus ni su cabeza siempre con el mentón un poco más subido de lo normal, con un aire de mínima arrogancia. Contame todo ya, le dije a los gritos. ¿Cogieron?

No era una sorpresa. Se trataba de algo más radical. Era la confirmación de la sospecha del artificio. Era la victoria definitiva sobre el dispositivo. Del hombre de la foto cortada a un amigo de mi papá. El ansiado anverso de la normalidad sofocante. Cincuenta años de amor, pero ¿cómo se relaciona el amor con las formas institucionales de su duración efectiva? La escisión se volvió ahora sobre mí. Una de mis facetas ansiaba casi con éxtasis comprobar el fracaso de las instituciones, pero otra de mis facetas vivía cierta perplejidad, cierto miedo. Siempre supuse que mi destino, mi errancia, mi tragedia, mi diáspora amorosa se relacionaba directamente con mi necesidad de romper con la matriz. Nunca dudé de lo artificioso del dispositivo, pero la clave, incluso para los que sostenemos el deseo de su resquebrajamiento, es que el dispositivo funcione bien. Mi entusiasmo por eso mismo era desbordante. No solo constataba que Dios era una quimera; sino que, de existir algo, lo único realmente existente era el Diablo. Y no como fundamento del mal sino como fundamento del pecado. No se trata de hacer el mal sino de transgredir la norma. El artificio nunca es una cuestión moral sino política: la ineficacia de una institución puede ser la punta de lanza de la caída de todas las instituciones. En especial porque el Diablo no quiere gobernar sino destruir. O más bien, deconstruir…

"Me enamoré de él. Pensaba todo el tiempo en él", comenzó a contarme. ¿Me lo estaba contando a mí o se lo estaba contando a mi padre? Mi papá ya no podía escuchar. Percibí la disputa interior de una mujer que tenía que lidiar con una impresionante cantidad de dispositivos institucionales de normalización de roles, géneros, sentidos, fidelidades, comportamientos. Todo un aparato gigante de ensamblajes atravesando el cuerpo de una mujer que en algún lugar imprevisible pudo encontrarse con su deseo. Un deseo que en su disciplinamiento solo podía darse como imposibilidad. De nuevo, ¿cogieron? Ojalá todo se redujera a la posibilidad de cruzarse sexualmente con quién quisiéramos. Pero una vez más, no se trata del mundo de lo posible sino de lo imposible.

"Yo sabía cómo encontrarlo. Lo dudé mucho, pero un día me decidí. A las ocho de la noche cerraba su negocio, así que esa vez me hice la que pasaba de casualidad por ahí y mientras bajaba la persiana del local, me vio. Nos pusimos a hablar ahí mismo. Hablamos como una hora sin movernos de ahí". Ahí, ahí, ahí. La necesidad de mi mamá de encontrarle un lugar a lo ilocalizable. Al día de hoy sigo viendo en terapia mi manía de no poder sino preguntarle todo el tiempo lo mismo: ¿pero, cogieron?

Nunca me respondió. Su cara estaba encendida fuego. ¿Pero le dijiste que estabas enamorada de él?, insistí. "Él se dio cuenta de todo", me respondió, "charlamos una hora en la puerta de su negocio, ¿entendés? Fue increíble todo. Yo ya estoy hecha." Le tomé la mano con muchísima ternura. De todo su cuerpo, sus manos eran para mí lo más reconocible. La acaricié con cierta presión, como al mismo tiempo agradeciendo su apertura y también apoyando su coraje. Creo igualmente que no le importaba mucho mi reacción. Tampoco entendí muy bien por qué me lo contó. O sí. Ningún relato más patente para comprender la imposibilidad del amor. Por un lado, el condicionamiento institucional, pero por otro lado la experiencia de lo imposible. La experiencia y la emergencia de lo imposible. Su narración, sus manos, su voz, el café tibio en la cocina, mi papá enfermo. No era una confesión sino un legado. Nunca creí que mi mamá me podía legar una verdad. Ahora es en lo único que creo…

TESIS 1

El amor es imposible porque todos los amores no son más
que una copia del único amor verdadero que es el primer
amor y que además nunca existió…

Una vez me enamoré…

Como quien relata melancólicamente alguna historia de amor y ratifica en ese acto que enamorarse parece ser algo demasiado usual, demasiado común, demasiado poco demasiado; y sin embargo es ese gesto de
melancolía el que revela, a la inversa, su carácter distintivo, su excepcionalidad: el problema es que lo esporádico disuelve y exacerba al mismo
tiempo el acontecimiento. Una vez me enamoré: ¿"una vez" entre otras
tantas o "una vez" como si no hubiera otra igual? ¿Y si son ambas a la
vez? ¿Y si todo el drama se resumiera en que "una vez" es siempre la
misma vez, pero es siempre única? Como si estuviéramos diciendo en el
subrayado de ese "una vez" que no se trata de algo repetitivo sino de un
acontecimiento único, singular, diferente, pero acaeciendo "cada vez", o
sea repitiendo la no repetición. El "cada vez" hace que el "una vez" sea al
mismo tiempo único y uno más de la serie: la serie de los actos únicos.

Hay algo que no es único en la repetición de cada nuevo enamoramiento que se percibe único. ¿Cada nuevo "único" disuelve los "únicos"
anteriores? ¿El último enamoramiento es entonces el primero? ¿O directamente no hay primero? O peor, ¿no hay más que un único amor?

Sin embargo, también se puede decir "una vez me enamoré" y que
el "una vez" sea una de las tantas veces que nos enamoramos, donde ese
"una vez" no sea algo particular sino la enumeración de veces cuantitativamente similares y cualitativamente también similares: una vez, y otra

vez, y otra vez. Y que hoy se trate de esta particular vez que no tiene nada que la convierta en superior al resto, sino solo que es la historia en la que decidimos focalizar la atención en este momento pasajero. Como quien dice: una vez trabajé vendiendo ropa, o una vez me fui a un camping. Hay una mínima especificidad, pero no hace la diferencia, ya que otra vez (que en sí misma es "una vez") trabajé vendiendo encendedores o me fui de viaje de mochilero. Una vez me enamoré como tantas otras veces. De eso se trata cierta fatalidad: no puedo no enamorarme, una, y otra, y otra vez. Todas medianamente similares sin ninguna revelación particular en una vida que evidentemente transcurre por otros lados.

Pero también es cierto que el dejo melancólico estriba en que el "una vez" adquiera connotación de única. La melancolía es el obsesivo ensañamiento con una ocasión cualquiera que es elevada al pedestal de la determinación existencial: no tiene nada de particular más que el ensañamiento. O tal vez lo humano se defina como una práctica de saña contra uno mismo. Y entonces la frase se reconfigura en "una única vez me enamoré en serio"; de tal modo que el resto de las veces se fueran transformando en ese mismo momento en una fantochada, en repetición vacua, en algo menor, en amores incompletos, o en amores reales pero que a comparación de esa única vez fueran perdiendo densidad, volumen. Y esa única vez quedase guardada en la memoria, pero de modo activo, presionando sobre el presente amoroso, como un modelo, como un paradigma, como un ejemplo, o en el peor de los casos, como una frustración eterna. Una vez me enamoré y todo lo que vino después nunca fue nada…

¿Cuántas historias de amor reconocemos? ¿Qué entidad le damos a cada una? ¿Qué rasgos deben poseer para "aplicar" a ser consideradas "historias de amor"? ¿Cuál es la línea de demarcación que establece el carácter propio de una historia para incluirse en la categoría de historia de amor? ¿Qué sería lo otro de las historias de amor? ¿Qué no aplicaría como historia de amor? ¿Cómo sería un amor sin historia? ¿O una historia de amor sin amor?

Cuando pensamos lo otro de las historias de amor: ¿lo pensamos como amores menores o como historias menores? ¿Puede haber grandes amores, pero con historias menores? Amores no consumados, amores intensos pero efímeros, amores inconfesados. ¿Y al revés? ¿Puede haber grandes historias de amores menores? ¿No es la institucionalización del amor la proclamación de grandes historias insustanciales?

¿Y si todas las historias de amor fuesen una única historia? O mejor, ¿y si todas las historias de amor fuesen un único amor? ¿Y si solo nos enamoráramos una única vez? ¿Y si solo nos enamoráramos una única vez, pero no siempre de la misma persona? ¿Y si para peor, nunca nos percatáramos del advenimiento de ese único amor hasta que se nos vuelva indefectiblemente imposible?

De ahí, otra versión: una vez me enamoré y no puedo salirme de esa única historia de amor que como un trauma delinea todas mis historias y amores posteriores. Aunque también todas mis historias y amores anteriores. Es que la pregunta es: ¿esa "una vez" es primera en cuál sentido? ¿Qué significa el "primer" del primer amor? ¿Qué es un primer amor? Hay un primer amor que no es primero en el sentido temporal sino primero en el sentido de principio, de importancia, de fundamento, el primero en la lista de los amores verdaderos. Mi primer amor en esta línea no implicaría tanto la primera vez que supuse que me enamoré, sino aquel amor que se erigió en mi vida como el amor original, como el origen del amor. No es tanto una cuestión cronológica sino ontológica. O mejor dicho, gnoseológica: se provoca una disolución de cualquier forma consabida del amor para que advenga el acontecimiento amoroso. Todo lo que creía hasta entonces sobre el amor se derrumba. El primer amor o el amor primero de la lista de mis grandes amores se vuelve parámetro de todas mis historias posteriores (y anteriores). Define la cercanía o lejanía de la historia de la que se trate con el amor original. Hay una historia de amor que se revela como la única historia y hace del resto pequeños relatos que incluso devienen como meras copias imperfectas o aproximaciones devaluadas. Hay un centro. Un relato de amor se vuelve metarrelato y establece en ese acto una metafísica y una teleología: no solo define la naturaleza del amor sino sobre todo el sentido mismo de la vida.

Un metarrelato es un relato que se cree algo más que un relato: cree que puede salirse de sí mismo y alcanzar un más allá (*meta*, en griego). Un metarrelato es un discurso que se presenta no como un discurso sino como la develación de una verdad escondida. Subyace a todo texto y delinea una realización histórica: comprender el metarrelato es comprender por qué la multiplicidad de lo real en su dispersión, sin embargo sigue un curso, establece un recorrido, una superación. Es un arquetipo, una matriz que nos permitiría finalmente darnos cuenta de todos los comportamientos que, a la vista, carecen para nosotros de sentido, de ilación. El gran problema de los metarrelatos (que no es un problema para los metarrelatos) es que hay que creer en su condición metafísica. Solo si aceptamos que hay textos que apuntan más allá de sí mismos hacia una realidad verdadera y oculta, entonces nos dejaremos abrazar por el metarrelato para que todo empiece finalmente a encajar donde siempre debía darse: si hay una historia de amor que alcanza lo más profundo de nuestro destino, entonces solo se trata de acertar con ella y convertir al supuesto trauma en una llamada del ser. Claro, una vez más, solo se trata de poder creer...

Igualmente, si no hubiera un amor original, hay siempre un primer amor en el tiempo (hasta que descubrimos que había otro que no habíamos reparado). El primer amor en sentido cronológico suele ser introductorio: como una introducción a la introducción. A veces lo infantilizamos, o a la inversa, lo cargamos de una intensidad desmedida que también lo excluye de la entidad de un amor bien direccionado. Lo nominamos en diminutivo: mi primera noviecita, mi primer noviecito, en una pretensión de ternura que esconde su status menor. Si el amor es siempre una cuestión de carencia, este primer amor cronológico es la carencia en sentido literal: es un *protoamor*, un cuasi amor. Y reivindicamos con una nostalgia impostada toda la escena de iniciación: "nos besábamos hermoso, pero no cogíamos", por ejemplo. Incluso hasta elevamos a carácter de mito la condición introductoria: "no cogíamos, pero era tan puro todo". Como si el sexo no fuese más que el germen de toda contaminación y pérdida de nuestra más humana inocencia. Como si el sexo no fuese placer en conflicto y revelara por ello el carácter conflictivo de todo vínculo.

Hay una idea del primer amor cronológico como un falsete, como una copia caricaturizada, como un juego de proto sujetos que aún no padecen la sofisticación y por lo tanto las complicaciones del amor. Y en esa infantilización pervive un elemento que busca salvar al amor de su derrotero posterior. Como si estuviese aún más cerca del origen y por ello de su naturaleza más real (donde real siempre se asocia con pureza).

Desde el encanto o desde el desencanto, ese primer amor temporal puede significar un enamoramiento todavía demasiado confiado en las bondades del amor, o también puede darse exactamente al revés: "éramos muy chicos" como justificación de todo mal. Celos, obsesiones, demandas permanentes. Se supone que después uno aprende: en el amor siempre después hay mediación. Por ser un *protoamor*, está más cerca de un diseño, de un boceto, que permite entonces la prevalencia de sus rasgos más idealizados. Vemos todo lo bueno y vemos todo lo malo. Vemos aún funcionando la diferencia entre lo bueno y lo malo. De ahí que haya algún tipo de remembranza, de rememoración idealizada. Recordar los inicios siempre supone una idealización que habla más del presente que vivimos y menos de lo que realmente sucedió. De nuevo; deconstruir la cadena de montaje del amor es también dejar de concebir nuestra vida amorosa en términos de acumulación o de secuencia evolutiva: ya éramos nosotros en ese idealizado primer amor. En todo caso la versión de amor puro tiene más que ver con lo que proyectamos desde el presente que con lo que se daba en el pasado. Hace falta deconstruir la metafísica de la caída edénica de acuerdo a la cual el origen es siempre perfecto y la historia es siempre decadente: ¿existe realmente un primer amor o siempre lo estamos reconstituyendo en el decurso de nuestro tiempo amoroso?

Todo indica que no existió en sí mismo sino en la proyección incesante que realizamos desde cada presente con el propósito de intentar comprender el devenir de nuestra actualidad amorosa. Pero supongamos hipotéticamente que finalmente existiera el primer amor, ¿puede ser que todas nuestras historias de amor no sean más que una resignificación narrativa de ese primer amor del que nunca pudimos terminar de salir? De nuevo, ¿qué es una historia de amor? El problema con las *historias* es que empiezan y terminan. Cuando logramos después de varias experiencias asumir que la finitud de toda historia es una fatalidad y comprendemos que todo amor indefectiblemente llega a su fin, nos encontramos con que en realidad lo más trágico del amor no es tanto su final, sino el hecho de que tenga un inicio. Lo fatal es el flechazo. Impensado, incalculable, inconveniente. Un comienzo que nos destierra de nosotros mismos y nos arroja a otra realidad impredecible. Por ello, si estamos condenados a repetir en cada historia de amor lo inconcluso de un primer amor que nos marca para siempre, tenemos que sumar a esta condena que no hay ningún determinismo ni esencialismo que nos haya insertado en la particular historia de amor que se volvió la primera. Así, nuestra significativa historia fundante podría ser el efecto de la más incontrolable contingencia. O sea, admitimos que hay un primer amor que se vuelve clave y trauma, pero no lo dotamos de ninguna superchería cósmica: en el origen, la contingencia; pero una vez lanzados a la historia, tal vez la fatalidad sea la repetición permanente...

Sin embargo, hay un deseo farmacológico por esta interpretación que supone la fuerza ontológica de una única historia de amor que se vuelve fundante, y de la cual todas las historias posteriores no serían más que simulaciones o intentos de realización de carácter trunco. De modo tal, además, que todas las historias anteriores se convertirían narrativamente en algo así como la prehistoria del amor. Y hasta dialécticamente podríamos encontrar el hilo que las explicara como antecedentes obvios a la única historia de amor verdadera: el metarrelato del amor.

Si hubiera una única historia de amor verdadera de la cual todo el resto después se derivase, entonces estaríamos demostrando que no es cierto que el amor es imposible. En todo caso hay un amor posible que es el único. Un gran amor posible fallido. Lo imposible en todo caso es pensar que las demás historias de amor (que son todas menos la verdadera) sean historias de un amor posible. O sea, el amor es imposible porque no sería más que simulaciones resignificadas de un único amor al que se refieren o bien en carácter de copia no asumida, o bien como intentos de resolución de aspectos pendientes. Sin embargo, habría un amor posible: el primero. Posible aunque imposible.

¿Pero será así? ¿Y si no hay un primer amor? ¿Y si lo que llamamos primer amor es siempre una proyección hecha desde el último amor? ¿Se puede comprender la historia en términos de encadenamientos, de secuencias evolutivas, de condicionamientos, o la historia son siempre discontinuidades que recrean un supuesto origen, una cierta lógica, una única teleología? Una cosa es que hermenéuticamente nos hallemos siempre al interior de una trama de sentido a la que resignificamos permanentemente sin nunca poder salirnos de modo absoluto de nuestra proveniencia más cercana o más distante; pero otra cosa es sostener que no somos más que reproducciones vacuas de ese primer amor que nos instaura en una única matriz amorosa. Es cierto que parece demasiado pensar que todo se reduce a una única primera historia, pero al mismo tiempo son tan evidentes y determinantes las repeticiones…

Una vez me enamoré…

La primera historia de amor que creo recordar data de mis nueve años. Digo "creo" porque el tiempo la fue reescribiendo y no es que no confíe en la memoria, sino que no confío que la memoria ni ningún artefacto nos brinde un acceso lineal a los hechos. *Confiar* etimológicamente supone la presencia de la *fe*. Hay una creencia que por algunos motivos se ratifica o se deslinda. De nuevo; la memoria no tiene tanto que ver con el pasado sino con lo pendiente. Es un ejercicio sobre el presente cuyo tema es el pasado. Creo recordar recuerdos que no recuerdo si alguna vez se vieron contaminados, distorsionados, exagerados. Creo recordar recuerdos que no recuerdo: la memoria, una penumbra a tientas…

No me es muy conflictivo recordar con cierta precisión algo que me sucedió hace unos pocos días: mi cuerpo recuerda de modo patente. Pero cuando se trata de recuerdos lejanos, los cuerpos dejan de ser tan precisos. Hay capas y capas de envolturas y desenvolturas. Por ejemplo, ¿no habrá habido algún amor anterior a mis nueve años que sin embargo no recuerdo? Esta historia de mis nueve años, además, la relaté ya tantas veces que la inscribí en la memoria, aunque cada vez y en cada relato, las palabras mismas fueron asociándose con otras sensaciones de cada nuevo presente: ¿cómo se habrá forjado el relato hoy vigente? Narrar algo que sucedió nunca es una práctica mimética; fundamentalmente porque la *mimesis* es una gran ilusión farmacológica que nos tranquiliza y contiene.

Lo peor del pasado es su disolución ontológica. Solo podrá ser recuperado desde el futuro y siempre recortado. Otra de las tantas paradojas de la finitud: somos efectos de un pasado siempre inexistente. Y no porque los hechos no hayan sucedido, sino porque una vez sucedidos, ya no son más los hechos: la memoria es solo un ejercicio de recuperación de algunos retazos. La memoria recupera siempre con la intención con la que el presente necesita narrarse a sí mismo. El pasado nunca es el pasado sino el presente que se narra a sí mismo a través de su representación del pasado.

Hay una historia paralela a la historia de mi primer amor (¿pero cuál de las historias paralelas resultará al final la historia paralela?) que hoy cobra más paralelismo que nunca, ya que su protagonista especial –mi padre– murió hace hoy exactamente tres semanas. Durante mis primeros años en la escuela primaria estaba enamorado de Silvia. ¿Cómo describir ese amor? Tal vez desde la contemplación, tal vez desde cierto bienestar tranquilizador, tal vez desde los sueños obviamente –creo recordar que además soñaba con ella. Creo recordar haber comentado con un compañero que había soñado con ella–. Pero sobre todo desde la atención: no hacía otra cosa que reparar permanentemente en Silvia. Reparar en Silvia para calmar mis temples: miedos, intranquilidad, ansiedades, esas primeras angustias de niño. Podía estar haciendo cualquier cosa en la clase, en el recreo, en los pasillos, pero siempre necesitaba reparar en Silvia, mirarla, contar con su presencia, en realidad contar con su imagen: su presencia espectral, aunque real, cerraba esos baches internos que aún no entendía de qué estaban hechos, las razones de su insistencia en mi ánimo.

Contar con el otro. Como una señal hacia la que tendía y me configuraba en mi bienestar. Una señal siempre refiere a otra cosa y por ello tender hacia una señal no es más que el acto de tender mismo, un impulso de desapropiación, de exudación. El amor nos demuestra todo el tiempo que nunca nos alcanza con nosotros mismos, pero también nos demuestra el riesgo de idolatrar al otro en demasía. En uno y otro caso, siempre se nos demuele nuestra condición de tránsito. O terminamos dependientes de nosotros mismos o terminamos dependientes del otro; pero siempre terminamos dependientes. Y la dependencia vincular, tal como lo demostraron los epicúreos, al final de cuentas, perturba.

Silvia era sosiego. Segundo grado, tercer grado, cuarto grado, sentada unos pupitres atrás, me convocaba a una esporádica torsión del cuerpo, como quien desde la incomodidad cotidiana buscaba denodadamente la paz, lo pleno, la calma. Todavía en esos tiempos de niñez asociaba la belleza a cierta tranquilidad, la concebía como un punto de llegada. Sus ojos claramente eran muy parecidos a los ojos de mi madre: la señal obvia en su pura literalidad. Creo recordar incluso haber hecho el ejercicio de transpolar unos ojos en otros. No encuentro otro lugar donde más se manifieste con toda su presencia la literalidad como en el amor.

Y como todo amor literal mi pasión solo podía ser un padecimiento. No comprendía aún (y tal vez todavía no lo comprenda) esa conexión esencial entre el amor y el secreto. No podía confesarle a Silvia lo que sentía por ella. Es que ni siquiera sabía lo que sentía por ella, pero me hamacaba entre el deseo de expresarle mi amor y el regodeo del secreto que me mantenía a salvo del peor de los castigos amorosos: la falta de reciprocidad. Dos polos de un dilema que de alguna forma también se extasían en sus lugares exacerbados: la adrenalina de quien dice y la adrenalina de quien oculta, una y otra, tal vez, la misma adrenalina.

Confesar el amor es comprender finalmente que el amor es un acto performativo, un acto del lenguaje. No se sabe qué es el amor, pero se dice. Y obvio que lo que se dice nunca alcanza, pero el amor se dice. La palabra no describe, sino que interviene. Decirle a alguien que lo amamos es ya estar construyendo un acontecimiento amoroso. Y también en este caso se produce una oscilación entre dos polos: por un lado, la confesión directa, sin mediación, amparada por valores aceptados como la honestidad, la sinceridad y el arrojo; por otro lado, la producción de pistas, otra vez las señales, las referencias ambiguas, la incorporación lenta del otro al dispositivo de nuestro deseo. Y en esta segunda vertiente, la suposición mutua plagada de ambigüedades donde muchas veces vence la preferencia por permanecer en un tal vez eterno que por promover una concreción que, una vez resuelta, nos deja sin las sinuosidades que hacen del amor algo al mismo tiempo cautivante y perturbador.

Una vez Silvia me invitó a su cumpleaños. Creo que era su cumpleaños de diez. Creo que era primavera. Hubo una elección: Silvia invitó solo a las chicas del grado y a mí. El "solo" marcaba una doble elección. La decisión de invitar solamente a las mujeres y al mismo tiempo la decisión de no poder no invitarme. A mí. Es, fue y será mi lectura del evento desde siempre y para siempre: me eligió a mí. El deseo es siempre la búsqueda del deseo del otro. Está más que claro que las razones por las cuales se produjo esta decisión no solo no importan, sino que hasta pueden desmentir cualquier conclusión que podamos derivar de los sucesos en cuestión. Pero no hacen al acontecimiento. El acontecimiento es que me sentí elegido, exclusivo.

Recuerdo a mi madre repitiendo hasta el hartazgo su asombro por la invitación. Como marcando y remarcando que la escena le resultaba especial. Es que, para mi madre, su hijo era especial: no hacía otra cosa que dejármelo en claro a cada segundo. El trauma del monoteísmo en su extremo inverso: Dios para un solo creyente. No solo hay un único Dios, sino que Dios ha creado todo esto solo para vos. O para vos. O para vos. O para vos. Para cualquiera de nosotros que somos todos, pero que cada vez nos creemos que somos los únicos, exclusivamente únicos. Tan únicos que después en la vida mundana siempre nos sentimos postergados…

La única imagen que el envés de mi retina cree alojar es la de un living enorme con todas las niñas invitadas sentadas en un semicírculo, y algún adulto llevándome de la mano para acomodarme en un extremo. Creo recordar algo de extrañeza, o tal vez de incomodidad, o de vergüenza. En los recuerdos difusos, los temples se vuelven todos más o menos parecidos. Yo estaba absolutamente enamorado de Silvia, pero en mi memoria la escena que permaneció fue otra. La casa de Silvia se encontraba –creo– en Parque Centenario, a unas quince cuadras de mi casa. Fuimos hasta allí con mi papá caminando mientras conversábamos de una sola cosa: las dos figuritas que me faltaban para completar un álbum, creo que se trataba de un álbum de escuderías de automóviles. Me faltaban las más difíciles, creo que eran la 147 y la 148, no sé por qué me resuenan esos números. Las figuritas venían de a dos, juntas en unos cartones. O sea; no solo me faltaban dos figuritas, sino que, de dar con ellas, las conseguiría de un solo golpe. Ni siquiera recuerdo cómo había llegado hasta esa instancia de poseer un álbum casi lleno. Incluso recuerdo la perplejidad de mi padre por estar tan cerca de la plenitud, con lo cual no había sido él quien me había comprado la mayoría de las figuritas. Mi papá trabajaba todo el día y como el festejo del cumpleaños de Silvia se realizaba un sábado, pudo en este caso llevarme y traerme.

Mi obsesión no era tanto la de un coleccionista como la de alguien que necesitaba imperiosamente culminar con un propósito: creo recordarme en ese tiempo muy inquieto porque siempre sentía que me faltaba algo por cerrar. O peor; siempre me daba objetivos que no terminaba de cumplir. Los comenzaba, pero no los terminaba: desde hacer la tarea para el día siguiente, u ordenar mi habitación, o terminar de leer un libro. En el reverso del coleccionista, no había disfrute por lo improductivo, sino necesidad de poder cerrar un proceso alguna vez en mi vida. En mi corta vida de mis nueve años...

Silvia vivía en un edificio, creo que sobre la avenida Ángel Gallardo, no sé por qué creo que en un cuarto piso. Cuando finalizó el festejo, recuerdo estar bajando con mi padre por un ascensor pequeño. Y en esos cuatro pisos, mi papá me deslizó una pregunta lúdica, el tipo de pregunta que en su inocencia destartala al sentido común y nos permite expandir sus márgenes, jugar a que el mundo es mucho más interesante que esto que nos toca vivir. Me tocó el hombro y me preguntó: ¿vos qué darías por tener esas dos figuritas que te faltan?

Era una pregunta provocadora, faústica, del tipo: ¿cuál es tu límite? ¿A quién asesinarías si fueses invisible? ¿Cuál es tu precio? Lo miré desde abajo y recuerdo muy bien mi respuesta no muy convincente: "lo daría todo", le dije. "¿Todo?", repitió sonriendo como dudando y a la vez con cierto orgullo por mi respuesta. Y en el momento en que me disponía a repetir ese "todo" que no había deliberado muy bien conmigo mismo, mi papá comenzó a extraer una multitud de paquetes de figuritas de sus bolsillos, todos abiertos, que iban cayendo al piso del ascensor mientras me decía: "me fui a todos los kioscos de la zona mientras vos estabas en el cumpleaños y te compré todas las figuritas que vendían hasta que lo logré. Acá están: tomá, la 147 y la 148".

Y allí estaban. En sus manos. Las manos de mi papá que extraño y extrañaré siempre. Allí estaban, en su cartón, los dos objetos del deseo. La 147 y la 148. Mi papá y su sonrisa, tal vez de picardía, de complicidad, de padre. No podía creer haber llenado el álbum. Sin embargo, sentía internamente que mi alegría no coincidía con el éxtasis del aconteci-miento. No comprendía por qué no me encontraba llorando de felicidad. Siempre pensé que mi padre se quedó a la espera de una reacción más efusiva, pero el llanto o la alegría nunca llegan cuando uno supone, sino justamente al revés: no llegan, irrumpen más allá de uno. Lo abracé y le agradecí. Volvimos caminando y conversando de la epopeya: mi papá se recorrió más de veinte kioscos en dos horas y los vació de su stock de figuritas. Recuerdo haber pegado a la 147 y a las 148 en el álbum y llevarlo feliz al día siguiente a la escuela. Recuerdo a los amigos diciéndome "qué bien, qué bien", un poco también heridos y envidiosos. Lo llevé a la escuela dos, tres días más. Luego el álbum quedó en mi pequeño escritorio por unos cuantos días, y en algún momento que no recuerdo bien, alguien lo guardó en un cajón junto a otros papeles viejos.

"¿Vos qué *darías*?"

La pregunta de mi padre y mi respuesta se han vuelto uno de los textos que retornan todo el tiempo como un pendiente sin resolución. ¿Vos que darías por las figuritas?, me dijo para siempre. Y así nunca dejé de preguntarme: ¿vos qué darías?

Un pendiente sin resolución no por incapacidad sino por la estructura aporética misma que conlleva todo *dar*: es que como sostiene Jacques Derrida, el acontecimiento del don, el dar puro, es siempre una imposibilidad. Imposibilidad que se redobla si además de dar, se trata de darlo todo. ¿Qué significa dar? ¿Qué damos cuando damos amor? ¿*Nos* damos a nosotros mismos? Si el amor es siempre para el otro, ¿por qué cuando damos sin embargo nos expandimos (de algarabía, de felicidad, de gozo)? ¿Qué significa entonces darlo todo? Si lo damos todo, ¿qué queda de nosotros mismos?

Ya no importan las figuritas. De hecho, tal vez una vida no sea más que un desparramo de figuritas encimadas que nos impulsan al supuesto objetivo de completar un conjunto, de cerrar una búsqueda, de dar fin. Completar el álbum: *darle* fin. ¿Haremos alguna otra cosa en la vida que no sea creer que estamos completando álbumes? ¿Y el amor se corresponde con el final de la colección o con la apertura de un álbum nuevo? ¿A qué le damos fin? ¿Al haber suturado supuestamente la falta o le damos fin a cada historia de amor cuando nos percatamos de que la fata es imposible de sutura? Hoy le hubiera respondido a mi papá: ¿yo qué daría? Le daría fin, papá. Dar fin nunca es un acontecimiento definitivo, pero es por rebote un desplazamiento. Ahora, ¿es lo mismo dar fin y darlo todo? ¿No se llega a un final cuando uno lo da todo? ¿Pero qué significa darlo todo?

Es cierto que nos es más fácil deconstruir la idea de *darlo todo* que la noción misma del *dar* en sí. Estamos más acostumbrados a que nos haga ruido cualquier asomo de totalidad, mientras que al *dar* lo percibimos como un intercambio propio de nuestra cotidianeidad: todo el tiempo damos, pero tal vez nunca lo demos todo. Rehuimos a la idea de totalidad. Le vemos su "hilacha", su falsa impostación de un todo. La totalidad como la hipóstasis de una de las tantas partes que monopoliza esa multitud de fragmentos abiertos a la deriva y se presenta como algo cerrado. El todo nunca es el todo sino una parte que se presenta como el todo, y en ese acto masacra al resto de las partes. Las expulsa y se cierra. El todo se asocia siempre con lo cerrado.

Pero lo extraño de asociar al todo con algo cerrado es que la idea misma de infinito nos conduce exactamente al costado opuesto: una totalidad parece ser más bien algo abierto, ya que cualquier cerradura la limitaría. Pero si la totalidad es infinita, la figura nunca es lo cerrado sino lo abierto. Nada habría más abierto, más insoportablemente abierto que el infinito. Sin embargo, nos representamos la totalidad y el infinito en lugares antinómicos y asociamos a la primera con lo cerrado y al segundo con lo abierto. Al *todo* lo imaginamos desde sus contornos. Lo imaginamos para *adentro*, mientras que al *infinito* lo imaginamos falto de contornos. Lo imaginamos hacia *afuera*. El problema se provoca cuando definimos al todo y al infinito como la misma cosa: la aporía, una vez más, lo devora todo.

Hemos pensado demasiado al amor como el acto de darlo todo. Creo que es una de las razones de nuestra condena. Darlo todo supone un final. Y sin embargo nunca hay un final. Ni siquiera con la muerte. El que queda vivo continúa entramado. Y el que muere, nunca sabe que llegó al final. No hay final porque no hay conciencia del final. Darlo todo supondría la detención absoluta del tiempo. Un final deseado, idealizado, pero imposible. La detención absoluta del tiempo ya que una vez que todo ha sido dado, ya no hay más nada: todo se ha consumado, como dice Jesús en su último suspiro, y luego el final.

Aunque tampoco podríamos darlo todo, ya que ese todo incluiría al sujeto que da, o sea a nosotros mismos. Darlo todo supondría el desasimiento del yo, con lo cual ya no habría nadie que estaría dándolo todo.

Nueva aporía que se agrega a las demás: si yo lo doy todo, ya no soy yo. Solamente *nadie* podría darlo todo, pero nadie es exactamente nadie, con lo cual tampoco habría alguien dando. Si lo doy todo, ya no hay alguien dando; pero si no soy nadie, tampoco habría alguien dando: *dar es imposible.*

El darlo todo se asocia así a la figura del sacrificio. ¿Vos qué darías, Darío, por amor? En realidad, la pregunta llevaba justamente como contraparte el hecho de completar el álbum: lo daba todo a cambio de las dos figuritas faltantes. Lo daba todo por un faltante: para completar la falta. Hay un primer registro donde se supone que la felicidad que iba a alcanzar por tener el álbum lleno justificaba el darlo todo. Es cierto que esta promesa, como toda promesa es previa: una vez consumada la plenificación del álbum, habría que ver si el rastreo hacia atrás no hubiera implicado casi de inmediato la figura del arrepentimiento. ¿En serio lo darías todo para cerrar algo que en el mismo acto de cierre pierde absolutamente el deseo? ¿No hay siempre a último momento un indicio de arrepentimiento en todo sacrificio?

Pero al mismo tiempo el acontecimiento del darlo todo carece de virtud en la medida en que es calculado en arreglo a un propósito: lo doy todo para conseguir otra totalidad que me regocija tanto como la totalidad que estoy dando. O sea, no estoy dando todo. Estoy reemplazando totalidades. Se suele cuestionar la figura del sacrificio desde esta misma perspectiva: quien lo entrega todo, recibe otra totalidad. Como prestigio, como necesidad interior, como imposibilidad, como calma, como exculpación. Sacrificarse por otro es siempre primero sacrificarse por uno mismo. Pero una cosa es dar al otro y otra cosa es darse a uno mismo en el supuesto nombre del otro. Cuando mi padre me preguntó qué es lo que daría por las dos figuritas, nunca pensé en que darlo todo supondría un sacrificio. Nueva y sofisticada aporía: ¿cómo darlo todo sin que ese despojamiento sea un sacrificio?

Es que lejos estaba yo con mis nueve años cerca de algún sacrificio que implicara algún tipo de pérdida. Yo lo iba a dar todo porque iba a recibir algo exponencialmente superior. El darlo todo que me surgió como respuesta ante la pregunta de mi padre minimizaba cualquier cosa que yo hubiese podido dar ante la magnificencia de lo que iba a recibir:

lo que perdía –el darlo todo– no era nada al lado de lo que iba a ganar. Lejos de cualquier sacrificio. ¿Darías por ejemplo, Darío, todo el resto del álbum, a cambio de conseguir las dos figuritas faltantes? La respuesta es contundente: obvio que no. ¿Cuál sería el sentido si las figuritas vienen a completar el álbum? ¿Y si todo el misterio del amor se jugara en esta aporía donde valen más las dos figuritas aunque ya no tenga sentido su consecución?

Es interesante deconstruir la idea de sacrificio en su representación como entrega. ¿Qué es entregar algo o entregarlo todo? ¿Y qué es un acto de entrega por amor? Como ha desarrollado Derrida en *Dar (el) tiempo*, si el acto de dar tiene como contraparte algún tipo de devolución, el acto se desintegra a sí mismo. La devolución anula lo dado. La entrega, para ser entrega, no tiene que acumular ni siquiera simbólicamente algo para sí. No puede haber engrandecimiento de ningún tipo para quien es sujeto del acto de entrega, ya que esa entrega se transformaría automáticamente en todo lo contrario: parece que estamos dando, pero estamos recibiendo. Obvio que lo dado provoca una diferencia en quien lo recibe, pero también genera una deuda. Otra de las facetas aporéticas del amor: poder recibir sin endeudamiento.

En resumen, aquel que da para recibir algo mejor, no da sino que recibe. Y aquel que cree que da bajo la figura del sacrificio, construye un artificio que ocluye la motivación redituable de la entrega. Haría falta una forma de la entrega que sea más por retracción, un desasimiento que en el mismo acto haga confluir el deseo de dar al otro sin que ello implique acumulación propia. ¿Por qué solo podemos pensar al amor desde el paradigma de la incorporación? Incorporar al otro y desotrarlo para que su otredad me nutra. ¿Se puede salir de este esquema? ¿O todo amor posible es siempre una forma de incorporación, de sumatoria, de acumulación, de apropiación, nutrición, expansión? Tal vez el amor imposible anide en la aporía de un dar que, sin dejar de surgir desde el deseo propio, trastoque ese deseo en un bien para el otro. Tal vez se trate solo de deconstruir: ya estamos siempre partiendo desde un "desde". Hacer implosionar ese lugar de partida ya nos recoloca en otro sitio a la hora de vincularnos con el acontecimiento amoroso: amar es antes que nada darnos cuenta de que ya estamos amando de una manera y que solo deseamos salirnos de ese y de todo esquema. Darnos cuenta. ¿Qué nos damos cuando nos damos cuenta, Darío? ¿Vos que darías, Darío?

Sin embargo había algo que me detenía, y aunque todo estaba dado para que Silvia y yo emprendiéramos nuestro vínculo de niños enamorados, el acto performativo no se plasmaba. Si con la misma seguridad con la cual perseguí el *dar fin* al álbum de figuritas, hubiera encarado el *dar fin* a la prehistoria de un vínculo nunca constituido, otra hubiera sido la historia. Hubiera habido historia. En realidad, mi contrafáctico suponía otra ontología: otra tendría que haber sido la estructura del deseo. O dicho al revés; evidentemente no quería que mi aún no relación con Silvia acabara en el cajón junto al álbum ya ignorado de figuritas. La deriva del álbum olvidado en el cajón quizás resultaba la mejor prueba para no encarar ninguna relación con el propósito de *darle fin*. ¿Hay un final en el amor? ¿Qué significa alcanzar la plenitud? O mejor dicho; ¿qué *damos* cuando amamos? ¿Buscamos dar un fin o es la misma ausencia de un fin lo que engendra el amor? La ambivalencia del término "fin" da pie a la problemática filosófica del amor: no hay un fin en el amor, ya que hay amor porque nunca hay final. O también; el amor es irrevocablemente nihilista: no hay un *para qué* del amor. Y porque no lo hay es que el amor no tiene final (ni fin).

Mientras, el retorno diario a recordarme enamorado y la promesa siempre postergada de la confesión, rellenaban mis días. Pero la postergación es postergación cuando al mismo tiempo se vuelve coactiva, se vuelve un pendiente: vivir el amor desde la pregunta por el momento adecuado para declararme. El problema es que sabía en algún lugar que la exteriorización de mi enamoramiento iba a modificar de raíz mi cómodo lugar de incomodidad afectiva. Amaba el estado de enamoramiento sin reciprocidad, el secreto que iba delineando mis primeras sensaciones eróticas, la promesa incumplible que creaba la fantasía de un amor en el futuro inminente. Nos imaginaba con Silvia tomando una chocolatada en la mesa de la cocina de mi departamento de Villa Crespo en una mezcla de sonrisas y vergüenzas. Mi madre ofreciéndonos galletitas y nosotros cómplices ocultando el amor en las sonrisas mutuas. Silvia de invitada en mi casa y mi madre sin darme una orden o cuestionar alguno de mis comportamientos, sino dándose de modo pleno a mi deseo. Mi mamá dada por entero a mi vínculo con Silvia: feliz, nos hacía la merienda. Y Silvia confirmándome con un leve gesto escondido su aprobación, como diciéndome: ¡qué buena madre tenés, Darío!

Estaba muy decidido a no confesar. El ideal romántico del amor y su reproducción desde el sentido común prioriza por definición la acumulación propia y en cualquiera de sus manifestaciones deja de lado al otro. Es sin el otro. O con el otro confeccionado desde uno, que es otra forma de expulsar al otro. Es que el amor puede ser una posibilidad de salida, o puede ser exactamente todo lo contrario: el abroquelamiento en uno mismo y en las proyecciones que uno realiza sobre el otro. Y no solamente en el caso extremo de alguien que no entabla con el otro un vínculo amoroso –como en mi caso que no me animaba a confesar mi amor por Silvia–, sino sobre todo en las relaciones patentes con el otro donde se suele ejecutar el acto de borrado: ¿hay encuentro con el otro o hay encuentro con lo que uno proyecta de sí mismo en el otro?

¿Qué representaba Silvia para mí? O peor; ¿qué sigue representando Silvia para mí, hoy a más de cuarenta años del evento? Es más; me recuerdo en esos tiempos siempre envuelto en dilemas confesionales del tipo: ¿le digo o no le digo? ¿Anuncio o no anuncio? ¿Me reprimo o declaro? ¿Me lo guardo o confieso? ¿Cuestiono o avalo? Dilemas que pasaban por mi cuestionamiento a la educación religiosa a la que asistía obligado, o mi aburrimiento furibundo en los encuentros familiares, o sobre todo mi rechazo a ciertas prácticas rituales cotidianas familiares como el modo en que se organizaba la mañana en mi casa previo a la salida para el colegio, o la intolerancia radical frente a los más peculiares ruidos de los comensales cuando masticaban la comida. ¿Digo o no digo? ¿Reacciono o asumo? ¿Aprendo a convivir con el ruido que mi hermano hace cuando come, o lo denuncio, le grito, le coso la boca con aguja e hilo? ¿Cuál es el límite entre la consolidación de mi mundo privado y las prácticas normalizadoras de autorrepresión y el autodisciplinamiento?

Es cierto que *prima facie* el motivo fundamental de la no confesión claramente era el riesgo a no ser correspondido. Todavía no había incorporado las teorías de la otredad que cuestionan el carácter mercantil de la reciprocidad amorosa y aún creía en la reciprocidad. Nadie se desliga nunca de la reciprocidad, pero se puede prescindir de sus consecuencias burocráticas, de su procedimentalismo que termina poniendo más el acento en lo que recibo que en lo que doy. El riesgo de un amor no correspondido es entendido en una cultura resultadista como un fracaso y no como una intervención del otro. Claro que lejos estaba en ese tiempo (¿y ahora?) de poder pensar al amor por fuera de toda correspondencia.

Pero lo propio de la no confesión era la tendencia a permanecer enamorado de la Silvia que yo me construía para mí mismo y con la que convivía junto a todos mis temples: desde la angustia hasta el deleite al interior del mundo de mi imaginación. Decirle a Silvia que la amaba era matar a la Silvia imaginaria con la que rellenaba los días. Silvia estaba más cerca de ser una amiga imaginaria e incluso en cada movimiento real de su persona, no hacía más que confirmar lo que ya de antemano necesitaba que ella fuera. Nada de Silvia me sorprendía porque cualquiera de sus acciones ya se insertaba en lo que mi Silvia imaginaria disponía de antemano. Y no padecía este ensimismamiento. Primero, porque no lo percibía, pero sobre todo porque la coincidencia entre la Silvia verdadera y la imaginaria era la ocasión diaria para mi felicidad.

El problema es que los amigos imaginarios suelen expresar una carencia. Al mismo tiempo que suplen ese agujero, no dejan de ponerlo en evidencia. Y cuanto más miramos fijo el fondo de esos personajes hermosos, más reconocemos nuestro propio abismo, nuestro propio padecer. Nunca tuvo sentido intentar comprender por qué me había enamorado de la Silvia que sea (la real, la imaginaria); sobre todo porque como venimos insistiendo: no hay un saber en el amor. Podemos, *ex post facto*, revisitar la historia y encontrar conexiones, tramas, razones, como quien elabora relatos sobre el pasado para intentar soportar el presente. Pero las razones son siempre después: podemos encontrar en los ojos de Silvia, los ojos de mi madre. Y podemos encontrar en todos los ojos, los mismos ojos. Sin embargo, cuán delgado es el límite que nos hace vislumbrar una semejanza entre órganos tan parecidos como los ojos. Cuánto añadimos para que la hermenéutica funcione de acuerdo a nuestro deseo. ¿Puede el deseo acomodar ojos para que se vean semejantes?

Y además, ¿cuál es la necesidad de trabajar arqueológicamente en el hallazgo de fórmulas que se repiten? ¿Cuál es la importancia de demostrar que al final de cuentas todos los amores no son más que repeticiones de un primer amor que al parecer tampoco existió? ¿O por qué esta evidencia condena al amor a la imposibilidad? El argumento es concreto: el amor se volvería imposible porque repite amores anteriores y pierde de ese modo su excepcionalidad. Una vez más el monoteísmo invertido: todo tiene que ser singular, único, elegido, diferencial. Pero en este caso, ni siquiera habría un primer amor original del cual todos no son más que intentos de ser copias, sino que podríamos pensar al revés que todos los amores son bien singulares y anárquicamente diferentes, y sin embargo se nos vuelve tan inabarcable tanta diferencia que no hacemos más que empujar a que todas las historias encajen en una única historia que las enhebra y explica. ¿Son todas repeticiones de un mismo amor o son todas excepcionalidades en busca de un relato que las aúne?

Segundo, tercero, cuarto grado: mis sueños con Silvia eran cada vez más jugados. Necesitaba sentir un cuerpo. Necesitaba que mi deseo rebotara con su deseo y volviera sobre mí en su exasperación y calma. Creo recordarme ese verano ente cuarto y quinto grado confesando a personas varias que existía una persona llamada Silvia de la que me encontraba enamorado. La confesión a medias que sin embargo me colocaba ya en otro lugar. A veces no importa tanto ni la reciprocidad ni el conocimiento que el amado tenga de nuestro enamoramiento, sino que estar enamorado nos mune de un aura identitario, nos instala en un lugar en el mundo: no hay un saber en el amor, pero el que ama se afirma de otro modo en la realidad. Como dice Platón en *El banquete* durante el discurso de Fedro: el que ama está poseído por un dios. Estar poseído que no es lo mismo que poseer algo o ser un propietario. Y mientras tanto iba pergeñando la decisión: no iba a pasar ni un día en quinto grado sin que ambos entretejiéramos lo que ya ni siquiera intuía en qué derivaría. Ya no eran los ojos ni el reposo ni la atención: ahora, era el deseo. La chocolatada derramada del vaso. Mi madre retirada de la escena. No hay momento mejor para comprender la deriva de la frase de Spinoza "nadie sabe lo que puede un cuerpo", que cuando los cuerpos empiezan a poder...

Recuerdo el paso de los días en los últimos asomos del verano. El regreso a las clases que para mí solo significaban el desafío de una confesión que ya ni siquiera tenía la carga de lo prohibido: solo deseaba expresar mi deseo, como si en el deseo de la expresión el deseo se plasmara. Pero mis padres me tenían reservada una última jugada. La escuela era de educación religiosa. A la mañana estudiábamos el programa oficial y a la tarde enseñanza judía. Ese año, mis padres decidieron que a la mañana prosiguiera mis estudios en una escuela pública (algo que les agradeceré infinitamente), y me dejaron solamente asistiendo a la escuela judía en el turno tarde. El primer día de clase llegué después del mediodía para iniciar el nuevo año y en el patio me recibió Walter, uno de mis compañeros. Me pasó el listado de novedades de las que se enteró durante el turno mañana al que yo ya no asistía: el nombre de las nuevas maestras, quiénes eran los compañeros nuevos, quiénes se sentaban al lado de quiénes, y finalmente cuáles eran los compañeros que se habían cambiado de escuela.

Nunca pude olvidar el temblor que inundó mi cuerpo cuando me dijo: Silvia no viene más, se cambió de colegio. Me sentí absolutamente desahuciado, arrumbado, con una angustia que de manera letal recorrió todas mis entrañas hasta vaciarlas por completo y dejarme enteramente enclenque. Lo único que atiné a hacer fue que Walter no se diera cuenta de mi desazón. Estaba demolido. No la iba a ver más. Nunca iba a poder consumarse el amor. Ni siquiera a decirse.

Eran tiempos de no informática. No existía modo de acercarme a Silvia, de encontrarla de alguna forma. No existía modo. Lo supe en ese instante y supe que ese instante era para siempre. No hay saber en el amor, pero tal vez lo haya en el desamor. Mi primera experiencia amorosa no solo fue a destiempo, no solo no pudo ser dicha, sino que fue al mismo tiempo una experiencia del desamor. O tal vez sea todo, la misma cosa. Mi primera experiencia amorosa (si fue la primera) fue una experiencia de amor imposible.

Nunca más supe de Silvia. Hace poco alguien me habló en un bar y se presentó como su hermana mayor. Me contó que hace muchísimos años Silvia vive en algún lugar de la Patagonia. No retuve bien dónde…

En filosofía denominamos *teleología* a la idea de que las cosas poseen un propósito a realizar y que esa finalidad se alcanza a través de un desarrollo histórico. Una mirada teleológica pone más el acento en la finalidad de cualquier entidad que en su causa: todo tiene un *para qué* y debe a lo largo del tiempo consumarlo. Y una vez consumado el propósito, la entidad se vuelve más real.

Es por ello la ilusión de creer que los hechos históricos van desplegando un sentido subyacente que no se encuentra nunca presente a la vista, pero que es la causa de que la historia tenga su curso con escenas que muchas veces nos resultan en sí mismas inexplicables. Un sentido verdadero que, por oculto, va urdiendo la trama de cada presente particular, aunque en cada uno de esos presentes históricos no nos damos cuenta de estar siendo parte de una historia general más profunda, y por ello, latente. Todo lo que en un momento presente resulta muchas veces injustificable, cobra justificación para la teleología cuando se lo observa de un modo más amplio en el encadenamiento de causas y consecuencias más generales. Hay un sentido oculto en la historia. Un sentido que es oculto y de mejora: para la teleología el curso de la historia es evolutivo o emancipador, pero siempre en pos de un progreso, de un mejoramiento que arriba siempre a una realización. Por ello mismo muchas veces la teleología se encuentra muy cercana a la *teodicea*, o sea a la explicación y justificación del mal en el mundo: sobre todo en aquellos acontecimientos dolorosos que en su momento nos resulta incomprensible su padecimiento, pero que vistos a una escala mayor parecerían adquirir sentido. Nunca mejor expresado que en ese famoso texto del libro de Job: "hay razones que el hombre no puede comprender".

La clave de la teleología es que cada situación que vivimos no vale por sí misma, no cuenta aislada, sino en una trama mayor que la rencauza en una lógica diferente de la que percibimos en el momento. Por eso, es en la teodicea donde se vuelve más patente, ya que generalmente no comprendemos los motivos por los cuales tenemos que atravesar, como personas o como sociedad, por acontecimientos que van desde lo impensado hasta lo dañino. Casi siempre son esos eventos negativos los que nos hacen pensar si hay tramas en otro estrato de las que no estamos siendo conscientes.

La pregunta última que invoca la teleología es si hay o no hay un sentido en la historia. Y en especial, si todos los sucesos se encuentran o no concatenados entre sí; pero no hilvanados narrativamente desde el final, sino que exactamente al modo inverso: si hay una lógica inmanente que alinea hechos históricos que aislados suelen no tener mucha lógica. Todo el gran problema de la teleología radica en este dilema, ya que si reescribimos la historia desde el final para que todo encaje donde tiene que encajar, el artificio es evidente y la historia no tiene mucho sentido. Por eso la pertinencia de la pregunta que deja traslucir toda nuestra ilusión y deseo: ¿hay un guion, una dramaturgia, un diseño, un destino? ¿Hay un plan previo del cual la historia no es más que su desarrollo?

Una cosa es que la historia de Silvia me haya generado algún tipo de trauma, una experiencia que puede ser tanto de impotencia como de discordancia, una perspectiva trágica de lo no consumado. Y que todas estas sensaciones difusas me condicionen, se vuelvan espectros desafiando a todas mis relaciones amorosas posteriores. Pero otra cosa es que el guion amoroso de mi existencia ya estuviese escrito y que cada una de las situaciones vividas y por vivir respondan a escenas de una vida por las que tengo que transcurrir para que la obra se consume. En realidad, en ninguno de ambos casos, parecería que uno podría zafarse de ciertos condicionamientos; pero claramente en la opción teleológica la búsqueda se paraliza, ya que solo se trata de observar el cumplimiento del guion previo. Por lo menos en la versión traumática del amor, el impulso es por propiciar un escape. En la versión teleológica, no hay impulso sino una farmacología determinista.

Por ejemplo, yo podría estar escribiendo este libro sobre el amor, hoy en el otoño del año 2022, sin ser consciente de que con su escritura podría estar o bien potenciando mi actual vínculo amoroso, o exactamente generando todo lo contrario: podría ser que en algún futuro no muy distante releamos la historia y comprendamos que la escritura de este libro fue una forma de poder vislumbrar que mi actual vínculo no tenía mucho futuro. O de nuevo: o exactamente todo lo contrario…

¿Por qué tanta ambigüedad? Porque la clave de la teleología es que en cada presente uno no es consciente de lo que se está cimentando. Hay razones que se van concatenando, pero que solo pueden visualizarse desde el final del recorrido, salvo que tengamos la capacidad intelectual de comprender el plan subyacente. Pero al igual que la teología, acceder a la verdad teleológica es casi una cuestión de fe. O peor; solo comprobaremos su pertinencia, una vez que los hechos se consumen y demuestren o no el cumplimiento del plan maestro. Sin dejar de anunciar las múltiples acrobacias que también elaboraremos, de no cumplirse el plan, para encontrar todas excusas que exculpen el incumplimiento. El ser humano, ese animal que todo lo justifica...

Pero además, nos creemos sujetos de nuestro destino, aunque nos descubrimos sujetos a fuerzas que nos exceden y nos inscriben. Todo maximizado por un esquema de tiempo lineal que se abraza al valor del momento último y desposee al pasado de cada uno de sus presentes. En realidad, el gran perdedor de todo este esquema es, sin ninguna duda, el presente. Cada uno de los presentes que se esfuman en su solo ser parte de un diseño más amplio. Nuestras sensaciones de nuevo aquí son ambiguas, ya que por un lado nos encerramos en una lectura aislada que exaspera el presente como única realidad, aunque muchas veces también nos sucede el estar padeciendo un dolor, un duelo, una tristeza o un mero sinsabor, e intuir que aunque no se comprendan las razones de ese padecimiento, hay algo más profundo que se está jugando en otro plano...

Solemos acudir a la teleología en el amor cuando ante la perplejidad de un desamor, de un abandono o de una fatalidad, intentamos comprender casi desde el ruego que el presente incomprensible que estamos sufriendo derivará en algún momento en un futuro superador. El mal tiene su razón de ser: la teleología se vuelve teodicea. La teleología disminuye toda dolencia, ya que logra que cualquier situación de penuria amorosa pueda ser leída como un eslabón necesario para que algo se desplace y escape de su parálisis. Sin embargo este elemento religioso se nos vuelve casi imperceptible en el momento del suplicio. Tal vez aparezca por lo bajo como un rezo, como una esperanza, como una ilusión. El valle de lágrimas religioso se vuelve valle de lágrimas amoroso. Y el drama es siempre el mismo: en el momento del sufrimiento no sabemos aún las motivaciones de estar viviendo esta pena. Las motivaciones y los devenires. Y todo sin ninguna naturaleza moral sino específicamente mecánica: la teleología trata de causas y consecuencias, y no de premios y castigos. No hay justicia ni redención, sino derivación de consecuencias a partir de causas. No es de naturaleza moral, pero se disfraza la ética desde un soporte metafísico: que la historia se realice supone siempre una moral escondida. La plenitud siempre está del lado del bien y la carencia del lado del mal...

Por eso, hay otro rasgo de la teleología que es que supone que la escalada en el tiempo de acontecimientos interconectados provoca siempre una superación. En las teleologías, el final siempre es feliz y por ello hay una mejora, o una emancipación, o una revolución, o una redención, pero siempre hay una falencia que se resuelve y un punto de llegada que se vuelve pleno. En la dialéctica hegeliana, por ejemplo, que es una filosofía claramente teleológica, los procesos de afirmación y negación de cualquier fenómeno o hecho histórico van dinámicamente promoviendo una realidad que se va complejizando y al mismo tiempo superando a sí misma. Los procesos históricos no son lineales y es la irrupción de lo negativo lo que moviliza el cambio. Todo lo *puesto* necesita de su *opuesto* para terminar conformando el *compuesto*, pero en el momento de despliegue de lo negativo es muy difícil ser consciente de estar siendo parte de ese proceso. Los conflictos son claves para que la historia avance, aunque en el momento se viva el conflicto con todas sus consecuencias negativas.

Si lo llevamos al plano amoroso individual, nos encontramos con que a veces las situaciones de desamor más lacerantes fueron claves a la hora de encarar nuestro próximo vínculo de un modo más maduro, más superado; o por lo menos, más precavido. Pero hubo una superación del conflicto, aunque en el momento del desasosiego solo deseábamos dormirnos y no despertar hasta que el duelo culminase. Así, el conflicto es necesario, aunque sea para ser resuelto...

Tal vez la pregunta más incisiva tenga que ver con el carácter universal de la teleología, y en especial de las teleologías amorosas: ¿a todos nos pasa lo mismo? ¿Todas las historias de amor reproducen este modelo? ¿Todos tuvimos en el inicio del amor una historia parecida a la de Silvia? ¿Todas las historias de amor no son más que copias de la primera historia de amor (que además nunca existió)? Todo hace suponer que no, cuando lo pensamos en términos de la contingencia de cada historia de amor, aunque es cierto que podríamos dibujar un esquema donde *ab initio* se produciría siempre como mínimo una separación y como máximo una explosión. El problema del origen. ¿Hay un origen? Se suele discutir mucho sobre el final feliz de las teleologías, pero poco se problematiza sobre su inicio. De nuevo, la cuestión de la imposibilidad del amor: para que el final de la historia sea un amor pleno, tenemos que volver sobre los comienzos. ¿Hay un comienzo absoluto o siempre estamos resignificando procedencias anteriores?

Por ejemplo, si es cierto que éramos de una naturaleza "doble" y que fuimos cortados en dos, como postula el mito platónico del andrógino, entonces la cuestión es mucho más simple: solo se trata de encontrar a nuestra otra mitad. Si hay una separación inicial, solo se trata de un problema de retorno: en algún momento nos caímos y el amor es un tema de recomposición.

Pero también podríamos pensar que a lo largo de nuestra existencia, en algún momento imprevisto, acaece una historia de amor cuya fuerza y plenitud entierra cualquier recuerdo o antecedente que se supone que nos condiciona a una repetición inconsciente de lo mismo. Se produce una explosión, un *big bang*. Y el amor que nace, surge *ex nihilo*: nada de lo anterior puede ni siquiera denominarse con el mismo nombre. Ningún vínculo anterior puede ni siquiera considerarse un vínculo.

Esta lectura más bien progresista, en el sentido de aceptar un determinado tipo de progreso que no necesariamente tiene que ser consecuencia de pasos anteriores, pero que de alguna manera irrumpe y modifica de raíz el destino amoroso del sujeto, encarna mejor el imaginario que supone la posibilidad del encuentro amoroso como acceso definitivo a la felicidad. Podría ser cierto que la historia de Silvia nos arrojó a una serie de repeticiones que, sin embargo, encuentran su final en la abrupta irrupción de un amor pleno que deja todas esas repeticiones en un lugar pequeño, cual prehistoria olvidada de frustraciones sin sentido. Prehistoria porque al lado del nuevo amor, la historia de Silvia y sus repeticiones no representaron más que escamoteos sin densidad, sin hondura, como tanteos que se disuelven al instante frente a la aparición apoteótica del amor verdadero.

El amor verdadero que como una revelación minimiza cualquier pasado. Como si la vida fuese un recorrido a tientas hacia ninguna parte, a la espera de una epifanía amorosa que, como una revolución, quebrante a la realidad en dos ontologías absolutamente seccionadas: la vida previa al amor y la existencia plena una vez que el amor nos constituye en sujetos.

Y sin embargo, la idealización de este amor total no deja de surgir a partir de las huellas invisibilizadas del recorrido anterior. La omnipresencia absoluta y maravillosa de un supuesto amor que repentinamente aparece y disuelve todo padecer o condicionamiento anterior, se concibe paradojalmente como una manera de anular la historia pasada. La nada previa al *big bang* no deja de ser una nada. En algunas revelaciones religiosas, sin embargo, se busca releer la aparición de este amor absoluto como si su irrupción representara un nuevo nacimiento, un nuevo inicio, una nueva vida. A tal punto que nada de lo que éramos continuaría en nosotros ya que la presencia magnánima del nuevo amor negaría de modo terminal todo lo que anteriormente habíamos sido. Con lo cual, si así fuere, o bien dejamos de ser nosotros y pasamos a ser otra persona, o bien tenemos que aceptar que no hay *creatio ex nihilo* y que aunque sea desafiando la vida amorosa anterior, hay una vida amorosa anterior que como mínimo dialoga con nuestro presente realizado. En el primer caso, al ya no ser nosotros, no tiene ya sentido buscar la conexión. Y en el segundo caso, claramente no se puede soslayar el pasado (aunque mínimo, aunque nada) y por ello nos vemos arrojados a la deriva de intentar comprender la supuesta fuerza del inicio.

¿Pero qué hubo al inicio?

De nuevo; ¿hay una historia inaugural que es la misma para todos? El problema del universalismo en toda su dimensión: universalizar una versión como si fuera la que expresa la naturaleza misma de lo humano. En el fondo, la pregunta apunta a la naturaleza misma del amor: ¿hay un amor que es el mismo para todos? ¿El mismo, con absoluta independencia de la multiplicidad de condicionamientos sociales, sexuales, culturales, religiosos, identitarios, materiales, etc.? La historia del amor supone una economía del concepto: reducir la idea de amor a un único significado y minimizar toda diferencia. Incluso el uso de la palabra "amor" para referirse a tantas situaciones tan distintas vislumbra un reduccionismo que busca normalizar y prestablecer una forma del amor por sobre todas sus variantes. Es cierto que cuanto más nos sumergimos en las diferencias conceptuales entre diferentes tipos de amores, va saltando a la vista la imposibilidad de aunar bajo una misma noción a amores tan disímiles. ¿Hay algo en común entre todas las manifestaciones del amor? ¿Podemos agrupar bajo el nombre "amor" el amor erótico, el amor familiar, el amor a una idea, a una bandera, a los amigos, a la naturaleza, a Dios? ¿Todo es amor? ¿Es el mismo amor el de la Antigüedad que el de ahora, el de los aztecas que el de la Europa victoriana, el de las redes sociales que el de la prehistoria?

Otra vez la aporía, ya que en todos los casos hablamos del amor: hay un amor que nunca es el mismo. Podemos reconocer afinidades entre las diferentes aproximaciones al amor en la historia de la cultura humana, pero siempre el problema que nos interesa en filosofía es el de las fronteras: no tanto la definición unívoca del amor, sino ese resto del amor que queda en la imposibilidad de traducción. Por ejemplo, la eterna delgada línea entre el sexo y el amor, o la cuestión del amor más allá y más acá de lo humano, o los límites siempre normativos de las instituciones del amor. Deconstruir el amor es intentar desarmar la antinomia tan propagada de dos supuestos polos del amor que oscilan entre un ideal esencialista único para todos y la idea del amor como una construcción siempre otra. Desmontar el binario que ofrece como dos únicas opciones, o bien una definición de la verdadera naturaleza del amor, o bien la opción de que el amor es siempre un *constructo* que cambia con el tiempo, la cultura o el interés. Sin embargo, como en la aporía de Heráclito, tal vez el amor, como el río, pueda ser y no ser siempre el mismo…

Sea lo que fuese, es cierto que vamos arrastrando nuestras historias amorosas en un ejercicio de resignificación que puede ir tomando diversas versiones. Está muy instalada en el sentido común la idea de la existencia de un primer amor que nos condiciona eternamente. Otra vez la pregunta por el inicio: ¿ese primer amor es primero en el tiempo o es primero en jerarquía? Origen no es inicio, pero en el inicio también es cierto que se va gestando algo. ¿Cómo es ese inicio? ¿Qué se va gestando?

Por ejemplo, puede suceder que si hubiera un primer amor del que todos los vínculos no fuesen más que repeticiones, no necesariamente ese primer amor tuviese que tener la forma del desamor, de una ruptura, de una discordancia. Sin embargo en algún momento ese primer amor colapsó. Tal vez necesitemos repensar de un modo menos taxativo la idea misma de lo que es un desamor: desacralizarla un poco. Pero también podría suceder que la historia de Silvia no fuera más que la representación de un desacople previo, de un desamor originario. Como si en el inicio hubiese un desacople ontológico del que la historia de Silvia, en nuestro caso, fuese la encarnadura empírica que concretase lo que ontológicamente responde a una caída primigenia. La historia de Silvia es nuestro caso. Todos nos vemos arrojados a casos casuísticos que no hacen otra cosa que ser la manifestación de un quebranto desamoroso primigenio del que todos somos parte. Las estructuras nos tocan la puerta: ¿o no es lo propio del amor ir en busca de algo que de alguna manera hemos perdido? Es muy difícil no pensar al amor desde la carencia, dado su carácter de búsqueda. ¿Y no es por ello la imposibilidad del amor la prueba de que lo perdido es irrecuperable ya que no es más que una ilusión por suturar nuestra supuesta condición carente?

Pero, de nuevo: ¿qué hay al inicio? ¿Hay inicio? ¿Inicio del mundo o inicio de cada una de nuestras existencias? La idea de tiempo lineal domina nuestra historia. Todas nuestras experiencias se van inscribiendo en ese ámbito a la vez tan efímero y tan permanente como lo es la memoria. La memoria y su anverso: el olvido. Aquello que recordamos y aquello que por suerte olvidamos. Pero sobre todo, aquello que está ahí latente aunque lo creamos olvidado. Las historias por un lado dejan huella y es sobre esa huella que nos vamos desplegando; y sin embargo al mismo tiempo, las historias se repiten, como si nos quedáramos estancados en esas huellas que nos van hundiendo. Huellas que se hunden y no nos permiten salir del mismo estado…

Según la historia bíblica hay un inicio: el inicio. Hay creación. Como si ese génesis representara cada una de nuestras vidas. Pero hay un Dios que crea, o sea que antes de la creación, ya había algo. No es creación desde la nada, sino desde sí mismo: hay una escisión, una separación. Incluso, depende la interpretación de los primeros versículos del Génesis, se puede hasta suponer la presencia material de un mundo en potencia: Dios crea sobre una materia informe que le es dada. En el pensamiento griego tampoco hay una idea de inicio absoluto. En realidad, se postula todo lo contrario: la imposibilidad de la creación desde la nada. El ser siempre ha sido y viene siendo. De lo contrario se vuelve difícil justificar su aparición. En todo caso hay transformación, pero de algo que viene siendo desde siempre.

En Heráclito, por ejemplo, el fuego siempre vivo es eterno. Una eternidad en constante cambio, pero sin inicio ni final. El fuego que es fundamento de todas las cosas, es una metáfora del cambio. Y el cambio no puede tener principio, ya que ello implicaría algún momento donde no hubiera habido cambio. En Epicuro, los átomos que conforman todas las cosas vienen desde siempre "cayendo". Todo está hecho de átomos. Cuando los átomos caen, chocan entre sí y es ese impacto lo que va conformando cada una de las entidades del universo. Pero los átomos caen con un desvío impredecible que garantiza la contingencia del mundo. El choque consolida a las diferentes cosas que llevan en su simiente el modo particular y libre en que los átomos confluyeron (todo es provocado por azar), pero lo más significativo es que esos átomos permanecen subyacentes a cada entidad forzando la continuidad de la caída. Mientras vivimos, mientras las cosas son, sus átomos fuerzan todo el tiempo a seguir cayendo. Ese es el tiempo de cada cosa. Cuando la caída vuelve a manifestarse, la entidad se rompe y los átomos retoman la caída: en los humanos se llama muerte.

En Anaximandro hay una idea similar, en el famoso *Fragmento 9*, tan trabajado por Heidegger. Lo que hay es un indefinido original donde todo se encuentra confundido con todo. Nada tiene forma, nada está aún diferenciado. De ese indefinido primero, todo deviene: las cosas se van constituyendo en la medida en que se alejan del origen. Como si de un caos material primigenio fueran desprendiéndose las entidades, pero solo a partir de ese desgarro desde la totalidad caótica, se fueran volviendo "cosas", fueran asumiendo sus formas particulares. Claro que ese venirse al orden genera una deuda, una traición con el origen, que el tiempo, dice Anaximandro, repara desarmando aquello que se había conformado. Lo lineal es más bien circular. Todo sigue el mismo recorrido: lo que se quiebra a partir de una separación para volverse algo, tiende a regresar a ese todo originario para volver a no ser nada.

La propuesta de Empédocles involucra de lleno la cuestión amorosa en términos cosmológicos. Todo lo que existe en el universo se halla compuesto a partir de la combinación de los cuatro elementos fundamentales: aire, agua, tierra y fuego. Los elementos se unen, como los átomos de Epicuro, para conformar las entidades y se separan entre ellos para volver a su estado de aislamiento. En Empédocles la fuerza que los une es el amor y quien los separa la discordia. La cosmología introduce al amor y a la discordia (o al odio) como fuerzas que actúan tanto a nivel humano como a nivel ontológico. El amor, como una fuerza de juntura, atrae y fusiona. El deseo no genera una situación incompleta, sino apropiación y fusión, en un esquema donde es la superposición entre los elementos lo que va generando la naturaleza de las cosas. Ya hay una representación del amor desde la atracción y desde la necesidad de un entrecruce simbiótico que es causa no solo de las entidades de la naturaleza sino, sobre todo, de su prolijidad y orden. Pero el esquema es bien representativo: si el *cosmos* mismo depende del amor y del odio como fuerzas de atracción y separación, entonces el amor de los humanos no podrá escapar jamás a este determinismo. Estamos condenados a un tipo predominante de representación del amor.

Claramente en todas estas propuestas, en el inicio hay algo que nos excede y que solo podemos concebirlo desde cierta anarquía conceptual. Las cosmologías del origen en la filosofía presocrática sostienen una comprensión lógica del paso desde el inicio hacia nuestro presente, pero lo que no explican racionalmente es la presencia de ese inicio; o sea, del inicio del inicio.

Nuestro entendimiento solo comprende formas con una cierta lógica, es *logos* que ya se encuentra dado; pero acceder a lo previo a lo dado nos resulta imposible, por lo menos racionalmente. El pensamiento lógico construye ordenamientos cuya sistematicidad y regularidad nos permite entender cualquier fenómeno, incluso el histórico: ¡cuán fácil sería todo si pudiéramos derivar todas las explicaciones sobre nuestra vida amorosa cual si fueran teoremas deducidos de axiomas! Focalizamos el inicio y establecemos parámetros deductivos funcionales. Pero claro, focalizar el inicio implica afirmar un inicio, y sobre todo, justificarlo con la misma racionalidad con la que se pretende justificarlo todo. Y así como la fatalidad del mundo está en que hay un origen vedado que no puede ser racionalmente comprendido, así el drama del amor nos lleva a ese momento previo que siempre nos excede; porque, o bien antes del inicio, no hay inicio; o bien antes del inicio, hay un inicio del inicio y un inicio del inicio del inicio.

En todo caso, hay como mínimo una separación, un desgarro, un desapego, una individuación. Algo se separa, algo nace. Algo se diferencia y sale. Se origina. Nada hay más misterioso para el ser humano como comprender el nacimiento. Y mucho más, el propio. Nos lo imaginamos como un comienzo absoluto, como un inicio desde la nada, cuando en realidad no es más que un proceso de diferenciación permanente que de alguna manera nunca termina. Nos cuesta asumirnos devenir de algo previo, diferenciación de diferenciación propulsor de más diferenciaciones. Sin embargo hay un punto de inflexión radical con el nacimiento.

Nadie recuerda nunca cuando nació: la conciencia nos abandona tanto al nacer como al morir. La conciencia de no haber sido nada y en un instante haber sido engendrados. Y más con todo lo que implica en las criaturas mamíferas el nacer: un cuerpo que se despega de otro cuerpo después de un largo proceso de individuación en su interior que en un momento dado se desanuda en el parto. Tal vez toda la historia posterior, tanto orgánica como simbólica no sea más que poder sostener ese movimiento de salida: desde el destete hasta la ilusión de autonomía. Demasiada carga, no solo el tener que sobrevivir, sino el tener que comprender si todo este acontecimiento supone algún propósito: ¿para qué? Hay un abismo de sentido entre el hecho biológico de concepción de una criatura y la constatación existencial del propósito de la vida: no hay manera de que un hecho natural como la reproducción nos brinde un motivo existencial. Como los átomos epicúreos, la contingencia de la concepción es demasiado aleatoria como para dotarla de un sentido inmanente. Demasiada carga, además, ya que este sinsentido originario se nos presenta como un lacerante temor a la muerte que no nos permite ni siquiera asumir la existencia como un ciclo: aceptar que la cosa empieza y la cosa termina. Demasiada carga en especial para el amor, tal vez la creación más exasperantemente humana provocada con el objetivo de sublimar esta demasía: increíblemente creemos que amando, como por arte de magia, todo finalmente encaja.

Tal vez el amor no sea más que una creación demasiado humana que nos permite sobrellevar esta imposibilidad. Pero tiene que darse en el modo de la promesa y nunca en el de la actualidad: el amor siempre tiene que estar *por venir*. Y es justamente ese modo potencial del amor lo que lo hace imposible. Hay amor, pero su haber no tiene la forma del presente sino de lo que está por acaecer. Siempre está por venir, incluso aunque estemos en pareja. No es una cuestión fáctica sino filosófica: no hay amor pleno ni hay amor dado. El amor está por venir para el futuro y está por venir también para el pasado. Nunca se plasma ni como una historia final hacia el futuro ni como el final de nuestra búsqueda pasada. No hay un primer amor, sino que siempre estamos buscando ese otro primer amor adecuado a nuestro presente. Pero tampoco hay un amor final y es esta contingencia siempre abierta la que mantiene al amor vigente.

En un texto de *La gaya ciencia*, Nietzsche convoca la figura de un demonio que furtivamente se nos acerca para hacernos la pregunta más temida: ¿qué pasaría si esta vida que estamos viviendo se repitiera eternamente, todo igual hasta el más mínimo detalle, todo una y otra vez por la eternidad de todos los tiempos? La misma vida, vuelta a vivir, una vez y otra vez, siempre del mismo modo, en un círculo que se repite al infinito. ¿Cómo reaccionaríamos si supiéramos que todo lo que vivimos hasta ahora y lo que estamos viviendo volviera a darse del mismo modo para siempre en un *loop* infinito de repetición idéntica de lo mismo? Vivimos esta vida, morimos, volvemos a vivirla igual, volvemos a morir, y así… ¿Qué haríamos? ¿Cómo nos impactaría emocionalmente? ¿Nos angustiaría al punto de paralizarnos o nos impulsaría a transformar radicalmente nuestra existencia?

La pregunta es demoledora por muchos motivos. El primero, que no es el más importante, es que no nos da opción a modificar lo que ya hemos vivido hasta ahora (el texto menciona específicamente "esta vida, como ahora la vives y como la has vivido"). Nos fija el pasado. La apertura creativa a pensar un futuro con múltiples cambios se tensa con la fijación de un pasado en principio inmodificable. No es una pregunta retroactiva, con lo cual incluye en la meditación reflexiva que nos conmina a realizar el tener que hacernos cargo de la dilapidación existencial de nuestro pasado. Y subrayamos "dilapidación" porque necesariamente esta pregunta interviene sobre la seguridad de un pasado que nos resulta inmutable. Si decidiéramos, a partir de la pregunta del demonio, modificar nuestra manera de vivir, no podríamos hacer nada con lo ya vivido: permanecería allí como el recuerdo de lo que ya no queremos ser.

Pero segundo, la pregunta es demoledora porque nos obliga a tener que decidir sobre el modo en que tenemos que continuar viviendo. Y aquí subrayamos "tenemos" porque nos exige una decisión. Nos coacciona a tener que elegir. Incluso a elegir no elegir. No hay escape a una pregunta de este tipo y por ello suele ser presentada como un imperativo ético: decidir que la pregunta no nos interpele, ya es también una forma de la decisión. Por ello nos provoca tal vez la forma más patente de la angustia: hay angustia, sostiene Kierkegaard, cuando no podemos no elegir entre posibilidades y por ello mismo se nos coacciona a elegir; y sobre todo cuando estamos seguros de que elijamos lo que elijamos, igual nos vamos a equivocar. Y no porque no sepamos elegir, sino porque la pregunta nos arrebata de una ilusoria serenidad en la que creíamos estar viviendo: elegir una opción es tomar conciencia de todas las otras opciones que descartamos.

En este parágrafo #341 Nietzsche introduce la cuestión del *eterno retorno*. Y no importa el tipo de cisma que provoque en cada soledad (es interesante que el demonio se nos presenta en nuestra más vacía soledad) ya que lo definitivo es que frente a esta interpelación, no tenemos escondite. ¿Estamos dispuestos a repensar la continuidad de nuestros proyectos hacia el futuro? ¿Estamos dispuestos a transformar nuestra vida cotidiana? Si todo va a repetirse eternamente del mismo modo, con el mismo detalle, en los mismos segundos, ¿qué decidiremos? ¿Iremos por un giro revolucionario o permaneceremos en el más rancio conservadorismo? En especial porque no es solo un tema de proyectos, sino de valoraciones, de tiempos, de erotismo, de decisiones.

Tenemos que hacernos cargo de nuestro pasado que, como un acontecimiento pedagógico puede por suerte alumbrar las dudas acerca de nuestra elección. Pedagogía violenta que nos exige claramente subvertirlo todo. A diferencia del sentido común que no experimenta el cotidiano en términos de eterno retorno y por ello la carga que se le imprime a nuestras acciones es claramente menos intensa. El sentido común vive el tiempo como si fuera lineal.

Si yo hubiera sabido a mis nueve años que el tiempo no era lineal sino cíclico, y que además, no cabía ninguna duda de su repetición literal, ni siquiera simbólica, ¿hubiera demorado tanto en confesarle mi amor a Silvia? Ahora viviré eternamente la pesadilla de mi lentitud, o más bien de mi cobardía. El contrafáctico ataca con todo: tendría que haberle confesado a Silvia mi amor. Es más, hasta tengo claro cuándo era el momento: ese primer lunes, después de su cumpleaños. El gesto de la invitación y el gesto de la confesión: gracias Silvia por invitarme, creo que me pasan cosas con vos (demasiado armado para un niño de nueve años); o más bien: te amo. Así, frontal, casi como dictando las dos palabras: *te, amo*. Así, como nunca escuché a mis padres decirse entre ellos. Nunca la incomodidad, la exposición, la entrega. Y esta escena, además, repitiéndose en el eterno retorno cada vez. Cada nueva vida que recomienza y que es la misma a la espera de que cada vez llegue ese momento de bella e inesperada locura, el cumpleaños y al día siguiente: Silvia, te amo.

Pero la pregunta del demonio es capciosa: habla de la vida tal como hemos vivido hasta ahora, pero nos permite pensar el esquema como una totalidad. Juguemos el contrafáctico a pleno: si hubiese sabido del eterno retorno desde siempre, ¿qué hubiera hecho? Si supiéramos que toda nuestra vida la tendremos que reiterar infinitamente, ¿qué priorizaríamos a la hora de nuestras elecciones? ¿Elegiríamos cumplir adecuadamente con la norma ante el temor de que haya un Dios, por ejemplo, o un sistema de premios y castigos? ¿Elegiríamos en esta línea la prudencia, la precaución, cierto cálculo en virtud de un posible desajuste frente al orden universal? ¿O en la vereda exactamente opuesta, nos inclinaríamos por priorizar de modo absoluto nuestro deseo? Nuestro deseo y, por lo tanto, el riesgo. ¿Pero cuál es el riesgo?

En el eterno retorno no hay muerte. La ausencia de la muerte hace de la figura del eterno retorno una figura temible: ¿por qué no apostar al deseo, si no hay castigo último? Aunque con la misma lógica, ¿por qué no moderarse ante la posibilidad del castigo prometeico de estar condenado eternamente? ¿Buscaremos ser radicalmente otros inspirados en nuestro deseo o nos afianzaremos en el cumplimiento de todos los mandatos posibles?

Hay otra variable que se desprende del mundo del eterno retorno y que tiene que ver con las bifurcaciones posibles de las múltiples vidas potenciales: el jardín de senderos que se bifurcan. ¿Y si por escuchar oportunamente al demonio me hubiese decidido a declararle mi amor a Silvia aquella vez, y en función de ello, toda mi vida hubiese sido completamente otra, incluyendo el hecho de que tal vez no estaría por ejemplo escribiendo estas palabras, ya que todo aquel acontecimiento hubiese podido modificar la totalidad de mi identidad, en especial mi búsqueda vocacional? El sueño de mi madre: Darío se casa con la novia de toda la vida. Es contador, tiene tres hijos, dos autos, dos departamentos.

El jardín de senderos que se bifurcan. Darío declara su amor a Silvia y Silvia lo rechaza. Darío por venganza se pone de novio rápidamente con alguien con quien se casa, es contador, tiene dos autos, dos departamentos, tres hijos, a una de las cuales le pone de nombre Silvia. Y así, las múltiples opciones. O dicho del peor modo: ¿cuánto me es funcional a la mayoría de mis indecisiones, la escena de Silvia y su relato del amor como destiempo? ¿Cuánto necesitamos que en el origen haya siempre el relato de un desamor y que sea definitorio? ¿Cuánto el desamor iniciático nos blinda luego en la secuencia continua de desamores consecutivos? Un amor que es un desamor aunque no por rechazo sino por impotencia. Un amor imposible.

El amor es imposible porque todos los amores no son más que copia del único amor verdadero que es el primer amor y que además nunca existió. Lo aporético en este caso es que el único amor genuino es el que nunca existió. Pero que no haya existido no significa que todos los amores no puedan ser sino meras copias de una supuesta primera copia que no se sabe copia y se cree original. El problema es que con cada nuevo amor, se va resignificando ese primer amor, a tal punto de llegar muchas veces a desplazarse y reconvertirse en otro primer amor que ya no es el primer amor anterior. El problema, en realidad y tal como surge del mandato ético del eterno retorno, es nuestro apego a una matriz temporal que consagra los inicios.

¿Qué es un *inicio*? El inicio es siempre una construcción. Un punto instaurado que como todo punto es insustancial. No hay eslabón perdido. Hay la obsesión por encontrar ese punto decisivo, definitorio, ese traspasamiento que modifica de raíz la estructura. El mito del eslabón perdido que solo es funcional a sostener la matriz temporal evolutiva, pero sobre todo el dualismo: un mundo previo y otro posterior al acontecimiento decisivo. ¿Hay un acontecimiento decisivo en el amor? ¿Hay un eslabón perdido que marca un pasaje en nuestra manera de amar?

Por ejemplo, no hay un momento fijo en la secuencia evolutiva donde se habría conformado el primer ser humano, ya que todo depende de aquello que en cada época se defina como humano. No habría tampoco un momento específico donde el animal humano comenzó a hablar. No hay –como sostiene Agamben– un inicio del lenguaje: todo depende de cómo definamos al lenguaje, pero sobre todo de cómo distingamos al sonido de la voz y a la voz de la palabra. No hay un hecho histórico que determinó un cambio radical en el orden social: la historia se escribe desde el futuro. Y por eso mismo, se mueve.

En el esquema del eterno retorno nietzscheano, cualquier instante se vuelve fundamental en el círculo existencial. Todo viene sucediendo desde siempre y para siempre. No hay inicio. En todo caso, el único punto de inflexión habrá sido filosófico, ya que consiste en la toma de conciencia de la estructura circular de la historia y del tiempo. Pero se supone que el habernos desayunado hoy con el eterno retorno es un hecho que se viene repitiendo desde siempre. Y en cada nuevo recomienzo volvemos a pasar por el momento en que el demonio se nos acercó y nos habló al oído. O dicho de otro modo; la historia de Silvia no es primera. No hay ninguna historia primera. Si hay eterno retorno, no hay primer amor. El primer amor entonces es el que siempre está *por venir*. Por eso no existe ni puede existir en el presente. Por eso es imposible.

La idea de lo que está *por venir* es recurrente en la filosofía de Jacques Derrida. El otro está siempre por venir y por ello es un otro. Su otredad radica en su imprevisibilidad, en su salirse de toda planificación o estructura previa. Si fuera planificable, previsible o predecible, ya no sería el otro: la clave de la otredad está en su desmarque, su falta de marcas, en su todavía no presencia. El otro no habita la forma de la presencia: es impresentable. De allí la tendencia a revestirlo siempre de algún ropaje que le da entidad, pero que sin embargo lo oculta. Si el otro no estuviera siempre por venir o al venir, entonces ya estaría de alguna manera presente en nuestras expectativas, en nuestras proyecciones. El otro siempre se nos escapa. Por eso, el sabernos siempre a disposición de lo *por venir* también es al mismo tiempo una apertura deconstructiva, una entrega de humildad a lo radicalmente otro. El otro, como se da en la figura de lo *por venir*, siempre es imposible. (Si se encuentran con un otro posible, seguramente no sea un otro...)

El futuro está siempre *por venir*, ya que si pudiésemos preverlo, entonces no sería ya el futuro sino lo que desde el presente instanciamos sobre lo venidero. Lo venidero tiene que estar siempre en la forma de lo inexpectante para que no lo avasallemos con nuestras necesidades actuales. Aunque igualmente si cayéramos, como usualmente lo hacemos, en perder el futuro al presentificarlo permanentemente, por suerte lo venidero siempre nos descalabraría, ya que a pesar de todos los intentos por maniatarlo, lo *por venir* suele escabullirse y sorprendernos.

El amor está siempre *por venir*, ya que ningún amor se corresponde con lo esperado, con lo supuesto, con lo expectado, con lo idealizado. Y si así fuese, no sería amor, ya que no habría un otro. Si el otro tiene la forma de lo imposible, entonces el amor también es imposible, ya que el amor es siempre para el otro, o sea para lo que nunca se plasma de modo definitivo, o sea para quien siempre esté por venir. Y no importa si se trata de una persona distinta o de aquella persona con la que estamos compartiendo un vínculo posible, porque lo que importa es que aquello que busco en el otro, nunca puede terminar de ser hallado: lo que busco en el otro es lo imposible. Es eso por venir infinito del otro lo que me convoca cada vez a continuar amando: amamos lo que siempre está por venir.

Pero así como no hay final, tampoco hay principio. No hay final ni siquiera con la muerte, ya que el amor en su tender incesante nunca alcanza la plenitud, nunca toma la forma de lo posible. Su imposibilidad es lo que lo mantiene en movimiento, vivo, deseante. En una conflagración distinta de felicidad y tristeza, de placer y dolor. Su post romanticismo se delinea aquí: no deja de donarnos una sensación numínica de totalidad, aunque incorpore en su fórmula la hibridación de lo posible y lo imposible. Asumir que el amor también duele y que cierto dolor es esencial para cualquier experiencia amorosa, no rebaja el temple mágico, sino que lo rescata y lo pule de las frustraciones a que toda idealización nos condena. Una cosa es estar encandilado y otra refulgir hasta explotar. En el primer caso estamos enceguecidos; en el segundo vemos más allá de los ojos…

Del mismo modo, el primer amor también está siempre *por venir*. Es obvio que el primero en tanto que el más importante nunca es un amor realizado. Siempre estaremos un poco más cerca de la imposibilidad y resignificaremos al mundo de lo posible para que se acerque cada vez más a un final que no hay, pero que desde su espectralidad nos inspira. Pero tampoco es definitivo el primer amor porque la historia es sísmica, es geológica, se va moviendo, desplazando; va narrándose una y otra vez a partir de los relatos que en cada presente otro, se van sucediendo.

No hay un primer amor porque todos pueden ser el primer amor y porque ni siquiera sé si mi primer amor no se encuentra aún perdido en el anverso de la memoria. O desde las diferentes representaciones que vamos modificando de nuestro "uno mismo", de acuerdo a la definición oportuna de lo que en cada tiempo de vida consideramos que una historia aplica como historia de mi primer amor: en este texto me decidí por la historia con Silvia, pero en otro momento de mi vida jamás hubiera elegido un relato de amor de niño. Hoy no podría elegir jamás sino cualquier acontecimiento de ese futuro *por venir* que es la niñez…

El primer amor siempre está por venir porque nos obliga a una rememoración abierta. El objetivo del recuerdo del primer amor no es cronológico ni informativo, sino como en el relato del demonio, tiene un componente ético: trazamos una línea que provoca una tensión y nos exige repensarnos en nuestros amores presentes. Por eso el primer amor puede ser el amor más pleno o el amor más banal y vacuo. En realidad, nunca importa lo que realmente fue, ya que incluso esa percepción en la edad de nuestra vida que fuese, se halla absolutamente encerrada por las vicisitudes de ese tiempo. No solo un acontecimiento nunca es histórico en el momento en el que se lo vive, sino que ni siquiera la percepción del modo en que vivimos ese presente se mantiene. No es casual que lo primero que hacemos cuando iniciamos una nueva relación amorosa (¿iniciamos?) es practicar una rememoración intensa de nuestros vínculos pasados. Nos vamos constituyendo en sujetos del amor a partir de los relatos vueltos a narrar de nuestra memoria amorosa. Memoria que como toda memoria oscila en esa tensión necesaria entre el recuerdo y el olvido, entre lo que sale a luz y lo que queda entre sombras.

El fragmento B de las *Tesis de filosofía de la historia* de Walter Benjamin subraya la importancia de la práctica de la rememoración en su tensión con la posibilidad de escrutar el futuro. Nos dice Benjamin que la sabiduría judía priorizaba rememorar lo pasado por sobre adivinar el futuro. Y no porque no hubiera un interés en el mañana sino porque mientras el mañana no sea más que una proyección hecha desde el presente, al futuro indeclinablemente lo terminamos perdiendo. Es que tal vez, piensa Benjamin, tendríamos que cambiar nuestra imagen del futuro, sacándolo de la cadena de tiempo secuencial y pensándolo desde otro lugar: no como lo que necesariamente nos continúa sino como una *interrupción*. Pero no como una interrupción pasajera que estaría deteniendo el paso de los tiempos por un rato, sino como una interrupción terminal que nos permitiera desarmar con su irrupción explosiva todo el andamiaje temporal previo. Y sobre todo nuestra representación del después. ¿Y si el después no adviniera desde la previsibilidad calma sino desde la implosión inminente de todo lo hasta ahora existente? El futuro así no se convertiría en "un tiempo homogéneo y vacío. Pues en él cada segundo era la puerta estrecha a través de la cual podía pasar el Mesías".

¿Quién o qué es el Mesías? Si lo mesiánico puede irrumpir en cualquier instante, el fin del mundo no se encuentra adelante sino aquí mismo, en la inminencia de lo imposible. El futuro ya no es ni algo previsible ni algo evolutivo, sino que es la inminencia de que todo sucumba en cualquier momento. Sucumbir no como algo malo ni bueno, sino como el final de la historia de lo malo y lo bueno. El Mesías está al acecho y siempre por entrar por la puerta estrecha por donde a cada instante todo puede darse de otro modo. ¿Qué es lo mesiánico? La posibilidad de que todo pueda darse de otro modo, la posibilidad de la imposibilidad, o lo imposible finalmente desarmándolo todo. La venida del Mesías puede acaecer ahora, pero el Mesías no es el anunciado en las escrituras. Es el no anunciado. No hay ningún indicio de lo que el Mesías pueda provocar en términos de revolución radical: el Mesías es la revolución radical. Nada de lo que hoy existe, ni en su forma ni en su contenido, va a subsistir. Lo mesiánico no es un cambio de tiempo: es el fin del tiempo.

Que lo mesiánico pueda darse en cualquier momento, modifica de raíz nuestra relación con el tiempo: suscita una esperanza inédita. No solo habría redención, sino que hasta podría darse en la inminencia del presente. Redención ya que suponemos que lo mesiánico nos realiza más allá del principio de cualquier realidad: nos abre al otro. ¿Pero qué tenemos que hacer nosotros *mientras*? La puerta se puede abrir en cualquier momento, pero mientras se encuentra cerrada. ¿Qué hacemos mientras? ¿Podemos, como también dice Benjamin, "apresurar el momento"? Tampoco sabemos qué es lo que vendrá, pero sabemos que lo que vendrá no coincide en nada con lo que se está dando. Y por sobre todas las cosas, no podemos ni planificar el futuro ni aspirar a él en términos de expectativa posible. De nuevo, el futuro mesiánico no tiene que ver con lo posible: no es un tiempo que podamos preparar ni tampoco podemos quedarnos mustios a su espera. No lo podemos ni siquiera enunciar, ya que su formulación lo disolvería. ¿Cómo aspirar a lo imposible sin anularlo?

Para Benjamin, la clave está en la *rememoración*. Como el presente no es más que el efecto del pasado en su despliegue, entonces nos comprendemos a nosotros mismos volviendo una y otra vez sobre nuestra propia historia. La nueva versión sobre el pasado que realizamos en cada presente nunca es exactamente la misma: hay un pasado, pero nos resulta inaccesible. Los relatos que construimos cada vez sobre nuestro ayer van ponderando diferentes escorzos a partir de esa trama abierta que hay entre lo vivido y lo que estamos viviendo. O dicho de otro modo: hablar del pasado es siempre hablar del presente, ya que todo relato sobre el pasado es un relato hecho desde el presente. Claro que el problema fundamental es que el presente mismo no existe, ya que lo que concebimos como presente no es más que la conciencia de la inminencia del pasado; o sea, siempre que nos pensamos en el *ahora*, nos pensamos en lo que acaba de ocurrir hace casi nada. Casi nada, pero casi: siempre nos pensamos en lo que acaba de suceder.

¿Cómo se vincula la rememoración del pasado con nuestra experiencia del futuro? O preguntado de otro modo: ¿por qué voy a buscar información sobre el futuro en el pasado? Es que no se trata de "información", sino de memoria. No se trata tanto de "historia" sino de "memoria", oponiendo injustamente la una con la otra, como si la historia fuese un mero recopilado secuencial de hechos y la memoria una práctica de emancipación. Y es que aquí está la reconfiguración de la idea de tiempo que propone Benjamin: la rememoración nos lleva a la *redención*. Una práctica de emancipación es un acontecimiento redencional. Recordamos cada vez el pasado en busca de aquello que no se pudo realizar, o que no vimos, o que quedó por algo ocluido, sojuzgado, soterrado, invisibilizado.

El Mesías que a cada segundo puede traspasar la puerta viene a redimir el mundo. Hay algo fallado, pendiente, no realizado, injusto: el mundo tiene que recomponerse. Pero no solo no tenemos la mínima idea de cómo va a plasmarse la redención, sino que cada vez que la planeamos, no hacemos más que postergarla una vez más. La redención no se da como figura de este mundo, sino que su imposibilidad asedia todas las falsas construcciones de justicia mundana. Benjamin no se está peleando tanto contra sus enemigos sino contra sus cercanos: creer que lo imposible resulta posible no es más que ratificar un orden de injusticia. Lo imposible siempre nos recuerda que ningún orden alcanza lo justo en sí, ya que lo propio de la justicia es estar siempre abierta al sufrimiento del otro.

Redimir es una forma de redescubrir pequeñas historias, ínfimos detalles que por algo en su momento quedaron excluidos; figuras de la historia que no pudieron expresarse en los testimonios. Hay una historia negada que es la historia de los perdedores. Como en la descripción que hace Benjamin del cuadro de Klee, "Angelus Novus", el ángel de la historia observa desde el anverso como aquello que el sentido común considera la historia de un progreso, puede verse también como la historia de una ruina. Nos debemos esa pregunta: ¿qué no estamos viendo? Vemos las autopistas relucientes y veloces, pero ya no vemos todas esas edificaciones históricas que tuvieron que ser demolidas. O peor; vemos a través de esas autopistas a la velocidad como virtud y no vemos la ya en ruinas demora de un paseo sin rumbo...

¿Por qué volver cada vez a la historia de nuestro primer amor? ¿Por qué necesitamos rememorar el primer amor? ¿Cuál es la eterna contemporaneidad de ese primer amor que tanto nos está interpelando no solo sobre el presente amoroso sino sobre toda la matriz amorosa en la que nos hallamos? Por la estrecha puerta el Mesías no nos trae un nuevo amor sino que nos empuja a una nueva dimensión de lo amoroso. Algo de la estructura choca y se derrumba: siempre estamos a la espera de un enamoramiento radical que fundamentalmente nos saque de nosotros mismos, de nuestras costumbres, de nuestras formas, de nuestras comodidades, de nuestros cálculos. No hay un futuro planificable en el amor. Ni siquiera hay futuro en términos lineales: hay siempre en potencia la posibilidad de que el flechazo nos desarme.

Por eso sucumben la seguridad, la planificación, la previsión, la estrategia: no son categorías para el amor. El amor está siempre por llegar, aunque nunca llegue: está siempre por llegar porque sabemos que en cualquier momento nos puede dar el flechazo. Toda lo calculable se desmorona en un instante, se vuelve insulso, se muestra de otra naturaleza. Vivimos la precariedad emocional de sabernos siempre a disposición de que la puerta se abra y el amor lo demuela todo. Vivimos la precariedad del tiempo. La irrupción intempestiva del amor es la prueba de que no hay futuro en términos tradicionales: la potencial imposibilidad del amor contrae el mañana y lo desnuda como un instante inminente donde todo puede colapsar.

De allí la propensión a acomodarnos con mucha fuerza en el paradigma instituido del tiempo cronológico. De allí la necesidad narcótica de ensoñarnos con un futuro previsible, con un mañana posible, o sea, con la capacidad autónoma del sujeto de desplegar sus propias formas. Es que el sujeto no hace otra cosa que desplegar lo propio, pero el problema es que el amor es siempre con otro; o mejor dicho, es del otro. El ensimismamiento del sujeto en su propia capacidad amatoria que anula al otro se muestra también en su negación a dejar abierta la puerta para que en cualquier instante pueda entrar el Mesías y destruirlo todo. Destruirlo para redimirlo, pero destruirlo al fin.

Pero para que el Mesías sea una promesa, la clave está en la rememoración. Volver una y otra vez sobre un pasado nunca cerrado para releernos permanentemente por fuera de las ataduras del sentido común. Es cada relectura la que habilita la puerta mesiánica. Es el no estar aprisionado en un pasado definitivo, sino en su revisita infinita que nos permite encontrar cada vez nuevos detalles, sensaciones reprimidas, situaciones oportunamente dejadas de lado. Todas nuestras historias de amor pueden ser la repetición de un primer amor; pero no se trata de una reiteración automática sino literaria: el volver a reescribirnos, del mismo modo como nos vinculamos con un texto escrito por nosotros que no hacemos más que releer y reescribir.

Podemos estar repitiendo siempre la misma historia, pero la historia no siempre es la misma y la repetición siempre añade algo impensado. El amor es imposible porque nunca es el amor sino que remite a un primer amor que nunca es el mismo. Y en esa remisión deja abierta la puerta para que acaezca lo imposible…

TESIS 2

Si el amor es imposible, discutamos lo imposible.

El amor es imposible. Una provocación contundente. Toda enunciación contundente que interpela al sentido común no puede sino ser una provocación. (¿Habrá alguna otra forma de hacer filosofía que no sea desde la provocación? ¿Y habrá alguna otra forma de constituirse el sentido común que no sea desde la contundencia?). Así de contundente es esta afirmación como lo es nuestra idea de *lo imposible*. Ya desde siempre presuponemos no solo que el amor es *posible*, sino sobre todo, presuponemos una definición taxativa de *lo imposible*: "imposible" significa linealmente y por oposición que algo "no puede ser posible". Por eso, leemos la frase "el amor es imposible" y rápidamente concluimos de ello que nunca viviremos a fondo la experiencia del amor. Es del mismo tenor de frases como "nadie puede ser feliz" o "no se puede cambiar el mundo". Una mezcla de resignación, realismo y escepticismo que renunciaría a la búsqueda de muchos de nuestros principales ideales (donde no parecería haber otra conexión posible para los *ideales* que la sensación de *renuncia*). En otras palabras; parece que vinimos a este mundo para enamorarnos, ser felices y transformarlo para hacerlo más justo. En todo caso, si no logramos estos objetivos, nunca pensaríamos que se trata de un problema intrínseco al diseño mismo de los ideales sino que culparíamos a nuestra incapacidad práctica: los ideales siempre son correctos, la tragedia humana es que nunca los realiza adecuadamente. O peor, nos inculparíamos por hurgar en demasía y darle demasiadas vueltas a la cosa. El sentido común nunca se maneja con ambages: ni los gatos tienen cinco patas, ni los huevos tienen pelo; y sobre todo, nada es más deseable que el amor, la felicidad y la justicia, que ya vienen absolutamente preconfigurados en su definición y naturaleza.

El amor es imposible. Una provocación. Se provoca al sentido común. Se lo provoca en la incomprensión de frases que parecen no tener sentido (¿qué significa que el amor es imposible si es tan evidente que el amor es posible?) En especial porque para el sentido común la tranquilidad existencial se entiende como resolución inmediata y eficaz de cualquier problema. Nunca dejar nada en estado de latencia problemática: si hay un problema, hay que resolverlo. El ideal de vida feliz se encuentra, en primer lugar, en la ausencia absoluta de todo problema. Pero si esto no fuera posible y nos llovieran las complicaciones, el ideal de vida feliz se trastoca en la ponderación de nuestra astuta capacidad de resolución (el *know how*): vivir bien es básicamente poseer la argucia para resolver eficientemente cualquier problema en el menor tiempo posible y con la menor inversión de recursos posibles. (Claro que hacer filosofía es, a la inversa, problematizar la existencia, y en especial, en aquellos lugares donde suponemos que no hace falta hacerse ningún problema). De allí que el sentido común rechace la afirmación "el amor es imposible" y la asocie de inmediato con el derrumbe directo del orden socioafectivo en el que estamos inmersos para llegar a conclusiones catastróficas del tipo: "si el amor es imposible, nada tiene sentido".

En este tipo de conclusiones se supone un orden. Y el orden, calma. Pero no se supone un orden cualquiera, sino "el" orden, el único, el que corresponde, el que tranquiliza. El orden construye binariamente su opuesto: o hay orden o hay catástrofe. Lo otro del orden siempre es la anomia, la locura, la anarquía, el vacío. Si el amor es imposible, lo que nos queda es el desahuciamiento infinito. Vivir sin amor es morir en vida. Vivir sin estar sumido en el dispositivo hegemónico del amor no es solo asumir la carencia, sino estar arrojado a una existencia vacua, fría, desmotivada, gris, desértica. El monoteísmo amoroso acarrea todos los rasgos propios de la unicidad dogmática: si hay un único Dios, nada tiene sentido fuera de Dios. Pero si no hay ningún Dios, tampoco nada tiene sentido. Ergo, es Dios o Dios. Del mismo modo, si hay una única forma del amor, toda desavenencia es siempre una patología, una anomalía, una herejía, un error. Y si no hay amor, todo se vuelve desavenencia y por ello nada tiene sentido. Ergo, es el ideal romántico del amor o el ideal romántico del amor. Por fuera, no hay nada...

El amor es imposible. Los ideales rigen las prácticas: o los alcanzamos o renunciamos a ellos. No puede haber matices. La máquina farmacológica del orden. Todo acomodado debidamente: si alcanzo el ideal, soy un ganador. Si no alcanzo el ideal y elaboro toda una filosofía de la renuncia como síntoma de sabiduría, también soy un ganador. Siempre gano, donde "ganar" es acomodar situaciones para su manipulación y calma (donde *manipular* no es visto como algo negativo sino como indica su significado: moldear con las manos).

Todo ocupa su lugar sin ambigüedades: los ideales, su búsqueda, su consecución, las renuncias necesarias. Pero lo que claramente nunca se cuestiona es el dispositivo que ordena los factores en juego donde todo se da siempre por hecho: se da por supuesto que *hay* ideales y que son claros en su definición (amor, felicidad, justicia, verdad, belleza, bien); que estos ideales son el objetivo a perseguir donde el que lo logra alcanza el pedestal de la felicidad y es envidiado por el resto (de hecho la clave del dispositivo es que siempre hay alguien que encuentra el amor y lo hace *posible*); que el no alcanzar los ideales puede llevar a una *renuncia* que disminuiría el valor de la existencia; pero que finalmente renunciar hasta puede ser concebido como un signo de madurez (donde la madurez está siempre asociada con algún tipo de resignación). Todo se acomoda, todo se manipula, se hace con la mano y a la mano.

Pero, ¿y si fuera al revés? ¿Y si esos grandes valores o grandes ideales no fuesen más que quimeras, ilusiones metafísicas, placebos, opios cotidianos que buscan suturar la eterna herida abierta de un ser humano que en el fondo no hace otra cosa más que intentar comprender el sinsentido de *nacer para morir*? ¿Y si la postulación de un ideal no fuese otra cosa sino sustraerle a cualquier fenómeno su condición de cambiante, contradictorio, finito, sucio? "Allí donde ustedes ven cosas ideales, yo veo cosas humanas, demasiado humanas", dice Nietzsche...

Provocar es dislocar ciertos sentidos instalados que, por tan instalados, se nos vuelven obviedades (recordemos que la palabra "obvio" etimológicamente significa la "vía" que tengo tan enfrente que, entre todas las vías o caminos posibles, se me impone como la única). Al dislocar o deconstruir no solo pierde solvencia la obviedad, sino que emergen otras múltiples posibilidades que permanecían desterradas. Pero no se trata de encontrar otros contenidos posibles sino de ir más a fondo: encontrar otras formas; o mejor dicho: se trata de evidenciar el formato, la matriz, el dispositivo. Por ejemplo, no se trataría de debatir cuál de los tres ideales antes mencionados tiene más plausibilidad de darse (¿cambiar el mundo, ser feliz o que el amor sea posible?), sino de comprender que en la lógica misma de los ideales se instaura una existencia solo realizable en términos exitistas. Un exitismo que siempre es binario: o alcanzo los ideales o no los alcanzo. Y lo peor es que ambos resultados garantizan el orden buscado: al final no hay diferencia entre la resignación o la realización. Lo que importa es encajar adecuadamente en los límites del dispositivo. Manipular y ser manipulado. Sentirse parte.

Pero provocar es siempre dislocar todo límite, desencajar a las cosas de su lugar, sacarlas de quicio, de eje, desquiciarlas. (Etimológicamente la palabra "provocación" proviene de un "llamado" hacia adelante, o sea, llamar para que salgamos de nuestros límites precisos, en especial de nosotros mismos. Por eso, toda provocación no puede sino ser un acto de humildad, porque por fuera de nosotros mismos hay lo imprevisible. Provocar es entonces abrirse a lo inseguro. La pregunta de la provocación no puede ser soberbia ya que si no repite la misma matriz de la certeza instalada que pretende desarticular. Soberbio es el sentido común en esa duplicidad de la palabra que incluye también lo sólidamente dado).

El amor es imposible. Para el sentido común, "si es imposible, nada tiene sentido". O también: "no es cierto que el amor es imposible, ¿no ves que todos andan enamorados por la vida?". Formas del sentido común. Dar por supuesto lo que es el amor, tanto su naturaleza como sus prácticas, sus ritos, secuencias, efectos, sus axiologías. Dar por supuesto (que ya es de por sí una decisión de no hurgar, de no preguntarse, de no querer socavar el narcótico, la ilusión, la teología amorosa con sus dogmas) que a la palabra "amor" le corresponde un determinado tipo de significado y que es claro, distinto, único y definitivo (dar por supuesto que a las palabras les "corresponden" significados...).

La clave de todo sentido común está en la eficacia de esta suerte de inmediatez asociativa donde las palabras solo significan una sola cosa y establecen conexiones en demasía contundentes: "el amor es imposible" solo puede significar una única cosa: que el amor es imposible, de acuerdo a las definiciones instaladas de todos los factores que acontecen en el enunciado, donde claramente la palabra "amor" refiere al concepto hegemónico del amor (suponiendo que cuando hay hegemonías, hay también homogeneidad), donde la noción de "lo imposible" solo puede significar que "algo no es posible" (daría lo mismo según este criterio decir que "el amor no es posible", como si fuera lo mismo decir que "el amor es imposible" y que "el amor no es posible"), y donde sobre todo se concibe la frase en términos descriptivos y no provocativos, esto es, se supone la intención de querer expresar un estado de cosas y no un uso provocativo del lenguaje que en su contundencia se reapropia de un enunciado supuestamente definitivo y lo parodia (tal vez suceda algo similar con "nadie puede ser feliz", aunque quizás nos cueste más con "no se puede cambiar al mundo").

Por eso, si el amor es imposible, discutamos lo *imposible*...

¿Qué es discutir lo *imposible*? Fundamentalmente es intentar desarmar la matriz que divide al mundo en dos mundos opuestos: el mundo de lo posible y el mundo de lo imposible; aquello que nos es posible experimentar y aquello que nos resulta fuera de todo acceso. Como si lo *posible* y lo *imposible* fueran dos espacios similares que se oponen entre sí de modo proporcional y equitativo, pero con un movimiento muy claro: desde lo posible se tiende a lo imposible. Esto es; lo imposible es anhelado y deseado desde lo posible que justamente se define a sí mismo a partir de la expansión continua hacia el territorio vedado.

Extraña división del mundo que supone una realidad dividida en dos partes iguales que, aunque no sean ontológicamente similares, se presentan a nuestro entendimiento de ese modo: hay lo posible y hay lo imposible. Por eso se vuelve necesario en primer lugar deconstruir esta falsa oposición. De hecho, si pensamos al mundo de lo posible supeditado al espacio de lo finito, entonces asociamos al mundo de lo imposible con lo infinito. Y la relación entre lo finito con lo infinito lejos está de ser proporcionada. Es más; llevado al extremo, no habría ni siquiera fenómenos posibles e imposibles en sí mismos, como si pudiéramos dividir sistemáticamente el mundo en dos grandes conjuntos de fenómenos; sino que a la inversa, solo se nos darían a nosotros seres finitos los fenómenos en el plano de lo posible. El mismo hecho de "darse" un fenómeno es lo que lo caracteriza como algo posible. En sentido estricto, definiríamos a lo imposible, más bien como aquello que se despliega por fuera de todo lo que podamos concebir.

El problema es que para nuestro sentido común, se piensa a lo imposible más bien como si fuera algo que en realidad es posible, pero que aún no ha sido realizado; y al pensarlo de esa forma, se lo pierde. Se lo restringe a ser solamente la contracara de lo posible, pero una contracara que deja más bien una posibilidad: por ejemplo, si el amor fuese imposible, se piensa desde el sentido común que en algún momento esa imposibilidad se volverá una posibilidad. Lo imposible nunca permanece como imposible sino como un provisorio que en algún momento se trastocará en algo posible. De este modo, el mundo de lo posible se erige como quien determina ontológicamente la realidad. Todo se vuelve posible: lo imposible es solo un momento de espera. Así pensamos muchas veces la resolución de una enfermedad incurable o incluso a la misma muerte: hoy, por ahora, no morir es imposible. Pero ya descubriremos su posibilidad...

Pero hay otra manera de pensar lo imposible. Si al pensarlo solo como contracara de lo posible, se lo pierde, tal vez se trate entonces de pensar esa pérdida. Pensar lo imposible es pensar lo impensable y pensar lo impensable no es no pensar sino desarmar las formas en que venimos pensando. Pensar lo imposible tiene más que ver con el "*pensar*" que con "lo imposible". Es como cuando Nietzsche piensa la figura del superhombre y busca desesperadamente diferenciarla de cualquier atisbo humano exacerbado: el superhombre no es un ser humano mejorado, para Nietzsche, sino lo que comienza una vez que esta forma de lo humano se termine. No es superación sino deconstrucción. Solo podemos deconstruir esta forma de lo humano para que vayan emergiendo otras versiones. Otras versiones de las que por ahora no tenemos idea de qué van, pero que se desmarcan de la matriz oficial abriendo paso a lo que está por venir.

Lo imposible es ese "no tenemos idea". Sabemos que se desarmarán formatos: el antropocentrismo, la creencia en fundamentos últimos, los límites precisos entre lo humano y lo animal, el descentramiento de los valores hegemónicos; pero no sabemos más que eso. Es una etapa de desarme, y a lo sumo, de fluencia de mucho de lo históricamente soterrado. Lo que está por venir, en palabras de Derrida, nunca puede terminar de ser en sí mismo concebido; dado que si lo fuera, ya no sería lo que está por venir, sino lo que ya hubiese venido.

Por ejemplo, el futuro siempre es imposible, en la medida en que cuando se hace presente, ya no es el futuro. Es imposible tener en el presente una experiencia presente del futuro. Toda experiencia presente del futuro está contaminada por el presente. El verdadero futuro es imposible. Solo nos es posible el futuro proyectado desde nuestro presente.

De ahí que podamos pensar a lo imposible no como lo opuesto de lo posible, sino como ese mundo otro que excede de modo terminante cualquier coordenada del nuestro. Ese mundo otro del cual ni siquiera sabemos si es un mundo. Lo imposible como excedencia. Como otredad. Como resto.

El amor es imposible ya no sería entonces ni una negación ni una utopía. No sería ni la resignación a que no haya amor, ni el ideal del amor a alcanzar de acuerdo a su forma instituida. El amor es imposible o *el amor es lo imposible*. Una forma del amor que exceda toda forma conocida. Una forma del amor que deconstruya toda forma. Una forma que ni siquiera sea una forma. Una forma que haga implotar toda forma.

Pero ¿cuál amor es el imposible? Aristóteles dice que "el ser se dice de muchas maneras". ¿Habrá una forma de decir el ser que sea más verdadera que las otras? ¿Y si como sostiene Heidegger, el ser siempre se diese sustrayéndose cada vez que una de sus formas busca capturarlo, representarlo, monopolizarlo? El amor también se dice de muchas maneras. ¿Será la naturaleza del amor este desplegarse de sus formas? ¿Hay un amor verdadero? ¿Hay una forma más verdadera del amor? Tal vez el único amor verdadero sea el amor imposible. Pero no el que aún no pudo darse, sino el que nunca podrá darse jamás, ya que su naturaleza es justamente ese sustraerse al mundo de lo posible…

Por eso, necesitamos deconstruir nuestra concepción del amor, pero también nuestra concepción de lo imposible (la del sentido común), para que en ese desajuste se abra a lo imprevisible y puedan brotar otras versiones. El ser se dice de muchas maneras, pero siempre hay una forma del decirse que se instaura como más fidedigna, como portadora de la auténtica verdad. Se instaura y normaliza nuestras prácticas cotidianas. Deconstruir es siempre un ejercicio de desarme de una hegemonía, que en su destape, hace aflorar la multiplicidad. No se deconstruye para reemplazar una hegemonía por otra. Se deconstruye para que toda hegemonía estalle.

Hay una concepción hegemónica del amor, pero también hay una concepción hegemónica de lo imposible (o de lo posible). En términos heideggerianos diríamos que nos atraviesa una *precomprensión ontológica* de ambas: ya estamos arrojados en un determinado sentido tanto del amor (el amor romántico, patriarcal, mercantil, meritocrático, en busca de la plenitud, asociado a la reproducción, profundo, que une, que calma, que enciende) como de lo imposible (como negación de lo posible). Se trata de deconstruir estas versiones no solo para ver qué otras formas afloran, sino para comprender por qué razón se impusieron estas y no otras. Rota la hegemonía, puede pasar cualquier cosa: tradiciones excluidas que resurgen, conceptos secundarios que se vuelven prioritarios, irrupción de lo radicalmente nuevo, desplazamiento del punto de partida. El orden se vuelve fuera de quicio y no hay un nuevo eje, sino que se provoca un descentramiento de tal magnitud que todo comienza a ser resignificado, vuelto a narrar.

Para el sentido común, lo imposible no es lo radicalmente excedente sino meramente aquello que no puede ser posible. Nos encontramos condenados a los recursos con los cuales construimos nuestra idea de lo posible, esto es, a nuestra experiencia del mundo. Y desde allí, proyectamos incluso nuestros ideales. ¿O no es un ideal el intento de resolución de un límite? Por ejemplo, en este mundo de lo posible no podemos volar: en el mundo de lo imposible anhelamos hacerlo. Pero lo imposible nunca deja de ser una sombra de lo posible: tanto como deseo o tanto como resignación. Ahora bien, ¿no tendría que darse en el mundo de lo imposible muchísimo más que el campo que delimita la sombra de lo posible?

Por ejemplo, en este mundo de lo posible nacimos para morir; en el mundo de lo imposible nunca nos moriremos; o nunca naceremos, sino que siempre vendremos siendo, sin nacimiento ni muerte. Pensamos el no morir desde el morir. Lo pensamos desde donde acontece el pensamiento. Pero el pensar también se encuentra circunscripto al mundo de lo posible. ¿Puedo pensar lo imposible? ¿Cómo pensarnos más allá del principio binario de la vida y la muerte? ¿Realmente creemos que lo otro de la vida es la muerte? ¿Realmente creemos que hay dos posibilidades: la vida y la muerte? ¿O no es la muerte la misma imposibilidad? ¿Es la imposibilidad; o es –al decir de Heidegger– "la posibilidad de la imposibilidad de posibilidades"? O dicho de otro modo, ¿no es nuestra representación de lo imposible, una representación posible de lo imposible? Y si así fuera, ¿no sería lo imposible lo que irrumpe más allá del imposible que se hace posible?

Ese amor que anhelamos y que postulamos imposible, ¿es realmente el amor imposible? ¿O es solo la constatación de la imposibilidad de determinado tipo de amor que consideramos posible, pero que igualmente nunca se termina de plasmar? O dicho de otro modo, ¿no está en la naturaleza misma de toda idealización, el proyectar como ideal solo lo que concebimos como nuestra carencia? Así, ratificamos por ejemplo que el amor es imposible porque nunca podemos llegar de modo definitivo a la plenitud, ¿pero qué concepción de la plenitud damos por supuesta? ¿Y de cuál idea de la carencia partimos? Siempre estamos ya insertos en dispositivos de sentido que nos predefinen y nos condicionan. ¿Y si estuviésemos denominando *amor imposible* al amor imposible que se puede hacer posible? ¿Y si el verdadero amor imposible siempre se nos escapa?

Está claro que nuestra representación de lo imposible se halla determinada por nuestra representación de aquello de lo que podemos tener *experiencia*. ¿Podemos tener una experiencia de lo imposible? En filosofía hay una forma de pensar que resignifica la idea de experiencia asociándola directamente al conocimiento que nos proveen los sentidos: el empirismo. El mundo de la experiencia va dejando de ser un historial de los cuerpos y su memoria para ir convirtiéndose, a la par del desarrollo de la ciencia experimental, en el saber que nos proveen los sentidos, supuestamente neutrales, objetivos y sobre todo desinteresados y despersonalizados.

La clásica crítica empirista a la idea de Dios parte del principio de que todo lo que pensamos con nuestra razón surge necesariamente de alguna experiencia previa de los sentidos. O sea; primero percibimos con nuestros sentidos y luego con nuestra razón ordenamos esas percepciones. No tenemos ningún conocimiento *a priori*, salvo esa capacidad de ordenar propia de una razón que viene innatamente con nosotros como un papel en blanco, una *tabula rasa*. Vemos una flor y nos hacemos la representación de la flor. Nos quemamos con fuego y aprendemos que el fuego quema.

¿De dónde surgen entonces las ideas que no poseen un correlato empírico directo como es el caso de Dios, por ejemplo, o la idea de infinito, de lo absoluto, de lo imposible? El empirismo retoma algunos argumentos ya clásicos en filosofía desde los griegos donde se explica que Dios es una idea que nos hacemos (y no que viene con nosotros como sostiene el racionalismo) a partir de un mecanismo que consiste en exagerar, llevar al extremo, características que nos son propias: como hay seres humanos buenos, inteligentes, poderosos, de los que he tenido *experiencia*; por lo tanto, Dios es lo soberanamente bueno, razón última del universo y omnipotente. Nada de lo que encontramos en nuestra mente no se corresponde con alguna percepción empírica previa. En todo caso nuestro entendimiento articula esas impresiones de diferentes modos, por ejemplo, llevándolas al extremo como en el caso de Dios. Incluso las más alocadas creaciones fantasiosas suponen material propio de nuestra experiencia cotidiana: me puedo imaginar un monstruo con diez cabezas; pero el diez, la cabeza, la contigüidad, todo nace de algo que hemos visto, tocado, oído. De allí que la idea de lo imposible surja, desde esta perspectiva, de la amplificación de nuestra noción de lo posible. ¿Qué es lo imposible? Lo posible llevado a su extremo…

"Empirismo" es una palabra que proviene del griego "*empereia*" cuya traducción al latín nos da nuestra palabra "experiencia". Todo el empirismo se basa en la prioridad de la experiencia de los sentidos. ¿Pero qué es *tener una experiencia* de los sentidos? ¿Cómo se *tiene* una experiencia? El empirismo clásico es una corriente filosófica moderna y es en la Modernidad donde nuestra noción de la experiencia va perdiendo sus rasgos más subjetivos y se va volviendo por el contrario un campo de conocimiento contrastable y experimentable: un campo objetivo. Por eso dice Agamben que no *tenemos* experiencias, sino que más bien *hacemos* la experiencia. Cada vez menos se trata de lo insondable en la memoria de los cuerpos y cada vez más se trata de lo calculable del conocimiento de los sentidos. Así, los cuerpos se vuelven supuestamente transparentes, pero sobre todo se vuelven objetivos. O sea; se reconvierte la idea de cuerpo: se vuelven pura extensión, pura medición, pura geometría. O dicho de otro modo: fuimos perdiendo el *tener* experiencias como legado vivo y se nos fue compeliendo a cotejar cualquier fenómeno en la experiencia objetiva de los hechos.

¿Cómo pensar en este contexto la experiencia del amor? ¿Qué significa *tener experiencia* en el amor? ¿Se trata de una descripción *objetiva* del encuentro con el otro? Pero si así fuera, ¿hay forma de acceder de modo objetivo al otro? ¿No es *otro* justamente porque escapa a todo acceso pretensiosamente objetivo?

¿O se trata más bien de la acumulación de recuerdos de los vínculos amorosos que van consolidando una memoria afectiva que nos asienta en un lugar al mismo tiempo seguro y calculable? ¿Pero qué tienen que ver la seguridad y el cálculo con el amor? Un caudal importante de experiencias amorosas, ¿hacen posible que el encuentro con el otro sea cada vez más potable, o por el contrario no hace más que arruinar cualquier tipo de entrega?

De nuevo, ¿qué es tener experiencia en el amor? ¿Nos brindan los repetidos fracasos un antídoto para el nuevo vínculo? O también, ¿no nos blindan los repetidos fracasos para seguir apostando por un amor que nos saque de nosotros mismos?

¿Y cómo pensar en este contexto la experiencia del amor imposible? ¿Se puede tener una experiencia de lo imposible, esto es, de lo que no se puede tener experiencia? ¿Cuál es el alcance de la experiencia de lo que queda fuera de nuestro alcance? Pero entonces, si el amor es imposible, ¿esto significa que aún no hemos tenido una verdadera experiencia del amor; o más bien significa que la naturaleza misma del amor comienza donde ya no podemos tener ninguna experiencia?

Dice Jacques Derrida que la deconstrucción es *una experiencia de lo imposible*. Deconstruir es una forma de hacer filosofía. Y la filosofía es antes que nada un acto de amor. Hacer filosofía entonces es amar lo imposible...

¿Qué es una experiencia de lo imposible? ¿Cómo tener experiencia de lo que no se puede tener experiencia? Lo imposible se nos vuelve una aporía, un acontecimiento irresoluble. La experiencia de lo imposible es la experiencia de la otredad. Y el amor es el intento de un encuentro con un otro. De nuevo, la aporía: tal como lo enuncia Levinas, nunca podemos acceder al otro en tanto otro, sino que todo tender hacia el otro supone ir hacia él desde nuestra mismidad. El otro para nosotros nunca es el otro en sí mismo sino cierta proyección de nuestra mismidad que "traduce" al otro a nuestros esquemas. Lo *mismo* hace del *otro* algo propio...

No solo el ser, sino también la finitud se dice de muchas maneras. Por ejemplo, también se dice así: el otro es imposible. Hay un límite que es infranqueable no porque no lo sepamos franquear sino porque ontológicamente el otro es otro porque es inalcanzable, inaccesible, porque es imposible. Y a pesar de esta constancia, Derrida nos provoca y nos invita –sin abandonar la finitud– a pensar la filosofía como una experiencia de lo imposible. Nos invita a pensar en términos aporéticos.

Deconstruir es, de alguna manera, ir desarmando las fronteras rígidas entre todos los conceptos y su formato binario para ir encontrándonos al final del desarme con que en el fondo lo que subyace es la aporía. Casi como una revelación invertida donde en vez de encontrar a Dios como fondo último de la realidad, nos encontramos; o bien con que en el fondo, no hay fondo, y Dios es una quimera eficaz para soportar lo insoportable (otra paradoja); o bien que lo más que podemos alcanzar en nuestra búsqueda radical de un principio último es que al final de todo solo hay aporías. Y si así fuera, ¿por qué nos hacen ruido las aporías? ¿O será que hay aporías para que sintamos el ruido?

Si el amor es con el otro, pero el otro es imposible, entonces a lo que arribo es a una aporía: para que haya amor tiene que haber un otro, pero ese otro nunca es accesible para mí. De allí que, o acepto la imposibilidad, o voy a las intermediaciones, de tipo: "es cierto que es inaccesible, pero hay un porcentaje de encuentro que puede ser posible".

O también la aporía puede convertirse en el inicio de una deconstrucción que me vaya llevando a modificar mi idea del amor, de la otredad y de lo imposible. La aporía es siempre al mismo tiempo un final y un inicio. Es todo lo contrario a la aspiración de un sentido común que busca encontrarse en el fondo de todo no solo con estructuras sólidas, sino sobre todo ordenadas, eficaces, sistemáticas, funcionales. La aporía molesta, perturba, inquieta. Nos exige algún tipo de catarsis. Es como un malestar corporal. *Es* un malestar corporal. Se nos presentan una serie de razones que no cierran, hay argumentos cuya indefinición nos produce la ansiedad de su posible resolución: esto no puede quedar así. Y nos quedamos perplejos rechazando sin asidero la conclusión de que al final parece cierto que el amor es imposible...

La provocación de la aporía revoluciona al sujeto. El malestar se vuelve mareo, vómito, subversión. No solo las categorías en juego sino todo el dispositivo tambalea. El dispositivo tambalea porque lo que se produce es una crisis de orden. Se vislumbran otros órdenes posibles al sentido común que implican un abandono del dispositivo, un enflaquecimiento, casi como una despedida, un desamor. Aquello que hasta hace bastante poco me convencía, me regía, me guiaba, ahora no me hace ni cosquillas. Pero los otros órdenes posibles se avizoran como "posibles". Son potenciales. Su posibilidad me va "sacando" de mis lugares seguros. Algo se quebró y ya no hay retorno. Pero tampoco hay nuevo destino. Hay solo un irse lento y nostálgico de un esquema que no solo funcionó toda la vida, sino que me constituyó en mi subjetividad: "yo" soy su efecto.

Tener una experiencia de lo imposible es tener una experiencia de lo que no se puede tener experiencia. La aporía es insoportable. Al final, ¿tengo o no tengo la experiencia? Según el Antiguo Testamento (Éxodo 33), nadie nunca miró de frente el rostro de Dios. La experiencia de mirar el rostro de Dios solo puede conducir a la muerte. Lo máximo que permite Dios es que se vean sus espaldas. Mientras Dios pasa, el ser humano solo puede ver sus espaldas. La espalda de Dios. ¿Qué significa poder ver la espalda de Dios?

Hacer filosofía es amar el saber. Etimológica y repetida definición de la filosofía que suele poner el acento más en el polo del *saber* y no tanto en el polo del *amor*. La frase "amor al saber" parece en su formulación estar dirigida hacia el saber, haciendo del amor solo un medio. Siempre nos detuvimos más en el saber que en el amor, cuando repetíamos la definición etimológica de filosofía, pero sobre todo adscribimos a una matriz: el saber es alcanzable.

Se cuenta que un rey felicitó a Pitágoras por su sabiduría, pero que Pitágoras le respondió: yo solo soy un amante del saber. Un amante. Alguien que busca lo imposible. Alguien cautivado que sin embargo ya posee una predisposición a la búsqueda. Alguien que desea ese saber, pero sobre todo desea desear. ¿Y si fuese al revés y en la definición de filosofía lo importante fuera más el *amor* que el *saber*? ¿Y si desarmáramos la matriz y nos pensásemos más desde la búsqueda y no tanto desde el encuentro? ¿Y si concibiésemos así no solo a la filosofía sino a uno de sus componentes fundamentales: el amor? Sabiduría no es filosofía. La filosofía va en busca de la sabiduría, ¿pero la alcanza en algún momento? Y si así no fuera, ¿rebaja su *status* la filosofía por nunca alcanzar su cometido? ¿O es propio de la filosofía en tanto aporía buscar algo que nunca tiene que alcanzar? Buscar un saber que sabemos imposible…

Esta supuesta homologación entre la sabiduría y la filosofía viene siendo cuestionada desde los orígenes mismos del pensamiento antiguo. Ya en Heráclito hay una distinción entre el *logos* común y el *logos* particular en detrimento de este último, pero es Platón en *El banquete*, quien deja en claro que hacer filosofía es más bien una práctica que parte de una falta: se ama, o sea, se busca aquello de lo que carecemos. Hay un ideal del sabio como de aquel que posee o accede a un saber pleno, absoluto. "Absoluto" etimológicamente puede significar que "no deja nada suelto" y así el sabio vive la plenitud porque justamente ya no le queda nada suelto: la plenitud por sobre todas las cosas se cierra sobre sí misma.

Pero los amantes de la sabiduría –los filósofos– van en busca de algo de lo que carecen. El amor aquí es deseo de alcanzar un objetivo, un propósito, una realización que supone una falta. Hay una falta estructural, una frontera ontológica. Hay conciencia de finitud y necesidad de comprensión. La conciencia de finitud es también conciencia de la conciencia de finitud: no solo sabemos que no podemos saberlo todo, sino que además deseamos saber *por qué* no lo podemos saber todo. Deseamos saber. Y a la inversa: si hay saber, ya no hay deseo. Lejos se encuentra la filosofía de la sabiduría: el sabio ya no busca, el filósofo no hace otra cosa que seguir buscando. El sabio contempla en paz, al filósofo solo lo mueve la angustia de saber que nunca alcanzará su objetivo.

¿Pero hay sabios en este mundo? O dicho de otro modo, ¿creemos posible alcanzar la sabiduría de modo absoluto? ¿O siempre quedará algo *suelto* que nos inspire a continuar con la búsqueda? O elevando más la apuesta: ¿y si el único saber más o menos confiable es la convicción de que nunca alcanzaremos ningún saber absoluto? ¿Esa conciencia inhibirá nuestra búsqueda, o seguiremos buscando aun sabiendo que lo que deseamos nos resulta inalcanzable? Y en este segundo sentido, ¿para qué ir en busca de lo imposible si sabemos que por imposible nos resulta inaccesible?

De esta escena aporética se desprenden dos consecuencias muy claras. Por un lado, hacer filosofía se vuelve entonces una práctica de desmontaje de toda apropiación ilegítima de cualquier conocimiento: si en este mundo la verdad es imposible, entonces ya sabemos que debemos huir de cualquiera que se nos presente en su nombre. Huir y combatirlo. El rol de la filosofía adquiere esa veta más bien crítica de desmantelamiento de toda apropiación de la verdad. Pero, por otro lado, hay un impulso racionalmente inconcebible: sabemos que nunca vamos a alcanzar ningún absoluto y sin embargo tendemos a él como si el milagro en algún momento fuese a ocurrir. O incluso aun desde la más clara convicción de saber que nuestra búsqueda es infructuosa, nada nos motiva más que seguir buscando…

¿Qué es ese *seguir buscando*? Hacer filosofía es ir en busca de aquello que sabemos que nunca vamos a alcanzar. Y aun con esa conciencia, el deseo nos sigue impulsando a ir por lo imposible. Ahora bien, "filosofía" es amor al saber; ¿no será entonces también el *amor* la búsqueda de algo que no sabemos *qué* es, pero que no podemos dejar de buscar? ¿No será entonces el amor un movimiento de salida de uno mismo?

Una experiencia de lo imposible es una aporía. Para el sentido común debe entonces resolverse. El sentido común no soporta las aporías, las paradojas, las tensiones. Las siente conflictivas y al sentido común nada le es más ajeno que el conflicto. Podríamos hasta resumir la esencia misma del sentido común como una maquinaria de disolución de conflictos. Los conflictos nos develan nuestra finitud, nuestra imposibilidad y por eso el sentido común los resuelve. Toda aporía para el sentido común necesita ser resuelta. Es como una piedra en el zapato, una sensación de malestar que nos acompaña minuto a minuto y no nos deja en paz. La palabra "aporía" en una de sus formas significa "ausencia de camino". Nada resulta más aterrador que la falta de camino posible y por eso el sentido común define siempre un camino, pero solo uno. Tan aterradora es la ausencia de caminos como su multiplicación indefinida. Hace falta que haya caminos y que haya uno solo.

Si el sentido común es una maquinaria de resolución de problemas, a la inversa, la filosofía es un arte de creación de problemas. Hacer filosofía es problematizar la realidad, sobre todo aquella realidad que parece encolumnarse por un solo y único camino. Resolver problemas es siempre hacer encajar lo que hay al interior de dispositivos donde todo transcurre maquinalmente. Lo amorfo, lo múltiple, lo desbordado encuentra cauce. *Resolver* es encontrar un cauce y anular todo desparramo sin orden ni criterio. Anular toda diferencia.

Por eso, para el sentido común, la aporía de la experiencia de lo imposible *tiene* que resolverse y se resuelve del modo más práctico. Se disuelve la aporía en uno de sus dos polos: o se define que no se trata de una experiencia, o se define que no se trata de algo imposible. Uno de los dos polos falla. Hay que elegir uno de los caminos. La resolución es simple: o no estaríamos teniendo una verdadera experiencia, o no se estaría tratando de algo imposible. Hay un tratamiento bien analítico que menoscaba alguno de los dos polos en conflicto. Es por ello, que todo ejercicio de deconstrucción, a la inversa, no es otra cosa que la agudización de las aporías. Cuanto más aporético un acontecimiento, más posibilidad de deconstruir sus términos. Es que en definitiva, ¿qué es finalmente tener una experiencia? Y al mismo tiempo, ¿en qué nos sumerge en su extremo la cuestión de lo imposible?

¿Por qué no podríamos tener una experiencia de lo imposible? En primera instancia porque suponemos que toda experiencia se encuadra en el ámbito de lo finito. Toda experiencia acaece en nosotros. Podemos perderla, traducirla, minimizarla, encorsetarla, pero la estamos teniendo nosotros. Y el nosotros supone un ser finito. Un ser finito que las hace posibles. Incluso hasta podríamos definir a *lo imposible* mismo como aquello de lo cual no podemos tener cabalmente una experiencia. Algo es imposible porque no están dadas las condiciones de posibilidad para que ese algo suceda. Por eso mismo hay un estancamiento en nuestra mismidad que nos encadena al mundo de lo posible. Un mundo inmenso, pero finito. Un mundo casi infinito. Casi...

Pero es justamente ese "casi" lo que marca la diferencia. Nuestra experiencia de finitud es conciencia de los límites que nos constituyen. El ser humano se vuelve más humano cuanto más va comprendiendo sus posibilidades. Y obviamente sus imposibilidades. Somos proyecto abierto, sostiene Heidegger, no somos algo cerrado ni definitivo, ni vinimos a este mundo con una esencia a realizar. Pero en ese tanteo de lo que es posible, o sea, de lo que *podemos*, vemos erguirse las murallas de nuestro alcance. Ser es poder ser. Siempre el poder. Podrán comer de cualquier árbol, menos del árbol del bien y del mal, desafía Dios a Adán y Eva. Siempre un límite y por lo tanto siempre una invocación al deseo. Nada deseamos más desde ese momento que estirar la mano y arrancar el fruto prohibido.

Así, a la par de ir desplegando todos los recorridos de una realidad y sus posibilidades, no hacemos otra cosa que preguntarnos por lo que se supone que hay detrás de los límites. Anhelar lo imposible es una manera de no contentarse con lo que hay; ni siquiera con lo que puede ser posible, aunque todavía no se haya realizado. No puede hacerse filosofía sino como ese *tender hacia* lo imposible, como un acto de no renuncia. No hay renuncia aunque ya sepamos de antemano que tampoco habrá resultado.

Dejarse envolver por el mundo de lo posible nos brinda sobre todo la tranquilidad de creer que podemos manejar bastante la realidad que nos rodea. Nos brinda la creencia en una férrea capacidad de control. Y en especial, de autocontrol. No importa si es cierto o no, el autocontrol no tiene que ver con la verdad sino con la eficiencia. Y sobre todo con el ideal hegemónico de felicidad. El mundo de lo posible que es el mundo del sentido común nos brinda todos los recursos para ser personas felices. Siempre y cuando aceptemos sus definiciones normativas de lo que es la felicidad, pero también de lo que es ser una persona. Siempre y cuando aceptemos.

Y sin embargo lo imposible asedia. Convoca. Nos llama. Nos tienta. Nos tienta desde el riesgo, desde la incertidumbre, desde lo demoníaco. Viles criaturas los demonios que ponen en crisis el binario entre el bien y el mal, desde la más básica propuesta de conmovernos un poco con el mundo. El demonio tienta en el desierto, pero tienta más el desierto que el demonio. El demonio es una excusa para perderse en el desierto. La vacuidad de un desierto que en su vaciamiento nos va evidenciando el evanescerse último de todas las cosas. El desierto también es lo imposible. Y por eso atrae.

La filosofía es una experiencia de lo imposible porque pretendemos poder saber lo que sabemos que nunca vamos a poder saber. Es una pretensión inútil. Tan inútil que pone en jaque el paradigma mismo de la utilidad. El amor es una experiencia de la inutilidad en tanto no se piense al amor desde el engrandecimiento de uno mismo. Una mismidad (el yo) que se expande, que se agranda, que crece a través de ese insumo tan particular en que recae el otro. Un amor útil anula al otro. Hace del otro un útil y de ese modo lo desotra.

Pero lo inútil de este amor tan particular que es el amor al saber, o sea la filosofía, no se presenta de este modo. La filosofía tradicional no solo se cree útil, sino que se autopercibe como quien fundamenta las condiciones de posibilidad de toda utilidad. La filosofía tradicional se presenta a sí misma como un modo de acceso privilegiado a la realidad. Como tribunal supremo con la capacidad de juzgar al resto de las formas de conocimiento. Como una herramienta con el poder de alcanzar los fundamentos últimos de todo lo que hay. Como una búsqueda de ampliación de sus límites. Como un camino que va haciendo posible lo imposible. Tal vez todo el conflicto radique aquí: ¿qué es hacer posible lo imposible?

Por eso hay otros modos de hacer filosofía. La deconstrucción filosófica es antes que nada una autodeconstrucción. Esas formas tradicionales se ven subvertidas desde su propio interior por otras lecturas que cuestionan las lecturas hegemónicas. Toda subversión supone una versión central de la que desengancharse. Del mismo modo que toda subversión del amor supone ir desestabilizando las formas en que el sentido común concibe al amor, para desde allí desmarcarse.

Si en la definición de filosofía ponemos más el acento en el *amor* que en el *saber* y comprendemos que el objetivo de alcanzar el saber absoluto no es más que zambullirse en un agujero sin fondo, entonces en nuestra caída no nos queda otra que dedicarnos a deshilvanar cada uno de todos sus sostenes ilusorios. El sostén aguanta hasta que cede. Todo se reduce finalmente al modo en que se transita la caída. Deconstruir es también una manera de destejer mallas que se han vuelto corazas y que han perdido conciencia de su origen. Si todo absoluto se revela como un pozo infinito, tal vez culminemos aceptando que ninguna figura ha representado mejor la escena que la del planeta reposando sobre elefantes subidos al caparazón de una tortuga, todos juntos flotando en el espacio.

Se trata de cambiar el eje. Asumir la finitud no es renunciar a lo infinito: es solamente colocarlo por fuera del campo de lo posible. Pero ese descolocamiento no solo no disuelve el deseo, sino que lo exacerba. Y al exacerbarlo, resignifica todo aquello que se nos da en el mundo de lo posible.

No puedo de ningún modo afirmar entonces que alguno de los amores posibles sea finalmente mi amor imposible. Si el amor es una experiencia de lo imposible, entonces solo a partir de la convicción de que nunca conoceré al amor de mi vida, todos mis vínculos se me vuelven deconstruibles y por ello más abiertos al otro. Y sobre todas las cosas, aporéticamente, la constatación de la imposibilidad de ese amor absoluto no me genera sino el deseo desesperado de tender hacia él para alcanzarlo. Voy hacia ese amor "como si" fuera alcanzable: la aporía estriba en que no dejo de desear lo imposible, mientras construyo vínculos en el mundo de lo posible. Y la pregunta es: ¿qué efectos genera esa imposibilidad?

Es como cuando Derrida postula que "nada hay fuera del texto". Frase provocativa que parece anclarnos a no poder salirnos del lenguaje. Si nada hay fuera del texto, entonces todo es texto. Y si todo es texto, entre otras cosas, se trata de renunciar a toda pretensión metafísica de utilizar el lenguaje para conocer lo que está más allá del lenguaje. En especial porque más allá del lenguaje no hay nada. Y sin embargo, esa "nada" que "hay" (o sea que no hay) fuera del texto se vuelve lo único que nos interesa. Por un lado nos ejercitamos en la deconstrucción de todo texto y combatimos las pretensiones hegemónicas de aquellos que se creen con mayor identificación con lo real. Pero al mismo tiempo se nos va acrecentando el deseo de poder traspasar esa "nada". Si todo es texto, entonces todo es deconstruible, pero por ello mismo a partir de ese momento solo nos motiva la búsqueda de lo indeconstruible. Una búsqueda infructuosa desde las posibilidades del texto, o sea, una búsqueda imposible.

¿Cómo se nos presenta lo imposible, o sea lo indeconstruible, o sea esa "nada" que está fuera del texto? No se nos presenta. Escapa a las formas de presentación de cualquier fenómeno. Todas las cosas son deconstruibles, pero no todo en el mundo es "cosa". Claro que nuestro acceso al mundo es a través de las cosas. Pensamos cosas. Pero lo indeconstruible escapa a toda cosificación y por eso se presenta en la figura de la aporía.

El amor es imposible porque aunque sepamos de su imposibilidad, no nos anima otra cosa que tender hacia él. Todas las aporías del amor imposible no lo anulan sino que lo emancipan de su enclaustramiento en un mundo de meras posibilidades y por ello de dispositivos previos que lo secuestran y lo moldean. Las aporías, en este sentido emancipatorio, deconstructivo, ni buscan ser resueltas ni generan desánimo y resignación. El encuentro de nuestro entendimiento con las aporías evidencia al mismo tiempo un movimiento de salida. La experiencia de lo imposible nos encuentra tendiendo hacia aquello que se nos escapa. Ese *tender hacia* manifiesta un ejercicio de salida, de exteriorización, de exudación. La "nada" que hay fuera del texto me desafía: en el afán imposible de alcanzarla, me salgo de mí mismo. Mi propia mismidad comienza a resquebrajarse en un movimiento que, al tender hacia lo otro, se va despegando de sus arraigues. No sé hacia dónde voy, pero sé que me estoy yendo...

El amor es imposible porque me destierra de mí mismo. Me exilia. Amar es salirse de uno mismo, encontrarse fuera de casa, en el desierto. No hay seguridad ontológica que me contenga al interior de mis propias paredes. La experiencia de lo imposible es una experiencia de salida. Una experiencia de riesgo. Se arriesga más allá de los resultados. No hay resultadismo en el amor. O en todo caso, en el amor siempre se pierde. Se pierde en el sentido tradicional de concebir la ganancia como un abroquelamiento en uno mismo. Sin embargo quien prefiera la rentabilidad de un amor seguro, tranquilo, calmo, armónico, pacífico, ansiolítico, muy probablemente nunca abandone la casa. O en todo caso, crea que está saliendo de la casa cuando no está haciendo otra cosa que expandir las paredes. Un amor seguro nunca es un ejercicio de salida sino de acumulación y engrandecimiento. Una práctica colonialista que se fagocita al otro para incluirlo en la propia mismidad.

La experiencia de lo imposible me arranca de mí mismo y me precipita al vértigo de la inmensidad de un desierto oceánico. Quedamos a la deriva. El acto de *tender hacia* lo imposible rompe la última cornisa y comenzamos a caer. El desierto también es una caída. Nunca podremos alcanzar al otro en tanto otro, pero en el impulso de tender hacia lo imposible, algo se nos rompe. O dicho al revés: solo la irrupción del otro finalmente nos expulsa de nosotros mismos. Nada planificado ni pensando, ni diagramado, ni medido. Nada previsto, nada de lo cual pueda haber supuesto alguna posibilidad. No hay razonamiento en el amor. Hay un salto ontológico que invierte todo orden: el otro irrumpe y me desarma. Toda experiencia de lo imposible es una experiencia de apertura al otro. El amor es imposible porque es inalcanzable, pero en ese *tender hacia* el otro, me escapo de mí mismo. Nada más amoroso que escapar juntos…

Pero también, en algún lugar, la experiencia es una huella. ¿Qué es tener experiencia en el amor? ¿Cómo definirla? ¿Tener experiencia en el amor es una cuestión cuantitativa o cualitativa? ¿Tener experiencia en el amor nos previene, nos inmuniza, nos predispone, nos enseña, o nos burocratiza? ¿Es haber tenido muchas historias, o es haber tenido pocas pero complejas? Y sobre todo, tener experiencia en el amor, ¿nos garantiza no repetirnos en frustraciones o nos prepara para vivir el amor cada vez de mejor modo? O incluso, ¿no necesita ese vivir el amor cada vez de mejor modo, la persistencia de la repetición?

Contra toda la tradición filosófica que busca aferrarse a un fundamento último de todas las cosas que sea inconmovible, ordenado, sistemático, sólido y sobre todo presente, Derrida nos induce a pensar que tal vez en el fondo de todo solo haya *huellas*. El sin fondo. La presencia de una ausencia, de algo ido. Una huella es siempre un signo, o sea, una referencia a otra cosa de la cual solo tenemos indicios. La huella no solo es una invitación a reconstruir un sentido imposible sino la evidencia rizomática de que en el fondo las tortugas y los elefantes están en movimiento: todo siempre refiere a otra cosa. Ser (huella) es referir.

Ese fondo movedizo licúa también el carácter certero de una experiencia que puede visualizarse como un conjunto de huellas superpuestas. Marcas que moldean una subjetividad que desde su presente sin embargo refiere a su historia constitutiva. No somos más que todas aquellas marcas que como tatuajes invisibles ejercen su condicionamiento. Y en todo caso creer saber quiénes somos es un ejercicio hermenéutico de desciframiento a partir de lo que suponemos que las marcas nos marcan. En la huella nunca hay certeza. En la idea antigua de experiencia tampoco. Como bien explica Agamben retomando a Montaigne, la experiencia y el conocimiento consistían en dos ámbitos excluyentemente separados que solo la Modernidad luego unificó. Hay un momento en que la experiencia deja de ser el cúmulo de situaciones vividas para pasar a ser la contrastación empírica de los hechos. Conviven en la experiencia ambos sentidos: la experiencia como experimentación y la experiencia como marca. Conviven la presencia y la ausencia.

Por ejemplo, tener una experiencia amorosa puede ser la descripción de una historia patentemente presente, como quien dice: quiero tener una experiencia amorosa no monogámica. En este caso se trata de una experimentación que se da de modo entero en el presente. Presente en el presente. Pero otra cosa es concebirnos como personas que tenemos experiencia en el amor. ¿En dónde reside esa experiencia? ¿Cuál es nuestra relación con la memoria? ¿Cómo repercuten las experiencias pasadas en este mi presente? Pero, sobre todo, ¿dónde *está* esa experiencia? ¿Cuál es su entidad? ¿No nos condena la experiencia en el amor a nunca poder tener una experiencia radicalmente nueva, radicalmente otra? ¿Y no es justamente lo nuevo, lo otro, lo que escapa a toda experiencia? ¿Podemos tener una experiencia de la otredad?

Etimológicamente la palabra "experiencia" remite a la idea de un transcurrir. Se trata de situaciones vividas que van moldeando nuestra subjetividad. Ya la idea de "tener" una experiencia supone la imposible posesión de algo que, en tanto huella, siempre se nos esfuma. Siempre supone una reconstrucción arbitraria. ¿Cómo se *tiene* una experiencia? ¿Cómo se posee *algo* que escapa a la condición de ser *algo*?

Tener mucha experiencia puede ser un valor, pero puede ser exactamente lo contrario: un estancamiento que hace imposible la apertura a lo otro. Hay una garantía de eficacia, pero como todo dispositivo eficaz, nunca va a salirse de sus casillas. ¿Podemos *tener* una experiencia de lo imposible? ¿O es la experiencia de lo imposible la constatación de que no nos es posible *tener* ninguna experiencia? O planteado al extremo: ¿no es toda experiencia (en su carácter de huella) siempre una experiencia de lo imposible?

Hay sin embargo en la sensación de frustración que elabora el sentido común algo de sensatez. Una conclusión que, sin quererlo, puede ayudar a que la deconstrucción se profundice. Para el sentido común que el amor sea imposible se traduce de inmediato en la convicción de que nunca voy a encontrar mi *otra mitad*, o sea en la asunción de la imposibilidad de alcanzar la *plenitud* por medio del amor. Plenitud y otra mitad son conceptos afines. La ecuación es simple: nacer es encontrarse en una carencia que solo podemos suturar por medio del amor. Nuestro estado de imperfección puede hallar entonces una resolución metafísica: el amor es una plataforma hacia la totalidad perdida.

El gran supuesto que opera aquí es una metafísica de la totalidad a partir de la cual el nacimiento se vive como un desgarro, como una caída. Y como en todo desgarro, se supone que se produce una separación desde un todo al interior del cual, nada quedaba suelto y por ello nada nos faltaba. Al nacer parece que perdemos ese lazo con el absoluto. Nacer se vuelve entonces el comienzo de una historia de vida cuyo único propósito es religarse con lo perdido. No se vive para adelante sino para retornar. El amor es ese retorno, ese religarse. El amor es un acontecimiento *religioso*.

De allí la propensión a concebir al amor como una especie de elevación hacia la plenitud, como un estado celestial aquí en la tierra. De hecho, el modelo del amor mundano para cierta teología cristiana es la traducción o "bajada" del amor divino. Dios es modelo de amor. Dios es amor. Creados a imagen y semejanza recibimos también ese sentimiento sublime. Así como el alma es la presencia de Dios en nosotros, el amor que nos atraviesa también es algo que de alguna manera no nos pertenece.

Pero la clave es la ecuación que se produce entre un ser humano falto, partido en dos, desgarrado, imperfecto, ontológicamente ansioso, por un lado; y la plenitud como objetivo primordial, por el otro. Una plenitud entendida cabalmente como ausencia de falta, o sea como falta de falta. Carencia de carencia. Y sobre todo, una conexión indisoluble entre la falta y el malestar, y por ello, entre la plenitud y la calma. No solo el amor es un acontecimiento religioso sino además *farmacológico*.

Está claro que aquí se entrecruzan dos problemas de base, algunos supuestos que pueden ser a sí mismos deconstruidos. Por un lado, se parte de la idea de que nuestra condición supone una falla. El relato que describe al amor como búsqueda de nuestra otra mitad supone una falla incluso medible, cuantificable, matemática, ya que da por incuestionable que ese malestar inefable que acompaña nuestra existencia se medica, se sana, se cura, a través de la representación de que somos una mitad de una unidad superior escindida. ¿Por qué damos tan rápidamente por supuesto que el malestar se resuelve con el amor, y que el amor implica la presencia solamente de un otro que nos vuelve a ambos, sendas mitades a la espera del reencuentro?

Incluso aunque admitamos que el amor pueda ser un modo de encontrar *eso* que nos falta con el fin de encaminarnos a una plenificación y estado de gracia absoluta, ¿por qué tan decididamente ese encuentro supone la *pareja* como figura a alcanzar? O dicho al revés, ¿no será la figura de la pareja como punto de partida del amor ideal la que termina convirtiéndonos a cada uno en solo una mitad?

Está claro que hay una decisión previa de instaurar la idea de pareja como parámetro de todo vínculo y que lo inconmovible de la pareja arroja al "desparejado" en un ser falente. Sin embargo hay un recorrido inmenso, un injustificado salto ontológico para deducir de ello que en tanto individuos no somos más que una mitad en busca de nuestra plenitud. El amor podría haberse propuesto de otras varias múltiples maneras, por ejemplo como un proyecto de a tres, o un proyecto comunitario, o como vínculos más esporádicos, o podríamos haber elaborado una metáfora donde la plenitud se alcanzara a partir de la yuxtaposición de personas diversas, o con criterios más anómalos como el tener las mismas letras entre el nombre y el apellido o haber padecido las mismas cinco angustias antes de los dieciocho años; pero la máquina antropogénica nos ha constituido como mitades y nos sentencia así a la búsqueda de esa única y exclusiva otra mitad que en algún lado nos espera solo a nosotros.

Y además, si partimos del hecho de que éramos una totalidad, no hay razón para ser una mitad cuando podríamos ser más bien un conjunto de fragmentos cuya conjunción recobrara la unidad perdida. ¿Pero cuántos serían estos fragmentos? Es evidente el peso de la pareja como estructura y el peso heteronormativo que conlleva: el modelo de la pareja es el de la heterosexualidad con su normativa reproductiva. Todo el dispositivo amoroso parece basarse en la necesidad de afianzar el vínculo reproductivo. Y sin embargo, del encuentro reproductivo que se da entre un varón y una mujer, no se deduce la pareja como dispositivo social central: que la denominada reproducción natural se dé a priori entre un varón y una mujer no conlleva que ese varón y esa mujer deban continuar entre ellos en un vínculo central. La heteronormatividad es una cuestión política que parte de una representación del status biológico de la pareja absolutamente funcional a sus intereses. La pregunta se desplazaría entonces: ¿a qué tipo de orden social, económico y político le es funcional que el vínculo de pareja heterosexual se constituya en hegemónico? Heterosexual y monogámico...

¿Cómo no va a ser imposible el amor si en todo el mundo, de acuerdo al ideal romántico de la otra mitad, hay una sola persona que encaja justo como mitad perfecta en la falta que me constituye como ser falente? La máquina antropogénica se vuelve una máquina de producción de frustraciones. El ideal de la otra mitad es claramente incumplible. Y se vive esa imposibilidad desde la frustración. Es imposible que sepamos si entre toda la población mundial activamente viva se encuentra justo la persona que encajaría en nuestra mitad abierta. Dicho de otro modo, nos hallamos condenados a tener que vivir el amor en la escisión entre un ideal imposible de cumplir y una resignación a lo posible; con el aditamento de estar siempre negativamente recordando que en algún lugar del tiempo y el espacio puede ser que exista esa mitad y que nos esté románticamente esperando. Pero mientras, en el decurso entero de nuestra vida entera, vivimos el amor como un "mientras". Acontecimiento en sí mismo ni positivo ni negativo, salvo por la convicción de que no estamos con quien creemos que deberíamos estar. O sea, nunca terminamos en pareja con nuestra otra mitad sino con lo que creemos que más se le aproxima. Con suerte...

Una de las formas de interpretar que el amor es imposible es derivar de ello el que nunca voy a encontrar a mi otra mitad. Las consecuencias que se abren son muy distintas, y sin embargo parecen terminar en un mismo sitio. En su extremo, nos encontramos con dos posiciones anversas: o bien vivo este acontecimiento con todo el peso negativo de la frustración (y además lo vivo como algo personal al confirmar que hay otros individuos que a diferencia de lo que me pasa a mí, estarían encontrando en algún lugar del mundo a su otra mitad esperada), o bien desarmo y resignifico todos los elementos presentes (la plenitud no existe, no somos una mitad, el amor no es de a dos, etc.) para vivirlo más que como frustración, como una emancipación. Pero tanto en uno como en otro sentido, lo que a ambos subsiste es la idea de imposibilidad.

De nuevo, el punto crucial aquí es redefinir qué lugar le otorgamos a *lo imposible*. Si lo imposible se nos presenta como la marca de un límite que nos reprime, que nos restringe, que nos resigna a una existencia que quisiésemos que fuera de otro modo, entonces claramente la vida y su finitud se nos vuelven una fatalidad. Pero el gran problema es que no lo concebimos como una condición propia de nuestra pertenencia a la especie humana, sino que lo sentenciamos como tragedia personal: esto no le sucede a la humanidad, sino que me sucede *a mí*. La clave de la desdicha es que siempre hay otros que, a diferencia de nosotros, alcanzan lo imposible. Siempre hay un otro que logra lo que uno no logra: lo imposible es para pocos. Pero sobre todo, no es para nosotros.

Se trata entonces de deconstruir la idealización de la plenitud y su conexión con la metáfora de la búsqueda de la otra mitad. El primer argumento parte de poder circunscribir la entidad misma de esa mitad anhelada: se vuelve muy difícil no suponer que si alguien es nuestra otra mitad, estamos más bien partiendo de una proyección propia que con forma al otro de acuerdo a nuestra necesidad. O sea, alguien que es mi mitad, no es tanto un alguien, sino una excusa para que mi falencia se vea colmada. No hay garantías de que el otro sea un otro, sino que mi preocupación estriba antes que nada en que el otro encaje en la forma justa de mi falta, esto es, soy yo el que proyecto mi falta sobre el otro y lo hago encajar en lo que yo necesito que el otro sea. El costo de la plenitud es el desotramiento del otro.

Hay otro supuesto aquí en juego que es la ilusión de un vínculo basado en la equivalencia. Toda nuestra idealización romántica del amor desde el sentido común parte del axioma de la equivalencia y simetría amorosa: en el amor a los dos nos sucede la misma *cosa*. El mismo paradigma de la plenitud supone que ambos nos unimos en pos de una estructura mayor y superior que es el amor, en la cual ingresamos de modo equitativo. Es difícil pensar que la plenitud se alcanza de modo desproporcionado, aportando por ejemplo uno más que el otro. Hay una falsa idea de un igualitarismo amoroso, donde todo camino a la plenitud excluye cualquier argumentación política, o sea, se disuade toda presencia en el amor de las relaciones de poder en juego. El paradigma de la plenitud excluye de cuajo que siempre hay uno que "plenifica" al otro, donde el cálculo de costos y beneficios como mínimo no es equitativo.

Al mismo tiempo se sigue sosteniendo el imaginario de nuestra falta como algo plenificable. O peor; se sigue sosteniendo el imaginario de la falta. Y si hay una falta, hay que llenarla. De allí que históricamente se conciba al amor como ese impulso nacido al fragor de la falta. Es el esquema platónico clásico: la falta motiva al deseo y el deseo apunta a la plenitud. "Uno ama lo que no tiene", dice Platón en *El banquete*, y cuando lo alcanza, lo quiere para siempre. Ese "siempre" es uno de los nombres de la plenitud.

Pero está claro que la descripción que nos hacemos de nosotros mismos en términos de "seres falentes" supone de antemano admitir la totalidad perdida. Es fundamental la existencia de un relato de cierta caída para que el ideal se plasme en una recomposición. Pero sobre todo, para que el punto de partida suponga pensarnos como una mitad a la que le está faltando algo. En última instancia hasta nos puede resultar convincente la idea de que en tanto seres que nos vamos a morir, percibamos ese límite como una falta que nos dispone luego a una existencia plagada de faltas por todos lados. La muerte como punto de llegada irrebasable pone en jaque todo lo que hacemos. Nada tiene sentido porque nos vamos a morir y por ello no hacemos otra cosa que buscar sentido: amar, estudiar, creer, comprometerse, trabajar, contemplar, sentir, son todas formas de intentar lidiar con un sinsentido último que cuando acaece deja sin efecto todo. En todo caso hace más sentido pensar no tanto que la falta originaria persigue la plenitud, sino que no sabe qué persigue. ¿Por qué suponer de antemano un punto de llegada que resuelva el problema y no pensar que como nos vamos a morir, la existencia se nos vuelve un problema? Es decir, ¿y si la condena es a estar persiguiendo algo que no sabemos de qué se trata y que por ello nunca nos diéramos cuenta si finalmente lo alcanzamos?

Pero lo increíble es que en el relato del amor como búsqueda de la otra mitad creamos que esa carencia originaria pueda ser subsanada por una persona a través de un dispositivo llamado "el amor" y que una vez alcanzado nos sumerja en una especie de estado de alienación eterna. Esta convicción solo nos da argumentos a favor de ratificar que el amor así entendido parece más bien ser el entrecruce entre un asunto religioso y otro farmacológico (suponiendo que no se trata de la misma cosa).

Incluso la misma idea de la muerte como una imperfección supone de antemano una determinada idea de la perfección asociada a lo que nunca termina. Pero, ¿por qué el calvario es morir y no vivir eternamente? ¿Por qué es mejor estar enamorado que no estarlo? ¿Por qué es mejor construir nuestra subjetividad en el marco de un proyecto amoroso y no delinear una vida amorosa eximida de cualquier determinación en la conformación de mi subjetividad? ¿Por qué pensar que el deseo tiende a rellenar el pozo y no a expandirlo, a profundizarlo, a hacerlo crecer? ¿Y si todo lo que la falta toca, lo convierte también en falta? ¿No es ese el sentido último de pensar la plenitud como falta de falta?

El dispositivo del amor como búsqueda de la otra mitad es muy convincente. Posee un fuerte arraigue narrativo tanto en el esquema bíblico como en el de la filosofía griega. El relato que parte de la idea de que "no es bueno que el hombre esté solo" y que obliga a la mujer a constituirse en complemento, profundiza la idea de partes que en su unión (y fusión) logran su cometido. "Carne de mi carne" dice el texto bíblico y finaliza: "y serán una sola carne". El ideal de fusión fuera de toda metáfora alinea a ambos contendientes bajo el objetivo de la unidad. Algo le faltaba a Adán que paradójicamente solo consigue resolver con la creación de la mujer desde su propio cuerpo. Mujer que luego en el Edén es la impulsora del pecado al desobedecer a Dios y comer el fruto prohibido.

En *El banquete* de Platón, el orador Aristófanes nos lega uno de los relatos capitales que instauran la idea de amor como otra mitad, a partir del conocido mito del andrógino. Según un mito cosmogónico, los seres humanos en realidad en el inicio, previa a la caída en este mundo, éramos dobles: dos seres humanos unidos y hechos uno. Un solo tronco, una sola cabeza y todo el resto de los miembros y de los órganos duplicados. Esferas más poderosas que nosotros, cuando corrían por los campos lo hacían a los saltos con sus cuatros manos y sus cuatro piernas. De hecho, éramos tan poderosos como soberbios y les exigimos a los dioses mayor poder sobre el universo. Zeus en venganza decidió cortarnos por la mitad para que suframos un poco y quitarnos algo de poder, y así quedamos, meras mitades, en busca de la otra mitad cercenada. El amor no es más que el intento de reconstituirnos en esa unidad originaria de la que fuimos desterrados (por soberbios).

En ambos relatos se advierte que la plenitud no es el final sino el origen. Ya éramos plenos pero el pecado nos diseccionó. La falta es un castigo y no una condición. Pero sobre todo, el amor es la redención. En el relato platónico de Aristófanes la metáfora de la otra mitad ni siquiera es metáfora sino literalidad. Algo del encuentro sexual entre los cuerpos rige como modelo y enhebra los dos mundos: la falta es falta tanto corporal como existencial. Lo increíble es creer que el hallazgo de lo pleno consista en otro ser carente como nosotros. En definitiva, tal vez encontrar a alguien no sea más que sumar carencias. Y carencia más carencia, no da más que más carencia...

En *El banquete* el discurso de Sócrates parte también del encuentro entre dos personas, pero no como lugar de llegada sino de partida: enamorándonos vamos haciendo del amor una plataforma hacia la plenitud. No es el otro el que me completa, sino que, junto al otro, desde el amor, nos "enamoramos" del mundo. El amor por el otro se vuelve así más bien un impulso que nos enciende y nos desplaza a otra mirada sobre las cosas. Ya no es el otro en tanto otro sino lo que el otro desencadena en mí. Y eso que el otro desencadena es el deseo de ir por todo.

La plenitud adquiere acá no tanto una realidad material sino que se vuelve un horizonte que redefine el vínculo amoroso con el otro. Es que en definitiva, la pregunta habilita dos campos de sentido muy diferentes: o el amor es punto de llegada o es punto de partida. O alcanzo en el otro la plenitud, o el otro es el que me insta a ir por la plenitud. O el deseo va en busca del otro, o el otro exacerba mi deseo.

Sea como fuere, hay un último punto que envuelve toda la cuestión de la imposibilidad del amor y que pone en jaque el propósito mismo de la filosofía y su implicancia práctica: el amor es imposible porque en definitiva todo vínculo al final siempre fracasa. En la etimología de la palabra "fracaso" se halla el sentido de "estrellarse". El camino a la plenitud está vedado, tapado, tapiado. Una amplia pared nos hace estrellar una y otra vez en la convicción de que detrás de la tapia se encuentra lo imposible. No hay camino que arribe al amor imposible. Ausencia de camino es uno de los sentidos de la palabra "aporía". La aporía demuestra la ilusión de todo camino. Los caminos se ausentan de múltiples maneras: o terminan intempestivamente, o simplemente los buscamos y no están, o se nos vuelven circulares y nos condenan a siempre regresar al mismo punto de partida.

¿Qué es fracasar en el amor? Si el modelo va por delante del acontecimiento amoroso, ya no hay acontecimiento sino un mero plegarse a la dirección a la que el modelo apunta. Máxime cuando ese dispositivo amoroso previo condiciona el darse del amor. La aporía hace insignificante todo camino previamente conocido, lo inutiliza, le quita su necesariedad, ya no encontramos la senda, el campo abierto se nos vuelve en toda su extensión una posibilidad.

Una experiencia de lo imposible es antes que nada abandonar los caminos centrales y desplazarnos por las banquinas. Banquinas que se vuelven tierra, pasos que se vuelven senderos solo porque los estamos recorriendo. Todo es camino. Hay demasiadas formas del amor para que todo se reduzca a unas cuantas matrices que solo disponen de unas ciertas normativas que culminan encorsetadas en unas ínfimas instituciones. Una experiencia de lo imposible no es la constatación de que nuestro proyecto es irrealizable, sino de que todo proyecto está estructurado desde la lógica de lo irrealizable.

Si la plenitud absoluta es el objetivo, todo vínculo fracasa. Se estrella con esa imposibilidad. El amor decae, tiene sus tiempos, sus ciclos: no hay espacio para la intermitencia en la plenitud. Puede haber momentos plenos en el amor, pero la esencia de la plenitud es que no sea de a momentos. La intermitencia se vive frente al ideal como un fracaso. Y por eso mismo, nos duele. Todo vínculo fracasa porque ninguna relación logra consumar el ideal. Y ese fracaso duele.

Sin embargo, suponemos que podemos escapar del dolor en la medida en que logremos deconstruir esta lógica y asumir la finitud de todas nuestras experiencias, desestimando toda proyección en un absoluto pleno. Pero deconstruir no alivia el dolor, sino que lo sustrae a su negación. Asumir la intermitencia del amor también duele. Negarla duele, asumirla duele: siempre duele. Deconstruir el amor es, entre otras cosas, comprender el nexo esencial que hay entre el amor y el dolor. No es disolver el dolor que provoca la frustración del amor imposible, sino incorporar al desamor como parte constitutiva de ese plexo abierto y en movimiento que es el acontecimiento amoroso.

Creer en el amor pleno, duele. Deconstruir el amor pleno, también duele. De nuevo, la ausencia de camino, de nuevo la aporía. Si nos dirigimos para un lado, llegamos a donde no queremos; si nos dirigimos por otro lado, también llegamos a donde no queremos. Claramente se trata de desarticular ese "no queremos". No queremos el dolor. Huimos del desamor. ¿Pero siempre el desamor es dolor? Y no estamos haciendo una apología del dolor como algo soportable. La pregunta es la pregunta por la negación: ¿qué parte de nosotros mismos queremos negar cuando negamos el dolor? Comprender que el dolor también nos constituye no es el intento desesperado por alivianarlo, sino sabernos sumidos en su alcance. Siempre huiremos del dolor y en ese escape comprenderemos que la huida incesante del dolor es otro de los fatales signos de nuestra finitud.

En la *Teogonía* de Hesíodo se narra mitológicamente el nacimiento de los dioses. La primera aparición fue la de Caos "antes de todas las cosas". De Caos surge Gea, la tierra; y Gea alumbra a Urano, el cielo. La tierra y el cielo, las primeras deidades. Ambos comienzan a procrear y poblar el mundo de nuevas divinidades. La *Teogonía* explica la existencia de las cosas a través del nacimiento de una multitud de hijos por parte del cielo y la tierra.

Sin embargo, Urano se entretenía reteniendo a los hijos de Gea adentro de su vientre. No los dejaba nacer. Gea, cansada y enojada urde su venganza con la ayuda de uno de sus hijos, Cronos, el tiempo. Cronos odiaba fuertemente a su padre. Gea le entrega una hoz de acero con muchos dientes y queda a la espera. Así, en ocasión de un nuevo encuentro sexual entre sus padres, Cronos castra a Urano y arroja sus genitales al mar. Una gran espuma comienza a desplegarse en el océano hasta que en medio de la misma emerge lentamente la figura de Afrodita, la diosa del amor.

Afrodita, la diosa sin madre. No es la única representación mitológica del amor para los griegos, pero encarna varias realidades amorosas mucho más ligadas al erotismo y al placer sexual. Nuestra vida sexoafectiva se despliega sobre la base de Afrodita: su huella es la presencia ambigua y oscilante del amor y el dolor. En su génesis, el nexo entre el amor y el dolor delinea su historia. Todos los rasgos prototípicos de los vínculos más dramáticos se encuentran en el mito: violencia, venganza, cinismo, sumisión, traición. El amor lleva en su impronta al dolor. Nace como contiguo al castigo. ¿Lleva el castigo en su ser o nace para compensar la falta? El amor caído del cielo, arrancado del cielo, castrado del cielo: siempre una separación y por ello siempre el deseo de un retorno. Pero claro, el cielo es infinito…

Nada expresa mejor la problemática de *lo imposible* como una de las proclamas más reconocidas del Mayo Francés: "seamos realistas, pidamos lo imposible". No es "pedir" en el sentido de solicitar sino más bien de una exigencia, de una demanda, de una lucha. No se solicita lo imposible: se lo exige, se lo activa, se lo milita.

Para los estudiantes del Mayo Francés la realidad tal como se nos manifiesta es injusta. El mundo de lo posible cristaliza una sociedad desigual, reprimida, mercantilista, funcional a un sistema que se reproduce a través de la enajenación de sus ciudadanos. Y la enajenación tiene su plataforma fundamental en la educación. En las aulas nos hacen creer que la realidad con sus inequidades y mandatos es la mejor expresión de la justicia. El sufrimiento de los muchos es visualizado meritocráticamente como un destino. Por eso desde esas mismas aulas, el Mayo Francés propicia la revuelta. Son los años sesenta. Aún se cree que hay otra realidad por venir, que hay otra realidad oculta, enterrada, invisibilizada. Pelear por lo imposible para que la realidad se transforme, para que sea otra.

La aporía vuelve aquí en todo su esplendor: se supone que la categoría de "realista" consiste en aceptar la realidad tal como se nos presenta, a pesar de su alienación, sus injusticias y sus crueldades. Se supone que ser realista es aceptar que no hay nada más allá del mundo de lo posible, o sea, del mundo cuyas condiciones de posibilidad puedo administrar, clasificar, sistematizar, planificar, incluso reformar, pero jamás revolucionar. Ser realista es antes que nada admitirnos atravesados por las posibilidades a las que la realidad nos somete: es caer de este lado del límite y abandonar cualquier intento de traspasarlo. Es partir del "a pesar". Se percibe el "pesar", pero se lo digiere, se lo elabora, se lo introyecta. Se decide que hay más posibilidades de acción desde el mundo de lo posible que anhelando lo imposible.

Filosóficamente, el realismo es una forma de pensar que nos conmina a desistir de cualquier idealismo, en algún punto de cualquier metafísica que nos presente el orden de las cosas constituido a partir de cualquier subjetividad, tanto individual como universal. La oposición del realismo con el idealismo es la prioridad del objeto sobre el sujeto; o más que el objeto, de la cosa sobre el modo en cómo la conocemos. Pero sobre todo es una afirmación de la realidad ontológicamente dada frente a cualquier propuesta de construcción social o hermenéutica. Para el realismo, más allá de toda interpretación, hay una realidad ontológicamente existente que trasciende toda articulación del sujeto: hay algo fuera del texto.

También en el uso cotidiano, ser realista es una expresión de cierto pragmatismo, de cierta resignación que se vuelve una actitud de prudencia desprovista de cualquier intento de ensoñación o utopía injustificada. Casi como una declaración enfática de adhesión a *lo posible*. Ser realista es "contar los tantos" y admitir la situación en la que nos hallamos, sin expectativas fantasiosas, sin esperanzas redencionales ni ilusión de algo diferente a lo que claramente hay y podemos disponer.

En cambio, exigir lo imposible parecería ser todo lo contrario: una invocación a no contentarse con lo que se supone que hay, y por ello, dejar de ser realistas para encarnar un espíritu más bien utópico, transformador, revolucionario. Si somos realistas, no pedimos lo imposible, sino lo posible. Pero si pedimos lo imposible, claramente no somos realistas, sino que deseamos transformar la realidad: deseamos la revolución. ¿Cómo se puede entonces ser realista y luchar contra la realidad? O me apego a la realidad, o la quiero cambiar. La aporía otra vez causando perplejidad…

Hay también como un atisbo de duda al comienzo de la proclamación. El llamado a "ser" realistas es un llamado colectivo, comunitario, político, a colocarnos en un lugar diferente al sentido común, pero jugando paródicamente con lo que el sentido común comúnmente solicita: ¡por favor, tengamos sentido común, seamos realistas! No estamos siendo lo suficientemente realistas. Se nos cuela el deseo. Estamos soñando demasiado. El mundo nos duele más de lo debido. ¡Despertemos! ¡Volvamos a la realidad! Si creímos por un instante que había una opción diferente para este mundo, ya es tiempo de despertar: no la hay. ¡Seamos realistas! Evidentemente perdemos el control (el autocontrol) de vez en cuando. Por eso el llamado a ser realistas con el tinte del llamado a la mesura, a la prudencia, a reconciliarnos con lo que hay. De ahí que el contrapunto aporético sea tan brusco, un martillazo nietzscheano: la conclusión niega letra por letra la invocación del sentido común. Ser realista es cualquier cosa *menos* exigir lo imposible.

Hay un interesante contrapunto que se puede hacer entre la política como experiencia de lo imposible y la propuesta más pragmática de comprender a la política como el arte de lo posible. Otra vez *lo posible* y *lo imposible* confrontados. Y esta confrontación plantea dos formas también contrapuestas de la política: como si en los polos asistiéramos a un modelo más de bien de gestión de lo que hay frente a otro modelo de transformación radical inspirado en la utopía revolucionaria. O la política es el camino para cambiar al mundo, o la política es el camino para emprender la gestión más eficaz de ese mismo mundo, donde "eficaz" puede leerse en tanto significante de múltiples maneras: desde asegurar el mayor desarrollo productivo hasta propiciar la mayor justicia social.

Pero el punto es que siempre se trata de *caminos*, mientras que la aporía plantea la ausencia de trazas prefijadas, la explosión de los moldeamientos previos que ya prefiguran cuáles son los caminos posibles. Una utopía revolucionaria ya prevista va perdiendo gramaje tanto de utopía como de revolución. Lo imposible nunca puede ser la consecuencia del mundo de lo posible consiguiendo su objetivo, ya que no dejaría nunca de estar atrapado bajo su influjo. O dicho de otro modo, anhelamos que lo imposible desde su otredad, básicamente, nos saque de nosotros mismos.

La aporía de la frase que retoma el Mayo Francés exige ir más allá. Un más allá que es un más acá, que convive aquí, pero con una mínima torsión de realidad. El más allá a veces está mucho más cerca de lo que creemos porque no es tanto una propuesta de trascendencia sino de una inmanencia de apertura, esto es, una propuesta para salirnos de nuestros lugares seguros. Por eso, la aporía convoca a replantear el primer tramo de la frase: no tanto imaginar *lo imposible* sino deconstruir nuestra idea de *realidad*. No tanto imaginar qué hay más allá del cielo sino visualizar nuestros pies parados sobre el caparazón de la tortuga que flota sobre el infinito.

¿Qué definición de la realidad estamos dando por supuesta cuando cuestionamos la categoría de realismo? Si lo imposible nos saca de nosotros mismos, ¿por qué no desarmar la evidencia de una realidad que al mínimo cuestionamiento va mostrando sus fronteras, sus ambigüedades, sus límites. Seamos realistas, o sea, vayamos mucho más adentro de la idea de realidad que suponemos aceptar de por sí, en su obviedad. Desarmemos lo obvio. Si hay una realidad, claramente no es esta representación de la realidad de la que partimos en el cotidiano. Ser realista podría convertirse en una invocación a que la pregunta por lo real anime nuestra pregunta fundamental, nuestra búsqueda filosófica. Seamos realistas, no claudiquemos ante la anestesia generalizada, el opio cotidiano, el orden farmacológico, las obviedades de las que partimos a la hora de suponer que este mundo es este mundo: que las relaciones sociales vigentes son la única forma de relacionarse con el otro; que todo lo que consumimos surge de una necesidad auténtica de nuestros cuerpos; que cada uno de los fenómenos que damos por naturales y normales surgen necesariamente de una naturaleza y normalidad que se justifican por sí mismas; que pensar, sentir, desear es esto que creemos que traduce realmente lo que pensamos, sentimos, deseamos.

Pidamos lo imposible es antes que nada reconfigurar el *seamos realistas*. Si hay una realidad, claramente no es ésta; pero cuál vaya a ser la realidad, no solo no tenemos idea, sino que seguramente nunca lo sabremos. Lo imposible no es más que una alerta constante para no sosegarnos. La palabra "obvio" lleva en su raíz etimológica la idea de vía, o sea del camino que tenemos enfrente. Algo obvio es un camino que se nos presenta tan enfrente, tan en una cercanía estrecha que lo concebimos único y dejamos de poder ver que a su lado hay otras múltiples vías posibles. No solo todavía suponemos que hay caminos, sino que creemos que hay uno solo. Por eso toda aporía pone en vilo a cualquier obviedad. Hace estremecer no solo el que no haya finalmente un único camino, sino el que directamente todo camino sea en última instancia un sinsentido.

Seamos realistas, pidamos el amor imposible...

El Mayo Francés es también la constatación de que no hay cambios parciales o revoluciones fragmentadas por esferas específicas. Por ejemplo, cambiar el sistema educativo supone un cambio de estructuras más amplio. Del mismo modo cualquier transformación de nuestros vínculos amorosos supone un cambio que va más allá de las decisiones que podamos tomar en nuestra relación concreta con el otro. Podemos estudiar con un docente con vocación revolucionaria, pero siempre al interior del marco de un sistema educativo que en última instancia tiñe cualquier acción con sus estructuras. O podemos llegar a acuerdos muy conversados de experimentación y apertura con el otro, y sin embargo el 14 de febrero seguirá siendo San Valentín, la matriz social seguirá siendo heteronormativa y se le seguirá preguntando a alguien que no está en pareja "cuál es su problema".

Incluso el Mayo Francés como revuelta de los estudiantes universitarios franceses comienza como una protesta contra un dictamen que prohibía a varones y mujeres compartir el mismo pabellón en la Universidad de Nanterre, allá por marzo de 1968. Comienza como protesta contra la normalización del amor y continúa por las calles de París en una marcha que une a estudiantes y obreros. La intricación entre amor, aula y trabajo pone de manifiesto la insuficiencia de ciertas reformas parcializadas, o por lo menos abre la pregunta: ¿alcanza?

Cualquier transformación de la educación que realmente vaya a fondo es parte de una transformación más general de las estructuras sociales de todo orden. No hay pedagogía emancipatoria en sociedades con modelos de gobiernos más preocupados por gestionar el mundo de lo posible. Puede haber propuestas educativas que vayan muy a fondo con proyectos alternativos, inclusivos, hospitalarios, pero siempre serán opciones salvíficas en el medio de órdenes sociales que apuntalan otras lógicas. Y es obvio que se pueden hacer varias mejoras, pero la categoría de emancipación apunta a otra cosa. Apunta más allá de la cosa. La trasvasa, la hiere, la despedaza.

Con el amor sucede exactamente lo mismo. Se pueden vivir experiencias amorosas que intenten desmarcarse de los dispositivos amorosos hegemónicos, pero la matriz del amor dominante no sufrirá ni una mínima modificación. Se pueden replantear los acuerdos de las parejas a la hora de pensarse en una relación sexoafectiva monogámica y resignificar a través de un dislocamiento de la noción de fidelidad, la entrega misma de la vocación amorosa. Y sin embargo, mientras el vocabulario siga hegemonizado por ideas como "la pareja", "la tensión entre sexo y amor", "la fidelidad", ningún cambio resultará de raíz. Pensar lo imposible del amor supone el desbordamiento de sus categorías usuales. Vivir el mundo de lo imposible desde el interior del campo de lo posible no solo es seguir constreñido por lo posible sino vaciar a lo imposible de su propia realidad. A veces las peores exclusiones se realizan incluyendo…

"Seamos realistas, pidamos el amor imposible" significa que hay un vacío denominado el amor imposible que nos exige repensar ese punto de partida supuestamente macizo y estable llamado la realidad. No hay amor imposible en una realidad posible. Esta realidad de la que partimos nos cristaliza y normaliza en una existencia diametralmente estructurada por maquinarias de sentido que hacen de nosotros perfectos usuarios y operadores del sistema. Nuestros manuales de instrucciones nos instruyen en el cuerpo. Hacen germinar en nosotros su principal poder: creemos que sabemos. Creemos que sabemos qué buscamos, creemos que sabemos lo que podemos hacer, creemos que sabemos cómo amar, cómo trabajar, cómo desear. Pero todos esos saberes no son más que programaciones ya establecidas de las que solo sabemos cómo utilizarlas. Hay una diferencia esencial entre usar y crear, como hay una diferencia radical entre saber cómo algo funciona y saber la verdad (si la hubiere)…

Creemos que sabemos mucho del amor. No hacemos otra cosa que vivir envueltos en un engranaje amoroso totalizante. No hacemos otra cosa que hablar de amor. El amor está demasiado presente en todo lo que hacemos. Está demasiado *presente* cuando increíblemente una de sus lógicas predominantes es la de la falta, la de la *ausencia*. Como sostiene Foucault en *La voluntad de saber* analizando el dispositivo de la sexualidad, "queremos saber de sexo y creemos que el sexo sabe de nosotros". Se ha ido conformando históricamente una conexión intrínseca entre sexo y saber. Y es fundamental ponerlo sobre la superficie ya que todavía sigue muy vigente la hipótesis que piensa al sexo en términos represivos. Sin embargo todo el tiempo hablamos de sexo. Vivimos en una cultura donde el sexo es uno de los temas más recurrentes: en los medios, en las casas, entre amigos, en las instituciones. El tema no es tanto su represión sino su normalización: ¿*cómo* hablamos de sexo? ¿Qué tipo de saber se fue construyendo sobre la sexualidad? ¿Qué efectos genera ese saber sobre la sexualidad?

¿Y no se da del mismo modo en el amor? ¿Habrá algún otro tema tan predominante en nuestras sociedades como el amor? Parafraseando a Foucault, queremos saber del amor y creemos que el amor sabe de nosotros. Creemos que hay un saber en el amor. ¿Qué sabe el amor de nosotros? ¿Cuáles son las formas de normalización del amor? ¿Cuál de los modos del amor se fue normalizando? Un amor "normal" nos vuelve engranajes eficientes del dispositivo del sentido común; y así como se supone que hay un saber para el amor, hay también una moral, una economía, una estética y hasta una ciencia.

Por eso siempre vale la pena preguntar: ¿el amor sabe de nosotros o sabe de nuestra falta? ¿O sabe de nosotros en tanto falta? ¿No es el amor hegemónico como en esa crítica de Marx a la religión, "conciencia del mundo invertido"? Pero saber de nuestra carencia, ¿no es ir al fondo desfondado de nuestro ser? ¿No es ir deconstruyendo las bases mismas de lo que consideramos *lo propio*? ¿No es ir desestabilizando la misma idea de lo que consideramos un saber?

Creemos que podemos saber qué es el amor y cristalizarlo en definiciones últimas y definitivas, así como creemos que podemos saber quién es aquel al que amamos. Es que con la misma matriz con la que creemos que poseemos un saber, creemos también que es fácilmente deducible cuál es el "caso" que nos compete. La lógica de lo posible asocia al amor con el saber y nos mune de un poder que no solo creemos poseer, sino que lo damos por sentado. Creemos que no hay nada más obvio que el haber nacido para amar. Como si hubiera un punto de llegada. Como si el amor fuera un punto de llegada y no un recorrido. Como si el amor fuera el propósito. Como si hubiera un propósito. Como si no fuera a la inversa y por haber nacido para morir, nos volvimos creyentes en que el amor puede suturar esa herida abierta.

Nos encontramos demasiado atrapados en una representación del amor que nos sacia, nos tranquiliza y hasta nos erotiza en el día a día. Ese ideal del amor nos arroja hacia adelante en busca de un objetivo de plenitud que creemos (sabemos) que podemos alcanzar. Lo imposible no sería, en este caso, más que el destino final de lo posible. El amor es el camino.

Pero claro; si hay camino, ya hay condicionamiento. El amor es imposible porque pone en evidencia la dependencia de todo lo posible. Es la imposibilidad del amor la que por sobre todas las cosas desarticula cualquier proyecto amoroso como algo definitivo. Nos empuja al ensayo, al boceto, a la búsqueda de lo otro, al recorrido por lo abierto. Cuando admitimos que todo es un ensayo, nunca damos ninguna obra por terminada. Lo imposible es ese rostro inexistente detrás de toda máscara, ese guion original que nunca coincide con ninguna puesta.

El amor es imposible. Y solo por eso, hay amor…

TESIS 3

El amor es imposible porque es inefable.

Una de las conclusiones más famosas de la historia de la filosofía es el final del *Tractatus* de Ludwig Wittgenstein: "De lo que no se puede hablar es mejor guardar silencio". ¿Pero de qué no se puede hablar? ¿Hay una realidad por fuera de lo expresable? Si como sostenía Parménides, "lo mismo es pensar y ser", ¿cómo siquiera saber si hay algo por fuera de lo pensable? O dicho de otro modo, cuando afirmamos que tal vez haya algo no pensable, ¿no lo estamos ya pensando? Y si la única actitud fuese el silencio, ¿no estamos renunciando a algún tipo de abordaje? ¿O será que el silencio, desde la ausencia, nos estaría sin embargo anunciando también algún tipo de saber? Pero guardar silencio frente a aquello de lo que no podemos o sabemos hablar, ¿tiene como objetivo no incurrir en falsedades o es el guardar silencio una forma de saber por fuera del conocimiento de lo posible?

El amor es imposible porque es inefable. Lo inefable, aquello que no puede ser dicho, aquello que escapa a nuestra capacidad de expresión. ¿Es lo inefable un defecto o una virtud? ¿No hemos todavía encontrado las palabras adecuadas para el amor, o el amor nos embarga de tal modo que vuelve inadecuada cualquier palabra? Pero si el amor es tan sublime que ningún sistema lingüístico puede dar cuenta de él, ¿cómo sabremos en cada caso que se trata de amor? La eximición del amor del entramado de signos, ¿no agudiza nuestra perplejidad, nuestra incertidumbre, nuestra duda? De nuevo, ¿cómo sabremos? O dicho de otro modo: ¿por qué hay que saber?

Ya de por sí, hablar de lo que se puede hablar, nos trae un sinfín de complicaciones teóricas, un conjunto de supuestos operando sobre la relación esencial entre el lenguaje y la realidad. Podríamos incluso radicalizar la conclusión de Wittgenstein en esta perspectiva: y de lo que se puede hablar, también es mejor guardar silencio. Ya creernos propietarios de lo que decimos implica toda una serie de concesiones, o más bien de pactos de olvido. Pero hablar, además, sobre lo que escapa a nuestro alcance, no solamente resulta un gesto al mismo tiempo soberbio y empobrecedor, sino sobre todo incapaz de poder colocarnos en un lugar divergente: poder escuchar el silencio. Una vez más, ¿qué es escuchar el silencio? O más bien, ¿qué efectos deconstructivos arrebata en nosotros la aporía de escuchar el silencio? Si dejamos al amor por fuera del campo de lo definible, ¿qué desarticula ese silencio en nuestra representación del amor?

La máquina antropogénica es una maquina parlanchina. Somos efectos de lenguaje. Hablamos demasiado. No hacemos otra cosa que hablar. ¿Seremos alguna otra cosa más que lenguaje? Y en ningún otro aspecto (tal vez nos suceda lo mismo con el cuerpo) nos creemos dueños, libres y soberanos en nuestras decisiones. Creemos que decidimos sobre lo que decimos. O peor; creemos que las decisiones sobre lo que decimos responden a deliberaciones racionales. Nos concebimos propietarios de las palabras, de los modos en las que las combinamos, de lo que decidimos decir. Ser propietario es convertir algo en propio, pero no hay nada más impropio, dice Derrida, que el lenguaje. Es algo a la vez propio e impropio, otra aporía: lo hablamos y nos habla. Creemos incluso que las palabras son nuestras ya que hasta nos las representamos salidas de nosotros, de nuestras gargantas, con nuestra voz, extensión de nuestra interioridad. Vislumbramos a las palabras como saliendo de adentro de nosotros, como si fuesen creaciones, elaboraciones, productos, continuidades, y no al revés: restos, excedentes, sobras, vómitos. ¿Y si hablar no fuese más que la necesidad imperiosa de nuestros cuerpos de expulsar algo molesto, algo que no encaja, algo que no puede ser procesado?

Incluso creemos que somos nosotros los que hablamos el lenguaje y no que el lenguaje nos habla. "Nos habla" en el sentido de ser el lenguaje una preestructura de la que disponemos (o nos dispone) aunque no libremente. Debemos (en el sentido de "no nos queda otra") insertarnos en su estructura y ejecutar sus funciones absolutamente atrapados en sus formas. Dar por supuesto sus supuestos. Ajustarnos a sus normativas, definiciones, fórmulas. Es importante como mínimo deconstruir el habitual modo de concebir el lenguaje como un instrumento a nuestra disposición. Y no es que en algún punto no lo sea, pero hay un ideal de soberanía lingüística que parte de una serie de supuestos que minimizan nuestros condicionamientos y totalizan la idea de que somos dueños absolutos de nuestras palabras. Y es desde ese lugar que obturan otras formas de hablar, otras formas de pensar, otras formas de relacionarnos con el otro. Los contornos de lo decible obstaculizan otras experiencias del habla que obviamente nos conducirían a otro tipo de comunicación, incluso a la falta de comunicación, entendiendo que esta forma de comunicarnos que se presenta como única posee su fuerza en presentarse monolíticamente justamente como la única.

Pero no solo creemos que cuando hablamos somos dueños de lo que decimos. No solo creemos que cada palabra que proferimos es *ex nihilo*, esto es, creada desde la nada –lo que nos da el carácter de creadores liberados de cualquier atadura, inventores de sentidos que además poseemos la capacidad de poder expresar en cada término aquello que realmente queremos decir–. En cada repetición de cada palabra nos creemos que estamos confiriendo un significado nuevo: no hacemos más que repetir, pero diluimos esa repetición en la convicción de que cada nueva frase que proferimos (que de nueva no tiene nada) es una creación única, como si fuera la primera vez que la estuviéramos enunciando. El mito de la primera vez. Como todo mito fundante, un revisionismo que articula el pasado en función del presente.

No solo creemos que cuando hablamos estamos diciendo aquello que suponemos que se corresponde con lo que queremos decir, sino que sobre todo creemos que lo que decimos se corresponde con alguna entidad realmente existente por fuera del lenguaje. Es decir, damos por supuesto que hay entre el lenguaje y la realidad una relación de transparencia, de referencia inmediata, de correspondencia, un puente entre las palabras y las cosas. Si hay un mito en relación al lenguaje es el mito de la *mimesis*, de la imitación que se produce entre la realidad y las palabras. ¿De qué estamos hablando cuando hablamos?

El acto de fe que se encuentra presente mientras hablamos debe ser de una dimensión inmensa, como para garantizarnos que realmente creamos que cuando decimos algo, lo estamos diciendo sobre algún aspecto de la realidad que trasciende a la palabra. Hay un abismo prominente entre la eficacia de un lenguaje que puede permitir la comunicación entre una cantidad de personas y el que ese mismo lenguaje nos esté representando a las cosas tal como son. Pero el acto de fe es clave, ya que sin ese añadido, el recurso no funcionaría. Hablamos *como si* las palabras remitieran a las cosas, del mismo modo que amamos *como si* nuestro amor desplegara en cada ocasión toda su naturaleza. Sabemos que ni bien nos ponemos a interpelar un poco al lenguaje, su supuesto fundamental –la correspondencia entre las palabras y las cosas– se nos cae de un plumazo. Y sin embargo seguimos hablando en ese contraste permanente que nos acompaña en nuestra esquizofrenia existencial: en el fondo nada se sostiene, pero no vivimos en el fondo.

Ya en el *Crátilo*, Platón pone a discutir diferentes formas de concebir la relación entre el lenguaje y la realidad, con sus dos evidentes y radicales extremos que consisten o bien en pensar al lenguaje como un gran artificio creado por convención (lo que se conoce a grandes rasgos como *nominalismo*), o bien a encontrar el camino según el cual cada palabra tiene su origen en un principio de imitación de los sonidos mismos de la naturaleza (otra forma bien extrema de *realismo*). Y aunque no dudemos de la artificialidad del lenguaje, tampoco desconocemos, como analiza Agamben, que la palabra verbal conlleva de modo simultáneo un sonido, una voz y un significado. Cuán necesario, dice Agamben, es desarmar esta yuxtaposición para recuperar algo de ese sonido originario que nos coloca en otro lugar con respecto a la naturaleza.

O dicho de otro modo, en el acto mismo de proferirle a alguien el enunciado "te amo", cuánto del significado instaurado del "te amo" se ha ido fagocitando no solo a la experiencia de la voz –o sea, al proferir mismo como acto de amor– sino al sonido de nuestra animalidad que ni siquiera es una expresión sino un sentir inmediato. El "te amo" es la experiencia del sonido…

Sea como sea, lo increíble es que sostengamos el mito, la ficción, la ilusión de tanta homología. No basta más que dejarse sobrellevar por la contemplación tanto de la anárquica multiplicidad de sensaciones que atraviesan nuestra subjetividad en un suspiro, como por la connivencia de infinitas entidades desordenadamente coincidentes durante por ejemplo diez segundos en un pedazo de tierra en alguna montaña perdida, para como mínimo dudar de que ese vistazo tanto interior como exterior pueda coincidir con un texto que lo describa. Un texto que supone, previamente a su encuentro con el vistazo, una estructura institucional legítima y legalmente ordenada, con un sistema de derivaciones exactas donde hasta incluso se sistematizan las excepciones, pero donde nada, ni siquiera los cambios incesantes producidos por el uso del lenguaje, son dejados afuera.

No solo el lenguaje es reduccionista. No solo simplifica tanta multiplicidad en un conjunto de términos que arbitrariamente van socavando las diferencias. No solo tiende a una incesante abstracción a despecho de la singularidad de cada acontecimiento. Tal vez la pregunta sea hasta qué punto el disciplinamiento normativo del lenguaje, a la inversa, se va constituyendo en un molde desde el cual se adecua la realidad –tanto interior como exterior– a su propia horma. "Nos habremos desembarazado de Dios, pero aún somos esclavos de la gramática", dice Nietzsche. Al igual que Dios, o peor que Dios –ya que Dios también es una palabra– hay un orden que se impone y moldea de acuerdo a su imagen y semejanza, fundada en valores bien específicos: instrumentalidad, utilidad, eficiencia, orden.

Al interior de este sistema se yergue la palabra "amor". Es un sustantivo. Tiene cuatro letras. Puede traducirse a otros idiomas. Pero sobre todo, se supone que tiene un significado y tiene un referente. Se supone que cuando descubrimos la presencia del amor, lo podemos nombrar, adjudicarle la palabra correcta. En cada uno de todos los acontecimientos amorosos de todos los tiempos, con sus diferencias, matices, dilemas, contrastes, fluctuaciones, intensidades, hay una única palabra de cuatro letras que resume, unifica y expresa la misma experiencia para cada uno de todos los seres vivientes del planeta. Si el amor es nombrable y es debidamente expresable, entonces claramente todo amor es posible. Pero mientras sospechemos que hay algo del amor que escapa a todos estos condicionamientos y resiste a su enclaustramiento en un sistema de definiciones interconectadas, entonces seguiremos siendo realistas pidiendo lo imposible...

Y sin embargo, aun con todas estas prevenciones, todavía un "te amo" recibido en la ocasión justa pueda generar en nosotros una de las sensaciones más sublimes de nuestro existir...

¿Es imposible porque es inefable o es inefable porque es imposible? Parecen más bien rasgos paralelos. Una simultaneidad de atributos que nos adentran en una especie de teología negativa del amor: no se lo puede nombrar, no se lo puede definir, no hay un saber sobre el amor, el amor no es posible. Siempre por la negativa. Del amor solo podemos *no decir*; o bien, solo podemos decir lo que nunca termina de ser. Igualmente está clara la interconexión entre ambos atributos negativos: si no lo podemos explicar, entonces nos es imposible, que en este contexto se traduce como: no se nos vuelve posible controlarlo. Nombrar, una vez más, es causal de nuestra capacidad de operación sobre las cosas. Lo posible es controlable, administrable, redituable. La inefabilidad del amor en cambio coloca al amor por fuera de nuestras posibilidades de acción, esto es, por fuera de nuestro horizonte de manipulación concreta. Recordemos una vez más la cesión que Dios le hace a Adán para que *nombre* al resto de las criaturas vivientes y en ese acto, disponga de ellas.

Por eso la clave de todo este planteo reside en la valoración que hacemos de la categoría de *lo inefable*. Aquello que se nos escapa de la capacidad de poder ser dicho, ¿qué expresa? ¿Demuestra una imperfección del ser humano o nos conecta con un anhelo por lo imposible? ¿Cómo nos relacionamos con lo inefable? ¿Lo valoramos como una zona cuasi sacra que no se ve degradada por el lenguaje humano, o lo vivimos como una restricción que no nos permite realizarnos nunca en nuestra búsqueda de sentido?

Si el amor es inefable, ¿estamos condenados a no poder nunca definirlo ni comprenderlo en su esencia más íntima, o en vez de vivir este hecho como una condena, lo vivimos como su inmunización frente a un sistema lingüístico que en su afán de querer explicarlo, lo subsume a sus categorías reduccionistas? Habría en esta segunda opción una intención de salvaguardar cierta pureza, cierta sacralidad que podría confundirse con una concepción metafísica del amor de tinte místico religiosa. Es que una cosa es que toda definición lingüística del amor lo corrompa, pero otra cosa es declarar la probable existencia de un amor que escapa a nuestra posibilidad de acceso: un amor imposible basado en que es imposible porque el ser humano no lo puede conocer, no deja ontológicamente de presentarse como algo *posible*: la imposibilidad posible. Lo inefable no es algo existente a lo que todavía no tenemos posibilidad de acceder. Como si en algún momento a futuro, el ser humano desarrollase mejor sus capacidades lingüísticas y pudiese en ese entonces finalmente alcanzar la verdadera naturaleza del amor que durante siglos permaneció oculta. Afirmar desde esta lógica que algo existe pero no puede ser dicho, es incluirlo en el campo de alcance de lo decible. Afirmar que algo existe pero que no puede ser pensado, es estar en ese mismo acto ya pensándolo: pensándolo como no pensable.

Incluso la religión tradicional supone un Dios que se sustrae a nuestra racionalidad y obviamente a nuestra *empiria*, pero que termina justificando a la fe como el camino más elevado del saber humano, como la única forma de conocimiento que nos permite acceder a la presencia misma de lo divino. No solo hay un Dios, sino que hay un mecanismo de conocimiento como la fe que garantiza ese saber. Y todo esto siempre por fuera de las estructuras de nuestro lenguaje. Lo inefable como lo imposible quedarían reducidos únicamente al alcance de nuestra capacidad lingüística. Pero una vez más: afirmar que hay algo más allá del lenguaje, pero inalcanzable para el lenguaje, es afirmarlo desde el mismo lenguaje que declaramos impotente.

Por eso es clave intentar pensarlo desde otra perspectiva. No tanto como un problema de la estructura de nuestro conocimiento sino del modo mismo en que se presenta lo imposible. No es un problema epistemológico sino ontológico, aunque claramente no son dos aspectos escindidos. No es imposible porque *para nosotros* no es posible todavía, sino que está más allá de toda posibilidad, incluso más allá de cualquier representación del más allá. En todo caso, es imposible para la actual ontología de un ser humano que si mutara lo suficiente como para transformarse en lo otro de nosotros mismos, tal vez –y la clave de todo este planteo es que nunca desde el hoy lo podríamos saber– se desarmaría de tal forma la conexión entre lo posible y lo imposible, que nuestra realidad ya sería radicalmente otra. No es casual que tanta literatura distópica parta de la idea de que un cambio en nuestra manera de hablar implicaría un desplazamiento ontológico radical.

El problema con las diferentes versiones de la teología negativa es que muchas veces reproduce este modelo de sustanciación de aquello que decide no definir. La mistificación no cuestiona la existencia de lo indefinible: hay amor, pero se nos escapa. ¿Pero cómo se sabe que hay amor? Es que justamente el problema reside en que ni siquiera es posible afirmar que *hay amor*, ya que ello ya sería una afirmación infundada. Pero sobre todo porque de la mistificación se derivan dos problemas adicionales: por un lado, lo inaccesible del amor en términos racionales abre el espacio para que cualquier cosa pueda ser llamada amor. O peor, dado el carácter místico del abordaje, no solo cualquier cosa, sino cualquier experiencia puede ser fundamentada como una experiencia amorosa. De ello se sigue la famosa máxima que dice que: si todo es amor, nada es amor.

Pero además, por otro lado, la mistificación conduce a una veneración que nos trae a la conclusión contraria a la anterior: en nombre de la idolatría del amor sacro, se instauran regímenes de adoración dogmáticos que no solo refutan el propósito básico del amor sino que además son funcionales a las diferentes formas de disciplinamiento: desde las religiosas hasta las consumistas. En nombre del supuesto verdadero amor inefable se han alistado ejércitos como se han multiplicado las mejores campañas de marketing. Algo no tan inesperado cuando se vislumbran los nexos tan intrincados que hay entre las instituciones religiosas y la sociedad de consumo.

¿Podemos entonces pensar lo inefable del amor como un rasgo favorable sin caer ni en la idea de que en algún momento finalmente podremos dar nombre a lo que por ahora se nos escapa, ni tampoco en su mistificación como una omnipresencia avalada por un tipo de conocimiento superior como lo es la fe?

Si no podemos nombrar al amor, podemos sin embargo cuestionar todos los nombres que se han apoderado de su supuesta fórmula. Si ninguna definición del amor es la que finalmente construye un saber en su nombre, lo que podemos siempre es desarticular ese supuesto saber esencial evidenciando sus conexiones con otros intereses. Si toda explicación del amor nos parece arbitraria y funcional al dispositivo previo de significados al interior del cual esa explicación se justifica, podemos intentar salirnos de toda estructura epistemológica cerrada sobre sí misma. Si no encontramos lógica en el amor, podemos volver a pensar desde la aporía (aunque sea molesto... ¿O hay otra forma del pensar que no sea justamente la perturbación?). Si no hay un saber sobre el amor, lo que hay entonces es una deconstrucción del amor...

Creer que hay una definición correcta del amor es como creer en el mito de la otra mitad, esto es, que hay un vínculo correcto para cada uno de nosotros. Tal vez haya más saber en lo que descartamos que en lo que aspiramos a comprender: suponemos que sabemos lo que no es el amor, así como suponemos que sabemos cuando el amor se ha ido o cuando no nos pasa nada con alguien. La certeza y el amor mantienen una relación de mutua tensión; en especial porque la certeza supone un ejercicio racional del cual nuestra representación del amor abjura: solo lo inefable nos brinda la experiencia del amor, pero lo inefable escapa justamente a toda racionalidad.

No se trataría de una certeza sino de una epifanía de la cual podemos dar muchas razones, pero que en no explica el fondo del acontecimiento amoroso. Hay una chispa encendida que no sabemos si se extinguirá pronto, si continuará indefinidamente, o si explotará y hará estallar a nuestro mundo entero. Abraham J. Heschel, teólogo judío, describía el acontecimiento religioso con una fórmula: un mínimo de revelación y un máximo de interpretación. No hacemos otra cosa que interpretar una experiencia que incluso ni siquiera sabemos cuándo se forjó, pero en la que casi intempestivamente nos encontramos arrojados intentando comprender cómo se nos fue desarticulando el mundo.

Nunca hay certeza en el amor. Como no la hay en la vocación, en la identidad o en la felicidad. Nunca llegaremos a una instancia última en la que declararemos haber resuelto un enigma o haber alcanzado un estadio final. Nunca sabremos si elegimos lo correcto, básicamente porque las formas en que concebimos la corrección tienen más que ver con habernos adecuado al dispositivo previo que exige de nosotros los comportamientos pertinentes. Elegir lo correcto es subsumirse a los esquemas que conforman una subjetividad atinada. Ya hay una performatividad que nos empuja a alinearnos con una figura hegemónica de la vocación, de la identidad, de la felicidad, obviamente del amor, y sobre todo del sentido de la vida. Pero lo más forzado es que el ideal de esta realización supone lo unívoco. Aquello que Nietzsche y después Heidegger evidencian como *ontomonoteísmo*: la gran eficacia de la metafísica es haber instaurado que hay lo correcto y que solo es uno. Hallar esa única vocación que nos realiza, encontrar esa única identidad que nos define, enamorarse de ese único amor que nos completa. El influjo más presente de la religión en nuestra cultura secular es la continuidad de *lo único* por otros medios…

Podríamos incluso concluir provocativamente que si hubiera certeza, ya estaríamos en presencia del conocimiento de que allí no hay amor. Habrá tranquilidad, armonía, paz interior, proyecto mutuo, compañerismo, emprendimiento familiar, pero el amor es lo que rebasa toda certeza. Por ser de la misma índole de la aporía, el amor genera en nosotros esa sensación ambivalente de no poder terminar de saber si nos hallamos o no en su traza. Siempre hay duda en el amor. El amor tiene mucho más que ver con la duda permanente que con la certeza ansiolítica. Es que al mismo tiempo la certeza misma tiene mucho menos que ver con la verdad –si la hubiera– y mucho más que ver con los mecanismos propios del funcionamiento de cualquier dispositivo. Una cosa es el amor y otra cosa es el dispositivo amoroso. Una cosa es el amor y otra cosa es el dispositivo amoroso que se ha apropiado del amor y lo reproduce de modo normativo e idealizado al interior de sus propios esquemas. O dicho de otro modo; una cosa es el amor y otra cosa es que el amor no es una cosa. Y dejando de ser *cosa*, nos empuja a sobrepasar cualquier establecimiento de una verdad en su nombre. Hablamos sobre cosas. De lo que escapa a la cosificación, no podemos decir nada…

Así lo presenta Platón en *El banquete* en diferentes ocasiones. Lo interesante es que todo *El banquete* es un texto cuyo propósito es una explicación de la naturaleza del amor, y sin embargo en más de una oportunidad, los discursos sobre el amor allí expuestos plantean que hay un punto en el cual el saber sobre el amor se nos presenta como un imposible. Como si el intento mismo de querer aprehender la esencia del amor nos llevara a su propio alejamiento. Acercarse es alejarse. Tal vez porque ese acercamiento es en sí mismo un acto amoroso. Querer entender por qué queremos entender es en tanto objetivo final algo imposible. Y por ello, hablar del amor siempre es eso: "hablar de". Darle vueltas, recorrerlo a otro ritmo, con la conciencia de nunca estar llegando al corazón de un concepto que se desplaza, muta, se pierde. Hablar. Leemos un texto que es un borbotón de palabras mientras todo el tiempo concluimos repetidamente que ninguna palabra expresa aquello que se supone que estamos buscando. Cuando el lenguaje logra despegarse un poco de su pretensión utilitaria y productiva, nos abre nuevas zonas de sentido. Como una implosión que genera una retirada y de ese exilio de la palabra se nos van impregnando marcas, huellas, fantasmas. Como si solo nos quedaran después de la lectura sus historias, sus mitos, sus contradicciones. Como si conocer no fuese tanto un ejercicio de captación de conceptos sino un lento permear de sensaciones, imágenes, aproximaciones. ¿Y si el amor finalmente fuese eso: un lento aproximarse a ningún lugar?

Es cierto también que el libro se compone de siete discursos que plantean diferentes abordajes del amor, y sin embargo queda claro que el discurso más representativo de la postura platónica es el de Sócrates, donde se supone que no hay una remisión tan directa a la imposibilidad de conocer al amor como sí se presenta en los discursos de Aristófanes y Fedro. No es tan directa, pero nos precipita a algo parecido. En la presentación que hace Sócrates es muy patente la idea del amor como búsqueda de algo que siempre se nos escapa. En todo caso, el amor es siempre búsqueda y nunca encuentro. Eros, el dios del amor del que se habla durante todo el texto es presentado como un intermediario: ni humano ni divino. Un *daimon*, una figura mitológica que une a los seres humanos con lo divino. Y por su origen se encuentra atravesado por el contraste entre los recursos y la falta: Eros es un lanzado que siempre encuentra los caminos que sin embargo a la postre se disuelven en la nada. Se vuelven ausentes. De nuevo la aporía: ausencia de caminos. El amor en tanto Eros, o sea asociado al deseo, es siempre una búsqueda muy consciente de todos sus

recursos para alcanzar un propósito que siempre se le termina escabu-
llendo. Lo propio del amor en la figura de Eros es ese tender hacia algo
que nunca termina de saberse qué es. Es más, si lo supiera, probablemente
disminuiría la intensidad de la búsqueda. O directamente se anularía.
Es la incógnita permanente la que hace que el deseo se reproduzca a sí
mismo. El deseo se empodera con la incógnita. Claro que de ese modo lo
coloca más cerca de la angustia que del bienestar.

Además no es casual que un libro cuyo propósito es ponerle palabras
al amor, termine asumiendo que si hay un amor verdadero, claramente
es el que excede a cualquier palabra. Tanta caracterización, descripción,
narración sobre el amor nos va dando la sensación de que lo nodal siempre sobrevuela las intenciones de un lenguaje que cuanto más se acerca,
más se aleja de su objetivo. Tal vez toda la imposibilidad se encuentre
fundamentada en el ideal de un lenguaje que pretende alcanzar el centro
de las cosas. Sobre todo, porque tal vez, las cosas justamente, no tengan
centro. Por eso, la propuesta de *El banquete* no es la de un tratado científico sobre el amor sino la de un elogio al dios Eros. Así se narra en el
libro el inicio de los discursos. Uno de los comensales propone brindar
elogios al dios Eros, muy poco elogiado –dice– por cierto. No se trata de
una propuesta de explicar el amor sino de elogiarlo. Podríamos afirmar
circularmente que es una propuesta de *amar al amor* y dejarnos caer en
sus aporías.

A su vez, el recordado discurso de Aristófanes con su mito del andrógino, pone en escena de manera más que enfática la imposibilidad de
conocer la naturaleza del amor en su ultimidad. Aunque el dispositivo
narrativo sea más explícito, lo inefable se cuela por algún lado. Se trata
una vez más de la idea del amor como búsqueda de la otra mitad. Otra
mitad que al ser alcanzada consuma nuestra plenitud. ¿Pero realmente
sabemos de qué se trata esa plenitud? Una cosa es encontrar nuestra otra
mitad, otra cosa es sentirse plenos, pero otra cosa es saber por qué el otro
me plenifica. ¿Por qué el encuentro con el otro es tan definitivo que en ese
contacto se consuma lo pleno? ¿Podemos caracterizar adecuadamente lo
pleno? O dicho de la manera más usual: ¿cuál es la naturaleza del amor?
¿Qué lo define?

La pregunta a lo largo de la historia ha sido siempre la misma: ¿qué es lo que nos sucede en el encuentro con el otro? ¿Es expresable o es inefable? Y si fuese inefable, ¿todas las formas históricas de expresión del amor serían falsas? ¿Serían incompletas? Una vez más, ¿por qué nos representamos lo inefable como una carencia y no como la evidencia de que el verdadero amor es justamente verdadero porque traspasa cualquier limitación finita? Y en última instancia, ¿qué lugar entonces habría que darle al amor en tanto inefable? ¿Cómo vivir lo inefable en un mundo de palabras?

Pone Platón en boca de Aristófanes: "Pero cuando se encuentran con aquella auténtica mitad de sí mismos [...] quedan entonces maravillosamente impresionados por afecto, afinidad y amor, sin querer, por así decirlo, separarse unos de otros ni siquiera por un momento. Estos son los que permanecen unidos en mutua compañía a lo largo de toda su vida, y *ni siquiera podrían decir* qué *(es lo que) desean conseguir realmente unos de otros*. Pues a ninguno se le ocurriría pensar que ello fuera el contacto de las relaciones sexuales y que, precisamente por esto, el uno se alegra de estar en compañía del otro con tan gran empeño. Antes bien, es evidente que el alma de cada uno *desea otra cosa que no puede expresar*, si bien adivina lo que quiere y lo insinúa enigmáticamente".

El alma de cada uno desea otra cosa que no puede expresar, dice el personaje Aristófanes después de haber relatado toda la peripecia de cada mitad en busca de su otra mitad correspondiente. Pero entonces si pudiera expresar qué es lo que desea, ¿lo dejaría de desear? Y por otro lado, dice que desea otra cosa, ¿pero *otra cosa* con respecto a qué? ¿Hay entonces una presencia "falsa" del amor que es aquella que sí puede ponerse en palabras?

Deconstruir el amor es poder desmarcarse de su versión hegemónica, esto es, de aquello que sí es posible de ser expresado, y en tanto expresable, monopoliza toda definición del acontecimiento amoroso. Es más, esa otra cosa que deseamos y que no es posible de ser dicha, sin embargo es "insinuada enigmáticamente". Lo inefable es mucho más que lo que no se puede expresar: es aquello que como no se puede expresar, busca manifestarse más allá de toda expresión.

El mito de Ícaro deseando alcanzar el sol con unas alas de cera culmina del modo más trágico: cuanto más Icaro se aproxima al sol, más sus
alas de cera se van derritiendo hasta que se derrumba. Es cierto que no
logra su objetivo de contemplar al sol frente a frente, pero el cuerpo de
Ícaro –su carne– sintió el incendio. Ardió. Cuando en otro mito como el
de Orfeo, éste logra descender vivo al Hades para recuperar a su esposa
Eurídice, los dioses lo condenan –dice Platón en *El banquete* en boca
del orador Fedro– por no querer morir de amor. Hay un lugar donde lo
inefable paradójicamente es la expresión de un amor que se resiste a ser
capturado por las condiciones de posibilidad de lo humano. "Ni siquiera
podrían decir qué (es lo que) desean conseguir los unos de los otros", dice
el discurso de Aristófanes. *Conseguir.* Tal vez otras formas del amor se
inicien en la desarticulación de este mandato.

Hay una sensación que a algunos nos embargó de niños y que lentamente reaparece ahora ya de adultos que es la imposibilidad de encontrar la palabra adecuada que corresponde al deseo concreto de querer
enunciar algo: una idea, una sensación, una experiencia. "No encuentro
las palabras", solemos disculparnos, pero sobre todo emprendemos un
esfuerzo interior en busca de categorías que se nos escapan o simplemente sabemos que existen aunque no nos sean dadas en ese momento. Una
sensación que se vuelve horrorosa cuando al mismo tiempo sabemos que
hay una palabra concreta que no logramos dilucidar y nos achacamos a
nosotros mismos casi siempre un fuerte cansancio o alguna excusa para
exculpar nuestra supuesta incapacidad mientras refunfuñamos: ¡pero
como no encuentro esa palabra!

En general la palabra aparece, obviamente, cuando abandonamos su
búsqueda. O bien, en la minoría de los casos, buscamos palabras que
en realidad no son palabras; o sea que suponemos la existencia de palabras que en realidad no existen. No existen, pero las recordamos como si
hubieran existido. Construimos fantasmagóricamente palabras que creemos haber olvidado cuando puede tratarse solo de inercias que suponen
términos inexistentes. Inercias. Algo en la matriz falla y se nos evidencia
el recurso: al final no somos más que constructores de palabras.

Lo peor del caso es que nunca sabremos si esas palabras que no aparecen existen o no. Primero, porque con el paso de las horas seguramente olvidemos la escena, pero también porque en algunos casos y después de un tiempo, el término intempestivamente se nos aparece. O creemos que se nos aparece. O creemos que era ese término. Sin embargo, hay todo un grupo indefinido de palabras que nunca se nos van a aparecer y que por lo tanto dejan una sensación de vacío, la angustia prototípica de la finitud. No solo el lenguaje nos habla, sino que además nos quita las palabras en los momentos más inoportunos. Pero esas palabras permanecen pululando por allí. Ni siquiera son palabras, sino el momento previo a la experiencia de su enunciación. Son como palabras fantasmas. Creemos que existen porque hay una hendidura en nuestra conciencia que las supone. Poseemos su "falta": sabemos que hay un sentido allí necesario para que nuestra idea cuaje, pero ese término nunca se presenta. O peor, se presenta como ausencia.

Si pudiéramos describir esta sensación de modo corporal diríamos que son palabras que no las podemos encontrar pero que las "tenemos en la punta de la lengua". Están allí: a punto de salir. Por eso, nada más revelador, saciante, consumable, epifánico, orgásmico, que la experiencia de ese hallazgo: cuando aquello que teníamos en la punta de la lengua puede salir afuera. "Salir afuera" puede traducirse del latín con la palabra "expresión". Poder *expresar* algo significa que al "sacarlo afuera" cobra forma, se vuelve texto.

Es interesante porque en general nuestro pensamiento resulta ser un pensar gramatical. O sea, pensamos con palabras. Es más; pensamos con todo el dispositivo lingüístico sirviendo de engranaje para que nuestros pensamientos puedan ser comprendidos bajo las formas de comunicación existentes. Nuestra interioridad se encuentra elaborada desde "afuera". Todo pensamiento interior y monológico parte siempre de los dispositivos de lenguaje normalizados. Lo que suponemos "expresar", esto es, "sacar afuera", ya provino previamente del afuera. Esto es así en casi todos los casos, menos cuando sentimos que las palabras no irrumpen y que lo que queremos decir no encuentra su cauce: nos queda en la punta de la lengua. ¿Será una forma de resistencia contra el dispositivo?

¿Pero qué es tener la palabra en la punta de la lengua? ¿"Tenerla en la punta de la lengua" es "tenerla"? ¿Cómo se tiene lo que no se tiene? No se tiene la palabra buscada, ¿pero se poseen las palabras? ¿Qué es *tener* una palabra? Tener una palabra es encontrar la palabra justa para describir una realidad, ¿pero, qué significa "justa"? ¿A qué se ajusta? ¿Qué nos indica esta sensación de imposibilidad?

John D. Caputo trabaja esta hermosa metáfora de la punta de la lengua en relación al nombre de Dios. Dios ha recibido numerosos nombres a lo largo de la historia, pero el nombre de Dios siempre se nos escapa, dice Caputo, siempre se nos queda en la punta de la lengua. Es que si pudiésemos dar con el nombre de Dios, nuestro lenguaje poseería una capacidad que excedería los límites de nuestra finitud: una cosa es el *nombre* –repite incansablemente Caputo– y otra cosa el *acontecimiento* que supone nombrar. Dios es ese acontecimiento que se escabulle a cualquier nombre, aunque no esperemos ni hagamos otra cosa que intentar descifrar el enigma del nombre de Dios. Ninguna versión de Dios puede ser sustanciada como la correcta, salvo que estemos en presencia de una verdadera manifestación de Dios en la tierra: algo que en principio degradaría la misma naturaleza de Dios.

Pero ese "en la punta de la lengua" no es juzgado por Caputo como algo que reste, sino como todo lo contrario: en ese resto vamos encontrando los rastros (las espaldas) de Dios. Si Dios se nos presentara de frente con su nombre en un "carnet", más vale salir corriendo. Toda apropiación humana del nombre de Dios no solo lo degrada y falsea, sino que pone en evidencia que solo se trata de una apropiación humana del nombre de Dios. Nunca podremos pronunciar su nombre, aunque no nos embargue más que el deseo de poder hacerlo. El deseo de poder. Tal vez sea ese deseo de nombrar a Dios la manifestación de todo deseo. Es esa sensación de imposibilidad que sin embargo hace fuerza y empuja para salir lo más cercano que podemos estar del nombre de Dios. Poder percibir esa inercia y no desesperar por hacerla encauzar en un nombre. No desesperar.

Y así como cada vez que se encarna en un nombre, Dios se hace posible y por eso ya no es Dios; así cada vez que el amor cree alcanzar un saber, o cada vez que el amor cree encontrar su realización definitiva, o cada vez que el amor cree haberse expresado en una palabra, entonces el amor se nos vuelve posible, pero claro: ya no es el amor...

Deconstruir es una práctica que parte del sentido común para ir desandándolo. Una práctica que busca desarmar muchos de sus postulados para resignificarlos intentando comprender las razones por las cuales se instauraron y se volvieron certezas. De allí que la estrategia de negar al sentido común para superarlo, de alguna manera implique repetir la misma matriz que se pretende cuestionar y por ello quedar atrapado igualmente en su lógica. ¿Cómo pensar al sentido común más allá de cualquier estrategia? Se trata, por ello, en cambio de poder entender *por qué* una categoría se plasma tan contundentemente, esto es, se trata también de preguntarse: ¿qué necesidades o intereses evoca?

Hay siempre algo de verdad en el sentido común. Claro que la verdad es siempre de a pedazos. Desmadejarlo nos inicia en un recorrido que muchas veces culmina incluso en lo contrario de lo que suponíamos que buscábamos; pero cuando los hilos se desenredan, podemos vislumbrar el estado de situación con muchas más variables de lo usual: en general el sentido común suele afianzarse en lecturas unilineales.

Es muy propio del sentido común la idea de que el amor es inefable. Y es muy propio del sentido común la sensación de que el lenguaje no agota la totalidad del sentimiento que se desea expresar. La diferencia con la lectura deconstructiva es que para el sentido común el lenguaje posee una vocación de transparencia, y que por lo tanto, la incapacidad para poder poner en palabras los sentimientos internos es juzgada como una limitación negativa a ser superada. Se parte siempre del ideal omniabarcante de un lenguaje que cuanto más pulido se encuentre, más capacidad va a tener de hacer posible lo imposible.

Una de las frases más remanidas dice "no me alcanzan las palabras para poder expresar el amor que siento por vos". Aquí, lo remanido no le quita verdad. De nuevo, todo es una cuestión de perspectiva: ¿se trata entonces de afinar las palabras para que en algún futuro cercanos los seres humanos podamos manejarnos con un lenguaje más eficiente, o se trata por el contrario de la constatación de que el lenguaje ontológicamente subsume todo sentido a un dispositivo previo que por ello lo degrada y hasta lo anula?

El amor pone en evidencia las limitaciones del lenguaje, pero el lenguaje también pone en evidencia las limitaciones del amor. Se trata en ambos casos de tener que vérnosla con la cuestión de la finitud. Evidentemente, de la conciencia de la finitud no se sigue el asumirla y aceptarla sin reparos, sino exactamente todo lo contrario. O por lo menos históricamente ha sido así: no hemos hecho otra cosa que intentar denodadamente sobrepasarla. Así, el amor no solo pone en evidencia las limitaciones de lenguaje, sino que además, nos convoca a un tipo de experiencia que lo trasciende y lo disminuye en sus pretensiones comprensivas. Tanta obsesión de las palabras con su deseo mimético de corresponderse con la realidad para que finalmente irrumpa el amor y se lleve puesto uno de los supuestos más frágiles de la historia de nuestra cultura. Y peor aún, ya que el mismo sentido común termina aceptando que la experiencia del verdadero amor no tiene palabras que lo describa.

¿Qué es esta experiencia interior de un amor que no puede expresarse? Me enamoro, irrumpe en mí lo que supongo que es una sensación amorosa. Me estremezco. Tiemblo. Lloro. Me siento pleno. Y sin embargo algo falta, algo me falta. Como mínimo me está faltando la necesidad de traducir esta sensación en lenguaje, comunicarla, compartirla. Te abrazo. Nos abrazamos. Los cuerpos hablan. Se transmite amor por la piel, por la intensidad de los cuerpos que se imprimen fuerza. Nos miramos. Volvemos a llorar. Nos estamos diciendo sin estarnos diciendo que nos amamos, y sin embargo "nos estamos diciendo".

De nuevo aquí la teología negativa acude en nuestra ayuda: "te amo tanto que no hay palabra que alcance". Y ya no importa si es cierto o no. El amor no tiene que ver con la verdad por correspondencia. No hay forma de comprobar empíricamente si el otro me ama o no me ama. De hecho se puede construir la evidencia más consistente que compruebe que supuestamente el otro me está amando y sin embargo todo podría ser una gran puesta de escena. ¿Hay algo que no sea una puesta de escena? Si el amor son los hechos, los hechos pueden ser elaborados a la perfección sin que por ello, haya detrás un sentimiento genuino que los respalde. Si el amor está más allá de los hechos, se nos vuelve entonces inaccesible.

El amor es imposible porque es inefable; y por eso si pudiera ser dicho, sería posible. Sin embargo, al cuestionar la fidelidad de todo lo dicho, buscamos deconstruir la idea de un verdadero conocimiento del amor. O lo que es lo mismo: la idea de un verdadero conocimiento de lo que sea. Hay una petulancia que rápidamente se vuelve naif en la pretensión de poder estar diciendo el amor, incluso en la convicción de estar viviéndolo en toda su dimensión. ¿No es lo propio del amor cierta fluctuación o ambigüedad que no le recorte su impulso de búsqueda? Y no se trata de una insatisfacción absoluta, sino de asumir la dualidad en toda su aporía: hay amor porque nunca terminamos de saber con exactitud si estamos en presencia del amor. Pero no es una duda dicotómica que oscila del polo del amor al polo de "no me pasa nada". La aporía es estar viviendo al mismo tiempo ambas sensaciones. Como en una tarde cualquiera, después de haber pasado varias horas de amor continuo, una mirada que se repite una vez más de más y que habilita la irrupción de un tedio también inexplicable: ¿será con vos?

Si hay amor, siempre se nos queda en la punta de la lengua. Cada vez que le damos palabras se nos vuelve una historia de amor. Pero una cosa es una historia de amor y otra cosa es el amor (que nunca es una *cosa*). Las historias de amor, además, antes de ser historias de amor, son historias. Y se encuentran revestidas por todo el andamiaje propio de cualquier narrativa. Una historia que comienza en algún lugar definido o no, que desencadena sus conflictos, que nos sume en conexiones intertextuales con otras historias de amor de las que también somos parte.

Pero las historias de amor siempre vienen después. Un después que puede ser un después inminente, pero que no deja de ser un después. Y en ese lapso temporal, algo se ordena. Se recorta, se edita. Se expresa y por ello, cobra forma. Pero en ese mismo acto de conformación, el amor se ocluye. Los intentos desesperados por recobrar desde la palabra aquello que supusimos haber sentido se nos vuelve casi la única preocupación. La cuestión del amor no deja de ser la fatídica y tradicional cuestión de la traducción. Y si hay traducción, hay traición…

¿Cómo saber lo que me pasa con el otro? ¿Es atracción? ¿Es algo sublime? ¿Es deseo? ¿Es físico? ¿Es profundo? Toda traducción es un recorte. Toda caracterización del amor no alcanza para poder definirlo en su totalidad. Platón sostenía que el verdadero conocimiento, allí en el "mundo de las ideas" se produce como una intuición racional: comprendo la totalidad con un golpe de vista, que más que de vista es de revelación conceptual. Lo "vi" y lo comprendí. Sin intermediación. El lenguaje es intermediación. Es filtro. Filtra a través de un andamiaje sistemático y normativo. Sumerge cualquier sensación en un sistema previo de conexiones lingüísticas que las traduce, pero también las empequeñece, les quita intensidad, las individua.

Si el amor se queda siempre en la punta de la lengua, nunca terminaré de saber qué es lo que me pasa y por lo tanto nunca terminaré de saber con quién es efectivamente lo que me pasa. Hacer permanecer la sensación de no consumación de lo que pretende expresarse en esa punta de la lengua, nos genera una incomodidad, pero a la vez una epifanía. Tal vez la otra aporía insoportable del amor es que su saber siempre sea más efímero que lo que cualquier saber puede tolerar para poder convertirse en un saber.

Lo inefable del amor deconstruye su pretensión de saber. No se trata tanto de investigar sobre la naturaleza del amor sino de deconstruir la idea de que el amor posee una naturaleza. Deconstruir toda naturaleza del amor que se presente como expresión fiel de una supuesta esencia amorosa. Por eso la deconstrucción del amor es una práctica política, ya que se preocupa por la separación de la conexión intrínseca que se ha sustanciado entre cualquier definición del amor y su pretensión hegemónica. Toda definición de una naturaleza del amor que excluya a las otras versiones posibles, resulta una apropiación epistemológica de la verdad sobre el amor. De allí que la inefabilidad del amor lo resguarde de cualquier malversación. El costo a pagar para que ninguna versión del amor se vuelva la única y excluya al resto es zambullirnos en la aporía eterna de nunca poder saber en definitiva cuál es la naturaleza del amor. ¿Será esta sensación de estar pagando un costo la que en realidad antes que nada deberíamos deconstruir?

Nadie es el amor de tu vida…

Como el amor es inefable, nadie es el amor de tu vida. Si alguien fuese el amor de tu vida entonces lo podríamos nombrar: a la persona y al amor. Alguien concitaría en sí todos los rasgos propios de la supuesta naturaleza del amor. Para que alguien sea el amor de tu vida, deberíamos admitir que el amor puede ser nombrado y que su nombre correspondería con algún tipo de entidad que suponemos que es el amor. De nuevo, la relación entre el nombre y el acontecimiento que el nombre pretende nombrar. De nuevo este hiato. De nuevo esta religión: hay que despojar demasiado al lenguaje para poder confiar en su transparencia. O dicho de otro modo: cuánto añadido le estamos imprimiendo a la convicción de que las palabras se corresponden con las cosas...

Si alguien fuese el amor de tu vida, analizando casi químicamente los componentes del sentimiento mutuo entre estas dos personas, podríamos alcanzar la naturaleza misma del amor. Salvo que el amor de tu vida sea el de tu vida, pero no sea amor. En el sintagma "el amor de tu vida", puede estar funcionando bien la idea de *vida*, pero no la de *amor*: podemos estar juntos toda la vida, pero otra cosa es que lo que nos una sea el amor. Podríamos en este caso incluso exclamar "¡y qué me importa que no lo sea, si lo importante es mantenerse juntos en un vínculo para toda la vida!". Y es cierto: sociedades hay de todo tipo. La pregunta es por qué necesitamos que esté sustancialmente atravesada por algún tipo de esencia amorosa.

Pero de nuevo, el problema recae siempre en la posible definición del amor. Lo inefable del amor nos resguarda frente a la totalización de cualquier vínculo. Si el amor es inefable y por ello imposible, entonces ninguna de nuestras relaciones amorosas puede arrogarse ser la única, la verdadera, la correcta, la que nos corresponde. Si el nombre de Dios es inefable, entonces ninguna religión es verdadera. O todas lo son. Todas lo son de a pedazos. Si el amor es inefable, todas nuestras historias de amor son parte de un guion abierto, repleto de conexiones invisibles, tramas que suponemos se develarán en algún momento, descubrimientos tardíos de situaciones pasadas a partir de vivencias presentes. Lo único que sabemos con algún atisbo de credulidad es que ninguna de las historias de amor es la verdadera. O bien que tenemos que reformular copernicanamente nuestra concepción de la verdad...

Nadie es el amor de tu vida nos arroja en una relación de contingencia con el amor: lo imposible es justamente cualquier afirmación totalizante que presuma alcanzar un saber eterno. Lo insoportable de la vida es que se funda a cada segundo, ya que del mismo modo en que la muerte se nos presenta en su inminencia y podríamos morir en cualquier momento; la inminencia de la muerte nos revela la inminencia de la vida: la vida se renueva a cada instante ya que a cada instante podría interrumpirse.

En todo caso, nuestra última historia de amor lleva en su dramaturgia, incluso sin desearlo, todas las historias de amor previas. Lleva en su simiente todas las experiencias de amor, las realizadas y las latentes, las manifiestas y las pendientes. Sin embargo, el problema persiste ya que claramente nadie puede afirmar nunca que la historia de amor que estamos viviendo sea finalmente la última.

Nadie es el amor de tu vida. ¿Quién es entonces "nadie"? Tal vez esta frase que el sentido común rápidamente coloca en la estantería de la resignación, nos permita algún tipo de ejercicio deconstructivo. La frase nos ilusiona con la presencia de un sujeto gramatical al que instantáneamente le buscamos una correspondencia, pero "nadie" no refiere a una persona sino inversamente a su ausencia. Cuando leemos la frase "nadie es el amor de tu vida" claramente no estamos buscando a ese sujeto ausente. La comprendemos desde la negación: todos tus vínculos amorosos pueden estar buenísimos, pero ninguno de ellos es el "verdadero" en términos absolutos. Sin embargo, ni bien nos detenemos un poco en su conformación gramatical, nos surge la (im)posible pregunta por ese "nadie". ¿Quién es *nadie*? O más bien, ¿no es ese *nadie* la constatación de que ninguna persona podrá nunca ocupar un lugar que, aunque inocupable, permanece anhelado?

Existe el amor de tu vida. Se llama "nadie". O sea, no se llama con ningún nombre y ni siquiera es alguien en el sentido de ser alguien determinado. El "nadie" nos recuerda una vez más la aporía: voy en busca de aquello que nunca voy a terminar de encontrar. Es que no se trata de afirmarse en la oposición extrema a la idea de eternidad amorosa. No se trata de afirmar que como nadie es el amor de tu vida, entonces dejo de aspirar a lo eterno y me entrego a la experiencia de amores efímeros a los que comprendo y vivo desde su transitoriedad. Hay algo más en el amor que tiene la forma de la aporía porque aun sabiendo que nadie es el amor de tu vida, no dejo de buscar a nadie...

Las palabras no se corresponden exactamente con las cosas, pero vivimos *como si* lo hicieran. Ingresamos a una doble vara donde por un lado, la actitud cotidiana da por supuesto que las palabras describen un estado de cosas y poseen consecuencias explícitas sobre la realidad; pero al mismo tiempo y por otro lado, la preocupación filosófica interrumpe el paralelismo y nos exige la profundización de un cuestionamiento que se lleva puesto todo. ¿De qué hablan las palabras?

No se trata de una contradicción o de una doble moral sino por el contrario de la consumación de la aporía: somos al mismo tiempo muchos y en conflicto constante. La actitud filosófica nos coloca en otra dimensión del sentido, poniendo entre paréntesis todo lo que parece estar funcionando a la perfección. Hacer filosofía es una afrenta contra el buen funcionamiento de las cosas. Es cierto que el lenguaje posee como principal argumento a favor el hecho de que funciona correctamente, entendiendo "buen funcionamiento" sobre todo a partir de dos consecuencias: todos nos entendemos y todo funciona tal como lo preveíamos. Pero también es cierto que ni bien ajustamos un poco la lupa y llevamos la pregunta al extremo, no todo funciona tan bien y no todos nos entendemos tan claramente. La filosofía lleva al extremo las consecuencias no deseadas de disrupciones que en el cotidiano dejamos de lado. El cotidiano es básicamente esto: dejar de lado.

El problema que nos descalabra un poco es la dualidad. Comprendernos al mismo tiempo deseosos de que las cosas funcionen, pero también deseantes de desmantelar todo supuesto escondido. Cuando la filosofía lleva al extremo la perplejidad de la pregunta, todo parece carecer de sentido; pero cuando la actitud cotidiana se despoja de todo interrogante, todo parece poseer demasiado sentido. En ambos casos, por carencia o demasía, hay algo que no cierra...

Tal vez la doble vara no sea más que la derivación de nuestra aporía existencial constitutiva: en el fondo nacemos para morir, pero en el *durante*, tenemos que hacer *como si* la vida nunca terminara. La conciencia de finitud no quita la angustia de saber que todas nuestras acciones al final se diluyen en la nada. El ser humano es este animal que tiene que lidiar con el hecho de comprender de que al mismo tiempo todo lo que hacemos se evanesce y sin embargo es *todo* lo que hacemos.

Podemos ir hacia el olvido. Olvidar que nos vamos a morir y hacer *como si* la muerte nunca nos alcanzase. Podemos, en esta línea, postergarla indefinidamente; básicamente, no pensar en ella, esto es, huir de nuestra condición. Podemos hacer lo contrario y renunciar a cualquier pretensión de salvataje. Ya convencidos de que no hay salida, abandonarnos con nihilismo a lo que nos plazca. Cualquiera de las dos posiciones nos permitiría lidiar con el sinsentido. El problema es que no vamos ni hacia un polo ni hacia el otro, sino que nos dirigimos indefectiblemente hacia la aporía: vivimos construyendo sentido, aunque sepamos que se trata de un sentido transitorio, efímero, falaz, ilusorio, contingente, precario y frágil. Pero en algún lugar y a pesar de esta conciencia, seguimos construyendo sentido *como si* lo hubiera.

Aunque. Parece la palabra clave: vivir, *aunque* sepamos que nos vamos a morir. Pero el *aunque* necesita aliviarse de su connotación de resignación y por eso puede transformarse en una actitud que rompiendo el binario sustantivo, nos permita reconciliarnos de un modo deconstructivo con la aporía: como sabemos que nos vamos a morir, vivimos *como si* la muerte nunca llegase.

El *como si*. Las palabras no necesariamente se condicen con las cosas, pero hablamos *como si* lo hiciesen. El *como si* rompe el binario ya que hay en nosotros una conciencia de estar forzando una coincidencia que, sin embargo, aunque irreal, funciona. Sobre todo, porque *durante* su funcionamiento la experimentamos *como si* fuera real.

Durante. O *mientras*. Otras palabras claves. Un tiempo sin inicio ni final, un tiempo *durante*. Mientras dura el ensueño, lo vivimos como si no fuera un ensueño; o como si no hubiese otra realidad que el ensueño. Estamos al mismo tiempo adentro y afuera. En una frontera que hace de la doble vara una vara con dos caras. Las fronteras son siempre duales. El problema es que siempre la vivimos de un lado o del otro. ¿Pero si no hubiera otro lugar que la frontera? ¿Cómo vivir la dualidad?

Vivo cada segundo de esta vida *como si* nunca fuese a acabar, ya que si estuviese todo el tiempo repitiéndome que la condición humana es una condición finita, probablemente no podría dar ni medio paso. Y sin embargo, no me estoy mintiendo a mí mismo, sino que voy comprendiendo el carácter narrativo de todo sentido: narrarnos a nosotros mismos es poner en juego toda la artillería de recursos retóricos para que al mismo tiempo llevemos el pensamiento a fondo a sabiendas de que en el fondo, no hay fondo. La verdad no es una cuestión de información sino de supervivencia. Nadie sobrevive repitiéndose incesantemente que hagamos lo que hagamos, igual nada tiene sentido porque en la eternidad de los tiempos nuestra vida no tiene ninguna importancia. ¿Será igual en el amor? ¿Necesitaremos esquivar la conciencia de que el amor verdadero es el amor imposible para poder vincularnos afectivamente con el otro?

Pero además, nadie puede mentirse de modo absoluto. El que se miente a sí mismo, sabe que se está mintiendo. Mentirse a sí mismo de modo absoluto no sería mentirse, sino que estaríamos, en ese caso, ya en presencia de una verdad. ¿O no puede ser también la verdad –diría Nietzsche– una mentira que logra su objetivo? Mentirse a uno mismo es solo estar suspendiendo toda resolución binaria y desde la frontera aceptando que, aunque sepamos que las palabras no se corresponden con las cosas, sin embargo, hacemos *como si* lo hicieran, para que todo recobre un funcionamiento medianamente normal y en la normalidad de las horas poder escucharte decirme "te amo" y desfallecer ante esa declaración meramente lingüística…

Como el amor es inefable y por lo tanto imposible, ningún amor es el amor de tu vida. Y sin embargo vivimos cada amor *como si* lo fuera. Comenzamos una nueva relación amorosa con la conciencia de saber que no es el amor de nuestra vida, que tampoco se trata de acceder a la plenitud, que nada de lo que nos digamos va a poder expresar lo que suponemos que nos queremos decir; y sin embargo y a pesar de la conciencia de contingencia que parece disminuir la intensidad del vínculo, hacemos *como si* estuviésemos entregados a la historia de amor más contundente y transformadora.

Vivimos nuestra vida *como si* no acabara, ¿cómo no vamos a vivir nuestras historias de amor *como si* no fueran el acontecimiento más descalabrante de nuestra existencia? Y sin embargo sabemos que en algún momento este estado de encantamiento se va a terminar. Y el sin embargo no es un "sin embargo", sino un "y también". Y también sabemos…

Hay un texto paulino donde se nos presenta el tiempo presente como un tiempo comprimido, un tiempo que cambia su forma ya que una vez consumado el acontecimiento de la muerte de Cristo, solo nos resta esperar el fin del mundo y la salvación para todos. Pablo les escribe a los corintios y les dice que ahora más que nunca se evidencia la apariencia de este mundo. ¿Por qué *ahora*? Porque la muerte de Cristo acorta lo tiempos: la verdad ya nos fue dada y solo nos queda una espera donde todo lo que sucede pierde la fuerza de realidad que tenía hasta entonces. En cualquier hipótesis del fin de mundo, si algo se trastorna es el modo en que nos relacionamos con el cotidiano. La suspensión del pensamiento que se ejerce en el cotidiano se detiene y ahora *pensar* se vuelve nuestra forma de relacionarnos con el mundo. Claro que este pensar arremete contra todas las formas del sentido común, sus mandatos, obligaciones, demandas y exigencias. Frente al acontecimiento del fin del mundo, nada de lo que veníamos haciendo puede seguir teniendo sentido.

Es la Primera Carta a los Corintios 7, 29-31. "Pero quiero decirles, hermanos, que el tiempo se acorta; por lo tanto, el que tiene esposa debe vivir como si no la tuviera; el que llora, como si no llorara; el que se alegra, como si no se alegrara; el que compra, como si no tuviera nada; y el que disfruta de este mundo, como si no lo disfrutara; porque el mundo que conocemos está por desaparecer."

El *como si*. Aquí está invertido el esquema. No es tanto, como igual nacimos para morir, entonces nada tiene sentido y por lo tanto hagamos *como si* lo tuviera. Es más que, como el verdadero sentido está a punto de consumarse, entonces nada de lo que hasta ahora estábamos haciendo puede seguir significando algo, y por ello da lo mismo una cosa que la otra.

Sea en una lectura o en la otra, el tiempo cambia su lógica. Se interrumpe. Y se interrumpe a partir de un tipo de verdad que se nos vuelve dionisíacamente insoportable. Ingresamos al tiempo del *mientras*: un tiempo suspendido. Hay algo del amor que se juega en el terreno del *mientras*, en la sustracción a partir de una supuesta revelación amorosa de nuestro pacto cotidiano. El cotidiano no resiste al amor: se desgrana, se deshilacha, se deshilvana. El amor pone entre paréntesis todo pensamiento utilitario: las normativas de la vida cotidiana se ven arrasadas por un amor que nos vuelve ineficaces con las cosas de este mundo. En ese *mientras* que dura sin embargo como si fuese eterno, nada de lo que hasta ese entonces tenía sentido, lo sigue teniendo. Nada nos importa: la vocación, el trabajo, las obligaciones, los consumos. Se abre una grieta en el tiempo y nos encontramos embargados y embriagados por una sensación de arrobamiento que nos saca de nosotros mismos. Y sin embargo no. Y sin embargo sabemos que no. Y también sabemos...

No hay un saber en el amor porque el amor es inefable. O dicho al revés: como el amor es inefable, no es posible que haya un saber sobre el amor sino solo puede haber deconstrucción del amor; o sea, solo puede haber un ejercicio de desarme de todas aquellas certezas que se jactan de definir al amor.

No hay un saber disciplinar sobre el amor, pero tampoco hay un saber concreto sobre lo amado. El enunciado "no hay un saber sobre el amor" enhebra tanto las dificultades de cualquier disciplina que busca disciplinar, reducir, hacer encajar el acontecimiento amoroso en categorías sistemáticas, organizadas a partir del principio del *reductio ad unum*; así como la certeza que solemos suponer que emerge ante la presencia del enamoramiento: nunca sabremos quién es el amor de nuestra vida. La idea de amor y la idea de eternidad solo nos brindan una problemática contradicción. Nadie puede concitar *ad eternum* la absoluta confirmación de la pervivencia de un amor continuo, imperecedero, final. Nunca puedo estar seguro, salvo que se trate de una seguridad esporádica, débil, contingente. El amado siempre puede no ser. A cada segundo me lo repito. Y es esa inseguridad una de las claves de la constancia del amor. El amor es constante no porque se mantenga idéntico a sí mismo, sino porque siempre se está renovando, segundo a segundo.

No hay certeza en el amor porque ninguna certeza puede nunca arrogarse ser el estadío final de una búsqueda. Las certezas se construyen. Siempre hay un aspecto que no cierra y que impulsa al conocimiento a continuar en la pesquisa. Un saber que se cristaliza en un conocimiento definitivo deja de ser un saber. Se transforma en otra cosa: una creencia, un dogma, una necesidad, pero ya no un saber. Los saberes son siempre tanteos, bocetos, escorzos, recorridos, imperfecciones discursivas que van evidenciando sus limitaciones. Un saber sobre el amor solo podría darse como una deconstrucción de aquellos discursos que se presentan como últimos, pero sobre todo como aquellos que han sabido catapultar la naturaleza misma del acontecimiento amoroso.

¿Pero hay una naturaleza del amor? Si la hubiera, la podríamos nombrar, poner en palabras, desplegar sus sentidos. Tal vez haya naturalezas varias del amor en conflicto entre sí, como si fueran laderas de una montaña para alcanzar una cima imposible, atributos diferentes que spinozianamente suponen estar manifestando la totalidad del fenómeno cuando solo nos están aproximando una de sus diversas posibilidades. Y así como para hablar del amor, tendríamos que ir variando de narrativa y nombrarlo desde sus distintas perspectivas (religiosa, científica, artística, filosófica, histórica, sociológica); así también el ser amado finalmente tal vez no sea más que la conflagración de las diferentes historias de amor, ninguna en sí misma verdadera, pero todas en conjunto conformando el horizonte de sentido que constituye nuestro propio amor como plexo de todas las historias que nos han atravesado.

Hablar sobre la naturaleza del amor es ir desplazándonos de narrativa en narrativa, sabiendo que ninguna de ella agota la explicación. Pero además, sabiendo que siempre estamos dejando algo en la penumbra que solo con el desplazamiento lograremos acceder. El problema es que desplazarse es siempre iluminar un espacio para dejar otro a oscuras. Cada vez que un discurso sobre el amor nos cierra, percibimos schopenauerianamente el tedio de la falsa plenitud. El tedio de la falsa plenitud no es un tedio falso, sino la constatación ontológica del carácter ilusorio de toda plenitud. No es que haya una plenitud verdadera, sino que toda plenitud es una ilusión. Del mismo modo, creer que un discurso sobre el amor logre convencernos de modo absoluto es no comprender que el absoluto es una ilusión. Al interior de un discurso amoroso, podremos sentirnos más o menos plenificados, pero siempre nos va a faltar algo: siempre necesitaremos la presencia de otra narrativa que desarticule la vigente. Al amor no se le puede entrar de un único modo. No es posible domesticar el discurso sobre el amor como si el amor pudiera sistematizarse al interior de un complejo sistemático. Es más; cada vez que el amor es maniatado al interior de un corpus monocromático, deja de ser amor. Un amor que se precie de ser comprendido en todas sus manifestaciones, en todas sus partes, deja de ser amor.

Pero eso no implica ni una resignación ni una mistificación. El amor puede concebirse más bien como un ejercicio de traducción infinita. Necesitamos desplazarnos hacia otro idioma, porque vamos percibiendo que el saber sobre el amor en el que nos hallamos se va disecando, marchitando, se va volviendo vacuo. Solamente el salto hacia otro idioma nos trae nuevos abordajes que revivifican un amor que se iba derrumbando en su peor forma de incomprensión: creyendo que sobre el amor ya lo sabemos todo. Claramente, al final de un recorrido que no tiene final, solo nos queda lo intraducible. ¿No será el amor ese recorrido que nunca termina? ¿No será el amor lo intraducible? O más bien, ¿no será el amor lo intraducible que permanece a pesar de la insistencia en querer encontrar la traducción adecuada? ¿No será el amor ese "a pesar"?

A veces necesitamos la fría letra de la narrativa científica. Fría por despojada de toda metafísica, pero intensa en su descripción de los fenómenos fisiológicos. Demasiado extasiados a veces en elucubraciones destinales, la ciencia y su método ponen las cosas en su lugar: para todo hay una explicación científica posible. Así explicamos desde las reacciones corporales hasta el comportamiento endogámico a la hora de estrechar un vínculo. Desde la biología, la estadística y la química hasta la sociología y la historia nos van urdiendo en sistemas de entendimientos que secularizan al máximo cualquier teología amorosa: no hay misterio, todo puede ser develado. Es solo cuestión de agudizar la observación y experimentación científicas. Dos personas se cruzan en la vida dadas las estructuras sociales en las cuales se hallan insertas. La institucionalización del amor se rige más por disposiciones de tipo económico políticas que culminan en un modelo de familia absolutamente comprensible como parte de un determinado tipo de sociedad atravesada por la mercantilización de la existencia. Los sentimientos, sensaciones, intuiciones pueden todos reconducirse a experiencias corporales medibles, desmenuzables en fenómenos fisiológicos y bioquímicos. No hay más metáfora. Hay una realidad material al interior de la cual todo se explica.

Pero a veces necesitamos la fogosa letra de la narrativa metafísica. El discurso científico permite un adueñamiento soberano de las causas y efectos, desacralizando a un amor que muchas veces se reviste de magia para instaurar dogmáticamente sus formas e intereses. Pero lo interesante del amor, entre otras cosas, es que nos saca de nosotros mismos. Y por ello la soberanía se vuelve a veces demasiado ensimismada inhibiendo todo tipo de lugar a lo imprevisible, o sea a lo imposible. El problema de la narrativa metafísica es que no se entrega a la imposibilidad del otro, sino que avanza con convicción afirmando certezas, muchas veces remanidas, y para peor, justificadas en un sistema de creencias sin ningún sostén comprobatorio. Como quien reescribe la historia de un encuentro haciendo jugar en las causas del mismo a fuerzas ontocosmoteológicas sin las cuales vos y yo no nos hubiéramos conocido: "algo" nos unió, donde "algo" es cualquier causa, menos una causa científicamente comprobable. El misterio toma toda la escena y la metafísica en su afán religioso, nos incorpora a una totalidad aún más enorme que cualquier totalidad terrenal: nuestro amor no solo estaba predestinado, sino que su realización es un engranaje más para que la historia del universo se consume. Hay pura trascendencia. Hay pura necesidad ontológica. Casi como un reflejo de Dios en el mundo: nuestra historia de amor es un caso más del amor de Dios por la humanidad.

Sin embargo, a veces necesitamos llevar al extremo cada discurso para descubrir que ninguno termina de capturar en su totalidad lo que suponemos que es la naturaleza el amor. Es más, cuanto más lo llevamos al extremo, más nos asfixia. Y no tiene que ver con la coherencia o contrastación de las afirmaciones, sino con la latencia de un amor que no se ajusta nunca a ninguna narrativa. Tal vez los grandes temas capitales se definan por esta inadecuación discursiva: nunca alcanzan los argumentos al interior de un sistema para agotar la totalidad de su comprensión. Pero ello no significa que no se esté diciendo algo cierto, justificado, o fundamentado, sino simplemente que no nos alcanza. La pregunta por el *ser* nunca alcanza; es más, se la ejerce para distender la idea de que es posible una explicación que cierre. Preguntar "qué *es* el amor" no es tanto ir en busca de una respuesta como evidenciar lo incompleto de todo discurso que se arrogue la totalidad de la explicación.

El amor, como cualquiera de los grandes temas capitales, siempre es algo más. Cada vez que nos sentimos demasiado inmersos en algún discurso omniabarcante, son las narrativas otras las que nos convocan al desplazamiento. Y así como la carencia angustia, la plenitud causa tedio. Demasiado sostén científico se ve horadado por un deseo metafísico de extraernos del enclaustramiento analítico. Y lo mismo a la inversa: demasiado vuelo metafísico amerita un poco de microscopio y fórmulas químicas. Ningún sistema explicativo puede agotar el deseo de un amor que al final se encuentra más cerca de la pregunta que de la certeza. Tal vez el amor tenga más que ver con la necesidad de traspasar todo sistema endogámico en esa pulsión entre afianzarse en el supuesto conocimiento de su deseo y ese mismo deseo como fuerza que nos saca de nosotros mismos.

O tal vez el amor sea un horizonte abierto de desplazamientos donde ninguna explicación cierre porque la única explicación posible es la explicación imposible; o sea, el movimiento infinito entre los discursos. *Entre.* La gran figura del amor. La gran figura de los vínculos. Ni ciencia ni metafísica, sino *entre* la ciencia y la metafísica. Y ni siquiera: entre todos los abordajes posibles. El amor siempre se encuentra en la figura del *entre* que al mismo tiempo es la deconstrucción de todo lugar fijo. O sea que el amor es siempre el desarme de toda entidad sustantiva que lo vive como una propiedad o disposición o atributo. No hay fijación del amor en un sujeto, sino que el amor es lo que deconstruye al sujeto. Casi como un tercer factor que no es tercero porque desarma toda idea numérica.

Ni ciencia ni metafísica: *ni.* Otra figura clave en el amor. El anverso del *entre.* No es solo entre la ciencia y la metafísica, sino que no es ni ciencia ni metafísica. El *ni* es la demostración de que ningún polo resiste en sí mismo: no alcanza. La oscilación se produce por un hastío que trastoca el deseo de saber: cuanto más nos encontramos al interior de un sistema, más necesitamos salirnos del mismo. El otro polo nos llama desde el extremo: ese ejercicio de salida nos va proporcionando un saber. Vamos sabiendo más sobre el amor en la medida en que nos vamos exiliando de los territorios seguros. El amor siempre es una diáspora. Pero una diáspora necesaria, donde lo más importante no es la melancolía por el origen, sino la necesidad de escaparnos de lo que estamos siendo.

El *ni* es la figura de lo impersonal. Pero en este caso de un impersonal que pone en jaque la supuesta autonomía de la persona. De nuevo una cita paulina muy revisitada por la filosofía contemporánea: "ya no hay judío ni griego, no hay esclavo ni hombre libre, no hay varón ni mujer; porque todos vosotros sois uno en Cristo Jesús". Visto desde la mirada de Cristo, las diferencias solo resultan contingencias particulares que fomentan divisiones insalvables. No se trata de una claudicación de la diferencia, sino de apostar a un impersonal –como sostiene Simone Weil– que es lo único sagrado en el ser humano. Sacralizar ya una particularidad es delimitar un confín, y sobre todo, dejar a alguien afuera. Lo sagrado es lo que resta entre nosotros y no lo que, desde la diferencia, marca una asimetría como forma de ejercicio de poder. Ese resto innombrable, esto es, imposible, atraviesa a todos, aunque cada vez que se lo quiera nombrar, no hacemos otra cosa que caer en una delimitación excluyente.

De allí la figura del *ni* como en el texto de la Carta a los Gálatas 3, 28. No es un sumatoria de sujetos sino un desarme de la particularidad yendo en busca de ese resto que a todos nos mancomuna. Ni siquiera yendo en busca de lo común, ya que lo común aún se encuentra diseñado por la lógica de lo propio. A los ojos de Jesucristo, no hay diferencia. O mejor aún; se igualan las diferencias, sin perder lo diferencial sosteniendo lo igual. Pero la tarea es deconstructiva: despojarnos de la particularidad que nos erige en superiores, o como mínimo en especiales.

Lo mismo con el amor. Ni ciencia ni metafísica, o también ni vos ni yo. El amor es siempre *entre* porque al mismo tiempo es siempre *ni*. Y por eso es inefable, ya que cada vez que lo queremos nombrar, "tomamos partido". Pero el amor no está puesto en ningún polo, sino en el pendular incesante que ni siquiera va en busca, sino que su búsqueda es el escape desde sí mismo. El amor no está en mí, pero menos está en el otro: en realidad no está en ningún lado, sino que es justamente esa compulsión al destierro propio. Hay algo en la conformación de lo que somos que no funciona sino asumiendo que hay un don, algo dado, algo que nos excede. Siempre somos un efecto. En nosotros siempre hay una huella. El amor es esa huella. Pero la huella es la presencia de una ausencia y por eso es inefable.

De alguna manera también el amor se nos juega en nosotros en ese desplazarse entre las diferentes historias en las que nos vimos, vemos y veremos insertos. Insertos en historias de amor. Tal vez el amor se desparrame entre todas las historias de amor en las que nos vimos, vemos y veremos atravesados, pero no como una sumatoria sino como un desplazamiento. No es un listado con la cantidad de vínculos: el amor nunca se presenta en términos de acumulación, sino de resta y de impulso. El amor es lo que va quedando y no lo que va sumando. Lo que *resta*, en ese doble sentido de residuo y sustracción. No es tanto lo que logramos en cada vínculo, sino lo que a partir de cada logro nos vemos impulsados a continuar buscando, pero también lo que vamos deshaciendo, aquello que se nos va diluyendo, esfumando. El amor no se da tanto en los hallazgos como en el rastreo. Por eso, cada vez que una historia de amor nos absorbe, nos provoca una tensión dual: por un lado, la contención de sentirnos resguardados, pero por el otro, la necesidad de desguarnecerse, bajar la guardia, salir al desierto.

Como si en el final que nunca es un final, ya que nunca somos conscientes de estar viviendo el final, pudiésemos no recordar la historia de nuestros vínculos, sino la historia de nuestros deseos, de aquello que en cada caso nos impulsó a ir por más. ¿Cómo se narra nuestra relación con el amor? ¿Podemos a esta altura seguir concibiéndonos como sujetos que disponemos libremente de una facultad llamada amor que direccionamos a otros sujetos como nosotros? ¿O no estamos insertos en historias de amor de las que muchas veces no somos más que casos, reproducciones idénticas de esquemas donde nos vemos repitiendo matrices que nos exceden?

Si el amor no es ni ciencia ni metafísica, ni ningún otro saber que pueda encasillarlo, delimitarlo y acceder a su supuesta naturaleza imposible, entonces tal vez el amor no sea sino un *acontecimiento literario*. La literatura siempre es marginal, en el sentido de narrar desde los márgenes. Desde los márgenes y sobre los márgenes: un ejercicio de *marginalia* que relee los textos que se vienen releyendo desde siempre. No hay una intención en la literatura de dar con la naturaleza esencial de ningún fenómeno, ya que la propuesta literaria en sí misma abdica de toda representación esencialista. Es exactamente al revés: como no hay un origen, ni un núcleo, ni un centro, ni una verdad, ni una *causa sui*, entonces la literatura recrea, vuelve a crear, pero sobre todo, crea intensamente…

Y hay algo de eso en el amor. Nunca damos de frente con sus verdades, sino que nos vamos aproximando como si fuese un paseo, un viaje del cual nos quedamos más con la experiencia del partir que con los destinos. Más con el impulso por zarpar que con la concreción de los deseos. Cada historia de amor, cada relato –nuestro o de otros– suma una pincelada más al acontecimiento amoroso, pero se trata de una sumatoria al modo de cómo se trabaja en la pintura: no por acumulación de pinceladas, sino por consumación. Cada nuevo trazo va consumando posibilidades. Cada nuevo relato de amor nos demanda una reacción: no hay quietud en el amor. El amor es básicamente un movimiento inquieto. Una inquietud que con cada nuevo relato va encontrando una calma transitoria, pero que tiende permanentemente a un imposible que lo condena a lo inefable.

Si el amor es literatura entonces es inefable. Y no porque la literatura no sea dicha, sino porque su decir rompe la correspondencia entra las palabras y las cosas. De cada retazo literario vamos conformando pequeños intentos de comprensión del amor, así como de cada historia de amor vamos intentando huir de las formas hegemónicas del amor para ir pudiendo configurar mínimamente algo de nuestra experiencia.

El amor es literario porque la existencia es narrativa y todo lo que vivimos amorosamente lo decimos, lo hacemos texto, sentimos la necesidad imperiosa de la traducción, a tal punto que un amor que no sea dicho, ni siquiera lo vivenciamos como amor: tiene que ser puesto en palabras. Tiene que ser puesto. El amor como una puesta. Una puesta en escena. Una representación escénica que en algún punto nos excede, nos obliga a actuar más allá de nuestro guion fijado. Es más, una improvisación teatral donde desconocemos los intereses del otro y nos vemos arrojados a toda una serie de movimientos que nos alejan de cualquier idea previa.

Poner en palabras el amor para que sea real. Y sin embargo en la palabra, el amor ya no se presenta, sino que justamente se vacía para volverse palabra. Cada vez que te digo "te amo", no te estoy amando, sino que te estoy diciendo "te amo" que es una forma del amor, pero no el amor. Tal vez lo único a lo que podamos aspirar es al acto performativo de enunciar que "te amo". El "te amo" de por sí ya es en sí mismo un modo de amar. Pero no es el amor. Las palabras ocupan el lugar de las cosas y en ese acto las anulan. O las crean (que es una forma de anulación). La distancia entre las palabras y las cosas es zenónica, o sea, infinita. A tal punto que la palabra misma se vuelve "cosa" y el amor se ha vuelto un enunciado: "te amo". ¿Estoy buscando realmente el amor o estoy buscando que me digas "te amo"?

El "te amo" es algo posible y por eso puede ser dicho. Las historias de amor son algo posible y por eso pueden ser dichas. Pero el amor tal vez sea justamente lo imposible y por eso es inefable. Por eso, una vez más, ¿es imposible porque es inefable o es inefable porque es imposible?

El amor es un acontecimiento literario en dos sentidos superpuestos. Por un lado, porque todas nuestras experiencias amorosas poseen una estructura narrativa. Vamos escribiendo nuestras historias de amor y en el transcurrir del tiempo, además, las vamos editando. La memoria amorosa es básicamente un acto de recorte, de montaje, de edición. De alguna manera, todo amor es un hecho de la memoria, de retención, de transmisión. Pero la memoria no es neutra, ni objetiva, ni desafectada. Y mucho menos en el amor. Por eso, de alguna manera, al relatar las historias de amor, les estamos dando existencia, independientemente de la distorsión a la que después puedan verse compelidas. Contar nuestras historias de amor para darles vida. La necesidad imperiosa del relato: a los amigos, a la familia, a los desconocidos a través de las redes sociales. Como si no alcanzara el acontecimiento. O peor, como si para volverse un acontecimiento amoroso tuviese que ser al mismo tiempo un hecho de lenguaje.

Pero al mismo tiempo el amor es literario ya que no ingresamos al amor sino a través de los grandes relatos que nos conforman. Toda la literatura del amor –la universal y la familiar– se encuentra presente a la hora de uno creer que es absolutamente libre para disponer de lo que creemos que es nuestra espontaneidad afectiva. Somos casos literarios, esto es, ejemplares impresos de historias amorosas que delinean los contornos de lo que después nosotros suponemos que es nuestro acto de libertad amorosa.

Nadie ama libremente. Amamos al interior de dispositivos previos que construyen nuestra subjetividad afectiva. Ya sabemos desde siempre los pasos que tenemos que seguir, aunque ese recorrido amoroso no solo sea uno más entre tantos posibles, sino que sobre todo es el que se ha instaurado como válido. Amamos al interior de dispositivos de disciplinamiento del amor que como todo disciplinamiento nos deja tranquilos. Y hasta disfrutamos. ¿O hay alguna forma de disciplinamiento más efectiva que aquella que demarca las formas normalizadas del disfrute?

Siempre es una cuestión de saber. El saber que enmarca toda experiencia en rastros previos. El debate epistemológico al interior del mundo del conocimiento: ¿qué es saber? ¿Saber es descubrir lo nuevo, o saber es hacer encajar todo fenómeno en marcos explicatorios previos? ¿Qué es estar enamorados sino descubrirnos repitiendo las fórmulas que desde siempre nos han disciplinado en la experiencia de lo que suponemos que es el amor? ¿O será que el verdadero enamoramiento es aquel que traspasa los límites consabidos de todo enamoramiento?

Amar como una forma de proseguir recorridos instituidos. La cadena de montaje del amor que comienza con unas miradas, continúa con unos besos y termina en un orgasmo. En una cadena de montaje hay productividad, pero, ¿qué tiene que ver el amor con la producción? La tranquilidad interior de sabernos siendo un caso; o sea, siendo normales. Y por eso la sensación de absoluta extrañeza cuando alguna situación inesperada nos anomaliza y nos arroja a la incomprensión de un estado que nos descalabra. Enamorarse de verdad es tantear lo imposible: de allí su carácter inefable. Pero de una inefabilidad que es también una imposibilidad de saber. Nunca sabremos si estamos de verdad enamorados porque cuando sabemos que estamos enamorados, no estamos enamorados: solo estamos adentro del dispositivo que tiene palabras, tiene explicaciones, tiene argumentos, tiene toda una farmacología conceptual para nuestra calma. Pero una cosa es el amor y otra cosa hallarse al interior de una maquinaria fabricante de cosas (entre ellas, de la cosa "amor" que claramente no coincide con el amor).

No besamos, sino que ingresamos al modo en que se nos normaliza a besar. No cogemos, sino que ingresamos al modo en que se nos normaliza a coger. No nos enamoramos, sino que ingresamos a los modos en que se nos normaliza a enamorarnos. No escribimos nuestras historias de amor, sino que ingresamos a las historias de amor ya preexistentes que se inscriben en nuestros cuerpos, en nuestros deseos, en nuestros sentimientos. Vamos reproduciendo esa literatura amorosa que nos rige no solo como un norte, sino como una estructura de la que no podemos sino asumir y dejar de resistir para salir de ella.

Por ello, las historias familiares hacen cuerpo en nuestras historias. Pero también las historias de la literatura del amor universal. Todos de algún modo repetimos historias de amor de nuestros ancestros, pero también somos casos de un nuevo Adán y Eva, de un nuevo Romeo y Julieta, de un nuevo Don Quijote y Dulcinea, de una nueva búsqueda platónica de nuestra otra mitad. Hay un condicionamiento amoroso que la literatura ha plasmado y que va disponiendo los órdenes afectivos con todos sus protagonistas. Y así como intentamos no repetir la historia del tío Mario, pero nos vamos viendo involucrados en sus mismas urdimbres, aunque sea para negarlas y trascenderlas; del mismo modo la literatura universal del amor va haciendo mella en nuestra forma de amar: vivimos en sociedad heteronormativas (Adán y Eva), no dejamos de concebir que en el amor la prioridad es uno mismo y no el otro (Romeo y Julieta), proyectamos en el otro la idealización de un amor que tiene más que ver con nuestra necesidad (Quijote y Dulcinea), creemos que hay una única persona esperándonos porque es el amor de nuestra vida (otra mitad).

Pero por suerte, la literatura es antes que nada una práctica de autosubversión y no deja de hacer emerger todas esas otras versiones que fluctúan entre estar escondidas, desterradas, o demasiado a la luz. No solo el lenguaje habla también desde lo no dicho, sino que patenta contrahistorias de amor desde los intersticios de las historias oficiales. Y así como la matriz de Adán y Eva instaura figuras vinculares, así también se escucha la historia de Lilith, la primera esposa de Adán, que no solamente pone en entredicho la asimetría entre el varón y la mujer, sino que al mismo tiempo y sobre todo ratifica que siempre hay una historia oculta.

La importancia de Lilith no está únicamente en su identidad y lucha, en su no sumisión a Adán y posterior castigo, sino en confirmar una y mil veces que las historias oficiales se escriben siempre sobre relatos desterrados. La inocencia del relato de creación de Eva es casi una confirmación de una historia oculta. Oculta y violenta, ya que según la leyenda, Lilith no desea retornar a Adán cuando este la requiere, y el castigo por ello es espeluznante: tres ángeles van exterminando a todos los hijos de Lilith. "Todo documento de cultura es a la vez un documento de la barbarie" sentencia Walter Benjamin: la historia de Adán y Eva es sobre todo la historia de la masacre de esos niños. El deseo de la oprimida solo puede tener efectos desastrosos.

Lilith, primera esposa de Adán, no acepta las órdenes del esposo y por ello solo le cabe el camino de la salida. Pero en el Mar Rojo se encuentra a sí misma junto a miles de demonios, ángeles, figuras anómalas que la hacen feliz. Adán se cansa de Eva, "carne de su carne" y exige el regreso de una Lilith que sabe que nunca más volverá junto a él. El veredicto con Dios de juez es definitivo: no se tolera que la mujer decida. Y menos que decida desde su deseo, desde su autonomía, desde su salirse de la matriz. La historia de Lilith no es historia bíblica oficial. La genealogía del relato nos lleva a diferentes épocas: presencia en el exilio babilónico y sustanciación ya en el periodo medieval. Un relato siempre a las espaldas del texto canónico.

El amor es un acontecimiento literario porque a la vez que vamos escribiendo nuestras historias de amor, vamos siendo parte de la maquinaria textual que va inscribiendo en nosotros sus trazos, sus intenciones, sus intereses, sus disposiciones. Va inscribiendo en nuestros cuerpos su necesidad que se vuelve nuestro deseo. Y nada se nos presenta con tanto espanto como el ir reconociendo que aquello que suponemos lo más anárquico, lo más propio por libre, lo menos coaccionado, no se dirige más que a un único camino ya previsto, ya prestablecido, ya "marcado". La maquinaria textual engorda con cada nuevo caso que la reproduce y la ratifica; pero es desde ese horror, como decía Nietzsche, que puede vislumbrarse algún movimiento. Somos texto y el texto nos precede. Y ni siquiera hay infinitas combinaciones de los signos, pero aunque lo ilegal sea también una exigencia de lo legal para permanecer y expandir, no deja de abrirse aun desde lo anómalo una zona de imprevisibilidad. Las contrahistorias repiten parte de las matrices, pero claramente las ponen en cuestión: cuando reconocemos que Dulcinea del Toboso en realidad es Aldonza Lorenzo, campesina y sirvienta, algo del dispositivo del ideal romántico se resquebraja. Por más que sigamos jactándonos de que el amor es siempre con el otro, aunque al otro lo concibamos a nuestra imagen y semejanza; el otro radical, el radicalmente otro irrumpe sin permiso y nos tambalea...

El amor es imposible porque es inefable. Y sin embargo nos amamos en la figura del "te amo". El "te amo" no es un enunciado informativo. No describe una situación de hecho. O mejor dicho: no es solo una oración informativa, sino que además es performativa. Es un hecho en sí mismo: decir "te amo" es una forma de amar, de hacer el amor; es una forma de inicio, pero no del inicio de una cadena o una línea o una sucesión, sino de algo iniciático. El "te amo" nos coloca de lleno, performativamente en otra dimensión de la existencia. Algo nos une y no es solo desde la palabra. El "te amo" nunca es solo desde la palabra, pero menos es desde la representación mimética de un estado. No es que siento amor y luego te digo "te amo" donde busco expresar eso que me sucede. Si así fuera, no habría amor. Solo habría el incurrir todos al interior del dispositivo amoroso del que somos parte. El gran problema del lenguaje es su reduccionismo que al mismo tiempo es su gran virtud. Nos tranquilizamos todos cuando podemos adecuar las sensaciones a patrones previos que les dan significado, las ordenan y las prescriben. El amor como prescripción es la muerte misma del amor: hay que amar siguiendo el método, el camino del amor, como si hubiera una matriz inequívoca en la que debemos insertarnos. Convertimos el amor en un ejercicio de inserción, de inclusión, de adecuación, de adaptación, en una práctica normativa: hay que amar, hay que enamorarse, no se puede no estar enamorado.

Pero lo performativo nos burocratiza y al mismo tiempo nos abre una fisura inédita. Estamos utilizando las dos palabras que juntas constituyen el discurso más remanido, artificial, industrial, repetitivo, vacuo, banal, cursi, falso, de la historia del amor. Y sin embargo esa frase es en sí misma ya un acto de amor. Si solo fuera una trasposición de una sensación a una frase, el artilugio se mostraría con todo el peso de la evidencia. Pero el "te amo" no es mimético. Y no es mimético porque no hay un estado esencial ni universal que buscamos transmitir. El "te amo" nunca puede ser universal porque el amor es siempre singular. De ahí el problema de la fórmula: todo lo que me pasa, me pasa con una singularidad única, y sin embargo a la hora de amar incurrimos en estructuras que despojan al amor de esa singularidad y lo trasladan a engranajes prefabricados. Es tan único y singular lo que nos sucede que es imposible que las mismas palabras que todo el mundo utiliza para su propia singularidad, sean también las nuestras. Si lo fueran, no sería amor lo que nos pasa, sino reproducción de lo existente. Pero para sostener la singularidad, no hay palabras que puedan marcar una diferencia. Una nueva aporía nos reconoce en la imposibilidad del amor: el único amor verdadero es inefable y si es inefable es imposible.

TESIS 4

El amor es imposible porque siempre es a destiempo.

Con el retorno de la democracia descubrí a Julio Cortázar. Cursaba tercero o cuarto año de la secundaria cuando en la clase de Lengua y literatura leímos "La noche boca arriba", aquel cuento donde un motociclista sueña ser un indígena perseguido que sueña ser un motociclista accidentado. La difuminación de fronteras hizo explotar mis fronteras internas. Los tiempos diferentes que sin embargo coincidían en un mismo relato. Las cabezas de estos adolescentes que éramos venían con una demora importante producto de la Dictadura y su afán de homogenización mental mediocrizada. Ya el solo poder suponer que un sueño convoca a otro sueño que convoca al primero, rompiendo la linealidad del tiempo y de lo real, resultaba para mí una subversión no solo del entendimiento, sino del cuerpo entero. Se había despertado un *Eros*, dios intermediario, que me sacaba de mí mismo y me llevaba a lugares inauditos: por ejemplo, a la lectura.

Casi a escondidas de mis compañeros comencé a visitar una biblioteca donde me llevaba por una semana libros a mi casa. Obviamente solo deseaba los cuentos de Cortázar. Me los fui llevando uno a uno, bajo la atenta dirección de la bibliotecaria, una joven con unos pocos años más que yo, pero suficientes para crear la idea de un hiato temporal sísmico: ella debía tener veintiún años y yo quince. Aquí no hubo amor a primera vista, sino que el flechazo fue desparramando el veneno del amor por mi cuerpo de manera lenta y traspasando claramente los límites de la belleza vacua: había algo en ella (luego obviamente supe que nada hay en el otro, sino siempre en nosotros mismos) que me atraía y que la excedía. O tal vez no seamos nunca más que eso: roles en escenas. La bibliotecaria primero era bibliotecaria que ya de por sí, despertaba en mí todo el erotismo de un novato en el consumo cultural de libros para adultos. La dueña del acceso al saber, casi como una Diotima, aquella mujer que poseía el saber sobre el amor y que Sócrates cita en *El banquete*: enamorarse ya es una intermediación, pero enamorarse de una intermediación, es una apertura desmedida que reduplica el deseo.

Me enamoré. Tímidamente comencé a intercambiar alguna palabra. Ella sellaba la última página de los libros donde se anunciaba su fecha de devolución. Para mí, consistía en la fecha de una nueva cita. Nunca la vi sino por detrás de un mostrador, pero su presencia fantasmagórica se fue diseminando por todo mi cuerpo. Obviamente no hacía otra cosa que soñar con ella, con los besos que nos dábamos entre los libros, con el hallazgo de algún lugar secreto más allá de los estantes. Una especie de succión desenfrenada de saber. Un erotismo que mezclaba indiscriminadamente lo sexual, lo proyectivo, lo existencial. El día que me dijo "ah, el que se lleva los cuentos de Cortázar" mientras me sellaba el libro, convulsionó en mí todas las sensaciones antinómicas: vergüenza, pero también la felicidad extrema de saberme visto: la bibliotecaria reparó en mí. Me conocía. Me había mirado efímeramente mientras pronunciaba esas palabras. Mirada que retuve y me llevé a mi mundo de sensaciones anárquicas. Ya me imaginaba casados en un hogar que era una gran biblioteca con libros en el baño, en la cocina, conversando antes de dormir sobre la lectura de cada uno. Demasiada imaginación para un vínculo que aún no existía, salvo en mi deseo (¿habrá alguna otra forma de consumación de un vínculo?) y que exigía poder iniciar un diálogo un poco más extenso como un camino necesario para mi declaración de amor.

Lo que me retenía era mi propia subestimación: ¿cómo se le declara el amor a la dueña de los libros? Todo lo que se haya dicho sobre el amor, ya lo ha leído. Aquello que me seducía de ella al mismo tiempo me atenuaba. Era demasiado grande en todos los sentidos el hiato que nos separaba. ¿Alcanzaría con las palabras para entretejer un puente? Es que la palabra misma es un tejido que busca un alguien: etimológicamente, "texto" proviene de tejido. No podía no acercarme a ella sino desde un texto. "¿Te puedo hacer una pregunta?", le dije apoyado en el mostrador con *La vuelta al día en ochenta mundos* de Cortázar abierto en una página. Me miró y habilitó la pregunta. "Acá nombran a Hume. ¿Sabés quién es?"

La bibliotecaria me explicó el empirismo en cinco minutos. Esa explicación nunca más pude superarla ya que permaneció como una huella indeleble en mi entendimiento. Con todo lo negativo de su reduccionismo, pero con todo lo exasperado del enamoramiento. La miraba mientras la escuchaba y probablemente casi ni atendía a lo que me estaba diciendo. Me estaba hablando a mí. Eso no solo era suficiente, sino que era todo. Se había provocado el encuentro. El texto y su capacidad entretejedora. Iba y volvía durante semanas todos los viernes un rato antes de que la biblioteca cerrara para conversar sobre los diferentes libros de Cortázar (una excusa perfecta para sostener el diálogo con ella). Cada nuevo viernes nos embarcábamos en un diálogo exquisito acerca de alguna página de alguno de los libros. Mi insistencia en conversar se volvía muchas veces intensa, pero la bibliotecaria, paciente y amorosa, me escuchaba y me devolvía siempre una idea, una palabra, una pregunta a partir de la cual yo emprendía mi tarea para la semana que viene: el amor a pleno. Era solo eso de su parte: una idea, una palabra, una pregunta, suficiente para que mi *eros* se disparara en una búsqueda cada vez más extendida. No hay amor que no sea al mismo tiempo un acontecimiento pedagógico.

Aquel viernes me estaba esperando con un libro en sus manos. "Tomá, para vos. Es el último libro de Cortázar. Acaba de entrar. Se llama *Deshoras*. Llevalo y me contás. El cuento que da nombre al libro, 'Deshoras', es el mejor", me dijo. Sentí que había un mensaje allí. Una vez más, ella había pensado en mí. El solo saberla en ese acto de intimidad pensando en que el libro tenía que llegar al chico que lee Cortázar, me encendió entero. Yo estaba en su cabeza. Nada deseamos más que el deseo del otro. Y el deseo allí estaba: tomá, para vos. En ese momento no sabía que San Agustín en sus *Confesiones* relataba su conversión al cristianismo cuando escucha a unos niños cantar "toma y lee (*tolle lege*)" y allí mismo abre el Nuevo Testamento y se convierte. Es que se trataba de una conversión. Era un enamoramiento desconocido para mí hasta ese momento. Su manera, el acople entre Eros y Afrodita, un amor que comulgaba atracción, deseo, pero sobre todo vocación. ¿Qué es la vocación sino una cuestión erótica?

Fui directo al cuento: "Deshoras". Un niño de doce años, Aníbal, que se enamora de Sara, la hermana de su amigo de vacaciones. Sara tiene dieciocho años y los cuida a ambos en esas vacaciones únicas. El protagonista no puede nunca exponer su secreto. La diferencia es insalvable. No solo porque hay una distancia de edad importante sino porque se trata ya de momentos de la vida muy divergentes. Un niño de doce años, aun en su despertar sexual, no deja de ser un niño. Y Sara ya era una joven adulta en busca de candidatos. Los encuentros entre ambos resultan el cruzamiento de dos mundos, por no decir de dos realidades; donde Sara ejerce su rol cuidadora de hermana mayor, mientras Aníbal no puede no estar pendiente de cada gesto, de cada detalle. Todo para Aníbal era una hermenéutica del deseo: todo se convertía en señal, en espera. Hermes, la deidad de donde proviene el término "hermenéutica" es el dios que trae la información siempre desde otro lado, siempre desde lo otro, lo inaprensible, lo imposible. No sabemos sobre qué material interpretamos, pero construimos sentido: una mirada perdida, una tos, una palabra. Todo se vuelve indicio si uno está a la pesca. Un día los amigos se ensucian jugando y Sara los manda a bañarse. Aníbal se desnuda frente a una Sara que nunca deja de tratarlo como a un niño, pero sobrevuela una tensión entre la vergüenza y el deseo que Aníbal no sabe cómo controlar.

Nunca pudo decirle Aníbal a Sara que estaba enamorado de ella. De nuevo, la cuestión de la declaración. Todo el cuento habla de esa imposibilidad y sin embargo hubo amor porque no hubo declaración. Si Aníbal hubiese hablado, tal vez Sara en un rapto de enojo, lo hubiera echado de su casa y hubiese interrumpido la alegría de esas vacaciones. Hubiese interrumpido, sobre todo, un amor imposible cuya esencia infructuosa lo mantenía vivo. Aquí no había lugar para la reciprocidad, ya que los mundos temporales eran otros. La declaración de Aníbal no hubiese generado ninguna respuesta positiva sino solo incomodidad. El cuento es la experiencia de la imposibilidad del amor que sin embargo condenaba a Aníbal al deseo en su expresión más auténtica: un deseo desde su raíz imposible. El destiempo da nombre al relato: "Deshoras". Los tiempos no convergieron. No se trata de una cuestión volitiva sino ontológica: una joven de dieciocho años y un niño de doce no pueden tener un vínculo. Todo el sueño de Aníbal se termina finalmente cuando Sara se presenta un día con un novio y un proyecto. O bien, todo queda finalmente donde siempre estuvo: en el plano de los sueños.

Cortázar nos propone sobre el final del cuento un salto temporal. Pasan treinta años más o menos y un día cualquiera ambos se cruzan en el centro de Buenos Aires. Se miran, sonríen, se recuerdan. "Vos sos la hermana de Doro, ¿no?, ¿te acordás de mí?". Obvio que sí. Ambos ya con vidas hechas, con familias constituidas, con una edad donde no está claro si aún es posible otra vida. Deciden sentarse un rato a tomar un café y recordar ese verano. Aníbal siente que después de treinta años debe resolver un pendiente: "te debo confesar algo", le dice, "en ese verano yo estaba locamente enamorado de vos". Sara escucha, levanta la vista y le devuelve: "y yo de vos". Un amor a deshoras…

Tomá y leé. Sigo creyendo que en la hermenéutica del deseo, la bibliotecaria me dio ese cuento con una intención. Allí fui corriendo a verla. "Deshoras" era una declaración de amor: Sara y Aníbal éramos nosotros. Las edades disímiles, lo no dicho, el destiempo en toda su magnitud. Podemos sin embargo vencer al tiempo. No nos va a suceder lo mismo. Además quince años no es lo mismo que doce, pensaba. La imagen de Aníbal y Sara encontrándose cuando ya el amor resultaba imposible parecería ser la imagen de todo amor. De todo amor verdadero. ¿Será que el amor siempre se da a destiempo? ¿Será que el destiempo lo hace permanecer en ese estado latente que lo protege? ¿Cómo construir un encuentro con el otro a destiempo? ¿Será que el amor, como la filosofía, siempre llega tarde? ¿O será que ese destiempo de Aníbal y Sara los colocó mucho más cerca de lo imposible? ¿Será que la imposibilidad del amor nos arroja a una búsqueda infinita? Como si el final del cuento fuese el final de la primera parte de nuestra existencia amorosa: al final se amaban en sus destiempos. ¿Y ahora, qué? ¿Cómo continuar la vida amorosa?

Llegué bien temprano ese viernes a la biblioteca y le devolví el libro. La miré sonrojado y casi balbuceando me animé a preguntarle: ¿me recomendaste el cuento "Deshoras" por algo? Era el momento crucial. Sabía que en la recomendación había un mensaje, una botella al mar, un intento de acercamiento, casi una redención para los personajes del cuento, pero sobre todo una declaración. Sin embargo su respuesta fue demasiado clara: "no; yo no le leí, pero me dijeron que era muy bueno".

Han sido varias las situaciones similares donde claramente la realidad se me presenta en toda su discordancia; y en todas ellas me sucede lo mismo: primero siento lava ascendiendo desde mi alma hasta la cabeza, pero de un modo muy veloz todo se va calmando mientras me castigo una vez más reflexionando sobre las expectativas en demasía que el ser humano se inventa para soportar la injusticia estructural de un ser cuyo único lema siempre vocifera que hay premios en la vida, pero siempre son para los otros. Evidentemente no era una señal de ella. Podría haber sido una señal de algún dios. Me desanimé. La bibliotecaria (¿habrá visto mi cara?) me llevó hasta el estante de filosofía y me dio un libro viejo de tapas duras. Era *Humano, demasiado humano* de Nietzsche.

"Vos tenés que leer filosofía", me dijo. Yo ya había tenido algunos acercamientos a la filosofía y había oído nombrar a Nietzsche, pero nunca se me había aparecido como una opción tan cercana. Supe, mientras salía de esa biblioteca, que no iba a regresar más. El libro tenía olor a libro viejo, las páginas amarillas casi ocre. Noté que lo habían sacado poco ya que tenía en su última página muy pocas fechas de vencimiento. Lo abrazaba al libro. El libro era ella. Era un gesto inaugural de desamor. Incluso la posibilidad de que existiera aún una posibilidad. Pero claro, el amor es imposible. Lo abrí y comencé a leer su primer párrafo. No entendí nada. Iban sucediéndose las palabras como las estaciones del subterráneo, casi en una secuencia formal donde la lectura era posible, pero la comprensión imposible. No entendía absolutamente nada de lo que estaba leyendo en ese libro, pero nunca me sentí tan vivo, tan deseante, tan encendido, tan embriagado por lo que no podía de ningún modo comprender. Creo que ese día supe que me iba a dedicar a la filosofía. El libro aún lo tengo...

El amor es imposible porque siempre es a destiempo. ¿Pero qué significa que el amor sea a destiempo? Hay una primera acepción del destiempo amoroso que se asocia con la idea de que el verdadero amor es el que nunca pudo consumarse. Ese amor que era obvio, pero que no se pudo dar por haber vivido los protagonistas en tiempos desacoplados. Hubo amor, pero no hubo coincidencia. No hubo coincidencia en las posibilidades. El mundo de lo posible impidió la consumación del amor que por ello comienza a migrar en amor imposible. O tal vez el amor sea imposible justamente porque nunca se trata de un caso fáctico, sino de lo inconsumable como su forma. Los verdaderos amores son los que siempre permanecen en potencia. Su darse en el mundo de lo posible los rebaja, los cotidianiza, los mundaniza y por ello los corrompe. Otra vez la aporía: hay amor en la medida en la que no lo hay. En aquello que pudo haber sido siempre hay más amor que en lo que finalmente se da. En aquello que queda a destiempo hay más amor que en lo que se da en el tiempo.

¿Qué hacer con la aporía? Hay que darle lugar. Darle lugar a lo que no encuentra un lugar. Es obvio que si el amor es a destiempo, en principio no se lo puede vivir en el tiempo. Salvo que ese destiempo originario influya en los vínculos consumados, se halle presente espectralmente tiñendo con su eco a toda relación. El destiempo permanece como un eco que desafía a los amores que se conciben plenos. Vivir el amor a destiempo. Hay algo en la no coincidencia en el tiempo que permanece nutriendo nuestra sensibilidad amorosa. Como un fantasma, como un recuerdo, como una utopía. Amamos porque hay algo que no cierra y sin embargo hacia ello tendemos. El destiempo es una alerta recurrente que nos instiga a nunca dar por cerrada ninguna relación. ¿Cómo vivir un amor consumado si la estructura del deseo es su condición inconsumable? Vivir la experiencia partida de un amor que mientras se da en el tiempo, mantiene el destiempo originario. Coincidimos y no coincidimos en nuestros propios tiempos. Hay una parte que sí y hay una parte que no. Esa otra parte es el infinito que nos espera.

Los amores que coinciden en el tiempo pierden su estado de caída, de apertura, de incertidumbre, pero también de inquietud por el otro. Se acoplan. Están condenados a resecarse, a marchitarse, a apagarse, mueren por inanición. El acople deja sin efecto al deseo. Lo detiene. Y no se trata solamente de los casos donde el vínculo no se consuma efectivamente. A veces los tiempos discordantes permanecen al interior mismo de una relación amorosa efectiva, y es paradójicamente ese desacople el que mantiene encendido al amor. Solo nos encontramos en la medida en que nuestros tiempos sean otros. Se trata del encuentro de dos búsquedas. Como dos fantasmas intentando tocarse sus dedos incorpóreos…

El flechazo es incalculable y por ello es intempestivo. La facticidad de las existencias suele impedir el encuentro. El destiempo en esta versión se revela en la tensión entre una vida demasiado armada y un amor que no posee otra consecuencia que el colapso. De allí el escabullirse al síntoma amoroso: creo que elijo quedarme en mí mismo, conmigo y con mis mismidades, y rehuir de cualquier sismo afectivo radicalizado. Estamos demasiado inmersos en un cotidiano que repele el deseo, lo apacigua, lo destierra, le rehúye, lo anestesia, lo domestica. Todavía podemos (creemos que podemos) domar el deseo. Y aunque institucionalmente lo amaestramos, permanece latente haciendo estragos en nuestra sensibilidad amorosa. Y aunque lo institucional triunfe, el destiempo nos habla y perturba. Vivimos nuestro vínculo finito sobre el trasfondo infinito de lo imposible. Todos aquellos casos que pudieron haber sido y que sin embargo no fueron. Todos aquellos casos nos siguen convocando, se cuelan en el deseo, en los sueños, en las fantasías, en la conciencia de que nunca el verdadero amor puede darse en el presente. Desde los ejemplos más azarosos como el de unas miradas que se cruzan en un medio de transporte, o esos enamoramientos de filas en el banco o charla contingente en una plaza; hasta las situaciones estructuralmente más complicadas como el enamorarse de alguien que rompe los códigos de la normalización vincular: cuñados, parejas de amigos, edades muy distintas, lejanías territoriales, momentos de la vida muy diversos.

Siempre hay una historia que queda pendiente y que alimentamos en su pendencia casi como un relato originario que tiñe todas nuestras relaciones. La sacralización de un posible vínculo que ha quedado en potencia y que actúa como un parámetro disciplinador: ninguna relación va nunca a poder darse en su plenitud porque siempre pierde frente a ese amor imposible a destiempo. Lo disciplinador más que en la implementación de una normalización amorosa, se da aquí como conciencia negativa de una frustración constante. Ningún amor terrenal nos va a contentar, ni siquiera con sus contradicciones, ya que el verdadero amor es aquel que quedó en modo potencial alimentando nuestras fantasías. Sin embargo el amor imposible no es un amor que podría haberse dado, pero que por todas las diferentes razones mundanas no se nos dio. El amor imposible tiene la forma del destiempo. Necesita ser a destiempo. Es una invitación redencional a hacer colapsar nuestra representación del tiempo. Esas miradas en un colectivo se podrían haber cruzado, algún día podría haber sucedido que impensadamente terminábamos besándonos con alguien indebido. Mientras haya posibilidades, no se trata de un amor imposible. El amor imposible supone una deconstrucción del mundo de lo posible y la apertura a otra experiencia del tiempo. Todos los días cruzamos miradas fugaces en un colectivo. Lo disruptivo no es acercarnos a conversar con el otro, sino patear el tablero de la cronología y detener el tiempo: convertir todo nuestro día en un cruce de miradas. En última instancia si solo se tratase de provocar un nuevo encuentro, lo probable es que ese inicio amoroso de miradas cruzadas culminase en otro vínculo más, institucionalizado y muerto. Del mismo modo, toda la lógica de la institución amorosa está en sostener la frontera entre lo debido y lo indebido. Entablar una relación "indebida" no hace más que reproducir la matriz binaria entre legal y lo ilegal, entre lo normal y lo anómalo. Un amor imposible no es ni legal ni ilegal: es un amor de frontera. El amor es imposible porque es de frontera.

Mientras esperaba en el bar que me trajeran un café, no podía no mirar la escena en una mesa alejada: dos enamorados abrazados, mirándose, diciéndose cosas, besándose de a impulsos. Eran jóvenes. Un chico y una chica. Impostando toda la gestualidad de lo que el dispositivo amoroso establece para el amor como producto. La industria del amor funcionando a pleno. Cumplían con todos los requisitos establecidos por el sentido común: los modos, los tiempos, las imposturas, incluso la manera en que se miraban, se besaban y se hablaban, parecía una copia perfecta de alguna serie televisiva. Todo era copia, todo era artificio, pero el artificio funcionaba. Funcionaba por un lado porque acometían a la perfección el papel a interpretar, pero sobre todo, funcionaba para mí, porque la escena me conmovía. Básicamente, los envidié. Quise ser parte de esa película. Envidié el despojamiento de la frontera entre la ficción y lo real, la convicción con la que experimentaban el amor. Algo de ese amor me envolvía: lo deseé para mí. Supe en ese instante que no lo tenía.

La escena ni siquiera consistía en una puesta. El problema era exactamente el contrario: lo real se había vuelto ya una representación de un guion. No estaban actuando, sino que ontológicamente vivimos una experiencia de lo real absolutamente guionada. El artilugio en todo su esplendor, tan refulgente que no distinguimos las cosas de sus sombras. Amar es ingresar al dispositivo de construcción de nuestra subjetividad afectiva. Los enamorados repetían en la realidad el manual de instrucciones del amor con absoluta eficacia. Hacían lo que tenían que hacer, y aún más. Lo exasperante en su caso era que interpretaban el papel de un modo tan perfecto que solo les cabía ser envidiados. Increíblemente para mí, a pesar de tanta precaución y pensamiento crítico, los envidié.

¿Pero qué envidié? Hay algo en la envidia que tiene que ver con estar en el lugar del otro. Un deseo que encuentra un anhelo concreto. Ya no el deseo abierto de querer estar enamorado con la pletórica de esta pareja, sino ser concretamente uno de sus integrantes y vivir en carne propia la misma sensación que ambos emanaban eróticamente desde esa mesa en un bar. Deseaba ser alguno de ellos y deseaba que me sucediera lo mismo que a ellos. Recuerdo de púber a los doce o trece años ingresando a una iglesia perdida en Villa Crespo y en ese traspaso hacia el interior del edificio haber sentido un mínimo temblor que después no pude recuperar. Siempre envidié a los creyentes ese sentimiento extático que nunca más pude alcanzar. Solo tuve ese soplido aquel día, pero me alcanzó para darme de cuenta de qué era lo que había perdido. Algo parecido me sucedía con la pareja. Envidiaba tanto el poder ser alguno de ellos como la posibilidad de sentir el flechazo. Un flechazo qua ya sabía perdido. ¿Pero se puede sentir el flechazo? ¿O el flechazo también es siempre a destiempo? El deseo del flechazo se apaga cuando el flechazo llega. Una cosa es anhelar estar enamorado y otra cosa es estar enamorado. Una cosa es desear y otra cosa es desear el deseo. Es mucho más embriagante la espera del flechazo que la realidad de estar enamorado...

Envidiaba el estado de enamoramiento en el que ambos se encontraban arrojados. Pero anhelaba al mismo tiempo algo que sabía de antemano que era un artificio. Y sin embargo en algún lugar sabía que, a pesar de la impostura, anidaba allí una huella del amor. Está claro que la institucionalización (bien caricaturesca en este caso) del amor lo degrada, pero en esa devaluación no deja de darle lugar, aunque sea como un imposible sin forma. Los veía a ambos jugando el peor papel de enamorados, repitiendo los lugares comunes más inauténticos que ridiculizaban al amor; y sin embargo algo de esa puesta en escena me conmovía. Del mismo modo que no puedo no llorar con una película de amor comercial y obvia. Del mismo modo como la canción de amor más cursi me deja tecleando. En todos estos casos lo que extrañamos es lo imposible...

Extrañar. Algo de eso me sucedía. No extrañaba la emulación de una escena que, de hecho, nunca había vivido. Extrañaba –y eso era lo peor– aquello que la escena representaba: ese acontecimiento sin nombre y sin forma que suponemos que es el amor. Extrañamos el nunca haber podido encarnar aquello que de algún modo flota en la frontera como imposibilidad de plenitud. Ese estado de esquirla generalizada que se escabulle a cualquier instauración porque el amor es lo que nunca puede ser instaurado, o en todo caso es meramente la huella que abre el espacio para que después se plasmen las formas del amor más variadas. Así como extraño el nunca haber confiado completamente en alguien. Así como extraño una ontología de la plenitud que hubiera podido contenerme en un sosiego tranquilizador. Extrañamos lo que nunca sucedió, pero que originariamente se constituyó en origen y propósito.

Se trata de una melancolía amorosa ontológica. La melancolía es el temple del destiempo. Todo amor es siempre melancólico. La conciencia de finitud del vínculo nos retrotrae a su falta estructural de plenitud: sabemos que nuestro amor nunca va a consumar el amor verdadero. Lo sabemos siempre en falta. Y aunque vivamos esa falta desde una perspectiva liberadora, la presencia fantasmagórica del amor imposible nos tensa en la percepción de que hay un amor, aunque no nos llegue. *Hay amor, pero no es para nosotros*, como diría Agamben sobre la felicidad. Y ese amor imposible se nos cuela en la envidia hacia los enamorados de la mesa del bar o en cualquier historia de amor en la que veamos consumarse lo que sabemos que no es más que una impostura.

La melancolía es con la plenitud. Se extraña lo perdido, pero sobre todo se extraña la idealización deconstruida. Se extraña la vida edénica, previo al pecado. Se extraña la narración de un paraíso que solo tiene sentido en la medida en que se lo inventa en contraposición a nuestra falencia. El Edén no es el antes: es siempre el después. Anhelamos retornar a lo que desde el presente concebimos como origen ideal. Elaboramos un pasado idílico para que tenga sentido el sinsentido que estamos padeciendo. Del mismo modo extrañamos el funcionamiento efectivo del ideal de la plenitud: sabemos que no hay plenitud, pero extrañamos cuando aún creíamos que era posible.

Por eso mismo vivimos el amor siempre desde la añoranza. Hay un destiempo radical en el que estamos inmersos. Siempre estamos añorando que el amor sea un poco más. Siempre las situaciones que lo presentan en su exasperación nos evidencian su anhelo: la pareja del bar, alguna película, un poema, nos retrotraen a la consumación de lo imposible, la consumación imposible. Siempre en el amor hay un dejo de algo por cerrar. La clave de la melancolía amorosa de lo imposible es, en realidad, que nunca cierre. Ese rastro es un impulso a que la relación amorosa no se contente, ni en las formas institucionalizadas del amor, ni en el dogmatismo de los mandatos metafísicos: el amor es imposible porque nunca es realizable, pero es amor en la medida en que su vocación es verse realizado. Aunque sepamos que no es realizable, no hacemos otra cosa que intentar realizarlo.

Esperé denodadamente que se pelearan por alguna estupidez. Pero después de tomar el tercer café me fui con la envidia acrecentada. Igualmente, pensé, que en unos años ya casados, se odiarán mutuamente y recordarían esta tarde en el bar con la melancolía de los que pretenden recuperar el enamoramiento perdido. ¿Pero y si no?

Hay amor, pero no es para nosotros. Tal vez sea esta la mejor fórmula del amor imposible. O para ir más lejos: *hay*, pero no es para nosotros. La más insidiosa pregunta filosófica: ¿por qué *hay*?, ¿qué significa *haber*? Un verbo que necesitamos disociarlo de la idea del ser como presencia: que *haya* amor no significa que podamos relacionarnos con él de manera frontal, que podamos asirlo, capturarlo, comprenderlo. Hay amor, pero es imposible. Pero entonces, ¿cómo sabemos que hay? No lo sabemos. No podemos construir un saber. Como el *ser* según Heidegger que siempre se nos presenta en la forma del retiro (solo se nos presenta, ocultándose), tal vez el amor siempre se nos dé a destiempo. No es algo presente, sino que se nos da en la figura de un quebranto, de una falla en el sentido geográfico. Y en todos los sentidos. Sustraer al amor de la metafísica de la presencia es descosificarlo. El amor no es una cosa. No es algo. Como el tiempo, el amor no es, se da…

De allí su carácter intempestivo, extemporáneo, y por ello aporético. Pero la aporía en filosofía, lejos de representar un quedo, nos exige antes que nada una desarticulación de todas las propuestas que se esgrimen como acabadas. Un destiempo que nos convoca a emprender en primer y urgente lugar, una deconstrucción de todas las formas del amor que se pretenden verdaderas. Como en la idea del llamado del Dios escondido, la primera tarea de la deconstrucción es combatir la idolatría: si hay un Dios, no puede ser ninguno de aquellos que se presentan como tal. La idolatría amorosa también postula un ideal romántico del amor que no deja de ser una impostación y continuidad de un orden que niega toda otredad en favor de la expansión de lo propio. Deconstruir el amor es desarticular el uso del amor como herramienta para el ensimismamiento, y en ese mismo acto abrir toda posibilidad al encuentro imposible con el otro. Si el amor siempre es del otro, entonces no es para nosotros…

El texto de Agamben se llama "Magia y felicidad". Comienza con una frase de Benjamin donde subraya que la primera experiencia que tienen los niños del mundo no es que los adultos sean más fuertes, sino el que hayan perdido la magia. Así despliega la conexión entre niñez y felicidad a través de la figura del encantamiento: no hay felicidad más estridente que la que irrumpe como por arte de magia. O sea, la que no es planificada, ni esperada, ni nos resulta previsible: la que se nos da a destiempo. O pensado al revés: cualquier ruptura con la cadena lógica de las coordenadas espacio-temporales no solo nos asombra, sino que sobre todo nos propina una dosis excesiva de felicidad. De gozo. Es tan increíble que el acontecimiento suceda, que solo nos podemos maravillar.

De allí que la felicidad se nos presente justo en el momento en el que no estábamos preparados para ella. Es su inoportunismo lo que la dota de un aura excelsa que, lejos de cualquier solemnidad, la consagra como un momento único, de singularidad suprema. El milagro de la felicidad. Si hubiéramos sabido como alcanzarla o si hubiéramos predicho su llegada con los cálculos pertinentes, probablemente hubiéramos sido felices, pero no hubiéramos estado en presencia de un milagro. Los milagros son siempre a destiempo. Llegan cuando no los esperábamos. Son la deconstrucción de la idea misma de espera.

De hecho, Agamben fuerza una conversación de Kafka donde este expresa que "hay esperanza, pero no es para nosotros". Tiene que darse un colapso en el tiempo para que por fuera de toda secuencia y de todo cálculo, nos aferremos a lo que no posee ninguna solidez: nos aferremos a lo que siempre está siendo de otra manera. Nos aferremos a lo imposible de ser aferrado. Si algo no tiene que ver con la productividad es la esperanza. Ni con la lógica. Todo indica que no tiene sentido creer en ello y sin embargo hay esperanza. Irrumpe cuando ya sabemos que no hay posibilidad: es una de las figuras de lo imposible. No tiene sentido tener esperanza. Pero ese sinsentido es justamente su realidad: porque no tiene sentido, tenemos esperanza. Por eso, si hay sujeto, no hay esperanza. Y si hay esperanza, de alguna forma dejamos de ser nosotros. La esperanza se vuelve entonces una experiencia de deconstrucción del sujeto.

Si el amor siempre se da a destiempo, tal vez se trate entonces de desarmar nuestra experiencia cotidiana del tiempo. Poder habitar aporéticamente ese destiempo para que a tientas podamos experimentar un atisbo de lo imposible.

Nos dimos el beso esperado. Era de mañana, temprano, pero el tiempo se hallaba fuera de quicio. Podría haber sido de tarde o de noche. Nunca importó. Me pediste un poco de vino. Nadie reparó que beber vino blanco a las nueve de la mañana no encajaba en la lógica del tiempo. Es que no había lógica. Y empezó a no haber tiempo. Cuando llegaste y te abrí la puerta nos dimos un beso tan otro que todavía sigue abierto. Las bocas aún se buscan hoy, mañana. Cada beso que nos seguimos dando son escorzos al interior de ese beso abierto que sigue consumándose. A veces, las partes sobrepasan la totalidad. El espacio también está fuera de quicio. Es imposible que las bocas continúen juntas después de tanto tiempo. Pero cuando algo se desquicia, se desencaja, queda fuera de eje, todo entonces empieza a resultar de otro modo. Tal vez sea esta una de las fórmulas de lo imposible: tener una experiencia de lo incomprensible. El tiempo lineal quedó desenfocado. Estamos juntos al interior de un gran beso que nunca termina. Ahora también. Ahora también que no nos estamos besando, sino que estoy escribiendo estas palabras. Pero escribo al interior del beso. Escribo con los labios. El impulso por querer cerrar un beso que cuanto más fuerza el cierre, más se abre.

No se trata de un beso lineal, sino del beso como encuentro con el otro. Y sin embargo el otro es imposible. ¿No será el beso una figura de lo imposible? Los labios que buscan encajar mientras sus formas se resisten. Nunca una boca tiene la forma justa de la carencia de la otra boca. Nunca los labios coinciden. Nunca el amor tiene que ver con la coincidencia. Nunca.

¿Cuándo se cierra un beso? ¿Tiene un tiempo? ¿De verdad creemos que cada beso es un acontecimiento individual y no una sucesión irregular de postas desprolijas de ese único beso imposible? Lo artificial del beso lineal nos tranquiliza, nos sentimos parte, realizamos las ceremonias esperadas, abrimos la boca, nos tocamos las lenguas, circulamos los fluidos, cerramos las bocas, nos avergonzamos un poco. Todos besándose del mismo modo y en los tiempos esperables para un beso. Creemos que nos estamos dando un beso y no hacemos más que ingresar al dispositivo afectivo que dispone este tipo de rito, de cuerpos reproduciendo la burocracia del beso. No nos besamos, sino que ejecutamos movimientos con la boca y los asumimos como expresión de placer, de amor. Los verdaderos besos no duran en el tiempo. Lo verdadero no dura: arde, decía Barthes sobre el amor. Lo verdadero hace estallar nuestro orden temporal. Lo verdadero estalla y por eso es imposible.

Es cierto que nos costó muchísimo combinar el encuentro. Agendas, obligaciones, organización del día. El tiempo lineal y secuencial es el tiempo del cronómetro. La lógica del cronómetro es la de una economía de la existencia donde cada paso es clave para la cadena de montaje de las veinticuatro horas. Vivir es insertarse en esa maquinaria que nos garantiza productividad, esto es, el aprovechamiento intensivo del tiempo en función de sus resultados exitosos. Cada día nos producimos a nosotros mismos. El cronómetro no solo mide tiempo, sino que mide productividad. Incluso el placer está cronometrado. Hay toda una industria del ocio abocada a esa ingeniería. Comer tiene su tiempo, jugar con los chicos tiene su tiempo, leer o perderse mirando un programa de televisión insulso tiene su tiempo. Y obviamente los encuentros amorosos tienen su tiempo. Y su rendimiento. ¿Cuánto tiempo podemos estar dándonos besos? Dándonos besos y nada más… Hay un tiempo para todo, pero ese "tiempo" supone la variable cuantitativa que ejecuta la ecuación costo y beneficio: ¿de cuánto tiempo disponemos para estar juntos? ¿Cómo aprovechar juntos el tiempo? ¿Cómo no perder tiempo y hacer lo nuestro? La gramática cuantitativa solo puede engendrar amores productivos. Por eso el verdadero amor es imposible. Y es a destiempo…

Pudimos concertar esa primera cita, con esa tensión propia de las primeras veces, pero sobre todo pudimos encontrar el segmento de tiempo posible para que se provoque el acontecimiento. El beso sigue rompiendo toda matriz temporal, pero para que haya beso, tuvimos que poner a jugar a los relojes. No hay un afuera del tiempo. Tal vez de lo que se trate es de distenderlo, desarmar el reloj, dejar fugar las horas. Lo imposible no depende de lo posible, pero es desde lo posible que algo del mundo se contrae y da lugar a lo que no tiene lugar, da tiempo a lo que está fuera del tiempo.

Hay destiempo porque hay tiempo. El destiempo es también una forma de tiempo: una forma otra. Una vez más se trata del otro, de la otredad, de lo otro. Es la interrupción del tiempo lineal, pero no una interrupción del tiempo en sí, sino una transformación de nuestra experiencia. Hay tiempo. La cuestión es que no nos secuestre. No nos tiña. No nos colonice. No nos discipline. No imprima en nosotros su cronometría.

¿Cómo interrumpir el tiempo lineal? En términos objetivos, no resulta posible. Solo alguna maquinaria en un futuro muy lejano tal vez podrá operar directamente sobre el tiempo físico. Ojalá. Nada resulta tan alentador que pensar que nada de lo que hoy hay, en el futuro subsista. Pero si hay un imposible con todas las letras es el futuro: siempre en estado de posibilidad. Nunca dándose. Por eso mismo las fantasías de viajes a través de las dimensiones del tiempo son fascinantes, sobre todo porque ponen el acento en la capacidad de manipular de manera efectiva al tiempo objetivo. Hoy la tecnología no lo ha hecho aún posible. Sin embargo, podemos viajar por el tiempo de otros modos. Pero para ello tenemos que desplazarnos de ontología: hay memoria y hay imaginación. Hay un plano cualitativo donde más allá del presente concreto, las dimensiones de la temporalidad son parte inmanente de nuestra subjetividad. Rememoramos el pasado. Nos imaginamos el futuro. En nuestra memoria hay presencias vivas de lo que ya no existe. En el presente damos con algún olor que rápidamente nos transporta a un ayer específico. Nos transporta con todo el cuerpo. Un perfume, un aroma a comida, a viejo, a ajado, nos lanza a través de la memoria sobre lo que ya no es. Viajamos en el tiempo en la recuperación de una imagen, de un abrazo, de una carcajada. Hay una presencia espectral que sin embargo nos envuelve. Traemos el recuerdo del pasado y hacemos implotar la linealidad del tiempo.

Pero al presente lo excluimos de su potencial cualitativo. La máquina de la productividad viene asociada a una devaluación de la imaginación. Al presente lo tenemos que mirar de frente, mientras que el pasado y el futuro pululan en nosotros con el permiso de su desmadre imaginativo. Es cierto que es muy potente el ideal de la objetividad que intenta recuperar al pasado "tal como fue" o predecir al futuro de modo exacto, pero hay una ambigüedad permitida que da lugar a una experiencia del tiempo más difusa. La difuminación del pasado nos habilita a privilegiar más las sensaciones que la información. Lo inaprensible del futuro nos permite más imaginar que planificar. Algo del tiempo lineal tropieza y la cronología se detiene. Algo se desvía. Y en esa confusión aflora otra experiencia del tiempo. Improductiva, pero candente.

Es que el problema del tiempo es que por un lado nosotros somos tiempo, pero por otro lado el tiempo nos excede. Nosotros somos el hoy, pero el hoy está más allá de nosotros. Y lo peor es que ambos polos son irreductibles el uno al otro (la aporía de Ricoeur). Nosotros somos el presente, pero también existe el tiempo más allá de nuestro presente. La singularidad del presente que vivimos se nos está dando justo ahora y justo a nosotros, pero también se viene dando desde siempre y se dará –suponemos– por siempre. El tiempo no es ni objetivo ni subjetivo, sino que es de ambas maneras. Hoy es dieciocho de octubre del dos mil veintidós, y el tiempo en que están leyendo este texto es un tiempo hoy aún inexistente. Y sin embargo existe. Existe porque están leyendo este texto que fue escrito cuando desde la perspectiva subjetiva del tiempo, el presente de lectura del texto aún no existía. Pero desde la perspectiva objetiva del tiempo sí existía, ya que aunque el futuro para mí todavía no se haya dado, desde la perspectiva cósmica, el futuro (o sea, este presente desde el que cada uno de ustedes está leyendo) ya tenía entidad.

La aporía entre tiempo subjetivo y objetivo nos inspira a cuestionar el tiempo secuencial. Nos seguimos besando, pero hay un beso que nos dimos y tiene una fecha. Sucedió un día. Cuantitativamente hay una fecha. Cualitativamente el beso sigue. Claro que es imposible un beso que ya viene durando más de dos años, pero justamente de lo que estamos hablando es de lo imposible. Un beso imposible que desarticula toda la secuencia de besos posibles que en su sumatoria no suman nada. Nuestro beso abierto, dándose aún, casi como un trasfondo sobre el cual va transcurriendo nuestro amor, nos distancia del tiempo lineal. Por eso se expresa con el lenguaje de la metáfora, de la poesía. Pero incluso la metáfora posee una relación de desacople con la palabra pretensiosamente representativa. Ya la metáfora supone un escape con respecto a lo que el sentido común instaura como práctica cotidiana del lenguaje. El beso tuvo un inicio. Es verdad. Pero también podríamos pensar que ese beso venía dándose en la anticipación, en la fantasía, en el plano de lo onírico, incluso despersonalizado, incluso en todos los besos anteriores que en definitiva tratan del mismo beso. La tensión entre lo cuantitativo y lo cualitativo es fundamental para cualquier deconstrucción. Hay deconstrucción porque hay algo construido. Hay don, dice Derrida, porque hay economía. Hay escape porque hay encierro. Hubo un día en el que el beso aconteció. Y duró exactamente dos minutos y veinte segundos. De aquel acontecimiento efímero, como sostiene Badiou, a la creación del amor. Hay algo no lineal en el tiempo amoroso.

Podemos contraponer la experiencia del tiempo lineal de la experiencia cualitativa del tiempo que básicamente lo sustrae de su medición. De alguna manera, el abordaje cualitativo del tiempo lo detiene. ¿Pero qué significa que el tiempo se detenga? Nos relacionamos con el tiempo de otro modo distinto al de su medición. Más que una detención es un desplazamiento de la experiencia. Nos hallamos demasiado constituidos por el tiempo cronológico. No podemos no asociar de modo inmediato al tiempo con sus unidades de medición, pero sobre todo con su condición cuantitativa. El tiempo es un número para nosotros. Lo tenemos inscripto en el cuerpo. ¿De qué maneras podemos atravesar el tiempo no para adelante sino para adentro? Si la experiencia cuantitativa nos lleva para adelante, la experiencia cualitativa nos mete de lleno para adentro.

También es importante recalcar que la versión cuantitativa es una figura de las tantas posibilidades cualitativas. Numerar, medir, cuantificar es un modo de relacionarse con las cosas. Lo cualitativo es el espacio de la modalidad: uno de los modos posibles es el numérico. El intento de oponer lo cuantitativo a lo cualitativo supone entonces aceptar la neutralidad de la medición como dato objetivo. O dicho de otro modo, la objetividad también es una forma de la subjetividad. La narrativa numérica de las cosas se postula con independencia de toda valoración. Hay toda una sensibilidad en proclamarse no sensible. El intento por componer una esfera por fuera de lo cualitativo es claramente una cuestión de poder. Una esfera que además se atribuye la representación transparente del mundo tal como es y arroja a todo el resto al basural de lo afectado. La desafectación también es una afectación. Una afectación que encubre su condición para presentarse como objetiva y asumir así la hegemonía. Por ello de lo que se trata es de poder deconstruir la instauración de toda hegemonía. El tiempo lineal supone ya toda una carga no solo semántica sino sobre todo axiológica. Supone no solo toda una versión del tiempo sino sobre todo oculta que detrás de su supuesto carácter informativo se plasma su voluntad prescriptiva. El tiempo lineal viene ya con un mandato que lo asocia con lo cuantitativo, lo medible, y por ello con lo aprovechable, lo productivo, lo económico. La productividad es una cuestión normativa. Nuestros cuerpos ya están intervenidos como cuerpos productivos. Es muy difícil que con una idea del tiempo regida por el cronómetro como emblema de la eficacia se pueda vivenciar el amor sino como un acontecimiento mercantil. El amor también tiene que ser productivo. Como mínimo, tiene que darle un sentido a la vida. Deconstruir el amor es antes que nada deconstruir la visión cuantitativa del tiempo.

Hay una relación intrínseca entre tiempo lineal, secuencial, cronológico, cuantitativo y productivo. Y luego hay otra relación entre todos estos conceptos y el disciplinamiento de nuestros cuerpos. Una cosa es portar un reloj y otra cosa es habernos convertido en relojes. El tiempo se encuentra completamente al servicio de la producción. No solo se ha vuelto la medida y valor de nuestro trabajo sino también ha proyectado esta matriz a la construcción afectiva de nuestra existencia. Así como nuestro trabajo supone la ecuación productiva entre costo, tiempo y producción; del mismo modo nuestra vida amorosa se encuentra compelida por la productividad afectiva. Producimos afectos. Producimos vínculos. Producimos placer. Pero antes que nada: producimos.

¿Y si el amor es exactamente lo contrario? ¿Y si el amor es una experiencia de lo *improductivo*? ¿Y si el destiempo provoca la eclosión de la cadena de montaje del amor? ¿Y si el amor hiende su imposibilidad en la fractura del tiempo cuantitativo? Nuestro beso no solo detuvo el tiempo, sino que lo revolucionó: ya no pudo ser medido en las formas tradicionales. Y no solamente porque durante el beso el tiempo se detuvo; sino sobre todo porque el beso que se inició hace más de dos años, aún continúa dándose. Toda la eternidad en un instante y un instante que se despliega en una eternidad. El beso es todo un *durante*. Todo un *mientras*. Mientras acontece el beso, este vínculo dura. Y no es que no haya fechas o relojes, pero en simultáneo se fueron propagando otras formas de experiencia. El encuentro amoroso no responde a las marcaciones del tiempo lineal. No hay un tiempo para el amor. El amor es siempre a destiempo. Por eso es imposible…

¿Qué es una experiencia cualitativa del tiempo del amor? La cadena de montaje del amor, como toda cadena de montaje fordista engendra productos homogéneos. La serialización y estandarización de la producción deviene en vínculos amorosos sin ningún desperfecto de fábrica; esto es, debidamente empaquetados y con las instrucciones precisas para su uso. Se cuenta de Henry Ford que frente a la acusación de estar restringiendo la libertad a los norteamericanos por condenarlos a solamente poder comprar Ford T negros, se defendió diciendo: el pueblo norteamericano es libre de comprar el automóvil que desee, siempre que sean Ford T negros. La producción seriada de relaciones amorosas todas idénticas, se tensa con la misma romantización de una libertad ilusoria: todos nos sentimos libres amando y sin embargo todos amamos de la misma manera.

Uno de los síntomas del amor industrializado es la rutina. Toda manufacturación de la libertad nunca puede resolver la emergencia de la rutina

que transparenta el estar más abocados a la reproducción de la maquinaria que a la vivencia del deseo. El problema de la rutina en el amor es el
problema de su vaciamiento: se vuelve más importante encajar en los
modelos prescritos que dejar aflorar un amor que en su intensidad todo
lo devore. La rutina es la consagración del tiempo exacto, del tiempo lineal
que configura toda práctica. El destiempo amoroso es la manifestación
de una deconstrucción de la rutina, ya que recupera al amor como singularidad: cada nuevo encuentro con el otro siempre se vive como nuevo. O
lo que es lo mismo: siempre se lo vive como si fuera el primer encuentro.

Pero la culpa no es de la rutina. La rutina es solo un síntoma de una
particular relación que se da entre el amor industrial y el tiempo secuencial: en un orden social cuyo principal modo de disciplinamiento es la
cronometría, al amor se lo juzga en términos de rendimiento. ¿Qué es
ser productivo en el amor? Aprovechar el tiempo con el otro, agendar los
encuentros, administrar los momentos de placer, festejar los aniversarios.
El amor que cree que dispone del calendario, cuando es el cronómetro el
que delinea las formas del amor. Un amor que rinda es primero asegurar
el rendimiento y después da lo mismo si se trata de amor o de lo que sea.
Da lo mismo lo que la cadena de montaje produzca, siempre que sea
conveniente, rentable y productivo: amor, felicidad, ocio. Una fábrica solo
tiene del otro lado un sistema de consumo. El amor, la felicidad o el ocio
como objetos de consumo, ya no son el amor, la felicidad o el ocio, sino
objetos de consumo. De eso se trata la mercantilización: de la devaluación
de lo cualitativo en pos de lo cuantitativo.

Un amor de consumo nos ratifica en lo que somos. Es un amor conservador. Nos conserva en nuestras aptitudes. Nos sujeta en tanto sujetos
que nos vamos conformando en el deslizamiento de nuestras prácticas
mercantiles. Compramos regalos porque en los aniversarios se regala,
deseamos feliz día de los enamorados porque el 14 de febrero se instauró
comercialmente como el día del amor, pero también en tanto productos
amorosos seriados ingresamos a los dispositivos guionados de una buena
cita o de una buena relación sexual. No hay lugar para lo que no tiene
lugar, o sea, para un amor que no solo rompe la cadena, sino que sobre
todo nos rompe a nosotros mismos como sujetos amorosos. El amor verdadero, si lo hay, nos desquicia el tiempo y el espacio. Lo imposible del

amor es que hace imposible el buen funcionamiento de la maquinaria: nada funciona como debe. Todas las instrucciones para el buen uso amoroso colapsan. La experiencia de un amor revolucionario subvierte las formas obvias de nuestro cotidiano. Lo obvio deja de ser obvio. Todo se vuelve un artificio y el amor nos empuja a lo impensado.

Frente al amor conservador, un amor revolucionario. Lo revolucionario no solo patea el tablero y anuncia lo otro, sino que fiel a su procedencia etimológica, nos retrotrae a lo pendiente. El vocabulario político de la revolución tiene su origen en la narrativa astronómica: la revolución de los astros es el retorno permanente de los astros en sus supuestos movimientos perfectos. Siempre estamos volviendo sobre lo originario para pulirlo de toda su polución. Lo imposible del amor es lo que nos inspira a que ningún amor sea el último. Y en esta lógica, el tiempo convulsiona. Los amores no van para adelante. La brújula se desquicia. Los minutos no se suceden. En el acontecimiento amoroso convergen todas las dimensiones del tiempo. Y es que de alguna manera, el tiempo se desvanece. Se produce una hendija en la cadena de montaje y se abre un paréntesis intempestivo. En este mismo momento de este mismo presente, advienen en nosotros todas las dimensiones de la temporalidad: somos este presente, pero también estamos siendo muchos pasados divergentes, y sobre todo muchos futuros imaginados. ¿Cuál es el tiempo del amor? No vivimos el ahora del amor como vivimos el ahora laboral o el ahora del entretenimiento. Por eso en el encuentro amoroso siempre tenemos la sensación de que el tiempo se detiene. Un beso no dura un tiempo. El beso crea nuestro tiempo.

Así como los griegos diferenciaban a las deidades del amor, también lo hacían con las divinidades del tiempo: Cronos, Aión, Kairós. Cronos, tal vez el más conocido, es el dios del tiempo cronológico: el tiempo lineal, el tiempo de nuestro mundo. Aión representaba al sin tiempo típico de la eternidad: aquello que puede quedar de modo absoluto por fuera del tiempo humano. El marco a partir del cual lo mundano se replicaba desde lo eterno. Pero entre el tiempo humano y el tiempo de la eternidad, hay una tercera deidad por fuera del binario: Kairós. Kairós es la representación del tiempo como interrupción. Un quiasmo en el secuencialismo. Algo se quebranta y desde la grieta el tiempo se desencaja. Ya no corre.

Una experiencia pletórica suspende toda linealidad. El tiempo se suspende. Ya no importa si transcurre o no transcurre. Aquello que acontece ya no dura, sino que se expande. Pero no se expande para adelante sino que se despliega para adentro.

Se ha asociado a Kairós con la idea de ocasión. De hecho, en la teología cristiana, el *kairós* se produce en el Pentecostés cuando Dios desciende como Espíritu Santo y nos insufla de tal modo con su hiperpresencia que el tiempo deja de tener sentido. Es una experiencia cualitativa que desinfla toda cuantificación: cuando se da la ocasión del amor, nadie repara en el paso del tiempo. Kairós detiene el paso del tiempo con el simple artilugio de correr la mirada.

El pensador alemán Bernhard Welte propone una categoría temporal para este destiempo: el *rato*. ¿Cuánto dura un rato?, se pregunta. Pero la respuesta nos deja perplejos: los ratos no duran. Son *ratos* porque no encajan en las formas medibles del tiempo. La denominación busca cuestionar los límites precisos del tiempo lineal. Provoca animosamente que esas fronteras se distiendan, muestren su ambigüedad. Un rato no dura un tiempo concreto porque durante el rato todo es más importante menos los minutos que se suceden. Ni siquiera nos damos cuenta cuando terminan. En realidad no hay culminación, ya que en general nos los llevamos con nosotros para el tiempo que resta.

¿Pero qué sucede en ese rato? Se interrumpe el tiempo productivo. Nos tomamos un rato para dar una vuelta, para reír con los hijos, para sumergirnos en una lectura o en una película, para no hacer absolutamente nada. Durante el rato nos dejamos llevar por el deseo. Con sus fluctuaciones, con su irresolución, con su anhelo por lo imposible. Sentimos que el tiempo pasa demasiado rápido o que pasa demasiado lento. Siempre sentimos que es *demasiado* porque lo sustraemos de la burocracia serial que lo conmina a la reproducción mecanizada de instantes idénticos. No hay un rato igual a otro. De hecho, ni siquiera son homologables entre sí. Y así los vivimos como momentos únicos, singulares, como *ratos* de felicidad.

Amarnos de a ratos. La experiencia cualitativa del tiempo deviene en una experiencia imposible del amor. El amor fractura el tiempo. Todo se nos revuelve: el pasado con sus huellas, el presente que se desquicia, el futuro que desaparece. La existencia se nos va reconfigurando en un salpicado de ratos inconexos. La cadena de montaje amorosa se invierte: los calendarios explotan ya que el tiempo se vuelve un cúmulo disconexo de ratos juntos. Ni nos embelesamos en una metafísica de la eternidad amorosa, ni nos cosificamos en la burocracia fordista del amor industrial: los ratos amorosos nos transfiguran en amores intempestivos. ¿Pero qué es un amor intempestivo? Un amor a destiempo...

Amarnos de a ratos no como lo otro de la cadena de montaje sino como su distensión. No hay otro orden posible al orden dominante: solo hay fuga. Escaparle a lo que nos aprisiona en la primacía del orden por sobre el deseo. La gran argucia del orden es suponer que cambiando uno por otro, cambia algo. El amor es imposible porque es una afrenta a todo orden. Pero no es otro orden: es su afrenta.

No se trata de cambiar una vida afectiva estructurada por la rutina normativa, procedimental, burocrática y vacía por una nueva estructura ahora repleta de una cuidadosa no sucesión de ratos amorosos. No hay una estructura posible donde lo que se sucedan sean ratos amorosos no cuantitativos: se trata en cambio de distender las estructuras. Nada se resuelve si al final definimos encontrarnos tres veces por semana para vivir el amor cualitativamente. Se trata en cambio de poder vivir nuestro amor no cuantitativamente en cualquier momento del día. No hay mundo sin relojes: hay un mundo donde los relojes pierden centralidad, pierden importancia.

Por eso, tender al destiempo para deconstruir el amor hegemónico no se resuelve con una obsesión porque nuestros tiempos no coincidan. Ambos intentando compulsivamente ordenar una agenda maquillada de espontaneidad. Aquello que devalúa al amor es su minimización frente a cualquier procedimiento que lo administra. Pero ello no se resuelve con una agenda que no siga regularidades o con la falsa impostura de los encuentros espontáneos. De nuevo, no se trata de una cuestión cuantitativa sino cualitativa. Nos podemos ver todos los días de la vida: el tema es *cómo*. Es más; el tema es poder entrever que en el destiempo nuestro amor se vuelve más intenso.

De hecho los *ratos*, de acuerdo a la propuesta de Welte, son incisiones provocadas al tiempo lineal. Tiene que haber cadena de montaje para que sea interrumpida. Hay una decisión de arrojar lejos los relojes, pero hay un reloj que es arrojado lejos. O dicho de otro modo: el rato de amor que vivimos juntos se da al interior de un esquema cronológico. Y sin embargo logramos desmarcarnos de la impronta del tiempo productivo para que se provoque el acontecimiento amoroso. Toda esta historia del beso que sigue abierto se despliega a partir de la continuidad cronológica de los días, los meses, los años. Es en el envés del reloj donde germina lo imposible...

Esto no significa que no haya quienes decidan de modo más radical abandonar completamente la colonización del reloj y arrojarse a una vida otra, hecha únicamente de ratos y ratitos que posibilitan otra conexión con el sentido. El riesgo es siempre el mismo: la tendencia a la domesticación del deseo. La fuerza de lo cuantitativo es que se va inmiscuyendo sin que nos demos cuenta ya que tiene a su favor la eficacia del sentido común. El día que veamos que nuestra agenda ya no está dividida en días y horas sino en una sucesión prolija de ratos, nos daremos cuenta entonces que la batalla está perdida.

Por eso, el rato amoroso tiene la virulencia del instante. No dura, pero derrocha. Un rato es un derroche de intensidad que no transcurre, sino que acaece en un instante. Poder vivir el instante es poder detener el tiempo. O peor; es poder darlo vuelta, traspasarlo, revertirlo, confundirlo, transportarlo con uno, agrandarlo, exagerarlo, añorarlo. Aquel rato cuando te conocí. Aquella primera mirada. Aquella primera nunca jamás devolución de la mirada. Aquel día, del que obviamente no recuerdo su fecha, fue sin embargo un instante donde se detuvo el tiempo. Fue solo un rato. Un ratito. Vi un gesto tuyo como de fastidio en un rostro al mismo tiempo incandescente. Solo deseaba que ese instante no se agotara. Había perdido la voluntad de mis ojos que no podían no encontrarse con ese perfil, con un agujero negro atrayente. Ceder. Fue un rato de concesión. Decidí que mis impulsos se dejaran llevar: el impulso por la mera mirada. Alguien me hablaba muy diplomáticamente, pero yo no escuchaba. Hay algo de la belleza que provoca al mismo tiempo atracción y necesidad de resguardo. Atrae casi compulsivamente, pero nos damos cuenta inmediatamente de que su presencia es demasiado y por ello huimos, como quien escapa sin desearlo mucho, a tientas, esperando que nos vuelvan a atrapar. Supe en ese momento que me gustabas, aunque el verbo "gustar" está tan manoseado que diría que supe en ese momento que me iba a llevar ese rato conmigo.

Los ratos amorosos transgreden los esquemas lineales temporales. Es, de hecho, un rato amoroso porque nos lo llevamos con nosotros y lo dejamos tener lugar en cualquier momento y sin previo aviso. Se rompe cualquier continuidad, cualquier progreso. Esa es la lógica del rato: que no tiene lógica. Irrumpe cuando quiere. A las semanas durante alguna situación de aburrimiento, el rato se hizo presente. No solo te recordé, sino que me vi enredado en el interior de esa escena pasada que de pasada ya no tenía nada dado que me encontraba allí, absolutamente inmerso. No se puede describir esta experiencia como un recuerdo, ya que hay un dislocamiento de la linealidad del tiempo: superpuesto con el aburrimiento te volví a presentir y de nuevo la belleza me hizo sentir un leve temblor, como de una epidermis demasiado receptora. Luego, en algún encuentro sexual, el rato se hizo presente enteramente. Ese gesto de fastidio se apersonó indebidamente y tiñó toda la escena de placer. Allí sí no podía escaparme, ya que las fantasías deconstruyen la lógica del espacio: huía y sin embargo volvía al mismo lugar. Me fui enamorando desde el destiempo.

Los ratos amorosos no pierden intensidad con el paso del tiempo sino exactamente lo contrario: se van expandiendo, se van engordando. Lo van tomando todo cada vez con más volumen. El destiempo en toda su nitidez: no era nuestro tiempo y sin embargo me habitabas. Me habitabas de a ratos, pero claramente era suficiente. No era necesario, pero era suficiente.

Nunca vivimos con el otro el mismo tiempo, pero el sentido común abjura de esta discordancia y nos prescribe un tiempo común. Las singularidades son, antes que nada, historias personales de tiempos muy distintos. El amor con el otro es amor por la diferencia. Y una de las diferencias más ostensibles es la de los tiempos singulares. Sin embargo, vivimos en la sociedad de la coincidencia como emblema y propósito: en el vínculo con el otro, coincidir se ha vuelto una virtud. A lo sumo las diferencias pueden pulular, pero en un plano secundario. La clave según el sentido común de una pareja bien encaminada es la coincidencia de proyectos, de intereses, de deseo, pero sobre todo de tiempo: nuestros tiempos coincidieron.

La sociedad de la coincidencia excede la cuestión vincular. Se propone como una ontología del amalgamiento: justo tiene que coincidir mi deseo vocacional con las carreras formales institucionales, justo tiene que coincidir mi hambre con los horarios establecidos de comida, justo tienen que coincidir mis ganas de estudiar con el horario en el que se dicta una materia. Si de lo que se trata es de hacer coincidir el orden con el deseo, ya sabemos quién impone el formato. El deseo nunca coincide. Es deseo porque se escabulle de cualquier atisbo de orden.

En la sociedad de la coincidencia, justo tienen que coincidir nuestros tiempos personales a la hora de emprender un proyecto juntos. Es que la misma idea de un proyecto común, por fusionante, desestima el destiempo. Justo tienen que coincidir nuestros erotismos momentáneos a la hora de avenirnos al encuentro entre los cuerpos. Pero el destiempo es lo que hace que el encuentro entre los cuerpos subvierta la matriz de la medición: no se trata de coincidir en nuestras ganas de coger, sino que nuestro deseo de coger subvierta nuestros diferentes tiempos cotidianos para abandonar toda cosa y arrojarnos al encuentro con el otro.

El amor es imposible porque siempre es a destiempo y sin embargo el destiempo es concebido como un problema a resolver. Nuestros tiempos disidentes son siempre forzados a coincidir. Y siempre se fuerza más a alguien sobre otro. No solo nos perdemos de poder vivenciar el destiempo como un modo de conexión no normativo, sino que además en nombre de la coincidencia temporal nuestros tiempos singulares se disciplinan. El tiempo secuencial en una sociedad capitalista es un tiempo que disciplina. El amor, el placer, el deseo buscan ser amoldados en nuestros propios cuerpos al ritmo y propósito de la productividad. No es que no haya amor, placer o deseo: el problema es que se hallan normalizados en una única versión que además se instala como epítome de normalidad. Pero tal vez la cuestión sea exactamente al revés: ¿Cómo pueden convivir tiempos distintos donde resulte más importante lo distinto a lo común? ¿Cómo poder coincidir sin que la coincidencia necesariamente implique una desposesión? ¿Cómo poder construir con el otro desde el destiempo? ¿No es justamente mucho más acorde para un vínculo con la otredad, la noción de destiempo como discordancia? Lo deseable del otro es también su destiempo…

Dar (el) tiempo de Derrida comienza con un epígrafe: un fragmento de una carta que Mme. de Maintenon le escribe a una amiga comentando algunas vicisitudes de su relación como amante secreta del Rey Sol. Criada en un ambiente de miseria, Mme. de Maintenon funda en Saint Cyr una especie de orfanato escuela para formar y preparar a las jóvenes mujeres de bajos recursos para la vida en sociedad. En la carta parece solo desear dirigirse a Saint-Cyr para abocarse a dar su tiempo allí a los otros que la necesitan. Pero hay un problema: su amante, el Rey –Luis XIV–, toma todo su tiempo, la deja sin tiempo para su deseo. Su deseo –el del Rey– la deja sin tiempo para su deseo. El fragmento de la carta es rotundo: "El Rey toma todo mi tiempo. Doy el resto a Saint-Cyr, a quien querría dárselo todo".

Derrida se inspira en este recorte para arremeter contra la lógica del intercambio y postular la idea del don imposible: de nuevo, ¿qué es dar? ¿Cómo se relaciona el dar con el perder? Y sobre todo, ¿no es todo dar en el fondo algo imposible? Claramente, para Derrida, es desde esta imposibilidad que se puede empezar a deconstruir la hegemonía de un sentido común que todo lo hace ingresar en el círculo de la economía. Lo imposible no es un acto de resignación; o en todo caso es un acto de *re-signación* en el sentido de redescribir el signo, esto es, de lanzar al signo a un incesante estado de resignificación. Lo imposible es la huella que sostiene la discordancia permanente entre lo posible y su potencial realización. Una huella que nos cuida de cualquier totalitarismo o fundacionalismo que se erija en la versión perfecta del ideal perseguido.

No hay un ideal a perseguir. Solo hay huellas. Las huellas no tienen forma. No se aspira a una forma concreta. Se persigue lo imposible que por imposible nunca se presenta como anhelo alcanzable, sino solo como anhelo. El deseo de aquello que del otro lado no tiene lado. Ir en busca del final del infinito. O sea, ir en busca. Pero de algo estamos seguros: una huella es una ausencia, así que siempre que alguien pretenda conocer la forma de la huella, nos está manipulando.

Derrida lee la carta de Mme. de Maintenon y advierte la paradoja: ¿cómo puede ella dar el *resto* de su tiempo al orfanato si el Rey toma *todo* su tiempo? Si el Rey lo toma todo, entonces no hay resto. ¿Qué es ese resto que excede al mismo todo? Se trata de un resto imposible. Si de cien hay noventa y nueve, entonces hay un resto que es uno. Si la carta dijera "el Rey toma el noventa y nueve por ciento de mi tiempo, doy el uno por ciento restante a Saint-Cyr", entonces encajaría en nuestra racionalidad lógica y analítica. Pero la carta deja muy en claro que el Rey toma el cien por ciento del tiempo, con lo cual ese resto que Mme. de Maintenon afirma estar dando, no solo no es algo efectivo, sino que manifiesta más bien otra figura: la figura del deseo.

Sin embargo no es un deseo latente sino que desde su ausencia de concreción, sin embargo modifica e influye sobre el tiempo real que vive con el Rey. Dicho de otro modo; ese resto, aunque imposible, transfigura el tiempo de lo presente. Es un resto fantasma. Y los fantasmas deambulan y aterran para que la vida normal se vea asediada por lo otro que intenta siempre esconder. El resto es una sombra. Es la penumbra que se recorta más allá de la luz y desde la cual cualquier iluminación finalmente adquiere sentido. El Rey toma todo mi tiempo, pero mi deseo, mi amor, está en otro lado. ¿Será que siempre el amor está en otro lado, en otro tiempo? ¿Será que el Rey, la época, el dispositivo, la normativa, la maquinaria, el panóptico, el sujeto sujetado, la mercantilización general de la existencia, nos domestican en el encorsetamiento de un tiempo homogéneo que succiona todas nuestras energías eróticas para que nos sintamos amando libres y autónomos en la realización plena de nuestra vida amorosa?

El trabajo toma todo mi tiempo. La televisión toma todo mi tiempo. El consumo toma todo mi tiempo. El ideal de amor romántico toma todo mi tiempo. Pero siempre hay un resto a quien querría siempre dárselo todo. Y ese resto no se encuentra aparte del todo: se encuentra anulado por el todo. Se encuentra en su reverso, en su anomalía, en su frontera. El resto es la prueba de que el todo nunca es el todo, sino que siempre es efecto de una totalización, esto es, de un acto de violencia. El resto es otro de los nombres de lo imposible.

Pero fundamentalmente lo que la carta pone en cuestión es qué significa concretamente *dar (el) tiempo*. El tiempo que Mme. de Maintenon da (lo enuncia en presente) a Saint-Cyr es tiempo cualitativo, mientras que el tiempo que le toma el Rey es tiempo cuantitativo. Vivimos sumidos a la lógica de la cuantificación que reduce, simplifica y homogeniza nuestro ser en el tiempo. Y sin embargo desde esa misma plataforma, podemos distenderla, desanudarnos y comenzar una caída infinita en un tiempo cualitativo donde dejamos de *ser* en los minutos, para pasar a *estar* de modo intempestivo. El resto tiene más la fluencia del *estar* que la omnipresencia del *ser*. De hecho, se *resta* tiempo al *ser* para quedar suspendido en un *estar* con el otro donde por un rato las agujas se diluyen.

¿Qué significa darnos tiempo en el amor? De alguna manera lo que estamos intentando comprender es cuál es la materia temporal del encuentro amoroso. O dicho de otro modo: ¿es el tiempo amoroso un tiempo productivo? ¿O es paradójicamente una pérdida de tiempo? *Perder el tiempo* en todos los sentidos de la frase. Perderlo como quien pierde algo valioso, ya que de lo que se trata es de sustraer al tiempo amoroso de su valía productiva. Perderlo, no encontrarlo, no encontrarse en la traza sino siempre perdidos. El tiempo del amor es un tiempo de perdición. Perdidos sin poder encontrar la traza previa que enmarca la forma correcta del amor. Pero también perder tiempo como quien no gana, no aprovecha, no reditúa, no acumula. Perder tiempo, restar horas, desaprovecharlas, permanecer allí solos sin hacer nada. Por eso perder puede ser también una derrota. Una derrota frente al exitismo del amor de consumo que se muestra empapado de resultados positivos: un amor que engendra, un amor que multiplica, un amor que reproduce y expande la serie.

Darnos tiempo en el amor. *Estar* con el otro. La instancia cualitativa nunca es productiva. Estar con el otro no fecunda. Ni siquiera es asible ya que el estar supone un desplazamiento constante. Aporía del estar: desplazamiento y compañía. El estar es un estado y nunca una sustancia: no soy enamorado, sino que estoy enamorado. El tiempo del amor es un tiempo del estar. El encuentro amoroso tiene un único objetivo: estar juntos. Pero el estar no produce, ni siquiera hace. Estar juntos para perder el tiempo. ¿Qué es ese tiempo muerto en el que solo deseamos estar con el otro, tal vez únicamente para poder desear el deseo del otro?

El amor es imposible porque es a destiempo. Y no hay un deseo de resolver el destiempo, sino exactamente de todo lo contrario: sostener el destiempo para que el amor fulgure en su irreverencia y desparramo. El único amor verdadero es el que es a destiempo y porque es a destiempo es imposible. Es imposible porque habitamos la matriz espacio-temporal del mundo de lo posible donde todo, o bien es achatado y disciplinado, o bien es revestido de falsas idealizaciones que crean la ilusión de su posibilidad. Hacer posible lo imposible es traicionar lo imposible. La clave del amor, a la inversa, es que siga siendo imposible y que esa espectralidad tiña todos nuestros vínculos para desenmascarar sus imposturas. Lo imposible como un anhelo que permanece como deseo. El destiempo como el desencaje de un tiempo atroz que todo lo ameseta. Vivir el destiempo amoroso como una de las tantas figuras de la discordancia con el otro. El amor es siempre con el otro, pero para que el otro sea otro, nunca entonces podemos terminar de alcanzarlo. El tiempo del otro nos convoca desde su diferencia, pero nunca se nos convierte.

Es por todo esto que el amor es una cuestión *otoñal*. No es que sea más propicio durante el otoño, sino que no hay amor que no sea ontológicamente otoñal. No importa la época que transitemos, siempre que haya amor, habrá un otoño. Etimológicamente "otoño" se asocia al final de un crecimiento, a la detención de un aumento, a un ocaso. Después del ocaso solo hay deseo. Después de la ilusión del ocaso solo hay anhelo por lo que nunca fue. El otoño es anhelo puro. Anhelo en estado puro. Amor de fantasmas. El otoño es zona de fantasmas: todo ya está muerto, pero cuesta darse cuenta.

El otoño no es, sino decae. En otoño no hay ser sino decadencia. El decaimiento evidencia que el amor no es para nosotros. De allí la tensión insólita entre tristeza y belleza. Nos entristece la imposibilidad del amor, pero nos deslumbra la belleza de la desesperanza: el amarillo raído, la pérdida de color, los últimos fulgores de lo vivo cuando se dirige hacia su fin. Un amor otoñal es un amor que se sabe ensayo. Solo experimenta un ramalazo de verdad cuando esa conciencia de ser boceto se alinea con lo imposible. Tal vez sea eso la belleza: un instante donde se nos revela el inicio del fin. La esperanza abdicada desde antes del inicio. Es que no hay esperanza, hay espera.

Todo lo que despuntaba para el florecimiento infinito comienza su lento recorrido hacia el marchitamiento. El otoño es el tiempo de la finitud, por ende el tiempo que no solo nunca alcanza, sino que emprende su proceso final hacia el final. El otoño es finito porque todo tiende hacia su fin, aunque ante la muerte supuestamente definitiva, se produce indefectiblemente el nuevo giro, la nueva resurrección, la nueva ilusión del brote y el nuevo decaimiento. La fatalidad de estar terminando siempre.

El problema de las estaciones del año es que cada una vive su tiempo como si fuera el único. Omnipotencia estacional que desconoce la rueda de la decadencia. El que todo nazca para que después muera para que después nazca para que después muera, puede ser leído como un renacer permanente o puede ser leído exactamente al revés: como una agonía eterna. Siempre habrá primavera después del invierno, pero siempre habrá otoño después del verano. Lo agónico es la finitud: no se puede celebrar el renacer si el destino es siempre volver a pasar por la muerte.

Como en el amor, en otoño añoramos lo imposible. El destiempo otoñal es la conciencia de que todo inexorablemente se está yendo. Sabernos finitos en toda su patencia. No hay lugar para el engaño, como en la primavera –la estación del optimismo ingenuo–. El otoño ni siquiera es escéptico: es melancólico. No es crítico, sino sensible. No hay desenmascaramiento sino ternura: triste ternura. En otoño acompañamos el que todo muera. Pero con un aditamento peor: asistimos a que todo muera sabiendo que habrá resurrección y luego nueva agonía. Hay algo peor que morir: resucitar para volver a morir eternamente.

En otoño hay más enamoramiento. No es un dato empírico sino una condición del ser. La caída es tan pronunciada que nos aferramos intensamente a lo que nos salve. Si todo conduce incuestionablemente al final, el amor no puede sino ser salvífico. Dotamos al amor de un poder soteriológico y redencional. O el amor efectivamente nos brinda la trascendencia, o por lo menos nos inscribimos en sus relatos tipológicos donde nuestras historias de amor son consumaciones y preparaciones de otras historias que en conjunto transcriben la gran historia del mundo. Dicho de otro modo; no podemos despegar al amor de su sustrato religioso. Y sobre todo del destiempo que propicia la religión al condenar al presente a no ser más que un engranaje de una historia superadora.

La redención amorosa no resuelve el destiempo, sino que lo vuelve necesidad, pero con un problema: los destiempos son todos funcionales para un ensamblaje final donde todo finalmente encaja. El drama es que somos demasiado vulnerables para transitar toda una existencia concediendo nuestras faltas presentes a un gran relato reparador. Por eso la existencia es un drama. Y buscamos sublimarla en experiencias artísticas catárticas. Nos emociona por ejemplo contemplar las grandes historias de redención amorosa para sentirnos siempre en el destierro: todos se redimen, menos nosotros. Lloramos con cada historia de amores pendientes que se resuelve. La identificación en toda su potencia: cada literatura amorosa con final feliz sutura nuestra imposibilidad. ¿Pero qué es un "final feliz"? Si hay final, no puede ser feliz...

Nos enamoramos más exaltadamente en otoño porque nunca como en otoño nos es más evidente que el amor es imposible.

Tampoco sé por qué motivo me demoré más de la cuenta entre las páginas del ejemplar de *Humano, demasiado humano*. Fui a la biblioteca en busca de una cita de Nietzsche, pero terminé acariciando este libro viejo, recorriendo sus páginas en un traspasar sin detención, como quien pasa las hojas creyendo que a esa velocidad sin embargo alguna señal se revelaría. Tantos libros de otros tiempos me vienen acompañando desde siempre. Tanta compañía de lo inerte: tan cercano e íntimo que de inerte solo tiene la forma. A veces, como en ese poema de Borges, me angustia, pero a la vez me calma, el saber que muchas de las cosas que me rodean subsistirán a mi muerte. Pero me angustia más el derrotero de las cosas insignificantes y no tanto el de las obvias compañías. Es más que seguro que, a mi muerte, entre mis hijos se distribuirán mis libros, pero me aflige más el devenir de las cosas ínfimas, de lo accidental, de lo que quedó, de lo no coleccionable, de los restos, lo sobrante, aquello que me acompaña porque sí, porque en algún momento decidí no desprenderme sin ninguna motivación ni razón: una taza rota que me regalaron ya no sé dónde, algún papel con un número que ya no recuerdo a qué refiere, una funda verde gastada que ni siquiera entiendo a qué prenda cubría: lo inservible en su máxima expresión.

El libro de Nietzsche era un poco un rejunte de todo esto: ya tenía otras ediciones más nuevas que me habían ido llegando con los años, pero al mismo tiempo me hacía recordar la escena inaugural de mi vocación. Claramente este libro me tiene que acompañar hasta el final aunque es probable que en el reparto que hagan mis hijos, seguramente ninguno lo elegiría: era con todas las letras un libro viejo. Tapas duras, olor a polvo, páginas de un papel de otra época, las letras impresas con una tinta más artesanal. Tantas veces entré y salí de estas páginas mientras estudiaba la carrera, buscando citas, aforismos, intentando comprender el giro nietzscheano en su valoración de la ciencia moderna. Después de la escena de la negativa amorosa en la biblioteca, nunca volví por allí, pero me quedé con el libro. Nunca lo devolví. El tiempo deshizo pulcramente cualquier sensación de antaño. Década a década se fue volviendo casi un recuerdo divertido de una escena amorosa adolescente. Una escena de desencuentro.

Igualmente, no dejaba de ser un libro robado. Mi primer libro de Nietzsche fue un libro robado. ¿Qué significa robar un libro? Todos robamos ideas, desarrollos, argumentaciones, pero otra cosa es la entidad de un libro como mercancía. Dualidad exasperante y ambigua de un cúmulo de ideas que viene en un soporte mercantil. ¿Se puede precisar la frontera entre el libro como un bien y las ideas de un libro? ¿No son las ideas de un libro también un bien? Y la pregunta de siempre: ¿qué estamos pagando? ¿Cuánto cuesta *Humano, demasiado humano*? Nunca más intempestiva la diferencia entre valor de uso y valor de cambio, nunca más inoportuna por inoportunar un sistema de valores que se instala sin dobleces. ¿Qué me había robado, entonces? ¿Se trataba solo de un libro? ¿O me había robado a mí mismo un probable destino que se transformó para siempre a partir de ese destiempo amoroso como impulso inaugural de una vocación filosófica?

Siempre me divertía reacomodar el cartón azul ya exageradamente vetusto donde se sellaba la entrada y la salida del libro en la biblioteca. Era la prueba de su condición de libro robado. Y de otra época. Un cartón del que podría haberme desprendido infinidad de veces, sobre todo al principio, ya que era la prueba de que el libro no me pertenecía. Me pasa mucho de volver sobre libros que contienen servilletas, papeles con inscripciones inentendibles, pero que casi desde el cuidado cosmológico suelo dejar allí sin novedad. No vaya a ser que deshaciéndome de un talismán cualquiera, algo se desordene. El aleteo de la mariposa y su implicancia sísmica. Nunca creí en tamaña causalidad, pero la mística me gana siempre. No tanto en función del "por las dudas", sino por el no avenirme a lo obvio: ¿para qué conservar lo insignificante? Tal vez el cosmos no sea más que una sucesión irregular de detalles insignificantes...

Mientras volvía sobre el cartón por enésima vez en estos cuarenta años, por primera vez reparé en un garabato escrito por encima de los sellos con las fechas. Estaba muy desteñido. Nunca me había detenido en esas marcas porque claramente no se hacían notar: el tiempo las había casi borrado. Con la ayuda de los anteojos y mucha luz encima pude leer lo que estaba escrito: "llamame" y un número de teléfono. Un viejo número de teléfono de línea de Buenos Aires con una numeración de otra época que rápidamente reconocí. Una sensación extraña recorrió mi cuerpo, casi un temblor. La escena era más que evidente: ella me había dado el libro de Nietzsche aquella vez con un mensaje para nada oculto, salvo que ese día yo había quedado tan trastornado que nunca me había dado cuenta. Obviamente podría tratarse también de un mensaje de cualquiera para cualquiera, pero la clave de la redención es que sabemos que es para nosotros. No dudé. El mensaje era de ella. La redención en todas sus anchas. En toda su gloria. No supe si sentir alegría o desazón. Básicamente, no supe. Miraba alternadamente al libro y a mi alrededor (no había nadie salvo mi perra que igualmente presentía alguna anomalía). Tantos años con la remembranza de una historia a destiempo y sin embargo como en toda historia redencional, en el momento más inesperado, se nos regala una oportunidad. ¿Pero una oportunidad de qué?

Obviamente le dediqué los sucesivos días a poder dar con ese teléfono y consecutivamente con ella. Con ella de quien no sabía ni el nombre. Ni siquiera tenía el más mínimo recuerdo de su rostro. Tal vez algo de su cuerpo, un jean celeste, no mucho más. Tampoco sabía las razones por las que deseaba cerrar esa historia: pero, ¿era cerrar? ¿Se trataba de eso? ¿Qué buscaba alcanzar con el probable reencuentro? ¿Agradecerle?

O era simplemente el poder compartir la anécdota. Contarle lo que me había pasado aquella vez y demostrarle la importancia que esa escena tuvo en mi vida. ¿Y si a ella no le interesase nada de todo esto? ¿Por qué obligamos a los otros a encajar en nuestras carencias irresueltas? ¿No es la carencia amorosa, justamente amorosa porque no se resuelve?

O peor; ¿por qué nos compele la necesidad de que los relatos que nos constituyen empiecen y terminen? ¿No ha sido esta historia la que por afección directa y asociación múltiple me arrojó hacia el futuro en una búsqueda que rompió toda amarra con su origen y se enfocó en un futuro incierto? ¿No son las marcas más bien disparadores que con el tiempo se disuelven y solo quedan presentes en una ausencia débil como efectos? ¿Para qué tenía que salir a buscarla? Es que justamente no hay un *para qué* sino todo lo contrario: hay en esa pretensión de recuperación de lo pendiente, la posibilidad de no quedar encerrado en uno mismo. No hay cierre para la existencia. Es al revés: existir es un acto de apertura. Un proyecto abierto, sostiene Heidegger. La muerte nunca es el cierre sino la conciencia de la imposibilidad de todo cierre. No buscaba a la bibliotecaria con el afán de cerrar taxativamente una historia de amor. Y mucho menos tenía un propósito de darle oportunidad a lo que no pudo ser. Únicamente, absolutamente entramado en la historia imposible de "Deshoras", buscaba emular la escena de Sara y Aníbal y tal vez desplazarla hacia otro lugar. Solo quería, una vez más, crear un acontecimiento literario. Ser la continuidad de los parques del cuento de Cortázar.

Es que el destiempo de Sara y Aníbal se cuenta desde el final. El verdadero destiempo es el del encuentro que mantienen ya de adultos, una vez que se reencuentran: de hecho, en ese reencuentro, comienzan un vínculo; pero un vínculo ya imposible. Ninguno estaba posibilitado de desarmar su actual presente, pero no por mandato familiar o falta de arrojo, sino porque el presente a deshoras era el del pasado imposible. No alcanzaba con intentar concretar ahora lo que no pudo darse en el pasado: el amor anhelado era el amor del destiempo. O sea, un amor imposible. De hecho finalmente consuman lo pendiente: comienzan a verse, a amarse, a cogerse, a conversar. Pero no importa. Lo pendiente no era poder mantener una relación amorosa. Lo pendiente era ese verano a destiempo. Lo pendiente siempre es mesiánico, porque no hay manera de recuperar el tiempo: el tiempo es irreversible. Inaprensible e irreversible. Lo mesiánico no es alcanzable sino espectral: nos señala nuestro conformismo.

De nuevo, ¿qué estaba buscando? Los destiempos amorosos no se resuelven, sino que nos van delineando en nuestra forma de amar. Y sin embargo, tal como nos sucede con la conciencia de finitud, solo deseamos que lo abierto se cierre. Sabemos que es imposible que se cierre, pero no hacemos otra cosa que tender hacia ello. ¿Podemos pensar de otro modo el efecto continuo de lo imposible sobre nuestra existencia? Por ejemplo; si el tiempo es irreversible, ¿por qué no intentamos sustraernos a la matriz del tiempo secuencial? O por ejemplo; si en nuestras biografías siempre hay un amor imposible, ¿por qué no pensar que todas las historias de amor han sido efecto de este destiempo originario? Ha sido ese desacople el que ha guionado en parte nuestras historias de amor. O dicho de otro modo; ¿por qué no pensar que desde la deriva amorosa no necesitamos narrarnos como efectos de una historia de amor imposible originaria? Y en definitiva, ¿no será también este el origen de nuestro deseo por el saber? ¿No será la filosofía misma el trasplante desde la deriva permanente de un supuesto centro ordenador que todo lo explica y lo acomoda farmacológicamente?

Lo increíble es que, a pesar de todo, necesitaba encontrarla. La calesita de lo imposible es que mientras nos vamos dando cuenta de sus efectos transformadores, sin embargo no dejamos de anhelar la consecución de lo que ya sabemos que nunca lograremos alcanzar. Con el número de teléfono frente a mis ojos, no podía no emprender una última búsqueda. Tal vez también para domeñar al fantasma. Moverlo de sitio. Es del mismo tenor de experiencias que tenemos cuando regresamos a lugares importantes de nuestra biografía y nos damos cuenta de que nunca es como antes. Y nos quedamos con una leve sensación de nostalgia vencida, casi como un esfuerzo para sonreírnos diciéndonos: este era el lugar. Pero casi siempre, nunca pasa nada. ¿Había alguna otra expectativa de que me sucediera otra cosa? ¿Un nuevo destiempo que me hiciera deambular en una nueva pesquisa vocacional? ¿No hablaba más mi necesidad por encontrar a la bibliotecaria de mi estado actual que de lo redimible? Pero en todo caso, ¿no trata la finitud de ello? ¿No estamos todo el tiempo buscando excusas para clamar por la redención?

Después de una serie de complicaciones administrativas, finalmente di con alguien de su familia. El número de teléfono fue fundamental para la investigación: todavía esa línea telefónica estaba en funciones y los habitantes de la casa rápidamente me llevaron a la familia de la bibliotecaria. La bibliotecaria se llamaba Laura y había muerto hacía ya unos años. La primera reacción fue de desilusión: no iba a poder haber ni siquiera algún atisbo redencional. La muerte es irrebasable. Marca un límite irreversible. Más irreversible que el tiempo. Lo extraño era suponer que si Laura hubiera estado viva, entonces algún tipo de redención iba a ser posible. O llevando la cuestión más al extremo: ¿y si solo con la muerte se vuelve posible una redención? Pero no una redención en sentido estricto, sino la posibilidad de salirnos de los esquemas amorosos tradicionales.

No solo el destiempo ya no tiene sutura, sino que no es posible sostener casi ninguna de las características instituidas del amor. Y no se trata del amor a los muertos como memoria, recuerdo, devoción, homenaje, sino de un amor que se tome en serio la otredad de un otro que alcanza su mayor radicalidad: es otro porque es imposible. Todo nuestro esquema amoroso se halla basado en la ilusión de la equivalencia como aspiración última del amor. Lo muerto desarticula este esquema. Pone de manifiesto que no hay un retorno, que no se ama para ser amado, sino que amar y ser amado suponen dos posiciones distintas, no necesariamente recíprocas, y menos equivalentes. El destiempo es una de las figuras de la discordancia amorosa. No solo siempre hay un destiempo en el amor, sino que para que haya amor no tiene que haber convergencia. Dar amor, como todo dar, supone una asimetría que es la asimetría misma del dar. No se da para recibir. Y aunque anhelemos la concordancia, hay amor porque siempre hay un otro. Y si hay un otro, siempre hay algo discordante.

En el amor a los muertos, en el amor a Laura, no solamente hay un amor al otro, sino que comienza a pergeñarse un amor otro, o sea, otro tipo de amor que no cuaje en las coordenadas prototípicas del amor instituido. Pero, ¿cómo sostener un vínculo con alguien que no está, con alguien que está muerto? Claramente, nos obliga a deconstruir la mayoría de los prejuicios y preconceptos de los que partimos con el amor. Necesitamos un cambio de gramática: ya no se trata de reciprocidad, equivalencia, otra mitad, lo común, los acuerdos, la fidelidad, la incondicionalidad, la pareja. Se trata de lo imposible. Amar a los muertos es un amor imposible y tal vez sea el único amor genuino: aquel que da sin esperar nada a cambio. Derrida, en *Políticas de la amistad*, incluso sostiene que, en este amor a los muertos, puede dar comienzo una cierta *amancia*, esto es, una nueva forma del amar. La historia de amor con Laura se encontraba redimida desde el inicio. Siempre se trató de un amor imposible. No es que finalmente no hubo reencuentro o redención posible porque Laura había muerto, sino que la naturaleza misma de esta historia de amor fue siempre su destiempo. Y sigue habiendo amor porque más que nunca ahora el amor es imposible.

TESIS 5

El amor es imposible porque es incalculable.

Según una de las versiones del mito conocido con el nombre de "la manzana de la discordia" o "el juicio de Paris", la guerra de Troya tuvo su origen mitológico en un acontecimiento amoroso. Una vez más, el amor se muestra muy lejos de la pureza o de la bondad o de la felicidad, sino más bien necesariamente intrincado con ese reverso que como todo reverso, revela también algo de su naturaleza: amor y dolor, pero sobre todo amor y guerra, amor y discordia.

Ella, la discordia, la diosa Eris, también la diosa de la envidia, en esa dualidad que tan bien describe Hesíodo, entre una envidia mala y una envidia sana, no fue invitada a la boda de Peleo y Tetis. Grave error estratégico el de la pareja que para evitarse una boda conflictiva deciden no invitar a la diosa del conflicto, generando exactamente el resultado inverso: Eris se enoja y decide boicotear el festejo. Así, irrumpe en la fiesta con un plan calculado y estratégico. Arroja una manzana de oro con una inscripción desafiante que dice: "para la más bella".

La manzana logra su cometido: tres deidades se postulan como la más bella de la boda, convencidas de ser las merecedoras indiscutibles de la sentencia. Pero al postular el desafío que solamente una de ellas se llevaría la mención, comienza a desatarse un conflicto que desestabiliza la boda. Las tres diosas discuten entre sí sobre la propiedad de la manzana, o sea sobre su encarnación de la belleza. Afrodita, Hera y Palas Atenea disputan la pertinencia de ser elegidas, aunque más que una elección se trata de una verdad: cada una de las tres está convencida de ser la más bella del Olimpo.

Ante la imposibilidad de un acuerdo, se procede a una elección. Pero en toda elección hay ganadores y perdedores. Aquel que pierde una elección no abandona por ello su convicción meritocrática de no haber merecido ser el elegido. Las elecciones no hablan de verdades sino de resultados. O en todo caso, reconfiguran el lugar de la verdad, asociándola más a una construcción que a una revelación. Zeus propone el camino del juicio: que alguien decida. El papel de juez recae en Paris, príncipe de Troya quien se presenta con toda su humanidad a cuestas para tener que elegir a la diosa más hermosa.

¿Pero qué es decidir? ¿Qué es elegir? Paris, humano, frente al espectáculo de tres deidades resplandecientes. Zeus, el dueño del circo, con su tridente trifálico, promoviendo el juicio de un ser ontológicamente vulnerable. ¿Cómo elige un humano? Claramente las diosas, conocedoras de la debilidad humana, encaran a Paris y le ofrecen un intercambio: mercantilizan la elección. Le ofrecen a Paris un rédito a cambio de su decisión. Nada más lejano a una decisión genuina: desplazar el propósito de la elección en función de un dividendo. Hera le ofrece todo el poder sobre la tierra, Palas Atenea le ofrece la sabiduría plena, Afrodita le ofrece el amor de la mujer más bella del mundo. Demasiada oferta para la precariedad humana; en especial para la precariedad emocional de Paris que se decide obviamente por Afrodita.

Es toda una decisión elegir entre el poder, el saber y el amor. Es todo un problema filosófico. Sin embargo, una vez más nos hallamos con un desplazamiento de la elección: Paris tiene que elegir a la diosa más bella y no a quien le ofrece el mejor negocio. Paris decide calculando, pero el cálculo distorsiona la verdad de la decisión. Una cosa es elegir a la diosa más hermosa y otra cosa es elegir entre el poder, el saber y el amor. Una cosa es la belleza y otra cosa es la conveniencia. Una cosa es la presencia absoluta de una verdad y otra cosa es un cálculo: nuestro pensamiento haciendo cuentas, midiendo, previendo resultados, conveniencias, ganancias. Una cosa es la belleza y otra cosa es la economía. ¿Pero puede el ser humano escaparle al cálculo? ¿Podemos los seres humanos pensar de otro modo que no sea con arreglo a fines, calculando costos, siendo productivos? ¿O será que hay muchas formas de pensar? Y si así fuese, ¿por qué se asocia el pensamiento únicamente con una de estas formas?

Lo peor del caso es que Paris elige a Afrodita; o sea, se decide en última instancia por el aspecto a priori menos redituable: el amor. Podríamos proponer una escala de mayor a menor acercamiento a la conveniencia, donde el poder parece ser lo más cercano a una economía del yo, el saber algo intermedio y el amor lo más alejado, ya que se supone que el amor es siempre del otro.

El saber aun mantiene cierta idealización ambigua que refuerza la idea de que todo saber se busca por sí mismo. El ideal de un saber como fin despojado de conveniencias, más cerca del amor y más lejos del poder. Un ideal que con muy pocos argumentos se derrumba catastróficamente, comprendiendo desde los sofistas hasta Foucault el maridaje entre saber y poder, que más que una alianza se muestra cada vez más como parte de una misma naturaleza. Y extrañamente, más allá de esta conciencia, continúa sólido el imaginario de que el saber posee un halo de pureza que lo blinda de cualquier interés mercantil. La clásica idea aristotélica de que "todos los hombres por naturaleza desean conocer" sentenciando así cierta propensión humana a la búsqueda de la verdad, más allá de toda conveniencia.

Pero respecto del saber aún nos encontramos con esta ambigüedad, el amor siempre ha sabido mantenerse sin ambages en el ideal incuestionable de lo incondicional y lo desinteresado. Paris elige aquello que el cálculo determina como lo más inconveniente. Es que hay un lugar, en Paris y en nosotros, donde todavía creemos que el amor es el resultado de un cálculo, que se puede elegir en el amor. Elegir el amor es elegir lo que es inelegible. O en todo caso es elegir una versión del amor que renuncia a todas las particularidades que lo versionan como amor, en especial a que no tiene razones. O peor; a que al final de cuentas no decidimos únicamente desde razones. Por eso, ¿qué es decidir? ¿Cómo se elige en el amor? ¿Se elige en el amor? ¿Garantizan las razones de un cálculo resultados convenientes? ¿Pero qué tiene que ver el amor con la conveniencia? ¿Nos enamoramos de quien nos conviene?

Paris elige a Afrodita y las consecuencias son catastróficas. Afrodita enamora a Paris con la mujer más bella del mundo: Helena. Claro que Helena estaba casada con Menelao, rey de Esparta. Helena y Paris enamorados huyen a Troya; y Menelao, enojadísimo, organiza una alianza con todos los reinos griegos dando inicio a la guerra de Troya. La elección que realizó Paris fue la causa de la guerra más violenta del mundo mitológico griego. Fue la causa, además, según los relatos, de la derrota de su reino y de la muerte de todos sus conciudadanos y familiares. Podríamos incluso afirmar que no solo la elección, sino el mismo amor propició en última instancia el desencadenamiento de la guerra.

De todos modos, se podría aducir por un lado que el amor no es responsable de sus consecuencias colaterales. Y sin embargo un razonamiento de este tipo continuaría enredado en la tensión que hay entre el amor y el cálculo, ya que justamente el carácter excedente del amor, su estar fuera de todo cálculo, podría habilitar en el mundo de las decisiones racionales, conclusiones absolutamente imprevisibles. Podría funcionar como un justificador de cualquier argumento: en nombre del amor, todo vale. El problema es que por estar fuera del alcance de la razón, también cualquiera podría usufructuar de la fundamentación amorosa para justificar lo que le plazca.

También se podría argumentar que a la hora de decidirse, Paris no hizo bien las cuentas. Razón que se suma para ratificar la tensión entre el amor y el cálculo. Es cierto que tuvo que elegir, pero al decidirse por Afrodita no midió las consecuencias de su elección. Una elección *avant la lettre* no puede soslayar motivos, no puede no anticipar todas las derivaciones posibles de cada paso. Una elección en condiciones ideales no debería fallar: teniendo todas las premisas a mano, la inferencia resulta lógicamente necesaria. No debería haber lugar a equívocos. Paris sabía que ponerse a Hera y a Palas Atenea en contra, implicaba una serie de consecuencias. ¿Podemos decir que Paris eligió mal? Podemos decir que el amor excede todo cálculo...

O en todo caso, lo que estamos poniendo en cuestión es la real capacidad del ser humano para tomar decisiones que estén cien por ciento justificadas en un cálculo racional inalienable. De nuevo, ¿qué es elegir? ¿Derivamos conclusiones de premisas como en un ejercicio lógico o matemático? ¿Somos entidades con una prevalencia tan esencial de la racionalidad lógica que nos garantiza siempre la mejor efectividad en las decisiones? Mucha filosofía ha puesto el acento en la necesidad de dominar cualquier aspecto impulsivo en aras de la prioridad de una racionalidad que nos garantice una vida como mínimo en armonía y como máximo de realización plena de las facultades humanas. Pero no somos un ejercicio matemático. O, por lo menos, no somos solo un ejercicio matemático. Y ni siquiera sabemos si este aspecto resulta el más significativo para nuestra realización, aunque claramente es el que nos viene definiendo hegemónicamente. Por eso vale la pregunta: ¿la decisión es un acto puramente racional o entran en juego otros factores? O dicho con todas las letras: ¿por qué tantas veces cuando elegimos, lo hacemos en contra de nosotros mismos, habiendo tenido todas las razones para resguardarnos? ¿Pero qué es ir en contra de uno mismo? ¿Por qué damos por sentada una versión del *uno mismo* como insoslayable?

El amor es imposible porque es incalculable. Es inconveniente, es imprevisible, es injusto. Hace colapsar toda deliberación, todo razonamiento, todas las razones. Si un buen cálculo nos garantiza estar eligiendo adecuadamente, toda elección adecuada no nos garantiza el amor, sino solo el haber elegido adecuadamente. La mejor elección adecuada solo nos puede garantizar la mejor elección adecuada: el amor pasa por otro plano. Es inadecuado. Va en contra de uno mismo. O de lo que hasta ese momento creíamos que éramos nosotros mismos.

El mundo del cálculo es el mundo de lo posible. Todo lo posible es pasible de ser puesto en un cálculo. El amor excede todo cálculo. Por eso es imposible.

Pensamos y amamos de distintos modos. De tan diferentes maneras que hasta es lícito preguntarnos si en ambos casos se trata siempre de la misma noción. La diversidad interna tanto en el pensar como en el amor cuestiona la posibilidad de una definición unívoca hasta su límite: hay definiciones tanto del pensar como del amor tan disímiles entre sí que resulta imposible encontrar un plano en común para todas. O sea, no solo hay muchas formas de definir el amor, sino que hay definiciones tan contrapuestas del amor que la afirmación de una implica la exclusión de la otra. Con el pensar sucede algo muy parecido: hay formas del pensar que se encuentran tan alejadas de la racionalidad dominante que su inclusión implicaría el colapso mismo del pensamiento hegemónico. También hay una versión preeminente del amor, pero la contraposición con las formas marginales no resulta, a primera vista, tan violentamente expulsiva. Igualmente, en general, tanto el pensar como el amor no hegemónicos comparten por parte del sentido común un mismo etiquetado: ambos son marginados al lugar de lo abyecto. Ambos son patalogizados. No solo formas falsas, sino sobre todo, enfermas...

Incluso podríamos decir que, en este conflicto semántico, la centralidad de una versión de las cosas se sostiene a partir de la exclusión de muchas otras. Lo correcto siempre necesitó de lo incorrecto para determinarse. Lo sano de lo enfermo. Por eso es desde la resignificación de lo abyecto que toda versión excluida puede emprender una resistencia. Desarticular la ilusión de una semántica pacífica para sostener que un concepto es siempre un campo abierto de tensiones donde la vitalidad misma de esa noción depende de su confrontación permanente. Lo contrario a la momificación de un concepto es su imposibilidad de mantenerlo quieto, esto es, su inquietud incesante.

Calcular es una manera de pensar. No es la única, pero es la hegemónica, esto es, aquella que se presenta y se instaura como si fuera la más fiel representante del pensamiento correcto. Hay otras maneras de pensar, algunas más cercanas y otras no tanto al pensamiento calculatorio. Pero si el pensamiento calculatorio se concibe como el correcto, el resto de las formas de pensar son expulsadas al lugar de la incorrección. Y todo lo incorrecto supone una carencia que amerita, o bien su exclusión, o bien su arreglo. Las formas más lejanas del pensamiento suelen poner en entredicho tanto el propósito del cálculo como su matriz: se cuestiona tanto la eficacia como el productivismo, tanto la previsibilidad como la acumulación, tanto la supuesta neutralidad como la expansión de lo propio.

Hay un pensamiento no calculatorio que lejos de toda prudencia y de toda deliberación, hace implotar todo orden. Apuesta a la imaginación, a la asociación injustificada, al riesgo, a lo *por venir*, al otro. No es una forma de pensar metódica ni sistemática ni coherente: es lúdica. Pone en juego todas las variables posibles para enfrentar a las certezas instituidas. Es fácilmente refutable, es alta la densidad de contradicciones permanentes. Pero sobre todo es absolutamente inútil su propósito: va en busca de lo que ya sabe de antemano que no va a poder encontrar. Va en busca de lo imposible.

Hay lo calculable y hay lo incalculable. Pero este segundo *haber* es de un lenguaje intraducible. Es un *haber* espectral. No se halla entificado. Es un supuesto que rompe el orden, anuncia lo más allá del cálculo sin tener ninguna certeza ni partir de ningún dato de lo posible. El argumento es un contrargumento: como en el mundo de lo posible, todo puede ser en principio calculado, entonces suponemos que hay lo incalculable. Obviamente ese *haber* no afirma ni niega nada, ya que si lo hiciera, estaríamos en presencia de un enunciado calculable, o sea, estaríamos al interior del mundo de lo posible.

El gran golpe de lo incalculable es que finalmente llega. Nos arrebata. Nos sorprende. Nos cachetea. Su llegada suele ser resistida. El modo más usual de resistencia contra lo incalculable es poder demostrar que en realidad se trata de un acontecimiento calculable del que no nos habíamos percatado tal vez por ignorancia, o por estupidez, o simplemente por no haber prestado la suficiente atención. El argumento es del mismo tenor que el de Spinoza contra los milagros: los milagros no existen, sino que son fenómenos que todavía nuestra razón no ha sabido explicar. Muchos milagros con los años han sido explicados y desencantados por la ciencia. Del mismo modo, el sentido común supone que lo incalculable podría haber sido calculado. Con más herramientas, con más conocimiento, con más tecnología, todo en algún momento final ideal podría no ser más que el resultado de un cálculo. En ese momento se acabaría la fantasía de lo incalculable. Y obviamente de los milagros...

Ahora bien, esta forma de resistencia suele ser *ex post facto*, o sea posterior al cumplimiento del fenómeno. Si nos atenemos a la lógica del método calculatorio, en realidad el habernos dado cuenta, después de dado el suceso de su plausible pero no pensada posibilidad, le quita algo de fuerza. Es que para esta suposición, si poseyéramos todas las premisas, el cálculo no debería fallar. La ilusión positivista de una mente que pudiera pensar sin ningún atropello de todos los elementos que la perturba –el cuerpo, los sentimientos, el inconsciente, los sueños, el deseo, el cansancio, los condicionamientos sociales, o sea, todo lo que nos hace humanos– supone que a premisas debidamente clasificadas, se corresponde un cálculo cuasi matemático que anticipa cualquier resultado. En condiciones ideales de funcionamiento, nuestra mente todo lo puede deducir. El gran drama de la existencia es que las condiciones ideales son ideales, y que en tanto tales, no solo no son factibles sino que nos desafían a intentar descubrir el origen de esa idealización: ¿por qué soñamos con una mente despojada de cuerpo? ¿Por qué el modelo del pensamiento es la matemática formal? ¿Qué tipo de valores subyacen al cálculo?

El cálculo no solo suele ser predictivo y preventivo, sino sobre todo productivo. La máxima de la productividad nos instala en un esquema donde todos nuestros actos deben necesariamente ser rentables, esto es, rendir. Organizar las rutinas de la mañana para que el tiempo rinda, definir vocacionalmente una carrera universitaria para que el estudio rinda, enamorarse de la persona indicada para que el amor rinda. Pero, ¿qué es rendir en el amor? ¿Qué tipo de examen debemos rendir? ¿Frente a quién nos rendimos cuando nos enamoramos? Rendir de distintos modos con todas las tensiones del amor: de un costado, un amor que rinda; del otro costado rendirse por amor.

¿Qué es un amor productivo? Para empezar, se trata de un amor fruto de un cálculo. Un amor conveniente. Un amor que da dividendos, que es útil, que consuma muchos de los proyectos existenciales predefinidos. Encontrar en el amor la plataforma que nos permita realizarnos de acuerdo a los mandatos vigentes del ideal del amor romántico: un amor que nos contenga, que nos sosiegue, que nos armonice, un amor plataforma, un amor de emprendimiento, un amor ansiolítico, seguro, organizado, administrado. Un amor productivo es un amor que me permite mi propio despegue, mi tranquilidad, mi expansión, mi crecimiento, mi paz. Un amor conmigo. La exacerbación de la ratificación de mi mismo en mí mismo. Un amor sin el otro, o que hace del otro un mero medio o accidente para mi propio bienestar. Un amor sin el otro y por ello un amor que se conduce por el mundo de lo posible.

El mundo de lo posible es el mundo de lo calculable. La palabra "cálculo" etimológicamente refiere a las piedras pequeñas con las que antiguamente se aprendía a contar, a hacer cuentas, a sumar, a restar, a hacer cálculos, a calcular. Con las piedrecillas a disposición, el sujeto hace cuentas, las amontona, las separa, las agrupa, las añade, las sustrae. Junto una piedra con otras dos piedras y tengo tres piedras: sumo y repito la suma. El cálculo necesita de la ejercitación. Pedagogía de la repetición y de la automatización: dados ciertos criterios, la aplicación es indiferente a los contenidos. Lógica del cálculo: da igual si son manzanas, vacas o ángeles. El cálculo es un procedimiento formal. Las piedras son solo un ejemplo en función de una propedéutica. Un buen ejemplo, ya que una piedra es casi una metáfora de todo, o sea, de la ausencia de metáfora. Una piedra es lo más cercano a nada, o sea a un ente, a lo que es, a lo común, a lo abstracto. Una piedra es un caso más de una serie. O a la inversa: la serialización de la realidad necesita de casos, de cosas desposeídas de toda singularidad. Advenir cosa, caso, ente. Advenir nada. El desposeimiento de diferenciación incluso parece ayudar pedagógicamente a la efectividad del cálculo. Cuanto más desdiferenciado, más fácil la operación.

Se calcula lo posible. O mejor dicho: definimos *lo posible* como aquello que se encuentra al interior de lo calculable. Como aquello que se encuentra al interior, a un interior. La pregunta, por ello, se desprende del propio límite: ¿hay algo más allá del interior? ¿Hay un exterior? Las piedras no suscitan al cálculo sino al revés: como ya estamos de antemano al interior del cálculo, automáticamente con las piedras sumamos y restamos. Como ya estamos de antemano maquinalmente en un mundo de cálculos, entonces ya sabemos también de antemano qué hacer con las piedras: hacemos cuentas. Operamos. Aplicamos órdenes previos, dispositivos de relación entre las cosas. Dispositivos previos. Ya nos hallamos arrojados al interior del mundo del cálculo, como ya nos hallamos arrojados al interior de todos los mundos: del mundo del amor, de un tipo de cuerpo, de una forma de concebir la vocación, la identidad, el trabajo, la libertad, la propiedad, la justicia. Las piedras no convocan al cálculo, sino que el cálculo delinea un único escorzo para las piedras: las muestra en su carácter contable. Y sin embargo las piedras son solo piedras. O más aún: las piedras son sus infinitas posibilidades, o sea, su imposibilidad de ser una única cosa, su imposibilidad de solo ser cosa. Y ese ser "solo" piedras o ser infinitas piedras, es lo que las dota de su singularidad.

Todos nos topamos con las piedras y las contamos, las arrojamos, las golpeamos; pero nadie se detiene en una piedra y la rodea con la mirada, con el tacto, la huele, observa sus particularidades, sus curvas, sus colores tan desordenados, sus formas tan minúsculamente diversas. Nadie entiende que ninguna piedra es igual a otra piedra, que no hay serie, que millones de circunstancias tuvieron que concomitar aquí para que esta piedra sea en este momento esta piedra, con este color, con este volumen, en este lugar, en este tiempo, para esta conciencia, e incluso y sobre todo, para ninguna conciencia, para nadie. Aquí, para nadie.

Hay algo que está fuera de todo cálculo. Algo que ni siquiera es un algo. Lo incalculable es que la piedra desde su otredad nos convoque a otro tipo de disposición, nos deconstruya. No hay sujeto de la deconstrucción, dice siempre Derrida. Hay la venida de un acontecimiento y hay la tibieza de nuestras fronteras que permite el colapso. Y aunque la palabra "cálculo" provenga de las piedras utilizadas para aprender a hacer cuentas, hay también lo incalculable. Lo incalculable expande a la piedra más allá de la piedra. La presenta más allá de la presencia. La emancipa hasta de su propio nombre. Lo incalculable es que con esas mismas piedras, en vez de hacer cálculos, nos pongamos a *jugar*. El juego destraba sentido y las piedras se vuelven castillos, puntería, transportes, acrobacias, se vuelven una guerra de piedras. Las piedras se pierden, se rompen, se vuelven mágicas. Lo incalculable es que aunque todo nos conduzca a un único sentido, sin embargo algo se distienda. Lo incalculable no es otra forma de calcular sino de descentrar el cálculo, perderle respeto, quitarle hegemonía, reducirlo a una de las tantas formas de pensar. Lo incalculable no es otra manera de organizar las piedras, sino de desorganizar cualquier orden implícito para que desde cualquier piedra se nos abra el mundo.

El amor es imposible porque es incalculable. Es imposible de calcular, de predecir, de anticipar, de prever, de deducir, de pergeñar. Por eso, cuando llega, lo desmantela todo. Lo incalculable es imprevisible. No solo desbarajusta cualquier plan, sino que su advenimiento tiene la forma de la interrupción intempestiva. Toda planificación se frena, se paraliza, se congela y se quiebra. Y además todo sucede de modo inesperado. Creemos que podemos controlar al amor y sin embargo va desajustando una a una las clavijas, los tornillos, todo va lentamente perdiendo estabilidad, solidez, robustez, todo se vuelve enclenque. Cuando el amor llega solo puede provocar una demolición. No hay experiencia del amor que no sea la experiencia de un derrumbe. Tarda más, tarda menos, pero al final todo se derrumba. ¿Y qué es lo que *se* derrumba? ¿Qué es ese "se" que se cae a pedazos?

El colapso amoroso todo lo arruina. Deja todo en ruinas. El mismo proyecto que hasta muy poco constituía nuestro deseo, nuestra seguridad, nuestra certeza, pierde toda densidad para mostrarse solo en su carácter de receta: amor ansiolítico para una sociedad antidepresiva. El "se" se muestra en su debilidad: lo que colapsa es el orden ilusorio del que veníamos aferrados. El colapso no muta un orden por otro: el colapso hace estallar cualquier idea del orden. No se trata de un amor más: se trata de otra ontología del amor. Aquello que está fuera de todo cálculo no solo refuta lo calculado, sino que deja sin efecto la misma idea de previsión, de conveniencia, de mérito. Del mismo modo, un amor imposible, cuando llega, no solo refuta los vínculos previos, sino la misma idea de vínculo, la misma idea de amor, las formas en que veníamos viviendo lo amoroso en nuestras enclenques figuras de existencia.

No importa lo seguros y aferrados que nos encontrábamos en nuestra farmacología afectiva: cuando el amor llega, destartala el mundo como figura de lo posible y en el mismo movimiento de su revelación, nos demuele enteros. Nos derriba en aquello que hasta entonces creíamos que nos constituía en lo que éramos. Nos deconstruye. No nos destruye, sino que hace estallar la representación que nos hacíamos de nosotros mismos. Hace estallar al mismo *uno mismo*. Derrumba la inautenticidad del *uno mismo* como impersonal normativo del amor. Es que en ningún lugar como en el amor nos vamos dando cuenta de que ese *uno mismo* que creemos que somos, no es más que un *efecto*. Somos efectos que nos vamos dando cuenta de que solo somos efectos. La máquina del amor en su esplendor produciendo sujetos que aman y sujetos amados. La máquina del amor que es uno de los nombres de la estructura maquinal que produce la serialización de sujetos convencidos de su autonomía: sigo creyendo que cuando amo, soy yo el que amo; pero para peor: sigo creyendo que cuando me aman, es a mí a quien aman…

Lo incalculable deviene en un estado de inseguridad permanente. Cuando el amor llega es como si fuésemos víctimas de un asalto. No nos roban propiedades, sino que nos roban lo propio. Nos desapropian. Tambaleamos. Nos descentramos. Tiene la matriz de un asalto sobre todo por lo virulento y por lo inesperado. No se nos desestabiliza esta u otra cosa, sino "la cosa". Se desestabiliza la figura del sujeto como soporte estable. Y no hay políticas de seguridad que nos resguarden. No importa cuán armados estemos, ya que el amor, cuando llega, nos desarma.

Toda previsión pierde sentido y no importa si el amor que llega se consuma o no: su manifestación a priori destituye todo orden. Nos desordena. Nos devuelve al caos originario, al abismo. Todo amor se encuentra siempre en estado de fragilidad, de precariedad. La palabra "precario" se asocia etimológicamente con "plegaria", ya que proviene de aquello que es solicitado con ruegos, con súplicas. Cuando el amor llega, suplicamos. Sabemos que se nos viene la tempestad. Hay una intuición de extrañamiento incipiente que nos va envolviendo en el proceso de enamoramiento y frente al cual solo nos queda irrumpir en ruegos. Rogamos ya que presentimos la inminencia del derrumbe de nuestra normalidad. Todo amor no es sino la experiencia de una anomalía, de una interrupción del funcionamiento normal de las cosas. Casi de una enfermedad. Nos enfermamos de amor, nos entregamos a su insania.

La venida del amor imposible es en sí misma imposible. Por eso estamos siempre abiertos a lo incalculable. Ese resto sobrevuela a todo amor y lo hace humano, demasiado humano, lo profana, lo seculariza, lo deconstruye. El estremecimiento del amor que llega se vuelve un estado de apertura permanente. La venida del amor que nos desarticula nunca se consolida como amor final, ya que su huella se vuelve nuestra verdad: la experiencia de lo incalculable no tiene retorno. Quedamos expuestos a lo incalculable. El nuevo amor barre con todo, pero se sabe a sí mismo pasible de ser también barrido. Esta potencial dilución es la que desmantela al sujeto de modo definitivo: la contingencia del amor no lo priva del cimbronazo. La única duda es cuántos enamoramientos a martillazos padeceremos a lo largo de la vida. Y la rareza de saber que el actual estado de conmoción podrá volverse en cualquier momento nuestro nuevo y decadente estado de rutina.

El amor es imposible porque es incalculable, pero la vida cotidiana no es otra cosa que el mundo de lo posible y, por ende, de lo calculable.

Sin embargo, no nos hallamos en presencia de una contradicción, sino de una paradoja viviente. O más bien, vivificante. Una vez más, la aporía como movimiento: el que ningún amor nos cierre es una virtud y no una carencia. La imposibilidad del amor lo coloca por fuera de toda idolatría. El amor es imposible no porque está más allá de este mundo, sino porque está demasiado cerca. Somos nosotros, los seres humanos, los que creamos mundos trascendentes que nos privan de conectar con lo que somos.

El amor es imposible porque es inconveniente. No nos conviene. No es económico, ni rentable, ni redituable, ni útil. No nos agrega nada, sino que nos resta. Nos sustrae de lo que somos. Nos vuelve un resto. Sabemos de quiénes no nos conviene enamorarnos, y es allí, obviamente, donde se despliega nuestro deseo. Sabemos calcular la conveniencia de un amor, pero el amor suele presentarse más allá de todo cálculo, justamente donde no nos conviene, provocando un inconveniente.

La palabra "convenir" posee ese doble sentido de provecho y juntada. Algo me conviene porque me suma, pero también "convenimos" en ir juntos de paseo. Etimológicamente "convenir" se asocia con la idea de venirnos juntos al mismo sitio. En ambos casos, la idea de sumatoria: tanto porque nos sumamos, como porque la cosa suma. Y es que el conflicto esencial de toda conveniencia es que el venirnos juntos tiene el carácter de una sumatoria para el sujeto. Cuando convenimos en algo es porque a todos los implicados nos cierra el plan, nos suma. Donde sumar es continuar en la expansión de lo que somos. El cálculo del sujeto es siempre expansivo. Crecer no es estar abierto a la otredad, sino acrecentar lo que ya somos. Cuando convenimos con el otro, no se trata de una zona neutral, o de una zona que nos socava, o nos revolea hacia otro plano, sino de la convicción propia de estar uno sumando para el mejoramiento de uno mismo. Lo que nos conviene siempre supone una ganancia. Por eso, una vez más, la pregunta fatídica: ¿quién gana en el amor? O peor, ¿qué creemos que se gana en el amor?

Todo cálculo de conveniencia es un cálculo que pondera toda una serie de circunstancias, ninguna de las cuales tiene que ver con el efecto devastador del amor. Es que el mismo cálculo de conveniencia no tiene que ver con el amor, sino con el bienestar, la tranquilidad, el buen pasar, cierta forma de la felicidad, el crecimiento, la expansión, la seguridad. Y en todo caso, una forma del amor cómplice, más preocupado por sostener al sujeto en lo que cree que es que a dejarse llevar puesto por el acontecimiento amoroso. Si el amor es fundamentalmente un salirse de uno mismo, nada puede resultar más inconveniente para un sujeto cuya matriz es el aseguramiento de sus propios límites, de su propia potencia, de lo propio. Pero el amor no solo no nos asegura en lo propio, sino que nos desapropia, nos expropia; no solo no resiste ningún cálculo, sino que desbarata la idea de cálculo como forma de pensamiento unívoca.

Para Paris el amor fue inconveniente. Tan inconveniente que ardió Troya. Pero Paris sabía que Helena era la esposa de Menelao: Paris no hizo las cuentas. O las hizo mal, ya que a la hora de decidir entre las tres diosas, eligió. En principio no fue un impulso, sino una elección: las tres divinidades le ofrecieron un dividendo y Paris eligió. Hizo una cuenta: prefiero el amor por sobre el poder y el saber. No midió consecuencias. Su cálculo fue incompleto. No consideró todas las variables. No se detuvo. No llevó a fondo el cálculo y por ello desató la tragedia.

Una tragedia, sin embargo, excede el cálculo del sujeto. Como el amor. Lo trágico del amor no es tanto sus consecuencias sino la ausencia de decisión en su origen. El amor es originariamente trágico: nunca puede reducirse a una voluntad. Hay fuerzas que nos exceden y que son determinantes a la hora de consumarse el enamoramiento. La tragedia ya estaba predestinada. Nunca importó la elección de Paris. Elegir ya de por sí supone el desencadenamiento de consecuencias imprevisibles. Imaginemos que Paris hubiera elegido a Hera: guerra hubiera habido igual, pero con Troya como vencedora. Otros vencedores y otros vencidos, pero igual cantidad de muertes. Y además hubiéramos asistido a la historia de un Paris desamorado, tal vez más duro de carácter, tal vez un resentido. Elegir desde la conveniencia puede garantizar solamente algunas variables de nuestra acumulación personal, pero nunca todas. Todo cálculo nunca es garantía de nada, ya que no puede dar cuenta de la totalidad de las circunstancias. Por ello refiere al mundo de lo posible que es el mundo de la finitud. Y sin embargo lo paradójico del cálculo es que se nos presenta con la arrogancia de una omnipotencia absoluta: se supone que un buen cálculo no falla. Claro que la existencia es básicamente una falla. O dicho de otro modo: hay una idealización del cálculo perfecto que va en contra de sí mismo, ya que, en un mundo imperfecto, la perfección es imposible. O como subraya Derrida: si hubiese un cálculo perfecto, no haría falta el cálculo...

Un amor conveniente es un amor garante de nuestra ratificación en lo que somos. Es un amor vitamínico. Expande nuestros rasgos, lo fortifica, los nutre, los pule, los ordena, los incrementa. Pero si el sujeto no es más que el efecto de un dispositivo que nos necesita siendo sujetos idolátricos de nuestras capacidades personales, entonces un amor conveniente profundiza la enajenación. La conveniencia es un criterio esencialmente productivo. Estratégicamente productivo: es una cuenta basada en la maximización de recursos, tiempos y dividendos. ¿De quién me conviene enamorarme? Todo aquello que nos ensalce en el ideal romántico del sujeto amoroso, cobra entonces relevancia: el otro es una variable más del cálculo. ¿Duermo bien? ¿Me veo bien? ¿Rindo bien? ¿Encajo bien en los parámetros sociales que me constituyen en la normalidad de la vida cotidiana? O peor: ¿se nos ve bien juntos? ¿Conversamos bien de lo que hay conversar? ¿Nos emocionamos bien de lo que nos tiene que emocionar? ¿Cogemos bien? O peor de lo peor: y cuando nos hacemos los anómalos, ¿lo hacemos bien?

Está claro que el problema es la repetición disciplinante de ese "bien" que comulga en sí mismo los tres aspectos de cualquier definición del bien: lo ontológico, lo moral y lo económico. Aquello que hacemos bien lo hacemos porque creemos que es lo correcto (ontológico), que nos hace mejores personas (moral) y fundamentalmente que nos conviene (económico). Las tres definiciones del *bien*: aquello que rinde es lo que está bien y es lo correcto. Un amor conveniente es un amor que conviene con el sentido común de una época que necesita de este amor vitamínico obsesionado con el ideal de un sujeto autónomo, productivo, laborioso, deliberativo, preocupado fundamentalmente porque el cálculo de ganancias y pérdidas siempre resulte favorable.

Por eso, el otro, en este caso, es el resultado de una cuenta, de una deducción, de un cálculo. Y así, hay personas de las que no nos conviene enamorarnos, básicamente porque no nos suman. El amor se vuelve un recurso más en busca de la consolidación del *uno mismo*. No nos conviene enamorarnos, en primer lugar, de quien socave nuestro proyecto existencial, tanto en su totalidad como en la siembra de pequeñas trabas que lo van minando, postergando y entorpeciendo. El *uno mismo* ya sabe de antemano hacia dónde se dirige. El amor resulta conveniente en la medida en que nos ayuda a la consumación de ese plan. No nos conviene enamorarnos de quien pudiese poner en jaque su legitimidad. La otredad del otro sucumbe ante la prevalencia indiscutible de nuestro proyecto existencial que no por casualidad coincide (o es efecto) de aquello que Heidegger denomina *existencia inauténtica*: nuestro proyecto existencial es el proyecto de un uno mismo que paradójicamente es el mismo para todos. Un único modelo de uno mismo supone un único modelo del amor.

Obviamente ante otredades que nos planteen el socavamiento de nuestras bases, hay una decisión previa que consiste en el rechazo (en algunos casos inmediato, en otros a duras penas). Pero también hay restricciones menores que sin embargo se vuelven claves a la hora de decidir el enamoramiento: una distancia, un horario, una periodicidad. No nos conviene enamorarnos de alguien que vive lejos de nuestra casa, por ejemplo; o de alguien que es muy diferente a mí. Y ni siquiera hay recetas fijas, ya que enamorarse de alguien que vive demasiado lejos, puede resultar conveniente o no, de acuerdo a la singularidad desde la cual participamos del *uno mismo*: para algunos la distancia obstruye, para otros consolida. O por ejemplo, enamorarse de alguien demasiado diferente a nosotros puede ser la base de una discordia agobiante, o la posibilidad de crecer a partir del reconocimiento de la alteridad como extrañeza edificante. Nos abrimos a la extrañeza siempre que sea edificante (o sea, que nos sume). Por eso lo que siempre queda claro es que el criterio al final resulta indiscutible: el amor se consuma siempre que, de una u otra forma, nos convenga.

En segundo lugar, nunca nos conviene enamorarnos de quienes necesariamente nos instalan en un régimen de perturbación continuo. El *uno mismo* funciona básicamente como un sujeto aproblemático. Y por eso, afilosófico. Ello no significa que no se problematicen cuestiones de la realidad, pero no es un estado deseado. El deseo es la imperturbabilidad, garantizada por el buen funcionamiento de los dispositivos sociales. Imperturbabilidad productiva: no perder el tiempo en aquello que no hace falta. Máxima estoica maridada con el hiperconsumo: toda la materialidad del mundo dirigida a una paz interior definida como ausencia de problemas y eficacia de los proyectos. No preocuparse de más. Claro que para Heidegger la preocupación existencial es uno de los pilares de una vida filosófica que se hace cargo de su condición finita. El *dasein*, esto es, la existencia que se pregunta todo y no da nada por supuesto, es una actitud frente a las cosas de preocupación indetenible: todo, absolutamente todo, es cuestionable. Y cuanto menos se nos presente como problemático, más aún es objeto de interpelación. Todo es problemático y más en un mundo que se esfuerza por ocultar los problemas, en especial el problema que rige todos los problemas: el hecho incuestionable de que nos vamos a morir.

Es cierto que el *uno mismo* no evade los problemas, pero los busca dominar, minimizar, domesticar, encontrar ensamblajes para que naturalmente se diluyan. Por ello, rehúye de los enamoramientos que problematizan su proyecto. O dicho al revés; como su proyecto es la base de su realización, cualquier enamoramiento que problematice una rutina, una dieta, un consumo, un vínculo, se vuelve una fuerza inconveniente. No nos conviene enamorarnos de quienes nos instalen en una lógica de la complicación. No se concibe al amor como una fuerza de profanación de lo que somos sino de ratificación de nuestro proyecto. Si el amor nos lleva a subvertir las bases de nuestro estar-en-el-mundo, no es entonces un amor conveniente. De nuevo, los ejemplos fluctúan: enamorarse de alguien con hijos de otros matrimonios, por ejemplo, puede devenir en un vínculo mal interrumpido en una intimidad siempre inconclusa; o exactamente al revés, puede resultar en un complemento ideal para las lagunas afectivas de todos los implicados. Incluso, a veces nos resulta tolerable una diferencia nutritiva, pero nunca una diferencia subversiva: la conveniencia se lleva mejor con la reforma que con la revolución. Lo conveniente no está en los efectos sino en el punto de partida: me conviene, me enamoro; no me conviene, no me sirve enamorarme. La cuenta es clarísima, ¿pero funciona así el amor?

En tercer lugar, lo inconveniente es el desbarajuste institucional de una sociedad que entre sus rasgos esenciales se encuentra el de haber convertido a los afectos en *instituciones*. Las instituciones perduran, instauran, enclavan, anclan, pero sobre todo buscan conservarse. Reproducirse a sí mismas. Y lo hacen a tal punto que muchas veces (sino siempre) olvidan su propósito y se convierten en celadoras de procedimientos formales, se burocratizan. Nada peor para el amor que su burocratización, esto es, que la pérdida de su vocación originaria para avenirse en lógica de las instituciones. Un amor institucionalizado es un amor más preocupado por el cumplimiento de las normativas institucionales que por la fluencia de su erotismo. Por eso un amor inconveniente es aquel que pone en jaque la normativa, tanto si pensamos en una institucionalidad macro como el orden monogámico, como también en las pequeñas recetas burocráticas que terminan monopolizando al vínculo. Para cualquier forma de conservadorismo, nada puede resultarnos un inconveniente.

Por ejemplo, está claro que no nos conviene enamorarnos de alguien que ya está en un vínculo amoroso, y no tanto por un tema netamente afectivo, sino por el desarme de los cauces cotidianos que nos garantizan una vida funcional. Es más lo que se pierde que lo que se gana, aunque se trate de planos tangencialmente diferentes: hay un imaginario de un amor persistente que contra viento y marea lucha por su objetivo aunque quede postergado en su desarrollo material. Ya el mismo hecho de pensar en términos de pérdida y ganancia revela el triunfo del paradigma de la conveniencia. Es la historia misma del amor entre Paris y Helena: ¿ganaron o perdieron? No hay mejor ejemplo de amor inconveniente.

Se podría aducir que el sacrificio de toda Troya se vio justificado por las horas del amor compartido entre los amantes. Y así y todo, continuamos envueltos en el paradigma de la conveniencia. En todo caso, estamos mensurando si el sacrificio valió la pena, pero no deja de ser una forma de medir, de cuantificar, una forma de calcular. En realidad, lo conveniente hubiera sido que Afrodita no hubiera elegido a Helena; o en todo caso que Paris hubiera elegido a Eris, la provocadora del conflicto, así desplazaba la discordia al matrimonio de Helena con Menelao y se ahorraban, todos, la gran guerra.

Enamorarse por fuera de los dispositivos institucionales es siempre emprender una resistencia, una deconstrucción: no hay un afuera de las instituciones. Solo hay la (im)posibilidad de distenderlas, de evidenciarlas, de ironizarlas, de salirse de ellas. La conveniencia es la fórmula favorita de las instituciones. No hacen otra cosa que administrar provechos. A todo lo convierten en materia aprovechable. Sobre todo, al amor. Un amor conveniente nos garantiza una excelente circulación institucional. Un amor inconveniente todo lo desmadra. Un amor conveniente resguarda que el corazón purifique su funcionamiento para que el aparato circulatorio responda del mejor modo: el oxígeno óptimo en la sangre, las arterias despejadas, el corazón potente. Un amor inconveniente escinde al corazón de su función circulatoria mientras asiste exacerbado al espectáculo del corazón hecho un volcán, emanando un fuego imposible de ser contenido en el interior de cualquier cuerpo. No se trata de una competencia de corazones mejores, sino de metáforas otras: un amor inconveniente ama con el corazón a expensas siempre de un lacerante paro cardíaco.

Puedo hacer todas las cuentas y decidir de quién me convendría enamorarme. Probablemente, nada me cautive menos que el resultado de un cálculo. También puedo hacer la cuenta contraria y deducir cuál resultaría ser para mí el amor más inconveniente: probablemente nada me generaría tanto deseo...

El amor es imposible porque es incalculable. Y si es incalculable no es elegible. No es irrestrictamente fruto de una elección libre. No es elegible en las condiciones ideales de una elección libre, pero ¿cuándo estaríamos en presencia de un mundo con condiciones ideales? Es que si son ideales es porque justamente no se dan en la presencia. Hay un ideal del sujeto autónomo que elige por sí mismo liberado de cualquier condicionamiento, como hay un ideal del amor o de la felicidad o del bien. Idealizaciones que proyectan mandatos impropios: el problema no es lo que deseamos, sino *cómo* lo deseamos. O dicho de otro modo: ¿de quién es el deseo que deseamos? ¿Es autónomo el ideal de sujeto autónomo? ¿Es libre nuestra idea de libertad? ¿O nuestras idealizaciones no son más que la aspiración a encajar en mandatos? El sujeto autónomo se supone que elige y decide tomando en cuenta para ello todas las circunstancias concomitantes; esto es, un sujeto que calcula. Y para calcular, todas las premisas tienen que estar a la vista. O sea que, no solo el sujeto cree en su autonomía, sino que además necesita creer en la transparencia de la realidad. Doble desafío de credibilidad. Demasiada teología…

La ilusión del sujeto que elige, decide y calcula se maximiza en la enajenación amorosa. Claramente, para el sentido común, elegimos libremente de quién enamorarnos. El tema es que esta ilusión de libertad se fue forjando contra un mundo donde el amor se encontraba absolutamente escindido del enamoramiento y directamente asociado a los acuerdos institucionales del orden social: el mundo tradicional. La experiencia del amor como un sentimiento propio, libre y autónomo necesita antes de la conformación de un sujeto autárquico. Para poder sentir que uno se enamora de quien quiere, o la sensación de no estar enraizado en ninguna trama predeterminada y coactiva, resulta necesaria la constitución de un sujeto centrado en la razón, dueño de sus temples, de su mente y de su voluntad: esto es, el sujeto moderno.

El sujeto moderno se va constituyendo en la cultura europea a partir del siglo XV y hasta el siglo XVIII. Ya en el siglo XIX comienzan a explotar diferentes facetas de su crisis. La construcción de la autonomía individual implica el desencadenamiento de cualquier mandato social que en nombre de un acceso privilegiado a lo real, anteponga una ontología verdadera a la cual adecuarse. El sujeto moderno es un sujeto autónomo porque fundamentalmente descree de un orden dado, de una jerarquía dada, de esencias dadas. Descree de lo dado y apuesta a la creación desde sí mismo. No se heredan gobernantes, sino que se los elige. No se heredan oficios, se persigue una vocación. Y sobre todas las cosas, no se ingresa en dispositivos vinculares preconfigurados, sino que se da libre fluencia a nuestro deseo.

Al igual que en el pasaje del feudalismo al capitalismo, se produce una emancipación de la subjetividad que ya no se siente al interior de un engranaje tradicional y esencialista, y que en un primer momento confía en la individualidad como resultado del proceso emancipatorio. Hay una nueva idea de libertad basada en una individualidad que se va constituyendo en nuevo fundamento último de todas las cosas. Una cosa es nacer y ya poseer el etiquetado social de una proveniencia y un destino, y otra cosa es el ideal moderno de un sujeto desencadenado con su libertad para acordar los pactos que establezca su deseo y su necesidad.

Sin embargo, siguiendo la aguda crítica de Marx, al proletario se lo enajena en la convicción de que son él y su voluntad los que deciden a la hora de elegir con quien intercambiar su fuerza de trabajo. El pasaje de ser siervo en el sistema feudal a ser obrero en el capitalismo es vivido como el pasaje desde cierta forma de esclavitud y opresión hacia la libertad. Así, un salario es un contrato legal en la medida en que ambas partes así lo pacten: no hay lugar a los condicionamientos previos, ni a los forzamientos producto de la facticidad de los actores. Es que además, al estar jurídicamente legitimada la personería de los individuos, el derecho asiste a la legalidad de todos los contratos: si hay libre elección, el contrato es legal. Claro que una cosa es la legalidad y otra cosa la justicia social. La ilusión del sujeto libre y autónomo obnubila el efecto de las estructuras sociales. O peor: obnubila el hecho de ser efecto de estructuras. El individuo también es un efecto. La ruptura con el feudalismo no dio como resultado un ser humano desvinculado, solo dueño de sí mismo y por ello hacedor y decididor de su propio provenir. La ruptura con el feudalismo desplazó al sujeto de una antigua sujeción hacia una nueva: el capitalismo como dispositivo productor de individuos arrojados en un supuesto orden natural y prepolítico regido por las leyes del intercambio mercantil. El individuo del capitalismo se cree desprovisto de estructuras. Se cree desvinculado.

El ser humano de la Modernidad se concibe a sí mismo de modo antropocéntrico; esto es, no solo como fundamento de sí mismo sino de la realidad toda. Hay una convicción de haberse sacado de encima las tutelas, las trascendencias, lo destinal, el determinismo; pero al mismo tiempo esa convicción viene en *combo* con la confianza en haber llegado a un lugar basal que se encuentra más allá de cualquier estructura. Así, el sujeto moderno se define a sí mismo como una conciencia autónoma que decide sobre las cosas: decide a quién elegir como gobernantes, decide qué comer, decide qué estudiar, decide sobre su ocio, y especialmente decide sobre sus afectos.

No deja de ser un gran avance en términos de liberación, dejar de contraer matrimonio pautado por obligación familiar o incluso dejar de contraer matrimonio como coacción normalizadora y disciplinante en el caso de la mujer; pero de allí a creer que uno elige en el amor, hay un abismo. Un abismo infranqueable. No deja de ser un gran avance en términos de independencia, dejar de asumir sumisamente el reinado de cual o tal monarca para vivir en una sociedad democrática donde elegimos a nuestros representantes y poseemos derechos ciudadanos que hacemos valer de modo permanente; pero de allí a creer que estamos en presencia de una ciudadanía libre, igual y justa que vive en una democracia inclusiva y realizada, hay otro gran abismo. No deja de ser un gran avance en términos de bienestar, el desarrollo exponencial de la ciencia y la tecnología al brindarnos una mejora en la calidad de vida que nos extrae de la incomodidad e infertilidad de la materia; pero de allí a creer que el convertirnos en productos tecnológicos resulta un progreso del propósito en el planeta, se encuentra tal vez el más aterrador de los abismos: en nombre de la expansión planetaria no hacemos más que devastar la naturaleza.

Pero fundamentalmente, el sujeto moderno se propone como sujeto universal y no se visualiza como resultado de un choque de fuerzas. Se postula como fundamento último que sintetiza lo común de todos los seres humanos en términos esenciales: se postula como una unidad y encubre las diferencias. Así, en nombre de la universalidad del individuo, piensa y actúa solo desde una de sus partes: el sujeto moderno representa hegemónicamente a una clase, a un género, a una cultura. Es el sujeto burgués, patriarcal y europeo, pero se promueve como universal, o a lo sumo como modelo de la especie. El etnocentrismo en todo su esplendor: hacer pasar una clase, un género, una cultura como si fueran las que más se aproximan a la supuesta esencia humana. La gran emancipación del sujeto moderno culminó evidenciando nuevas y más ocultas dependencias...

Creemos que entramos a un supermercado y elegimos libremente el producto que necesitamos consumir para satisfacer nuestra carencia. Pero allí donde creemos tener una experiencia de libertad, nos encontramos con que ya hay un supermercado que se erige como único lugar de oferta de lo que necesitamos. Productos que se nos abalanzan con sus marcas y sus tentaciones induciéndonos a tener que elegir entre lo que las góndolas nos ofrecen como única opción. Elegimos entre lo que se nos ofrece: no elegimos libremente. Ni siquiera elegimos comida sino productos. Y todo ello, sin desconocer que la diversidad de productos se va reduciendo a una diversificación al interior de dos o tres empresas transnacionales de las que todos de alguna manera dependemos. En realidad, elegir libremente es poder no entrar a un supermercado y que por fuera de los dispositivos de la mercantilización, podamos vincularnos con la naturaleza desde otras perspectivas. Probablemente mutarían nuestras ideas de libertad, de elección, de carencia, de satisfacción, de necesidad. Probablemente mutaríamos...

¿Podemos realmente elegir en el amor? ¿Hay un *no-lugar* que escape de los delineamientos previos de una experiencia del amor ya siempre preconfigurada? ¿Y qué significa que haya un *no-lugar* cuando la esencia del "haber" está esencialmente asociada con la idea misma de "lugar"? ¿Por qué si nos vamos dando cuenta de que el sujeto está sujeto a múltiples fuerzas que lo controlan, lo determinan, lo disciplinan, lo empoderan productivamente, lo individuan, lo concretan en fuerza creativa, gozosa, rendidora, entretenida; sin embargo creemos que cuando nos enamoramos, somos nosotros mismos libres y autónomos, los que decidimos sobre el acontecimiento amoroso?

No hablamos el lenguaje, sino que el lenguaje nos habla. No elegimos nuestras vocaciones, sino que la maquinaria profesional nos secuestra y define. Ni siquiera elegimos lo que comemos, sino que es la industria alimentaria la que va decidiendo sobre lo que nos vamos metiendo en nuestro cuerpo. No disfrutamos sino que ingresamos a un régimen industrial del ocio que nos mantiene pelotudamente alegres para que rindamos en la sociedad de la creatividad y el espectáculo. No somos nosotros mismos, sino la extimidad que se desparrama en la necesidad de construirnos a nosotros mismos únicamente en la reproductibilidad exteriorizada de nuestra intimidad. Tenemos todos estos mecanismos bastante claros. Mecanismos que se pueden reducir a una única matriz: de cómo el sujeto elude su carácter de sujeción para creerse a sí mismo dueño de sí mismo. Y sin embargo, cuando se trata de amor, seguimos creyendo ingenuamente en que el despertar amoroso es algo espontáneo, en que si me enamoro de alguien de modo lacerante es porque autónomamente ese deseo nace en mí sin ningún tipo de coacción o influencia de las estructuras sociales, afectivas y hasta mercantiles.

Lo exasperante del sujeto enamorado es que haciéndose cargo de que su ser sujeto no es más que un efecto y una ilusión, sin embargo no hace otra cosa que salvaguardar el carácter absolutamente personal e inobjetable de su enamoramiento. Motivo de sobra para concentrarnos en el amor a la hora de intentar comprender un poco más las formas eficaces de construcción de nuestra subjetividad individual. Si en el amor aún más o menos creemos en nosotros mismos, entonces claramente es en el amor donde hay que buscar algún indicio de la eficiencia de los dispositivos de poder.

El amor imposible, por incalculable, demuele todo este artificio: cuando llega, la estrategia del sujeto que se endiosa en la creencia de estar eligiendo un amor que en realidad no elige, se hace añicos. No resiste. La estrategia del sujeto enamorado consiste en invisibilizar los mecanismos regulatorios del amor que nos condicionan a amar bajo determinados rasgos. El triunfo definitivo de un sistema que restringe, cercena, circunscribe, institucionaliza y normaliza las formas del amor reside en esta convicción: el sujeto enamorado cree que ama libremente. Se mofa de no seguir ningún mandato cuando no hace otra cosa que regirse por el mandato de la individualidad moderna. Incluso con toda una inmanencia semántica de lo que significa estar enamorado: el amor viene ya con recetas, relatos, fechas festivas, regalos prototípicos. No hay lugar más evidente para tomar conciencia del determinismo amoroso que todas las secuencias, rituales, cronologías, rutinas, en las que hay que adentrarse a la hora de iniciar una experiencia amorosa. Experiencia que de experiencia no tiene absolutamente nada ya que todo está debidamente programado.

De allí, la necesidad de deconstruir el ideal de la elección absoluta. Como si ese absoluto reflejara una decisión que se toma a partir de la reflexión transparente que pone luz a nuestro deseo. El deseo tiene más que ver con lo oscuro que con la lucidez: ningún cálculo lo define, sino que al contrario, se escabulle a cualquier resultado. Al deseo no se lo entiende, sino que justamente irrumpe confrontando nuestra capacidad de entendimiento. Excede toda lógica. Incluso es más potente cuantas más lógicas vulnera. Por eso se trata de pelearse contra estas ideas lavadas que purifican un amor asociado a la claridad en todas sus manifestaciones: claridad de nuestro deseo, claridad de lo amado, claridad de que *eso* que nos sucede es amor y no otra cosa, claridad de lo que debemos hacer a partir del resultado de una cuenta.

Los condicionantes sociales del amor, además, restringen el horizonte de su posibilidad de elección absoluta. Nadie tiene a su disposición el mundo entero para saber si dimos con el amor de nuestra vida; o dicho de otro modo, el ideal de estar dando con nuestra otra mitad y elegir en consecuencia supone una capacidad cuasi infinita que muy lejos se encuentra de los modos en que sociológicamente podemos entrever el fenómeno del vínculo amoroso. No solo no disponemos del mundo entero, sino que a lo sumo nos encontramos con el otro en el vecindario. Todo amor finalmente se reduce a una cuestión de vecindad. Se trata del problema de la endogamia. La endogamia como metáfora de la potencialidad de elección: es muy pequeño el número real de personas con las que podríamos llegar a establecer un vínculo sexoafectivo, o incluso una relación amistosa. Nos hallamos plenamente enmarcados en prácticas de consumo vinculares que nos conectan con una muy parcial cantidad de candidatos posibles, a veces reducidos a los contactos en las redes, o a los contactos de nuestros contactos en las redes. Pero definitivamente delimitados por la normalización de una existencia abocada siempre a ir en busca de lo semejante y abjurar de lo extraño.

Resuena el consejo nietzscheano del Zaratustra en su cuestionamiento al undécimo mandamiento ("amarás a tu prójimo como a ti mismo"): yo no les aconsejo el amor al próximo, decía Nietzsche, sino el amor al lejano. Podemos agregar al extraño, al extranjero, al monstruo. La lejanía es básicamente la apertura a la diferencia que, en su disidencia, lleva al paradigma de la semejanza a la crisis: enamorarse de un semejante no deja de ser enamorarse de uno mismo.

La endogamia virtual es también endogamia cultural, social, de clase. La mismidad busca siempre más mismidad. Los casos de amores cruzados que rompen las fronteras instituidas se vuelven casos de notas de revista o informes esporádicos en los programas de televisión de la tarde. Anomalías que desde su abyección no hacen más que ratificar el lugar de lo normal, esto es, el lugar de la norma. Y no se trata solamente de las relaciones heterosexuales clásicas. Encontramos aquí otro triunfo de una heteronormatividad que avanza más allá de la heterosexualidad y se imprime como matriz ontológica de todo vínculo. Es el amor *gueto* que no es más que el ancestral impulso de la comunidad familiar por preservarse a sí misma. Nada más funcional para la endogamia que el amor como sustrato de la propia expansión de la parte. Las sociedades toman como modelo al amor endogámico prototípico de las instituciones familiares, cuando fue justamente la transgresión de la comunidad original lo que estableció el inicio de esas mismas sociedades: romper el clan, arriesgar a la cruza.

Los algoritmos digitales ya vienen preexistiendo en la decisión endogámica de hacer del amor la gran fantasía promotora de la inmunización comunitaria. Los algoritmos mancomunan, asemejan, incorporan, amalgaman, homogenizan, en otras palabras, fusionan. Pero el encumbramiento del sujeto necesita que nos encontremos convencidos de que siempre se halla resguardada en nuestra soberanía nuestra capacidad de elección. Ser soberano es poder elegir, pero para ello necesitamos disponer de las entidades a ser elegidas. Y esas entidades ya vienen presupuestas: no elegimos, nos eligen. El cálculo necesita que las piedras sumen y resten y no que jueguen. Nadie puede ni debe enamorarse de otra costumbre, de otros olores, de otras formas del amor, de nada que no esté delineado por el algoritmo. Es más, un amor de tanta lejanía, con tanto poder de transgresión, haría estallar al algoritmo, evidenciaría su arbitrariedad. De allí la histórica necesidad de excluir todo peligro escondiéndolo en el lugar más encubierto: haciéndolo patológico. El otro, el enfermo...

Recuerdo en la escuela primaria con los compañeros varones haber pergeñado unos listados con los cuales puntuábamos a nuestras compañeras: el cálculo en su máxima expresión. La transformación de la singularidad del otro en un número; o peor, en un promedio. Establecimos los parámetros evaluatorios y elaboramos un cuadro de doble entrada con los nombres de cada una por un lado y los valores a examinar por el otro. El otro examinado, lo otro del amor. No solamente la expulsión de la otredad en su acomodamiento a nuestros parámetros (solo nos interesaba de nuestras compañeras lo que comulgaba con nuestra decisión juzgatoria), sino sobre toda su cosificación bajo pretexto de estar analizando cuestiones amorosas. Es que no se trataba de una evaluación de la belleza (de hecho, la belleza era solo uno más de los parámetros), sino de quién ameritaba ser la persona ideal para nuestro enamoramiento. La pregunta recurrente sobre el móvil del enamoramiento: ¿nos enamoramos del otro como sujeto o del otro como objeto?

Lo interesante es que los resultados del cálculo no dieron con la expectativa prevista. Los números anárquicamente desafiaron cualquier previsión. Quienes suponíamos que iban a arrasar quedaron en la mitad de la tabla. Nos fuimos dando cuenta lentamente de que el problema estaba en la confección de la lista, en la elección de los parámetros. Demasiada gente comprometida con el bien resultamos estos varoncitos que entre los criterios de evaluación habíamos incluido categorías que distaban de la obviedad de la belleza hegemónica: inteligencia, bondad, mejor amiga. Tampoco había aflorado una lista subversiva que hiciera estallar los valores instituidos, sino que el cuadro había sido cooptado por una protomoral infantil que todavía no se había perdido en la mercantilización pornográfica de los cuerpos. Pero los resultados nos exasperaron, nos perturbaron. No queríamos admitirlos. Todos deseábamos de antemano que ciertas personas ocuparan los lugares primordiales, pero los resultados del listado no nos acompañaban.

¿Qué hicimos? Revisamos el listado. Propusimos valoraciones asimétricas. Dotamos a la categoría de "belleza" del doble de puntaje que el resto de los criterios. Forzamos, manipulamos la lista oficial. Aquella que había surgido espontáneamente y que de alguna manera garantizaba cierta ecuanimidad. Sin embargo todo fue peor, ya que comenzamos una cacería intentando encontrar quiénes habían sido los responsables de la elaboración del listado. Y sobre todo, cuando entre las nomenclaturas encontramos presente la categoría de "sencillez". ¿A quién se le había podido ocurrir incluir el valor de la sencillez junto al valor de la belleza? ¿Qué tenía que ver una con la otra? ¿Por qué supusimos que la sencillez de alguien resultaba atrayente en términos amorosos? Y sin embargo el criterio subsistió durante varios días sin que nadie reparara en su presencia. Solo lo notamos cuando el cálculo no dio con lo esperado: ¿será que todo cálculo ya contiene de algún modo lo que después resuelve? Y además de todo, se agregaba el problema epistemológico que se suscitaba ya que no había un consenso claro acerca de a qué refería la idea de lo sencillo: ¿pobreza?, ¿humildad?, ¿contrahegemonía?, ¿despojamiento? ¿Era una cuestión de personalidad o de condicionamientos sociales? Obviamente el responsable de haberlo incluido nunca confesó. ¿Habré sido yo?

La consigna de la lista tampoco era muy clara: ¿quién es la chica más linda? Pero también: ¿de quién me tengo que enamorar? Una vez más la conveniencia: ¿de quién me conviene enamorarme? Claro que la respuesta ya estaba prestablecida (todos sabíamos quién era la número uno), pero el listado no funcionó como legitimación de la decisión ya tomada. Es más; la puso en crisis. Es que todo listado es siempre una serie ya definida de parámetros incuestionables. Todo se encuentra allí ya funcionando y delineando el interior de un dispositivo que se presenta ocultándose. Tal vez la consigna en realidad haya sido "¿quién es el amor de mi vida?", y como en una serie de listados *mamushka*, vamos vislumbrando el poder de los condicionamientos frente a lo que seguimos considerando una elección libre. Para los prepúberes aquellos que fuimos, el amor estaba al alcance de la mano, ya que se reducía a las compañeras mujeres del grado (las únicas habilitadas para ser parte del cuadro) y excluía cualquier otra posibilidad (que para ser el amor de nuestra vida realmente resultaba demasiado asfixiante su contorno).

No solo el amor se encontraba delimitado por las paredes del aula, sino también por las paredes heteronormativas del género, de la pareja, y sobre todo de los parámetros indiscutibles con los que fuimos rellenando el listado de partida. Claro que alguien en el medio de su confección, arrojó un "sencillez" y el valor allí permaneció. Casi sin darnos cuenta fuimos todos allí testigos de un ejercicio deconstructivo. Derrida insiste en que no hay un sujeto de la deconstrucción: todo ya está también allí en el texto. Pero solo nos hizo ruido la palabra "sencillez" cuando el cálculo no dio con lo previsto. Todo texto alberga también sus elementos subversivos. Es solo cuestión de tiempo...

La tesis sociológica de la endogamia subraya que no hay elección libre en el amor debido al conjunto de condicionamientos que restringe el número real de candidatos posibles. No se elige en el amor. En todo caso, se elige entre opciones ya prestablecidas que hacen de la "elección" un simulacro.

Hay otra tesis más mística que va en el mismo sentido ("no se elige en el amor") y que le da lugar a la irrupción intempestiva de lo incalculable. Ni siquiera tomamos partido aquí por una explicación duramente sobrenatural que desparrame metafísicas amorosas del tipo: hay una confabulación cosmológica que se presenta fuera de todo cálculo y control para subvertir la vida de los enamorados; sino que en principio nos alcanza con solamente definir la palabra "incalculable" en su sentido más llano: no lo calculábamos, pero sucedió. El problema es que la llaneza del hecho es tan increíble que necesitamos dotarlo de cierto misticismo, aunque es cierto que, en algún plano, toda irrupción intempestiva deja siempre abierta la puerta a la metafísica; aunque sea como metáfora...

La vida funcionaba por sus carriles adecuados. Nadie esperaba ningún sobresalto. Todos los indicios previos de alguna posibilidad de socavamiento fueron debidamente domeñados. Vivir en los carriles adecuados no es solo que la existencia se encarrile, sino sobre todo que sea adecuada. Cualquier aparición de algún quebranto es disuelta con toda la artillería que disponemos para dominarnos a nosotros mismos: desde la negación más violenta hasta las autojustificaciones más estrafalarias. No le damos lugar a que nuestra vida desbarranque.

Y sin embargo, un día algo se rompió. Se rompió y se abrió. Un día y porque sí. Cualquier día es el día que puede llegar el Mesías. Una mirada, un gesto, un temblor, un no poder dejar de estar pendiente, luego una recurrencia en un sueño, una persecución silenciosa por las redes sociales, alguna fantasía, la presencia espectral de un alguien que lentamente comenzó a horadar la tranquilidad cotidiana (el espectro es quien horada, nunca el alguien). El terremoto avanza, pero bien sabemos controlarlo o creemos que sabemos controlarlo hasta que todo se descontrola. ¿Qué es lo que me está sucediendo esta vez? Todo funcionaba de maravillas y sin embargo el flechazo. La presencia incalculable de Cupido, el niño dios.

Es cierto que todo podría ser explicado a la luz de una cadena de argumentos que, desde la disciplina científica más fundamentada, diera las razones suficientes para comprender qué es lo que se desplazó en nuestra emoción primero y luego en nuestra subjetividad toda, para abandonar las estructuras robustas que habitábamos y tender compelidos por el deseo hacia el desastre. La gran eficacia de la racionalidad es que desarma cualquier irracionalidad al reducirla a un acto racional: todo puede ser explicado racionalmente. No hay aparición inesperada de un amor que nos descompagina sino que nuestra psiquis ya estaba comenzando un proceso de descompaginación que habilita que venga un nadie en el medio de un día cualquiera y encienda la mecha que ya estaba rociada de gasolina. Toda la tesis mística de la irreverencia de un amor que no pide permiso se cae a pedazos. Para el ideal de la racionalidad plena, no hay lugar para lo incalculable, sino que a la inversa: lo incalculable no es más que un cálculo que aún no hemos hecho.

Podemos suponer entonces que es cierto que para que el flechazo haga efecto, ya tenemos que estar con las defensas un poco bajas. Pero, ¿quién no está en este mundo con las defensas siempre bajas, casi como una condición ontológica? El origen del amor no es lineal, nunca. Un cuerpo puede ser blanco del flechazo porque está desprevenido andando por allí o porque se encuentra vulnerable en otra vertiente de la existencia, como en alguna crisis vocacional o identitaria, o laboral, o incluso existencial. El sujeto no hace por ello otra cosa que intentar profusamente inmunizarse a sí mismo en una labor pesada que ejerce todos los días al compás de un sentido que se le cae a pedazos; y en medio de esos malabares agobiantes, irrumpe el flechazo. Casi como una picadura al principio, una molestia que se vuelve incontenible y que nos va invadiendo de modo irreversible. El flechazo llega y todo este intento infructuoso de permanecer estable, se derrumba.

La tragedia del flechazo. Es tragedia porque es la constatación de que al final, no depende de nosotros. Es tragedia también porque hay una vida que se desmorona. Uno viene muy seguro en una matriz existencial supuestamente elegida, con las cuentas y las planificaciones hechas, todo fríamente calculado, cuando desde lo más escondido de cualquier previsión, Cupido nos impacta con su flecha. El flechazo desarma lo más macizo, lo más enquistado, lo más solidificado: se inmiscuye en la intimidad del deseo casi de modo exasperante. Perdemos el control. Prueba de que nunca lo tuvimos…

Si hay flechazo, no hay elección. Nadie elige ser blanco de la flecha de Cupido. O tal vez estamos todo el tiempo expuestos a su desgracia. Incluso podríamos pensar que Cupido arroja sus flechazos al aire y con los ojos vendados. Cupido juega como un niño. El mito no solo explica el azar y lo inconveniente, sino que nos exculpa de responsabilidad: el amor nos toma. La narrativa mitológica en toda su expresión: algo exterior a nosotros nos coloniza y fatalmente redefine nuestro presente. No hay cálculo del sujeto. Así como estamos expuestos a la inminencia de la muerte, así estamos expuestos a la inminencia del enamoramiento. Podemos hacer todo bien, pero un día la muerte (el amor) llegan y nos tumban. En un caso para siempre; en el otro, tal vez como augurio de resurrección.

El flechazo desarma todo cálculo; o más bien, es desde el amor que podemos conectar con lo incalculable. El amor es imposible porque no es posible de prever. No hay cálculo que nos proteja de la flecha envenenada. Y es por ello que no hay cálculo que nos proteja de nada. Ser sujeto es construirse la ilusión de un blindaje efectivo donde nos vamos resguardando de cualquier imponderable. Calcular no solo es una cuestión económica sino sobre todo defensiva. O será que toda administración del hogar (según reza la etimología de "economía") es sobre todo una garantía de seguridad. Si el cuerpo es, según las metáforas antiguas, hogar del alma, su estar expuesto deja abierta siempre la posibilidad de su derrumbe. Claro que también el cuerpo, según Platón, era prisión y hasta tumba del alma. El cálculo se vuelve tan obsesivo que incluye su propio anverso: es tan detallista el cuidado a no ser invadido, que basta una mirada para que el andamiaje se haga añicos.

Pero Cupido no arroja solamente flechas de oro sino también flechas de plomo. No solo intempestivamente puede llegar el amor sino también y sobre todo el desamor. No solo es incalculable el amor sino también y sobre todo es incalculable el desamor. Y el argumento es el mismo: podemos hacer todos los cálculos posibles para convencernos de la conveniencia infinita de permanecer en un vínculo, pero si el flechazo de plomo nos hirió, algo se diluyó. Lo cual no implica que muchos decidan continuar en una relación por conveniencia. En todo caso se encuentran en ese caso bien escindidas ambas esferas: no hay confusión, sino negocio.

El tema es que en algún lugar y más allá de la importante cantidad de consideraciones que podamos hacer acerca de por qué nos enamoramos o desenamoramos de alguien, las experiencias del amor y del desamor tienen la forma del flechazo, o sea de lo incalculable. Y si es incalculable es incontrolable. La imposibilidad del amor por ello no es algo negativo, sino la deconstrucción de la ingenua convicción de poder alcanzar el amor a través de cálculos que definan una elección. *Sostener el amor imposible pero no aspirar a él.* Algo así dice Agamben sobre la felicidad. No aspiramos al amor imposible porque, de hacerlo, en ese acto lo haríamos posible y lo incluiríamos en todo el engranaje propio de lo que puede ser deconstruido. Para Derrida todas las cosas son deconstruibles, menos lo indeconstruible que no es una cosa. Del mismo modo podemos pensar al amor: todas las cosas son deconstruibles, menos el amor que no es una cosa. El problema es que al aspirar al amor como algo alcanzable, lo hacemos "cosa" y por lo tanto pasible de deconstrucción.

Sostener el amor imposible y no aspirar a él. O dicho al revés: saber que cada vez que aspiramos al amor, nos insertamos en un dispositivo previo e institucionalizado que ya predefine todas nuestras experiencias, sus formas, sus tiempos, sus exigencias, sus desazones. Sostener lo incalculable como algo por venir. Algo tan por venir que no solo no prevemos sus maneras, sus lógicas, su matriz, sino que sobre todo ni siquiera sabemos si lo que está por venir, vendrá. Solo sabemos que si está siempre por venir, las presentes y actuales relaciones amorosas no son ni últimas, ni definitivas, ni plenas, ni completas. Y que no se trata de una falencia, sino de sentirnos siempre abiertos a que el amor continúe su tarea infinita de ir por aquello que sabe que nunca podrá alcanzar…

Hay otra explicación posible acerca de la imposibilidad de elección en el amor que tiene que ver con el modo en que Derrida deconstruye la categoría de *decisión*. Si elegir es partir de premisas lo más detalladamente desarrolladas que, a través de razonamientos correctos van arribando a una conclusión; entonces, no hay ningún conector que garantice el pasaje inmediato de lo razonado con la práctica concreta. Un conector conecta ideas, pero otra cosa es la acción. Cuando elegimos necesitamos desplegar todas las premisas que justifiquen el hecho de decidirnos por una u otra opción, pero el instante preciso de la decisión es un agregado de otra índole: no se deriva de un cálculo.

Podemos disponer de todas las razones que hagan pertinente elegir A sobre B, pero todas esas razones no se encuentran presentes cuando la voluntad ejerce el acto de elección concreto. Obvio que lo impulsan, lo justifican, lo fundamentan, lo alientan, lo rubrican, pero la decisión es un momento único, una pulsión que excede la racionalidad en juego y que por ello nos resulta incalculable.

El acontecimiento mismo de la decisión, el acto de decidir por alguna opción, nunca es una derivación lógica. Justamente la clave de la decisión radica en ese *instante eterno* en el cual se introduce una diferencia, se efectúa un corte. La etimología de la palabra "decisión" la asocia con el verbo *cortar*. Decidir es provocar un corte. El acto por el cual se imprime la fuerza que corta excede todo cálculo. O dicho de otro modo; podemos haber realizado la deliberación más precisa y haber concluido con necesidad lógica cuál debería ser el camino a elegir; y sin embargo, el dar ese paso entre uno u otro camino, el cerrar las hojas de la tijera y efectuar el corte, no se deduce de un razonamiento.

Si llego a una esquina y tengo que decidir por cuál de ambas calles tengo que tomar y mi deliberación interior me indica que debo ir por la derecha, nada garantiza que de modo absolutamente inesperado tome por la izquierda. La filosofía ha intentado desde siempre disciplinar desde la racionalidad a la voluntad, pero el *querer* continúa siendo un misterio. ¿Qué es ese querer que nos arrebata más allá de todo cálculo? Si el cálculo incluso es una cuestión de tiempo, la decisión rompe con el esquema de tiempo lineal y se provoca en un instante, o sea, fuera del tiempo...

Está claro que, en el ejemplo, la mayoría de las veces tomaríamos por la calle a la que nuestro razonamiento arribó como opción, pero no se trata de detenernos en las conductas generalizadas que puedan estar regidas por la costumbre o por las formas de normalización del sentido común. Se trata de pensar ese instante de la decisión donde en menos de un segundo y de una manera incalculable, pueden aparecer múltiples estímulos que nos redireccionen para otro lado. Puedo entender por qué no debo enviarte ese mensaje, o darte un beso, o invitarte a tomar algo; y sin embargo, con todas las precauciones tomadas, nos rozamos en algún lugar, abro la boca y vomito la invitación. Todo indicaba que no, pero decidí hacerlo. ¿Decidí hacerlo? ¿Por qué decidí hacerlo si todo mi cálculo anterior me compelía a no hacerlo? ¿Decidí en contra de lo que había decidido? ¿O es que hay una decisión más bien teórica y otra incontrolable que surge en el momento y decide sobre lo ya decidido? Decide sobre lo decidido. Y si al final de cuentas no importa tanto la decisión tomada previamente desde la razón, ya que la decisión que corta, que decide, que actúa, es de alguna manera incontrolable, intempestiva, imposible, ¿de qué sirve entonces decidir a partir de un cálculo?

No es que no elegimos, sino que no elegimos desde la convicción de que una elección supone una racionalidad funcionando a pleno, donde la decisión tomada se encuentra debidamente justificada. Hay un último paso que, por definitivo, se nos vuelve eterno. Todo se encuentra analizado en detalle y durante mucho tiempo, pero la decisión es una cuestión de un segundo: el *ahora* que sobreviene para que emprendamos la marcha. Ese último momento definitorio. ¿Cuántas veces a último momento desistimos, renunciamos, nos dimos vuelta y nos fuimos? ¿Qué es ese "a último momento"? ¿Por qué si todo ya estaba planeado, planificado, calculado, sin embargo no se produce la derivación de la reflexión a la acción? ¿Por qué ese último momento parece detener el tiempo?

Del mismo modo podemos pensar que un cálculo absoluto no necesita de ninguna decisión. Derrida es muy explícito llevando al extremo la lógica de la decisión: si todo ya se encuentra previsto en las premisas y el cálculo garantiza en un cien por ciento el resultado, entonces no hay ninguna necesidad de salto decisorio. No hay nada que agregar a un cálculo cuyos efectos son derivables absolutamente de sus premisas. La acción conclusiva emergería de manera completamente espontánea, automática, de manera puramente evidente. El instante de la decisión, en realidad, es la prueba de que todo cálculo es incompleto (que es otra manera de decir que todo en este mundo es deconstruible) y que por ello se necesita del momento crucial donde el acontecimiento se provoca.

En un mundo cien por ciento cerrado, todo podría ser previsto, todo podría ser calculado con una exactitud eximia: una cuenta bastaría, si todos los pasos fueran hechos correctamente, para concluir que tengo que ser feliz sí o sí, o sea, debería alcanzar la felicidad a partir del desarrollo exhaustivo del razonamiento pertinente. ¿Pero entonces por qué hay el instante de la decisión? Claramente porque el mundo no es cerrado, pero sobre todo porque el cálculo no agota todas las vertientes de lo real, sino solo unas pocas. Siempre hay algo más. Siempre hay algo que no cierra. Pretender que desde nuestra finitud podamos alcanzar un conocimiento absoluto del absoluto es como mínimo un acto de soberbia y como máximo un acto de negación de nosotros mismos. El instante de la decisión es otra prueba más de nuestra condición finita.

"La decisión es un acto de locura", insiste Derrida. En todo caso, si hay elección, elegir es ese salto. Se parece mucho más a una pulsión imprevisible que a una sucesión deliberada de razonamientos. En realidad, a una pulsión imprevisible *a partir* de una sucesión deliberada de razonamientos. El dar el paso no se deduce: irrumpe. Es un *acto* porque es un instante que lo define todo. Y es *locura* porque no posee causas, sino deseo. Y un deseo latente, ni siquiera evidente, muchas veces temerosamente oculto. Un deseo que interrumpe la sucesión temporal e irrumpe en el momento, provoca el instante.

La conocí y desde entonces supe que si se abría la posibilidad y se daba el encuentro, ambas vidas impecablemente funcionales, se desmoronarían. Nos esquivamos, nos tentamos, nos desconectamos, nos soñamos. Podría no haberse dado nunca el encuentro hasta que le escribí un mensaje arrojado, una declaración de amor. Lo escribí, pero no se lo envié. Lo dejé levitando en mi celular hasta que me enteré de que se iba de viaje por casi un mes. Era diciembre y su mensaje decía: "nos vamos a ver el año que viene. El tiempo pasa rápido". Ningún indicio de nada. O demasiado mínimo. Mi mente sabía que no debía enviarle mi declaración de amor, así que cuando recibí este su último mensaje me dispuse a borrar el escrito. Lo pensé bien: mejor lo borro. Y sin embargo, lo mandé. No fue un error, ni siquiera un impulso. Fue una decisión: en vez de borrarlo, me dije, es ahora. Y ahí fue. Ni siquiera "me lo dije", ya que no fue una voz sino un estremecimiento corporal, un deseo del cuerpo. Tampoco se trató de una contradicción: fue claramente una decisión tomada con no se qué parte de mi ser, en un segundo y con absoluta seguridad.

Toda la seguridad allí encerrada en esa decisión instantánea no condiciendo con toda la inseguridad manifiesta que embadurnaba todas mis horas. Elegí. Irracionalmente elegí. El cálculo ya había elegido, pero nunca es suficiente. Siempre hay un salto. Como si pudiéramos aislar ese instante infinito que no es un agregado a la decisión, sino que se trata de la decisión misma. El amor es imposible porque no hay elección calculada, sino locura incalculable.

Uno de los poemas en prosa de Charles Baudelaire se llama "La moneda falsa". Derrida le dedica un análisis exhaustivo en su libro, *Dar (el) tiempo*. La deconstrucción a pleno; o como de un breve texto ("La moneda falsa" no es más que una carilla) se pueden abrir múltiples mundos. En el relato de Baudelaire, dos amigos salen de un fumadero y mientras caminan por París, se cruzan con un "pobre" (así bien enfáticamente lo nombran) que les pide una limosna. El narrador, por caridad, le da unas moneditas que encuentra en el bolsillo, pero su amigo sorprendentemente le entrega al pobre una moneda de valor exponencialmente superior: el tipo de dádiva que nadie jamás daría como limosna, ya que su alto valor escapa al sentido común de la donación que establece ciertos códigos consensuados tácitamente para la generosidad. Está bien dar, pero no dar tanto. Y sobre todo, está bien dar todos más o menos por igual. El problema es que la ultra generosidad de algunos deja a todo el resto de los mortales en falta: si alguien da por encima de lo establecido, todos quedamos expuestos en nuestra rapiña.

La clave del relato es la cuestión del dar. ¿Qué es dar? ¿Cuánto doy? ¿Por qué doy? El amor es una forma del dar. Damos amor. ¿Pero qué significa eso? ¿Qué damos cuando damos amor? ¿Damos algo propio? ¿Lo que damos, si es propio, entonces lo perdemos? ¿Qué significa este acto tan particular del dar que es el amor? ¿Cómo damos amor? ¿De quién es el amor? ¿Es mío o es del otro? Pero sobre todo, ¿cómo se articula en el amor un dar que es para el otro, pero que al mismo tiempo genera algo en mí? ¿Cómo se resuelve la tensión entre un dar que prioriza al otro, pero que al mismo tiempo es un modo de expansión propia? Me realizo en la medida en que el otro recibe el amor, pero si el otro lo recibe, ¿por qué soy yo quien me siento grato? ¿Cómo podría estar *realizándome* si en el acto de amor estoy *dando* para que el otro reciba? O dicho de otro modo; si al dar, de alguna manera recibimos nosotros algo por ese acto (amor, prestigio, poder, contención, lo que sea), entonces, ¿no estamos anulando lo dado? ¿No hay en la reciprocidad amorosa una anulación de lo dado? Si doy amor y recibo amor, ¿no deja sin efecto lo dado este intercambio? Es que el problema del "dar amor" no es tanto entender qué es el amor, sino problematizar el acontecimiento mismo del dar. ¿No es en el fondo todo dar algo imposible?

Sin embargo en el texto baudelaireano, el debate entre los dos amigos sobre la dimensión cuantitativa del dar (¿quién dio más limosna?) pega un salto disruptivo cuando, frente al asombro del narrador por el tamaño de la dádiva de su amigo, este con absoluta frialdad le responde: "igual, era una moneda falsa". Y allí el texto se desmadra: el narrador no puede creer lo que está sucediendo. No solamente por la desfachatez estratégica de su amigo, sino sobre todo porque le da rienda suelta con la mente a todas las implicaciones posibles que se podrían suscitar alrededor de este hecho: sobre todo que el pobre fuera preso por portar dinero falsificado. Pero claro, piensa el narrador –cuya cabeza no para de asociar ideas–, también podría suceder exactamente lo contrario y podríamos estar en presencia del inicio de una reparación de la vida de este buen hombre que gracias a una moneda falsa pudo reconvertir su vida.

Derrida, como siempre, va por más y se pregunta: ¿pero no es toda moneda, en el fondo, falsa? El dinero como una abstracción espectral que hace funcionar el dispositivo de la economía. La mercantilización de la existencia es antes que nada el despojamiento de todo valor de uso para su reconversión en valor de cambio, esto es, en mercancías. Y el despojamiento supone un desplazamiento, un reemplazo: valoramos más a las cosas por su valor cuantitativo que por su capacidad de encender en nosotros una experiencia cualitativa. De nuevo, hay monedas legales y monedas ilegales, ¿pero no es toda moneda en el fondo una forma de orden social cuya consecuencia preeminente es la reconversión de todo lo real en cosa, de toda cosa en bien, de todo bien en valor?

¿Y en el amor no sucede algo parecido? Nos encontramos inmersos en un dispositivo amoroso que legisla un intercambio afectivo cuyo único propósito es la ganancia personal: ganamos con el amor porque el amor nos confirma en lo que somos. Y sobre todo porque nos adecua en todas las necesidades del sentido común. Así como toda moneda es falsa, todo amor también es falso. Es falso porque es posible. Nunca es un amor genuino. Lo genuino es lo imposible. En la existencia inauténtica, en el sentido común, en el mundo enajenado, vivimos el opio amoroso en toda su virulencia. No hay amor por fuera del dispositivo amoroso que ya tiene guionado todos sus rasgos: su idealización romántica, su búsqueda de plenitud, sus instituciones, su capacidad farmacológica, sus recetas, rituales, secuencias, mandatos. Amar es ejecutar el guion, con sus historias alegres y tristes, plenas y frustrantes, pero siempre al interior de la maquinaria amorosa. Como el amigo generoso, no importa en el fondo que el amor que vivenciamos sea falso: en nuestras sociedades afectivas, todo amor es falso, básicamente porque es un amor posible y por ello deconstruible. El único amor verdadero es el amor imposible.

Como si los amigos –en una variación del relato de Baudelaire– se encontraran con sus parejas y se dijeran palabras de amor exultantes y demostraran con el otro una entrega inigualable. Y al final de nuevo solos, uno le dijera al otro: "increíble tanto amor absoluto, te envidio"; pero recibiera como respuesta: "no, tampoco es para tanto. Le di la moneda falsa del amor. Le dije 'te amo'", emblema si lo hay de la moneda falsa del amor, con todas sus derivas, sus códigos, sus ritos. La impostación afectiva que no es muy diferente de la impostación social en un mundo capitalista donde cada vez más se va confundiendo lo propio con nuestras propiedades, donde cada vez más ese agujero infinito y sin fondo que es la subjetividad se va cristalizando en una plataforma maciza, expulsiva y henchida de sí misma.

La moneda falsa del amor puede engendrar consecuencias bien disímiles. Tal vez no haya otro ejemplo de su buen funcionamiento que la institucionalización del vínculo amoroso. Si al interior de un matrimonio, la moneda falsa del amor funciona, la institución permanece. El matrimonio se basa en la eficacia de la ficción: ambos tenemos que creernos a la hora de declararnos cotidianamente nuestro amor mutuo. El pacto ficcional es con el otro y es con uno mismo. Pero nadie se miente a sí mismo sin que reste un mínimo espacio de conciencia. Ambos sabemos que el "te amo" es siempre menos en su realidad efectiva que en su formulación lingüística, y sin embargo lo acallamos y aceptamos. Es más; para que la institución funcione, nadie debería enamorarse de verdad. La institución no soporta un amor, que por imposible, haga estallar cualquier marco. Pedirle a la institución matrimonial que albergue lo incontenible (un amor imposible) es como pedirle al capitalismo que deje de lado su principal objetivo expansionista y apueste por relaciones sociales exentas de mercantilización.

El narrador no le da tregua a su reflexión mientras vuelve a recibir la ratificación de su amigo orgulloso de su acto de generosidad. Y es allí cuando comprende su perturbación: su amigo no solo no fue generoso, sino exactamente todo lo contrario. Se priorizó de modo absoluto a sí mismo. No se puede alcanzar el cielo haciendo negocio. Al cielo no se entra: el cielo nos recibe. Su amigo lo quiso todo para él: rubricar el sello de ciudadano moral intachable, pero al mismo tiempo no mermar en su economía. Construyó una pantomima de la donación, cuando no solo no dio nada, sino que buscó recibir el doble. Finaliza Baudelaire el relato en la voz del narrador afirmando con enojo que hubiera podido entender todo este acontecimiento como un chiste o como una ironía, hasta como un goce permitido que alguien podría haberse dado, "pero nunca le perdonaré la inepcia de su cálculo".

Es que el cálculo fue perfecto: se sacó de encima una moneda falsa, quedó como una persona de bien por dadivosa y todo esto no le generó una pérdida en su economía. La inepcia de su cálculo no está en que haya hecho mal la cuenta, sino en el uso estratégico del cálculo para la acumulación personal y el usufructo del otro. Incluso con el aditamento de que todo podría terminar saliendo del mejor modo, ya que si nadie descubriese la falsedad de la moneda, nuestro pobre estaría además pasando un muy buen momento. El problema de fondo es la impostación del dar, alcanzar el cielo y la gracia de Dios de modo económico. De allí tal vez una pregunta exagerada y lacerante: ¿no hay en todo cálculo siempre algo de inepcia? ¿No nos recluye el cálculo a no poder salirnos de nosotros mismos?

También es cierto que para que haya don, tiene que haber economía. El don absoluto es el don imposible. No se puede dar todo, ya que para que se produzca el acto de dar, tiene que haber alguien dando algo que posea.

Si diéramos todo, ya no tendríamos más nada que dar y se autoanularía también nuestro propósito. Del mismo modo, en el amor, nunca lo damos todo, aunque nos engalanemos floreándonos de amar a fondo. Nunca lo damos todo, ya que un amor así de absoluto, desarmaría en el acto a quien ama. Amar es una forma de la pérdida. Una pérdida que nos satisface y que por ello pone en jaque la delimitación binaria entre ganar y perder. Nos vamos llenando de una nada que al mismo tiempo nos desposee y realiza. Ningún cálculo puede dar cuento de ello: el amor es imposible porque es incalculable.

TESIS 6

El amor es imposible porque todo amor
es siempre un desamor.

En el origen, el desamor. Primero, el desamor; después, el amor. El amor es efecto, nunca causa. El desamor no es posterior al amor, sino que el amor es el intento por salirnos del estado de desamor originario. Hay desamor porque hay amor, obviamente; pero fundamentalmente hay amor porque hay desamor. ¿Pero cómo se puede colocar al desamor en el origen si el énfasis de su significado se encuentra en el prefijo que indica disminución, pérdida, desarme, pero sobre todo posteridad? ¿Cómo se desarma lo que todavía no se ha armado? ¿Por qué desde el principio ya estamos en situación de pérdida? ¿Es principio si ya hay algo perdido? El mundo está invertido. *Es* mundo porque está invertido. El mundo es siempre ilusión de mundo, ilusión de orden. La fantasía de la secuencia uniforme donde la pérdida continúa siempre a lo acumulado nos inhibe de poder pensarlo al revés: hay acumulación porque estamos siempre perdiendo. Acaparamos porque no tenemos. Deseamos porque carecemos. Nacemos porque ya estamos muertos.

En el origen el desamor porque no hay origen. La quimera es el origen. Suponemos que al desamor lo antecede el amor pleno porque si hay desamor, entonces hay un amor previo que se derrumba. Pero en el principio solo hay un atisbo de huellas: siempre hay algo anterior que se nos escapa. No hay un inicio del amor. Hay un desamor de un desamor de un desamor; o lo que es lo mismo: hay un amor de un amor de un amor. La huella ya es la presencia de una ausencia, ya es un deshacerse. La huella hace indiscernibles al amor y al desamor. Si el desamor es el origen, entonces no hay origen. Todo inicio es en realidad el comienzo de un fin. Ya amar es dar inicio al desamor. Nacer es empezar a morir. Todo comienzo es un recorte, un desprendimiento, una caída. El amor es el intento infructuoso de un retorno a esa presencia imposible de la que solo quedan las huellas. Hay amor porque acontece el desgarro, la separación. Siempre nos estamos separando. El inicio de un vínculo es el inicio de su propia separación. El amor es una excusa para el desamor. No nos enamoramos: nos desamoramos. Una vida no es una secuencia de amores sino de desamores: la vida es aquello que sucede entre duelo y duelo.

El amor es efecto y por eso es imposible. Nuestro sentido común amoroso excluye la posibilidad de vivir la experiencia del amor también como una experiencia del desamor. Amamos porque algo no nos cierra, porque algo nos duele, porque duelamos, porque nos duelamos. Amamos porque el duelo es imposible. El amor es imposible porque implicaría aceptar la presencia del desamor como su aspecto constitutivo. Para que haya amor tiene que poder también dejar de haberlo. Nunca el amor es un estado final, pero tampoco nunca es un acto de inicio: el amor es movimiento. Y si hay movimiento, hay falta.

En el mundo de lo posible este doblez del amor es juzgado como algo negativo, como algo a ser quirúrgicamente extirpado. El binarismo del mundo de lo posible hace del desamor un estado a anular, a curar. El binario siempre es paliativo: su propósito es disolver lo que resta, lo que duele, lo que falta. Abjura de nuestra finitud. El binario siempre entiende al otro polo como un anclaje a disipar: lo responsabiliza de nuestra atadura en este mundo. Pero la finitud del amor se expresa en su consonancia sustancial con el desamor. La fatalidad del amor es su conexión esencial con el desamor: ambos se implican mutuamente. Es una relación dialéctica que no alcanza el momento de la superación: hay una instancia de supuesta autonomía, pero hay dependencia mutua. En realidad, es la misma dependencia mutua la que los establece como momentos independientes: el amor es imposible porque desde nuestra condición binaria solo podemos vislumbrarlo en la oscilación asimétrica y jerárquica de sus polos. En el mundo de lo posible, o hay amor, o no lo hay. En el mundo de lo imposible, el amor y el desamor tratan de lo mismo.

El ideal romántico del amor pleno supone un amor sin fisuras, sin dobleces, pero sobre todo sin delimitación. Por eso, desde el momento en que el amor se da en el mundo de lo posible, se degrada y se vuelve una entidad atravesada por las coordenadas de la finitud. El ideal del amor pleno supone una omnipotencia amorosa que la excluye de su propia posibilidad: es tan pleno que no es posible. Pero supone que esa imposibilidad es alcanzable. De nuevo, se trata de dos formas de concebir *lo imposible*. Para el sentido común amoroso, *lo imposible* es un estado a alcanzar, un norte que direcciona nuestras sensaciones y que establece las instrucciones necesarias para lograr su objetivo. Pero para una deconstrucción amorosa, *lo imposible* no solo no es alcanzable, sino que es lo que se sustrae a toda forma o apropiación hecha en su nombre. *Lo imposible* en este caso se juega más en que el amor se asuma siempre limitado por lo otro de sí, o sea por el desamor. No es alcanzable porque es inconcebible. Viola los principios ontológicos fundamentales. Por eso, en última instancia, mesiánicamente, resulta más una pretensión por retornar al estado imposible donde aún no éramos nada: un amor sin falta. Una pretensión imposible de lo imposible. Ya no se trataría de encontrar lo que estamos buscando, sino directamente de no necesitar buscar nada.

Es que ni bien el amor se vuelve algo posible, ingresa en el dispositivo ontológico binario que lo cosifica, lo diferencia y lo jerarquiza. No hay manera de vivir un amor pleno, ya que la plenitud se interrumpe cuando acontece la vida. Se interrumpe ya que, si hay vida, hay muerte. Si hay amor, hay desamor. Advenir al ser nos limita. La existencia es una limitación. Ser alguien, ser algo, estar de alguna manera determinado, ya es verse limitado. La finitud no tiene solo que ver con el hecho de ser mortales sino sobre todo con el hecho de haber nacido. Tiene tanto que ver con el comienzo como con el final. El anhelo por la plenitud es bien claro: antes de ser, se supone que éramos plenos. Pero éramos plenos porque no éramos nada.

El problema es siempre el mismo: querer vivir el paraíso aquí en la tierra. Pero el gran desafío es exactamente al revés: poder vivir un amor terrenal con vocación paradisíaca. Amar a pleno sabiendo que la plenitud no existe. O dicho de otro modo, ¿cómo poder sostener que provenimos de una plenitud originaria si todo lo que enunciamos desde este mundo lo realizamos desde las coordenadas de lo posible? ¿Cómo podemos saber que hay una plenitud previa cuando el mismo hecho de "saber" no es más que una consecuencia de esta supuesta caída? ¿Por qué la plenitud a la que habría que retornar no podría ser el gran fármaco que direcciona nuestro deseo, lo disciplina, lo focaliza, lo restringe, lo dogmatiza? ¿Por qué no pensar la plenitud como una proyección desde este estado de desamor permanente que necesita ratificarse como deriva de un amor previo sumido en una pérdida? ¿Son el amor y el desamor dos categorías simétricas? ¿Se trata en el desamor solamente de la pérdida del amor? ¿Se trata solamente de amores que por diferentes causas comienzan a deshacerse, a deserotizarse, a desengancharse, a desinteresarse por su búsqueda? ¿Siempre el amor se termina? ¿*Es* amor porque se termina? Pero entonces, ¿podríamos preferir no enamorarnos? ¿Podemos resolver la angustia por la muerte prefiriendo nunca haber nacido?

El desamor no es la negación del amor. No es la negación en términos lógicos. No es su antónimo. No es el odio. Está más que claro que si hay odio, hay algún tipo de interés. Se supone que en el desamor lo que se va perdiendo es el interés por el otro. Va disminuyendo la atracción, el deseo, el erotismo. Es una disminución. Hay una etimología de la palabra "interés" que la asocia con el *ser* que está "entre". Un ser que mancomuna. El *entre* une sin disolver las diferencias. Sostiene las diferencias y obliga a que la atención se dirija a lo que se halla *entre* nosotros. Interés por el otro. Por el otro en tanto otro. No interés en el sentido de estar interesado por sacar un provecho, más preocupado por lo que el otro me pueda dar; sino interés por lo que el otro tiene de otro y no por lo que el otro es para mí. El amor como ese gran desafío de tender hacia el otro sin desotrarlo. Pero hay un tender hacia el otro. Hay un otro que me arrebata y me saca de mí mismo. Me arrebata y me desarma. Algo del otro impacta en mí y me desestabiliza. Algo del otro se vuelve objeto de mi deseo. No sé bien por qué, pero en ese tender hacia el otro, me distiendo. Algo me interesa del otro: su estar sacude mi presente y me imprime movimiento.

El drama del desamor no es que el otro no me movilice, sino que en algún momento me movilizaba, pero ahora esa sensación se va perdiendo: no es una privación sino un desarme. Es una pérdida del amor. Duele más la pérdida. Tal vez sea lo único que duela: el diluirse. Hubo un amor y se fue yendo. El desamor se toma su tiempo: es una herida que se va agravando, sin demora, lento.

El desamor parte de una asimetría fundamental: puedo enamorarme de cualquier persona, pero el desamor es unívoco: solo se da con la persona de la cual nos desenamoramos. No hay nada que anticipe de quien me pueda enamorar, pero el desamor es el desarme de un vínculo concreto. Es singular. Puedo andar por la vida enamorándome de personas, pero el desamor siempre tiene nombre y apellido.

El desamor es la constancia de que todo amor es una ilusión. Revela el carácter artificial del ideal romántico amoroso. Es la evidencia patente de la contingencia amorosa. Por eso el desamor es previo. Es previo porque al inicio mismo del vínculo ya se encuentra inmanente como final de cada historia. Enamorarse es ya saber que hay distintas figuras del amor que irán diluyéndose. Empezar una historia de amor es ya anticipar su final. Puede ser el final absoluto del vínculo concreto, o puede ser el final de las diversas etapas que una relación puede ir atravesando. Pero siempre hay un final desde el principio.

El desamor es previo porque el amor, dice Platón, es la búsqueda de un faltante. Deseamos aquello de lo que carecemos y nacer es ingresar al dispositivo de la carencia. Amamos para suplir esa carencia: el amor es una reacción. Una reacción al desamor originario que lleva la forma del desgarro, de la separación. Siempre nos estamos separando. Toda la narrativa amorosa de la plenitud supone una caída. Una metafísica de la totalidad desgarrada. La existencia es un desgarro, una separación de una totalidad al interior de la cual todo ocupaba su lugar exacto. No hay mayor farmacología que la del orden. Nadie mejor que el orden para expresar la dualidad del *fármaco* como remedio y como veneno: el orden cura, pero también mata. Mata para curar. Nada nos extravía más del amor que concebirlo como una recomposición del orden: el amor es imposible porque destituye todo orden posible.

El amor es imposible porque todo amor es al mismo tiempo un desamor, pero para la representación del sentido común, afirmar en simultáneo al amor y al desamor es como mínimo una contradicción lógica. Se trata por ello de deconstruir no solo la idea de plenitud amorosa, sino también al desamor como una instancia a sacarse de encima. Solo tiene sentido el amor porque es al mismo tiempo una experiencia del desamor. Y por eso el amor, incluso en sus momentos de mayor exaltación, no deja de poseer un tinte de cierta tristeza, de cierta conciencia de su final, de cierta pena. El amor es imposible porque es al mismo tiempo felicidad y pena.

Lo *imposible* es poder concebir la pena del desamor como algo que, aunque duela, nos constituye en lo que somos. Reconciliarnos con el dolor, pero no como una instancia necesaria en una traza teleológica. Lo imposible es asumir al dolor en tanto dolor, como un aspecto determinante de un amor que por ello también duele. No se trata de la pena como un momento necesario para la reconciliación, sino de que el amor pierda completamente presencia. Un amor tajeado, discontinuo, desprolijo, percudido. No hay teleología sino profanación. No hay un orden metafísico pulcro sino una mundanidad decadente en supervivencia. El amor no es la consumación del ser, sino que hay amor porque del *ser* cada vez más no va quedando nada.

Lo imposible es aceptar que el amor y el desamor son ambos consustanciales del acontecimiento amoroso. ¿No perdería el amor todo su encanto si aceptáramos desde el inicio que enamorarse supone simultáneamente plenitud y carencia? Nadie quiere sufrir de amor. En realidad, nadie quiere sufrir y por ello inventamos un ideal del amor donde se disipa todo sufrimiento. Casi como si el amor fuera uno de los tantos recursos paliativos para no sufrir. Pero cuando el amor niega el dolor, nos niega al mismo tiempo a nosotros mismos.

Hay desamores totales y desamores parciales. Desamores totales: vaciamientos supuestamente absolutos donde el desinterés por el otro se vuelve deserotización, ausencia de deseo, pero sobre todo ruptura decidida del vínculo previo. No tanto un desencuentro fortuito sino una forma de emancipación de un vínculo que antes nos constituía en nuestra subjetividad, pero que ahora nos agobia, nos paraliza, nos seca, nos inmoviliza. La reapropiación de nuestra subjetividad necesita de la desvinculación del otro. El desamor absoluto es la provocación de una muerte como antesala de un nuevo nacimiento. Una resurrección. Necesitamos que la relación amorosa muera para poder revivir. Ni siquiera sabemos si resucitaremos mejores, pero necesitamos morir. Muere la relación con el otro para que nosotros podamos revincularnos con nuestra propia otredad, o sea con nosotros mismos.

Aunque todo el tiempo nos estemos cuestionando si continuar o no en un vínculo específico, en algún momento concreto acontece la decisión: Cupido no solo lanzaba flechas de oro, sino también de plomo. Por más argumentos a favor o en contra de permanecer con alguien en una relación amorosa, hay un instante de desconexión donde nos damos cuenta; o bien de querer salirnos del vínculo, o bien de que el otro ya no quiere continuar conmigo. El que deja y el que es dejado unidos por el traspaso de un confín que anuncia un final. La revelación del inicio del fin puede darse de cualquiera de los dos lados de la relación. Y en ambos casos, la primera reacción es de resistencia y búsqueda de toda solución mágica posible para que el vínculo no se derrumbe. Como el prisionero de la caverna platónica que ni bien ve las cadenas en el piso, se las vuelve a atar ya que sabe que lo que viene es de tal riesgo y orfandad que al principio elige arrojadamente permanecer encadenado. Pero claro, ya se dio cuenta del artificio. Algo se terminó. Solo se trata del tiempo y de la decisión de dar un paso o no. Y aunque no se den los pasos, o sea, aunque el vínculo por diferentes razones decida sin embargo continuar en el mismo proyecto, el desamor ya no tiene retorno.

El desamor absoluto es el final del vínculo sexoafectivo. El otro ya no me interesa. Podría interesarme para una serie bien variada de otros intereses, pero ya no para sostener una conexión sexoafectiva. No hay más deseo. Algo se desarmó. Aquello que siempre supuse que encontraba en el otro, ya no lo encuentro más. No es un tema de desacople, sino exactamente lo contrario: ya no hay discordancia. Los vínculos se marchitan por acople, por equivalencia, por fusión. Cuando dos entidades ya no poseen ninguna diferencia, entonces ya no se trata de dos entidades, sino de la misma entidad: principio de los indiscernibles. La clave del deseo es que sigo buscando en el otro algo que todavía no encontré y que, por el bien de la relación, ojalá nunca termine de encontrar.

De un desamor total, nunca hay retorno. Esto no significa que un vínculo que se rompe no pueda reconstituirse años después. Puede, pero no sería el mismo vínculo ya que no se trataría de las mismas personas.

Son otras vidas. En todo caso, de un desamor total solo hay retorno si se trata de otras vidas. Nadie es idéntico a sí mismo nunca, aunque muchas veces no nos entregamos al devenir de la resignificación. A partir de un desamor, los recorridos de los integrantes del vínculo pueden ser muy variados, e incluso pueden mutar tanto como para volver a encontrarse. Obviamente no se trata de la mayoría de los casos. Primero porque nadie se anima a mutar demasiado, y segundo porque una vez desarmado el vínculo, las opciones de revincularnos con otras personas son infinitas. Y sin embargo, qué interesante resultaría la posibilidad de iniciar y finalizar muchas veces una relación amorosa con la misma persona en diferentes momentos de la vida, de modo tal que en cada uno de esos lapsos nunca seamos los mismos, pero siempre encontrásemos algún lugar de atracción con el otro...

Sea como fuere, el fundamento del desamor absoluto es el final de la atracción. Nada hay en el otro que me despierte un mínimo interés. Suele resultar devastador ese principio de conciencia, sobre todo en relaciones de muchos años y de mucha construcción mutua. Pero no hay esfuerzo que valga. No hay meritocracia en el amor. Tampoco hay cálculo. La flecha de plomo no da lugar a nada. Y aunque claramente hay razones que explican acertadamente los motivos de un desamor, la sumatoria de todas las causas no da por consecuencia el final de la atracción. Puedo comprender acabadamente por qué el otro ya no me atrae y sin embargo que mi cuerpo permanezca enredado en el otro. O exactamente al revés: puedo estar dudando de la supuesta contundencia de las razones del desamor y sin embargo que mi cuerpo ya se haya desprendido del otro. Para que haya un desamor absoluto tiene que haber una desconexión absoluta con el otro. Puede quedar alguna sensación nostálgica, o incluso algún enojo con uno mismo por verse resecado de la atracción. En general, si hubo amor, nadie quiere el desamor. Pero así como, pese a todas las precauciones posibles, cuando el amor llega no hay manera de reprimirlo, del mismo modo, el desamor es sísmico: cuando el desamor llega nos resquebraja y no hay manera de revertirlo.

Si el amor, entre otros implicantes, nos va constituyendo como sujetos amorosos y por ello como sujetos, el desamor anuncia el final de la presente subjetividad y el comienzo de lo por venir. Una ruptura amorosa no es solo el final de una relación y su sustitución por otra: en cada desamor se provoca un cuestionamiento radical del acontecimiento amoroso. No es solo el análisis de las razones por las que se tomó la decisión del actual vínculo, sino un análisis más estructural: aprovechamos cada desamor para preguntarnos a fondo por el ser mismo del amor. Y sobre todo, por nuestro lugar allí como sujetos amorosos. Cada desamor es la puerta por donde puede arrebatarnos el huracán que se lleve puestas nuestras estructuras. Pero el riesgo es tan vertiginoso que en general nos aplacamos y solo sustituimos un amor por otro, un desamor por otro...

Si la identidad nos define en lo que somos, para el sentido común nuestra identidad se va forjando al interior del vínculo. Se va forjando, pero no depende del vínculo. Para el sentido común, primero somos quienes somos y después establecemos conexiones con los otros. Es cierto que siempre vivimos al interior de diferentes relaciones sociales, pero la pregunta es si somos autárquicos y establecemos estas relaciones a partir de nuestra autonomía y libre decisión o, si más bien, son esas relaciones sociales las que nos constituyen en lo que somos, especialmente en seres que nos percibimos individuales y dueños de nosotros mismos. Para el ideal romántico del amor no solo se trata de creer en el amor pleno sino también en la libertad de elección amorosa. Pero para ello necesita suponer como punto de partida a un sujeto dueño de sí y encerrado en sí mismo. Un sujeto que racionalmente puede conocer su propia esencia –su identidad– y desde allí relacionarse con los otros.

Pero podemos pensarlo al revés. Podríamos pensar que toda identidad se encuentra implicada por estar siendo parte de un vínculo. Dejar de pensar a la identidad como punto de partida y más como punto de llegada del cual emanciparse. Si así fuera, uno siempre *es* al interior de una relación amorosa. No somos alguien que entreteje un vínculo amoroso con el otro, sino que por estar en un vínculo específico con el otro –por ejemplo, en pareja– somos ese alguien que somos. Somos no solo ese alguien en tanto contenido (nuestra identidad propia), sino que antes que nada nos reconocemos como una particular forma de concebir la identidad (la identidad como matriz). Como enuncia Marx en la "Tesis VI sobre Feuerbach": en tanto individuos esenciales somos el resultado de relaciones sociales. Ocupamos desde siempre lugares en relaciones en conflicto: desde la lucha de clases hasta en roles típicos institucionales como el de padre e hijo, esposos, profesor y alumno, chofer y pasajero, actor y público. Si cambiasen las relaciones sociales cambiarían nuestros roles. Si hubiera una revolución, también se subvertiría nuestra forma de amar.

Cuando el desamor absoluto acontece, nos emancipamos no solo del vínculo en cuestión, sino sobre todo de la persona que hasta ese momento éramos en su interior. Siempre es a la vez un duelo con la relación y un duelo con uno mismo. Pero la pregunta crucial que se repite en cada situación siempre es la misma: ¿el nuevo sujeto que emerge para vivir otra vida puede romper con el esquema de sujeción? Es obvio que con cada desamor nos deshacemos de nosotros mismos para pasar a otro proyecto de subjetividad; pero para que se rompa la matriz, ¿no necesitamos repensar el modo en que se conectan el amor y el desamor? Con cada desvinculación, hay una nueva subjetividad que se plasma. No se trata de la recurrente inercia de salir de una relación para ingresar a otra, sino de algo mucho más radical: salirse de uno mismo para reconstituirse en otro sujeto, o en lo que *resta* del sujeto. Pero si el sujeto es siempre autotélicamente el sujeto soberano, ¿cómo pensar un sujeto que resta?

Incluso mismo cuando decidimos no entrar más en ningún vínculo, siempre hay otra subjetividad que emerge. De allí que no se trate de la insidiosa exigencia de aprender a *estar solos* como punto de llegada de una supuesta evolución madurativa. No hay evolución en el amor. No se ama cada vez mejor. En todo caso se va volviendo posible una deconstrucción cada vez más abarcativa. Deconstruir incluso la idea de la *soledad* como lo otro del amor. Deconstruir en todo caso las formas posibles del aprendizaje afectivo. Deconstruir no es madurar sino todo lo contrario: deshilvanar cada vez más los contornos que limitan el deseo. El amor es imposible porque siempre es un amor que asume riesgos tan exacerbados que implican la posibilidad de un socavamiento de nuestra propia mismidad. No hay un amor más maduro, sino todo lo contrario: un amor cada vez más liberado.

De allí que el modo en que el sentido común piensa el *estar solos* sea absolutamente funcional –por negación– al amor como construcción con el otro. La vigencia del pensamiento binario en toda su eficacia: el ideal romántico del amor como amor pleno opone la *fusión* al *estar solos*. Entiende el *estar solos* como una falta, ya que binariamente solo hay dos posibilidades: la correcta que es estar en pareja (heteronormativamente es el único vínculo posible) y la incorrecta que es estar sin pareja. Principio de tercero excluido: o se está en pareja, o se está solo; excluida la tercera posibilidad. Pero sobre todo la construcción del estar sin pareja solo como una modalidad anómala opuesta al único destino posible de todo ser humano: la pareja amorosa.

Y como el ideal prescriptivo de una vida correcta –esto es, sana– es una vida en pareja, entonces la elección por no estar en pareja rápidamente nos expulsa a la condición de abyectos. Lo otro de lo sano es siempre lo enfermo. Por eso, solo desde la concepción "fusionista" del amor –como modelo de normalidad afectiva– es posible concebir el *estar solos* como un síntoma de carencia. O mejor dicho: solo desde el sentido común es posible concebir la carencia como un síntoma. Es que el "fusionismo" no es descriptivo sino normativo: se nos exige insertarnos en una pareja tradicional para cumplir con el requisito de corrección. Quien elige vivir sin una pareja es un *protosujeto*: algo le falta.

Pero, ¿y si lo pensamos desde otra perspectiva? ¿Cómo estar con el otro sin que ello implique ni una fusión (que nos disuelve) ni un acuerdo entre entidades atómicas (que no nos conecta)? ¿Qué significa *estar solos*? Por un lado está claro la necesidad de deconstruir cualquier normativismo: estar solos o estar en pareja son dos modalidades más de nuestra vida socioafectiva, donde no solo no son las únicas opciones, sino que ninguna es más "verdadera" que la otra. En todo caso es fundamental continuar comprendiendo las razones por las cuales el dispositivo social se asocia con un ideal amoroso basado en la institución familiar prototípica.

Por otro lado, ni nunca dejamos estrictamente de estar solos, ni nunca estamos estrictamente solos. Y no se trata de una contradicción sino de otra aporía: en cualquier vínculo afectivo, nada se vuelve más importante que moverse libremente en la frontera entre la soledad y el encuentro con el otro. O dicho de otro modo: necesitamos estar lo suficientemente solos para poder encontrarnos con el otro. Para que haya *encuentro* tiene que haber distancia y para que haya un *otro* no tiene que haber fusión.

Por eso, ¿y si el *estar solos* no fuese lo otro del vínculo, sino que al deconstruir el binario podamos pensar el *estar solos* al interior mismo del encuentro amoroso? Salirse del *continuum*. Resguardar, como sostiene Derrida, el espacio del secreto. ¿Por qué oponer el encuentro amoroso al *estar solos*, y no pensarnos en el encuentro con el otro al mismo tiempo estando solos? Solo la prescripción normativa de la fusión construye como polo antinómico la ausencia total de contacto. ¿Cómo podríamos vivir el encuentro con el otro sin que nuestras otredades se diluyan? O sea, comprender que siempre en algún lugar también y por suerte estamos solos. O sea, comprender al desamor como parte constitutiva del amor. Claramente, un amor imposible...

Pero hay algo peor que el desamor total: los desamores parciales. ¿Por qué peor? Nuestros cuerpos se encuentran disciplinados de tal modo en el ideal romántico del amor que asumir el desamor como parte constitutiva se nos vuelve algo molesto, tedioso, no querido, pero sobre todo, algo imposible. De última, un corte radical que transforma nuestra existencia en otra cosa nos resulta más tolerable en términos de dispositivo: ya venimos identificados con una matriz amorosa donde hay historias que perduran y otras que culminan. Nuestra experiencia del amor instituido se halla más dispuesta a asumir un historial de vínculos que empiezan y terminan, y no tanto a poder entregarse a una forma del amor donde el desamor se disemine cualitativamente por todos lados. Dentro del mundo de lo posible, un desamor total es algo esperable. Lo imposible es asumir la presencia del desamor a cada instante del encuentro con el otro.

Los desamores parciales invisten nuestros vínculos de fluctuaciones permanentes postuladas como problemas a resolver. El desamor es un problema. Y tiene que resolverse. Cualquier rebaja cuantitativa, cualquier distancia afectiva, la no reciprocidad en el comportamiento amoroso: todos son ejemplos de aquello que es rápidamente interpretado como una imperfección del vínculo. Un *problema* es una imperfección que debe solucionarse para el ideal de una vida perfecta. Nos resulta tan inaceptable la presencia del desamor al interior de la relación amorosa que inmediatamente provocamos un intento de resolución de la carencia. De nuevo, una carencia es juzgada como algo a disolver: el único final

posible para una carencia es su plenificación. De allí, la representación del
amor como *continuum* amoroso en toda su expresión. No puede haber
en el despliegue pletórico del vínculo momentos de desamor, ya que su
presencia –o sea, la ausencia provisoria del amor– se concibe como resta,
como una falta que merma el caudal amoroso. Un amor imperfecto, a
medias, dudoso, incompleto.

El desamor es un problema a resolver, pero la filosofía no resuelve
problemas, sino que los crea. Y la filosofía es amor. Según reza la remani-
da etimología: amor al saber. La filosofía revela la carencia como condición ineluctable de nuestro ser. Una carencia cuidadosamente anestesiada
por el sentido común, una serie de falencias minuciosamente maquilladas
para que no hagan ruido. La filosofía no concibe a la falta como algo
a ser resuelto, sino que desconfía de toda resolución rápida que insiste
con desestimar nuestra condición finita. La filosofía no se hace preguntas
para encontrar respuestas, sino que se hace preguntas para cuestionar las
respuestas hegemónicas. Son preguntas que buscan horadar la calma de
una realidad que se impone como un orden inalterable y seguro. La filosofía problematiza la realidad. Desplaza la idea de *un problema a resolver*
por la idea de *problematicemos lo resuelto*. La filosofía se monta sobre la
carencia para reconciliarnos con el carácter abierto de lo real y por ello
confronta contra un sentido común cuyo principal objetivo es desestimar
todo lo problemático. De allí, el extrañamiento filosófico: no tiene mucho
sentido aquello que la filosofía plantea, ya que nadie entiende que allí
donde la filosofía postula un problema, resulte necesaria la pregunta. *Se
rasca donde no pica*, según una expresión utilizada por Richard Rorty (en
realidad como algo negativo para el pensador norteamericano). Y por ello
suele ser molesta, ya que perturba justamente las zonas de la existencia
que hasta ese momento venían funcionando supuestamente a la perfección. Ve lo humano y sus contingencias donde nos negamos a nosotros
mismos para constituirnos en ideales de perfección.

Con la misma lógica, podemos pensar los desamores parciales no
como fallas del vínculo sino como desajustes de la matriz amorosa hegemónica. Corroer el ideal romántico del amor desplazando la valoración
del desamor: son estas zonas de turbulencia las que consolidan una relación que intenta salirse de los formatos preestablecidos. Pero de nuevo, no

se trata de pensar al desamor parcial como una instancia a superar según un modelo más bien teleológico que justifica un momento negativo solo como un paso para la reconciliación amorosa. Se trata, por lo contrario, de asumir la dualidad constitutiva del amor y de vivir el desamor no como algo provisorio, sino con toda la magnitud de su naturaleza. No vislumbrar al desamor como un problema a resolver sino apostar a la problematización de todo vínculo como un modo de desestructurar el ideal normativo de la pareja como instancia armónica, pacífica y feliz. El amor no tiene que ver con la felicidad sino con el otro. Y, si hay un otro, no hay armonía sino conflicto.

Rascarse donde no pica. Cuidar siempre de no incurrir casi sin darnos cuenta en las formas oficiales del amor. Poder despegarnos de la sensación narcotizante de un amor donde todo funciona a la perfección. Para el sentido común, el éxito del amor es que el vínculo funcione bien. En realidad, el éxito es que funcione. Justamente, el ideal heteronormativo de la pareja es, antes que nada, un ideal sistémico de un orden donde todo se acopla para que el dispositivo funcione sin trabas. ¿Pero de quién es el deseo del *buen funcionamiento*? ¿El ideal de un vínculo se reduce a su *buen funcionamiento*? ¿Y qué significa *funcionar bien*? ¿Solo se reduce el deseo amoroso a poder encajar en un dispositivo donde todo fluya sin conflicto y se acoplen todas las partes en una fantasía metafísica de consumación generalizada? O dicho de otro modo, ¿no hay en todo deseo un intento de quiebre de cualquier funcionalismo?

Nada funciona bien en el amor. Nada funciona. Solo deseamos traspasar todos aquellos mandatos cotidianos que priorizan un mundo encerrado sobre sí mismo y sobre su propia continuidad. Nada funciona si preferimos pasar el tiempo con el otro sin hacer nada. Nada funciona si el inicio de un beso espontáneo puede derivar en la interrupción de las obligaciones del día. Nada funciona si incluso se trasgreden las formas instituidas del amor en una sociedad que supone comportamientos domeñados para cualquier lazo afectivo. Pero, sobre todo, nada funciona si al interior de un vínculo se potencian los conflictos.

Para el sentido común, una pareja ideal es aquella donde no se generan conflictos. La ausencia de conflictividad es una de las ambiciones prototípicas de toda relación amorosa: de máxima, el ideal de acople; de mínima, una convivencia desde ciertas diferencias con una total exención de toda discordia. Pero sin conflicto, no hay diferencia. El encuentro amoroso es un encuentro de diferencias. La absolución de todo conflicto corre el riesgo de avasallar la diferencia del otro. Muere más el vínculo en la abdicación de las diferencias que en la potenciación conflictiva de las otredades en juego. Se diluye más el amor en el amalgamiento por homogenización que en la disputa permanente donde las diferencias se van transformando a sí mismas en ese encuentro siempre abierto con el otro.

De allí que no solo el desamor no sea un problema a resolver, sino que es una instancia a dar cauce para que el ideal heteronormativo de la pareja feliz (o sea, de *buen funcionamiento*) no arrase con lo más sagrado del amor: el encuentro imposible con el otro. Por ejemplo, los desamores parciales, entre otras cosas, son la salvaguarda para que la relación amorosa no se vea llevada a su peor estadio: la fusión. Si el amor es siempre del otro, la fusión es la pérdida absoluta de la singularidad. La fusión es uno de los fármacos más potentes del amor: promete una trascendencia de plenitud que nos embarga en un estado de tranquilidad, seguridad, realización, pero en especial de acompañamiento absoluto. El otro es tan afín que me veo sostenido en todos mis deseos, proyectos, dudas, incluso congojas. El otro es tan afín, que de tan afín, ya no es un otro. La fusión expulsa cualquier atisbo de desamor ya que apuesta a un amor de tal elevación que se pierden las diferencias. Con el agregado adicional de que el supuesto compuesto que oficia como síntesis perfecta del vínculo suele ser la cooptación que uno hace del otro. En nombre de la fusión ideal, siempre hay alguien que fusiona al otro.

¿Qué es un desamor parcial? Es una secuencia irregular de acontecimientos de desamor que, en su manifestación, nos convencen de que hay algo que no cierra. Y la vivencia del acontecimiento es a fondo. El convencimiento es absoluto: en ese momento asumimos el desamor. No solo la no coincidencia, sino sobre todo la desilusión, la decepción, el enfriamiento de la atracción. Nos convencemos de que el encuentro con el otro ya no tiene sentido. Una veta específica del vínculo que se quebranta posee la suficiente fuerza como para convencernos de que la relación amorosa toda ha llegado a su fin. En las ocasiones donde el desamor acontece, la experiencia del final se vive como definitiva. Solo nos damos cuenta del carácter parcial del desamor, una vez acontecido. Nadie es consciente de que el desamor que se está experimentando es solo un momento. Si así fuera, no tendría sentido, ya que no se lo viviría con toda la estridencia de la ausencia del amor.

Es que el problema no es que haya desamor sino creer que somos siempre uno en el encuentro amoroso. En el encuentro con el otro somos muchos otros encontrándonos con otros muchos otros. Tal vez lo más desafiante del amor sea esta deconstrucción de la mismidad: no hay un único yo que ama o un único yo que es amado. Hay otredades encontrándose con otras. El drama sobreviene cuando un fragmento asume la totalidad del yo y vive su experiencia desamorada como síntoma de la relación toda. La multiplicidad de fragmentos que somos va estableciendo encuentros dispares: a veces nos encontramos, pero a veces nos distanciamos. Nos encontramos porque coinciden los fragmentos con los mismos intereses. Nos distanciamos porque afloran los fragmentos disidentes. Para el sentido común estaríamos en presencia de un caso de desamor clásico: no se puede no estar enamorado todo el tiempo. Pero el problema en realidad es otro: se puede no estar enamorado todo el tiempo porque no somos los mismos todo el tiempo. E incluso, los desamores parciales nos permiten que el recorrido hacia el otro se encuentre siempre vivo, siempre deseante.

La pregunta es *cuánto* desamor tolera un vínculo, ya que claramente hay una frontera que de ser traspasada, la relación directamente dejaría de ser amor. Por ejemplo, hay desamores parciales que concitan diferencias abismales. Una diferencia ideológica, sensibilidades muy distintas, proyectos de realización existencial, maneras de vivir el cotidiano, formas muy distintas de concebir nuestra relación con los hijos o con el hogar o con el tiempo o con el sexo. La clave aquí está en la posible deconstrucción del sujeto cerrado sobre sí mismo. Si nos asumimos muchos y no uno solo, probablemente la diferencia pueda darse como una inspiración a que cada uno vaya moviéndose de sus lugares estancos: ir probando otras formas, abrirse a otras ideas, modificar algunas costumbres. Pero si uno se halla cristalizado en un blindaje férreo de sí mismo, solo nos queda por delante una batalla con el otro. Aquí, el desamor se lleva puesto al vínculo.

Por otro lado, hay desamores parciales que para las matrices instituidas del amor hegemónico son insalvables y que sin embargo en una deconstrucción del amor son la clave de la emancipación amorosa: situaciones que van desde lo más ínfimo como no entrar en los códigos establecidos (decirse las palabras que *hay que* decirse, verse el tiempo que *hay que* verse, o seguir las prácticas que *hay que* proseguir para ser considerados un vínculo de acuerdo al sentido común), hasta lo más radical como la ruptura con el esquema monogámico clásico. En todo caso ya estamos en las puertas, como en el caso de una experiencia posmonogámica, de una deconstrucción del amor cuyo eje es siempre la tensión entre el dispositivo del cual partimos y el incierto despegue hacia el cual nos dirigimos. El amor es imposible porque nunca puede ser definido como amor. Es imposible porque nunca llega a ningún lado, sino que se enciende con el deseo del escape permanente. El amor es imposible porque nunca *es*, sino que siempre se está yendo. Es imposible porque es al mismo tiempo amor y desamor.

¿Cómo asumir el desamor? ¿Cómo sobrellevarlo sin que se nos vuelva un trauma irremontable? ¿Cómo reconvertir el desamor por fuera del paradigma del amor hegemónico? Está claro que resulta necesaria una deconstrucción del punto de partida, esto es, del sujeto amoroso. Deconstruir al sujeto amoroso es deconstruir a un sujeto que se percibe a sí mismo como un átomo cerrado, libre y autónomo, y sobre todo, capaz de establecer intercambios independientes con los otros. El sujeto amoroso cree que decide sobre el amor así como cree que decide sobre cualquier cosa. Cree que dispone del amor como si fuese un bien: lo pierde, lo gana, lo acopia, lo despilfarra. La mercantilización del amor parte de dos premisas: un sujeto cerrado sobre sí mismo que se define esencialmente como *propietario* y una concepción del amor como un *bien*, esto es, como una cosa a ser poseída. Alguien que se apropia y algo a ser apropiado. Alguien que se apropia y alguien a ser apropiado.

Solamente un sujeto que se concibe desde una solidez apropiativa vive el desamor como un drama definitivo. Únicamente un sujeto que entiende al amor como el encuentro de su otra mitad entiende su pérdida como una errancia infinita de desolación. Solo aquel que cree que en el amor el otro nos pertenece, siente la disolución de un vínculo como el extravío de una posesión, como una devaluación de nuestro capital afectivo. Asumir la pérdida es asumir que al otro nunca lo tuvimos. Y no lo poseímos fundamentalmente porque el otro es un otro, y, para que sea un otro, no puede nunca terminar de ser apropiado.

Al otro nunca lo tuvimos porque el amor no tiene que ver con la posesión sino con la retracción. Amar al otro no es conquistarlo sino todo lo contrario: es un ejercicio de desterritorialización. El otro me desborda, me rebasa, y su presencia me exuda, me saca de mí mismo. No solo no lo poseo, sino que el amor es la pérdida efectiva de todo aquello que creía que me constituía en mi subjetividad. Nadie gana en el amor. El amor es más bien la interrupción de mi propensión a colonizar al otro, o sea, a desotrarlo para incorporarlo como objeto de mi deseo.

La tensión entre el amor como ganancia y como pérdida se puede analizar en las diversas interpretaciones que recibe el mito de Orfeo y Eurídice. En especial, a partir de la lectura que hace Platón en *El banquete* y que desafía las formas tradicionales de leer el mito desde la valoración supina del amor incondicional. Es que claramente lo que se pone en juego es la cuestión de la *incondicionalidad*, uno de los rasgos fundamentales a la hora de juzgar el desamor como una pérdida dolorosa.

¿Qué es un amor incondicional? Es un amor sin condiciones. Un amor a pesar de todo. Pero sobre todo, un amor a pesar de uno mismo, o sea, un amor que incluso no me pueda resultar beneficioso. La confusión radica en la relación problemática entre incondicionalidad y beneficio. Se supone que un amor incondicional trasciende cualquier conveniencia, con lo cual hasta en última instancia podríamos por amor llegar a perder el amor. Esto es, por amor, podríamos llegar a perder al otro. Claro que para ello resulta fundamental repensar una vez más la conexión entre el amor y la ganancia. La incondicionalidad pone en cuestión si en el amor se gana o se pierde; o sea, si el amor tiene que ver con uno o con el otro. Nos convoca a repensar el binario ya que nos empuja a una indistinción entre ganar o perder y nos sume en el terreno de las aporías: *en el amor*

EL AMOR ES IMPOSIBLE

se gana cuando se pierde y se pierde cuando se gana. La incondicionalidad implicaría, en su caso extremo, que si el deseo del otro no coincide con nuestro deseo, entonces por amor no solo asumiríamos el final de vínculo sino que hasta nos contentaría que el otro privilegie su búsqueda. Aunque *pierdo* (ya que el vínculo se termina), *gano* (ya que el otro es feliz con su decisión). La incondicionalidad desajusta al sujeto de la apropiación y en algún sentido al sujeto mismo: solo puede darse el encuentro con el otro si dejamos de ser nosotros mismos.

Orfeo y Eurídice se enamoran y ni bien se casan se produce la tragedia: en un evento desafortunado en el bosque, escapando de un cazador que le pedía un beso, Eurídice pisa una serpiente que la envenena. Eurídice muere y desciende al Hades. Orfeo, el gran seductor finalmente enamorado y más todavía por una Eurídice ahora inalcanzable, decide ir por ella y encuentra la forma –gracias a sus recursos y su astucia– de ingresar vivo a la tierra de los muertos para recuperar a su esposa. Son contadas con los dedos las veces en que un ser humano accede al Hades vivo y en este caso la justificación es emblemática: Orfeo hace hasta lo imposible por amor.

Perséfone y el mismo Hades sin embargo lo condicionan. Si Orfeo pretende recuperar a Eurídice y llevársela consigo de nuevo al reino de los vivos, no debe, durante todo el recorrido de salida, darse vuelta y mirarla. El héroe logra reprimir su impulso obvio por confirmar a cada paso la presencia de su esposa y finalmente logra salir a la superficie, pero en un último instante de precipitación se da vuelta para mirarla, con tanta mala suerte que ella aún mantenía un pie en las sombras del Hades. De modo fulminante, Eurídice se vuelve humo y retorna al inframundo ahora sí de modo definitivo.

La desesperación de Orfeo no tiene consuelo. Hay muchas versiones sobre su destino, pero todas coinciden en describir a un personaje que ya no desea vivir y que solamente busca morir para reencontrarse con su amada. Una de las versiones lo ubica en un final atroz, despedazado por las Bacantes, enojadas por no recibir su amor, y un Orfeo ya sin cabeza que sin embargo no para de clamar: Eurídice, Eurídice, Eurídice.

Obviamente para el ideal romántico del amor, la epopeya de Orfeo es celebrada como la argucia del héroe que por amor logra ingresar vivo al mundo de los muertos. Es tanto el amor que siente por su amada que busca denodadamente la forma de no perderla. El amor puede más que la muerte y ese poder se manifiesta en lograr lo que ningún ser humano nunca pudo conseguir: resucitar a los muertos. Asistimos al ideal del sujeto en toda su magnitud y excelencia: básicamente, un ganador. Vencer a la muerte es ganar. Rescatar a Eurídice es no perderla. El ganador además da cuenta de un propósito moralmente intachable: el amor. El motivo es clave ya que justifica por demás la transgresión imperdonable de un ser humano para con su propia finitud. Una cosa es resucitar a alguien que ha muerto y otra mucho más radical es acceder al mundo de los muertos y seguir vivo. Por eso, ni siquiera hace mella el hecho de ver cercenado su éxito a último momento, ya que le epopeya de Orfeo no tiene que ver con su logro sino con su potencial: el amor es tan divino que hasta nos dota de un poder magnánimo que nos emula con los dioses. De hecho, los relatos culminan finalmente con el encuentro final entre Orfeo y Eurídice, pero en el Hades. Aquello que no logró en vida, finalmente lo consiguió en la muerte. Demasiado portal abierto hubiera sido que Orfeo se saliera con la suya.

Pero son justamente estos hechos los que Platón revierte en su versión y cuestiona. Todo depende del modo en que leamos los acontecimientos: por algo el pie de Eurídice evidencia que la capacidad de Orfeo choca contra su propia limitación. Lo humano logra vencer a la finitud, pero no a lo humano. En la lectura platónica, los dioses no solo no recompensaron la actitud de Orfeo sino que incluso lo castigaron. Orfeo comete el peor de los pecados: no muere por amor. No hay entrega, sino conveniencia. No hay amor por el otro, sino por uno mismo. Incluso, la inteligencia de haber podido ingresar al Hades vivo agudiza la escena: no se entiende por qué en vez de morir para unirse a su amada, decide no perder absolutamente nada y exigir que el movimiento lo haga Eurídice. La inteligencia al servicio de su propio interés.

Platón, en boca del sofista Fedro, se encuentra en esta instancia de *El banquete* explicando la idea de *morir por amor* como un bien. Pero el bien es siempre del otro. Orfeo lo desafía e insiste en un ideal del amor como acumulación propia. Orfeo no asume la pérdida. No acepta el desamor. No reconvierte el desamor en otra cosa. Su destino entonces es el padecer obsesionado con haber perdido lo que creyó que era suyo. Así, no puede no estar desesperadamente pendiente de la Eurídice fantasma ya inalcanzable. El drama de todo amor apropiativo es que el otro se vuelva un fantasma: esté el otro vivo o muerto.

Orfeo no asume el desamor. No asume la pérdida en tanto pérdida. No arriesga. La muerte de su amada no lo desarma. Al contrario, se empodera y se ratifica a sí mismo demostrando que posee la suficiente inteligencia y seducción para lograr lo que ningún ser humano nunca ha podido: transgredir la escala ontológica para ingresar vivo al mundo de los muertos. Busca recuperar lo perdido para sí, pero nunca se entrega a una realidad otra. Nunca deja abierta la posibilidad de que la muerte de Eurídice sea una invitación al desajuste. Y no se trata de morir por amor en términos sacrificiales, sino de leer la muerte de la amada como una invitación a la otredad. No es el morir por amor que refleja el mismo orden terrenal en el cielo, sino al revés: hacer del cielo imposible la oportunidad para retraerse de sí mismo. El cielo no es un mundo más perfecto. El cielo no es parte de este mundo porque básicamente no es. El cielo no es; el cielo inspira. Y sobre todo inspira a la fuga…

Podemos encontrar otra lógica en la filosofía epicúrea. La persistencia epicúrea a huir del dolor y buscar el placer por lo mínimo como formas de lograr la felicidad, replantea el tema de los vínculos. Tanto Epicuro como su lectura por parte de Lucrecio se detienen específicamente en reflexionar cuál es el modo de prevenir cualquier perturbación como efecto de una cuestión afectiva. Si el propósito esencial del ser humano es alcanzar la felicidad, y si la felicidad se alcanza en la minimización de cualquier perturbación o dolencia, entonces se trata de detectar cuál es la causa de nuestras principales penurias. Para el epicureísmo es más que evidente: nada nos perturba el alma más que las dependencias. Ser feliz es alcanzar un estado de imperturbabilidad o *ataraxia* que prescinda de cualquier dependencia, ya que el estar implicado a algo o a alguien no nos permite de modo autónomo decidir sobre nosotros mismos.

La *ataraxia* se asocia con la *autarquía*. Hay un ideal de independencia que garantiza que nada exterior a nosotros nos intranquilice. El encuentro con el otro no puede generar en nosotros dependencia. ¿Por qué? La respuesta es similar para un vínculo como para cualquier apego con toda entidad: las dependencias nos intranquilizan dada su potencial pérdida. La autarquía se debilita cuando estamos más pendientes de la posibilidad de perder aquello que poseemos. De allí que el hedonismo epicúreo se encuentre lejos de toda materialidad. No es un hedonismo material, sino exactamente al revés: es la posibilidad de encontrar placer por las pequeñas cosas, por lo mínimo, por lo inapropiable, incluso por aquello que de tan pequeño se nos vuelve imposible de extraviar o de valorar: como el solo caminar, respirar, el mero existir.

Pero además, todo esto se ve acompañado por una crítica furibunda a los falsos infinitos; o sea, a todo aquello que suponemos que posee una duración eterna. Nada es para siempre y menos las entidades materiales que necesariamente perderemos o se corromperán con el tiempo. Nada es para siempre y tampoco las relaciones afectivas que necesariamente se diluyen o terminan.

La llamada epicúrea a la contingencia simultáneamente se asocia con una metafísica del azar, donde además de asumir la finitud de lo real, vivimos un mundo cuya cosmología esencial es la caída azarosa de los átomos que vuelve impredecible cualquier fenómeno. Todo en el universo se compone de átomos cayendo con una desviación azarosa. Nada es predecible, ni su inicio ni su final. De allí que un vínculo es básicamente un encuentro impensado entre autarquías con un condimento originario: así como sin preverlo aconteció el encuentro, así también acontece el desencuentro. Así como nos transformó la flecha de oro, también lo hizo la flecha de plomo. Pensar las relaciones afectivas desde el paradigma del no intrincamiento mutuo y al mismo tiempo desde la contingencia temporal nos posibilita otra concepción del amor y el desamor. ¿Pero cómo pensar el encuentro sin intrincamiento, o sea, un encuentro no enmarañado, no enredado, que no se dirija en camino a la fusión?

Si pensásemos la existencia como un recorrido por caminos diversos que casi no prevemos, sabemos que en diferentes momentos coincidiríamos con otros en algunos de sus trayectos. Nuestra ruta –siempre singular– coincide con la ruta del otro solo en algunos segmentos. Por allí veníamos en nuestro recorrido y nos encontramos con el otro, casi de causalidad, en ese juntarse contingente de caminos con diseños muy diferentes pero que eventualmente recorren un mismo sendero. Mientras coincidamos por un tiempo en un mismo camino, un mismo norte nos une. Pero claramente no se trata de un mismo propósito, ya que ni siquiera cada uno sabe hacia dónde se está dirigiendo. Solo se nos dio el azar de vernos coincidir un rato en el camino: esa coincidencia nos une de modo tal que nos acompañamos, nos enamoramos, nos deseamos, nos besamos, nos ayudamos, nos inspiramos, pero nunca nos compenetramos más que el límite de la frontera difusa de nuestra búsqueda. No somos entidades cerradas, sino todo lo contrario: somos proyectos abiertos absolutamente flexibles y maleables que solo por algunos largos momentos compartimos el tiempo y el espacio.

Y así, como de la nada un día nos empezamos a encontrar coincidiendo en la traza, así un día los caminos comenzaron a divergir. Con dolor, con tristeza, pero con el cuidado de no avasallar al otro, cada uno se deja llevar por un nuevo recodo que necesariamente nos aleja. Pero no es un final. No hay final si no hubo comienzo. No hay final si no hay dependencia. Nadie sabe si los senderos en algún momento no volverán juntarse. Cada uno ya somos otros y somos otros porque nos transformamos mutuamente. Cada uno se lleva al otro en la continuidad de su camino.

Asumir el desamor es también asumir la asimetría amorosa. El ideal romántico del amor postula a la *equivalencia* como valor fundamental del vínculo. Hay una representación idílica que supone que cuanto más equivalente sea el sentir mutuo, más cerca nos hallamos de una realización afectiva. Nos tenemos que amar sintiendo lo mismo, la cantidad de amor que nos ofrendamos tiene que ser similar. La metáfora de la otra mitad parte del imaginario de dos mitades iguales que se aman de modo equivalente. Toda asimetría es vista como una falla. Hay una abstracción de la reciprocidad amorosa muy propia de las formas mercantiles del intercambio: la simetría establece que ambos sujetos amorosos intercambian el amor de modo equivalente. La fantasía primordial establece que el amor que circula tiene que ser el mismo. *¿Me querés tanto como yo te quiero a vos?* De nuevo, la prescripción que se confunde con la descripción: para que haya amor, tenemos que sentir lo mismo todos los implicados.

Pero además se pone en juego otra fantasía: la del punto de partida. Es que el punto de partida nunca es el mismo y por ello la ilusión de la equivalencia fuerza no solo el sentimiento sino la revisión que cada uno se hace de su propia historia. Es el mismo tipo de argumento con el cual podemos cuestionar el supuesto punto de partida igualitario de todo contractualismo, incluso del liberalismo: el sujeto ya se halla conformado por una historia, por una procedencia, por un género, por una situación económica y, sobre todo, por una memoria afectiva desde la cual se eyecta en el encuentro con el otro. Nadie llega al encuentro con el otro desprovisto de un historial de relaciones amorosas que claramente van configurando el lugar desde el cual el nuevo vínculo se inicia. Nadie inicia un nuevo vínculo desde cero: siempre ya estamos siendo sujetos sujetados por las marcas de nuestras historias de amor previas.

Pero el amor genera una percepción de borramiento de las diferencias donde en nombre suyo todo se iguala. Es la misma matriz religiosa presente en la idea de que para Dios todos somos iguales, o la matriz liberal que supone que la igualdad jurídica ante la ley alcanza para que las desigualdades de origen se licúen. Más allá del igualitarismo formal, por ejemplo, hay una tensión concreta entre el ideal de la equivalencia y el género: no es lo mismo ser varón o ser mujer en las formas en que se constituyen las parejas en una sociedad heterocentrada. No puede haber equivalencia si el punto de partida ya de por sí es asimétrico. O dicho de otro modo: es justamente la asimetría de género la que es invisibilizada en la justificación de supuestos roles naturales que confunden diferencia con desigualdad. El sentido común amoroso persiste en el ideal de equivalencia en la medida en que disuelve la asimetría de género a favor de una igualdad formal que no se hace cargo de la desigualdad.

Es sobre todo en el objetivo primordial del dispositivo heteronormativo donde más se solventa la asimetría: en la reproducción. En la medida en que se continúe fundamentando la naturaleza misma del amor como un impulso cuya finalidad es la reproducción de la especie, la asimetría muestra todas sus vetas: en nombre de una causa trascendente, el vínculo de pareja se vuelve una instancia incuestionable donde cada parte pone en juego su rol. Y aquí de nuevo resulta clave distinguir entre diferencia y desigualdad: no hay ninguna deducción justificada entre el hecho de que una mujer por naturaleza pueda tener hijos y el modo en que en nuestras sociedades se define la figura de una madre, con sus obligaciones, sus posibilidades, sus supuestas funciones innatas, sus labores no remuneradas, su presencia no correspondida, su carga. La pareja, cuya estructura supuestamente par postula el ideal de la equivalencia, resulta ser siempre una zona de conflicto entre subjetividades asimétricas. Pero lo peor del caso es que no solo no se cuestiona la desigualdad de partida sino el intento de enmascararla en la supuesta estructura de la pareja, modelo binario ideal de un reparto igualitario. Si hay binario, siempre hay jerarquía. Si hay jerarquía, hay relaciones de poder. Si hay poder, no hay equivalencia.

El mito de la equivalencia le debe además mucho de su entidad a la idea de que en el amor el otro me completa. El amor como complemento es la derivación inmediata de la concepción del amor como búsqueda de la otra mitad, pero sin embargo en su propia formulación encontramos las formas de la asimetría. Ya de por sí, el concebir como función del amor el ser un complemento, endilga al otro a un rol subsidiario. Tener que ser la otra mitad del aplacamiento de una carencia hace del otro no tanto un otro, sino una pieza de encaje. Nunca la otra mitad llega a ser la otra mitad porque ontológicamente su ser está en constituirse como complemento de una falta. El mito de la equivalencia reposa sobre una falsa simetría. No hay circulación igualitaria del amor porque los sujetos no son iguales. No hay mitades en juego sino desproporciones.

Nuestro sentido común sobre el amor es esencialmente un ideal de equivalencia. El reclamo constante, la demanda recurrente, la inseguridad afectiva es siempre una percepción de asimetría. ¿Cómo sostener un vínculo amoroso si el otro no me ama como yo lo amo? O en su versión opuesta: ¿cómo sostener un vínculo amoroso con alguien que me ama más de lo que yo lo amo? Nos resulta una falla estructural del amor su falta de equivalencia. Incluso, nos resulta incomprensible estar amando a alguien que no se avenga a la reciprocidad natural de toda relación. Sin embargo, es justamente esta imposibilidad la que nos induce a repensar la particularidad del encuentro amoroso: ¿no se vuelve el amor entonces un intercambio acumulativo? Doy amor para recibir amor, donde la recepción del amor supone ya una vuelta cualitativa nueva. No deja de haber ganancia ya que, aunque cuantitativamente se trate de lo mismo, mi deseo retorna como deseo del otro. Hay un retorno que rellena una subjetividad vaciada en el acto de dar amor. Y es ese trajín de vaciado y rellenado el que pone en movimiento y transformación al sujeto amoroso. El problema de la reciprocidad de por sí representa un conflicto para un amor que se precia de sustraerse al círculo del intercambio. Si amamos para que nos amen, ya no es amor sino cálculo, conveniencia, egoísmo. La exigencia de un amor recíproco suele burocratizar al amor, pero sobre todo trasladarlo al plano de la acumulación propia donde se convierte al otro en un insumo que satisface nuestra necesidad afectiva. O en la línea del pensamiento de Derrida, diríamos que la única reciprocidad genuina es la que no se pacta ni se mide ni se calcula, o sea, la reciprocidad imposible.

Deconstruir la equivalencia amorosa nos resitúa frente al problema del desamor. Siempre alguien va a habitar una situación incómoda, ya que la asimetría no es asumida como parte efectiva del amor sino como una falencia. Y tal vez sea el desamor el aspecto revelatorio que ayuda a deconstruir la equivalencia, ya que en el acto de dejar de amar a alguien nunca se produce un evento simétrico. Así como es un ideal la equivalencia amorosa, mucho más ideal es la equivalencia desamorosa. No hay desamores que se manifiesten al mismo tiempo y de modo simétrico. Incluso cuando en algún vínculo finalmente los implicados asumen la convicción de haber disuelto la relación como algo beneficioso, nunca la aceptación se da de modo mutuo. Alguien prefiere darle más tiempo, o menos tiempo; alguien aún prefiere apostar o tomarse unos meses. Pero nunca se produce una simultaneidad donde los sujetos del amor coinciden en tiempo y forma en comenzar la disolución del lazo afectivo. No hay separación equivalente. Sobre todo porque los procesos de desamor son irregulares, sinuosos, inseguros, contradictorios, resistentes.

Sin embargo nos resulta más fácil asumir la inequivalencia en el desamor que en el amor aunque la evidencia sea letal: si cuando nos desenamoramos no hay equivalencia, ¿por qué habría de haberla cuando nos hallábamos enamorados? La asimetría del desamor es antes que nada una prueba de la asimetría amorosa. Así como el desamor llega de modo no coincidente, tampoco el amor fue un acontecimiento simétrico. Siempre alguien está enamorado más que otro. Y ello implica asumir al desamor como parte constitutiva del amor. El amor es imposible porque no es equitativo: siempre alguien ama más; o al revés, siempre alguien sufre más por amor.

El amor es imposible porque todo amor es siempre un desamor. En especial, si insistimos en caracterizar al amor como una pérdida. Si amar no es ganar sino perder, la experiencia amorosa se confunde con la desamorosa. ¿Pero por qué el amor sería una pérdida? Resulta básicamente una pérdida en contraposición con la idea de ganancia amorosa, o sea con la idea de que, si hay amor, entonces sacamos algún tipo de provecho.

Perder algo supone haberlo poseído. Desapropiarnos de algo supone previamente un acto de apropiación. No se pierde sino aquello que en su momento acumulamos. Nuestras posesiones no son dones innatos: existe todo un dispositivo institucional que las explica, las legitima y las legaliza. Aunque las demos por naturalizadas como si *a priori* nos pertenecieran, tienen sin embargo un origen *a posteriori*. Es importante recalcar este punto ya que sostener que en el amor se pierde es también una manera de evidenciar que damos por obvio que en el amor se gana. Y que así no tiene sentido cuestionarse la relación entre el amor y la ganancia.

Perder supone entonces una metafísica de la posesión, esto es, una justificación que naturaliza la forma en que nos volvemos propietarios. El amor resulta entonces una pérdida en oposición a la noción de ganancia económica, o sea, a la concepción de ganancia en términos acumulativos. Perdemos algo que supuestamente tuvimos, aunque en general no nos detengamos a pensar el modo en que lo adquirimos. Por ejemplo, la ruptura de un vínculo la planteamos como una pérdida: la pérdida de una relación amorosa que hasta ese entonces poseíamos. ¿Pero se "posee" una relación amorosa? Un vínculo se pierde si en algún sentido creímos haberlo poseído. Se pierde si lo concebimos como una característica de un sujeto cerrado sobre sí mismo. Pero si nuestra subjetividad es un efecto del lazo amoroso y no su causa, entonces ¿qué es lo que estaríamos perdiendo?

También *dar amor* es una manera de perder algo propio: el amor que se supone que poseíamos. Nada define mejor al amor que el acto de *dar*. No importa qué. Amo tanto al otro que me desposeo. Pero de nuevo, aquello que damos, ¿de verdad creemos que lo teníamos? ¿No nos estamos desapropiando del artificio de creernos sujetos que poseen el amor? Por ejemplo, perder al otro. ¿Qué significa perder a alguien? Enfáticamente significa que el otro ya no me ama. Perder al otro no es perder al otro en sí mismo sino es haber perdido el deseo del otro. Y una vez más, ¿creímos en algún momento que podíamos poseer el deseo del otro?

Para el sentido común, la acción de amar es una práctica de acumulación, de expansión de uno mismo, de ampliación del yo. Amar es una disposición del sujeto. No somos efectos del amor, sino su causa. Somos sujetos en el sentido etimológico de *sub iectum*, aquello que está por debajo de lo eyecto: somos fundamentos de nosotros mismos y de todo lo que nos compete. Somos sujetos en este sentido de causa y no sujetos en el otro sentido de estar sujetados por fuerzas que nos condicionan, nos constituyen y sobre todo nos producen como sujetos que se creen fundamento: somos un *efecto* que se percibe *causa*.

Así, para el sentido común el amor nos nutre, nos hace crecer, nos expande, nos mejora, nos realiza. Nos capitaliza. Nos brinda dividendos: el amor es una experiencia de ganancia para el sujeto. No hay un otro. Hay un ejercicio de autorreferencialidad donde el otro sobra. O más bien, el otro se vuelve un recurso para mi propia satisfacción, sea sexual, emocional, material, espiritual, existencial, sea del cariz que sea. Es una experiencia de ganancia en todo sentido: amar se vuelve una estrategia para coincidir cada vez más con nosotros mismos; esto es, con la expectativa del dispositivo social de producir cuerpos –diría Foucault– políticamente dóciles y económicamente rentables.

El ideal del *conócete a ti mismo* requiere que el autoconocimiento final coincida de manera exacta con el modelo de subjetividad hegemónico: la absoluta idolatría del *sí mismo*. En este contexto, la mercantilización de la existencia eleva a la ganancia al status de valor supremo. Por eso, se gana en lo material, pero también se gana en lo espiritual: solo se trata de una existencia atravesada por el beneficio, el provecho, la rentabilidad, la productividad. Y así, un buen trabajo, unas vacaciones, un consumo cultural o una buena relación sexoafectiva son vistos siempre como formas de ganancia para la persona. Todo lo que nos ancla en lo que somos resulta una especie de ganancia. Ganar es seguir expandiendo lo que somos.

Para el sentido común, el amor nos garantiza tranquilidad, felicidad, placer, seguridad, y sobre todo promueve un pasaje directo hacia la trascendencia más profunda y la realización de todo sentido: todas supuestas virtudes que nos constituyen en sujetos felices. Todo se reduce a alcanzar una posible felicidad de la que sin embargo no tenemos idea cuál es su contenido. La ganancia en el amor se manifiesta como una suerte de progreso hacia la felicidad asociada con la acumulación y la posesión: ser feliz es poseer. Por eso el amor es comprendido como una disposición que nos suma, nos beneficia y nos ratifica en lo que somos; es más, amplía nuestro ser: lo despliega, lo engrandece, lo plenifica. Para el sentido común, la única razón de ser del amor se conecta directamente con los beneficios que nos provee.

Y aunque se intente deseconomizar la idea de ganancia, no deja de estar siempre asociada a una cuestión de rédito. El sujeto se empodera a partir de una acumulación que lo coloca en un estado de mayor plenitud. Hay economía en el amor en la medida en que nos brinda una mayor estabilidad como sujetos en el dispositivo social existente. Ganar es adscribir a los modelos de normalización que establecen los parámetros de una persona feliz. De allí que existan ciertas disposiciones que hacen de alguien un sujeto exitoso: por ejemplo, el saber bien quién es uno, el tener un trabajo adecuado, poseer una buena posición económica, cierta sensibilidad espiritual que cada tanto pone en cuestión todo lo anterior, pero sobre todo e indefectiblemente el estar enamorado. Nadie es exitoso sin amor: ni económicamente ni religiosamente (que no es más que otra forma de la economía). El amor, indiscutiblemente, resulta altamente provechoso.

¿Cuál es la ganancia económica en el amor? Claramente la ratificación de uno mismo en un sistema que produce individuos cuyo principal éxito es encajar en los propósitos que el dispositivo social formula. No se trata solamente de apropiarse más de uno mismo sino de que esa mismidad coincida exactamente con lo que el sentido común exige de nosotros. Una vez más, ganar no es más que encajar en los criterios de éxito desde los cuales se nos disciplina y se nos conduce. Ganar nos expande. Acumular nos agranda. El amor se vuelve una forma de apropiación. Todo se reduce a un mismo objetivo: poseer. El paradigma del sujeto se establece antes que nada en la idea de que el sujeto se autoafirma poseyendo. Y si la economía nos brinda la posibilidad de poseer, en el amor se busca específicamente la posesión del otro: una posesión que como toda posesión no hace más que afirmarme en lo que soy. Sin embargo, la pregunta queda abierta: ¿poseer, para qué?

Tengo propiedades: tengo auto, tengo casa, tengo cuenta corriente, pero también tengo un vínculo que me define. Lo propio se confunde con las propiedades. En el mundo de la economía afectiva, tener una relación se percibe como una de las tantas posesiones que nos constituyen. De allí, es obvio que la posesión pueda perderse y por ello se formulan todas unas recetas infalibles para que la pareja resulte exitosa.

¿Pero qué es *tener* una pareja? Por ejemplo, cuando pensamos en nuestro cuerpo, nos podemos preguntar si al cuerpo lo tenemos, o si somos un cuerpo. Creer que tenemos al cuerpo es constituirlo en ese mismo instante como un objeto a nuestra disposición y entramarlo en la codificación propia de todo bien. Nuestro cuerpo se cosifica: se vuelve una cosa más entre tantas otras cosas. Del mismo modo, con todo vínculo afectivo, podemos también preguntarnos si tenemos un vínculo o si somos un vínculo. O si estamos en una relación: estoy de novio. El ancho espectro que se despliega entre tener novio o estar de novio, pero nunca enunciado desde el ser. De nuevo, todo esto supone escindir al amor como algo exterior a nosotros: un amor del que disponemos o no, pero que siempre se nos cosifica como una exterioridad. ¿Pero se *tiene* el amor? ¿No somos más bien un efecto del amor? El problema es que si al amor se lo *tiene*, entonces al amor se lo gana o se lo pierde. ¿Cómo deconstruir entonces este binario?

Sostener que en el amor no se gana sino que se pierde es básicamente una provocación irónica que, como toda ironía, busca más que nada animar otras perspectivas sobre el tema habitualmente ocultas. Sostener que en el amor se pierde es fundamentalmente deconstruir la idea del amor como ganancia. Se pierde porque el amor es por el otro y no por uno mismo. Se pierde porque dar amor es perder algo propio. El amor es una experiencia *aneconómica*. No es pérdida en el sentido estricto sino un intento por sustraer al amor de la lógica del intercambio mercantil. De hecho, lo aporético del amor es que mientras se pierde dando amor, sin embargo nos regocijamos. Y ese regocijo no es una ratificación del sujeto, ya que frente a la prevalencia del otro, el amor que damos nos puede generar perturbación, inestabilidad, desajuste, inquietud, y hasta tristeza. Nos regocija el dar por el otro: un dar sin objeto, un dar eximido de cosificación. O como sostiene la famosa fórmula: amar es dar lo que no se tiene.

En el amor perdemos por sobre todo porque la prioridad del otro nos exige lidiar permanente con nosotros mismos, de tal forma que, cuanto más amamos, menos seguros estamos de quiénes somos. Perder, en este contexto, es más que nada una metáfora del desplazamiento que nos desimplica de nuestra subjetividad. Perdemos calma, perdemos solidez, perdemos dominio. El amor nos deja expuestos en nuestra precariedad absoluta. No es pérdida incluso en el sentido de derrota o de fracaso, sino de desarme de un amor concebido a priori como una forma de acumulación de lo propio. Y por ello mismo la pérdida es una forma del desamor. Si amar es perder, entonces el amor es también una figura del desamor.

Deconstruir el mito de la equivalencia supone también comprender la imposibilidad de convertir al amor en algo cuantificable. ¿Cuánto amor nos damos? ¿Es medible? ¿Es pesable? El reduccionismo lingüístico procura resolver este conflicto subsumiendo lo cuantitativo en fórmulas intercambiables: alguien dice "te amo" y el otro le responde "te amo". Ambas frases son sintácticamente iguales, y hasta semánticamente similares. Lo *imposible* es poder realmente llegar al conocimiento de cuánto amor se juega en cada caso. ¿Cuánto amor contiene cada "te amo"? La palabra, como la moneda, abstrae, equipara y devalúa la especificidad. Solo garantiza fórmulas intercambiables: te doy un "te amo" y recibo un "te amo". Además, lo *imposible* es poder equiparar historias de construcción de la subjetividad tan diferentes. Cada "te amo" se expresa al interior de un uso del lenguaje bien singular que acarrea historias muchas veces demasiado inconmensurables. La mutua formulación del "te amo" solo asegura que ambos estamos diciendo lo mismo, sabiendo indudablemente lo que la frase declarativa significa e implica. Pero de allí a asumir que el referente del enunciado sea exactamente el mismo y que lo experimentamos del mismo modo, hay un abismo infranqueable.

Tampoco hay equivalencia en la contingencia del cotidiano. No nos estamos amando de idéntico modo todo el tiempo. Pero, sobre todo, no nos estamos amando todo el tiempo. La equivalencia necesita no solo que el amor sea cuantificable sino también que sea absoluto. El mandato supone individuos pletóricamente dados a un amor total que debe compartirse del mismo modo. Cualquier dispersión rápidamente es puesta en el lugar de la falta. Sin embargo, no estamos enamorados a cada segundo del día. El ideal romántico del amor concibe al amor como un tipo de *aura* que nos envuelve en su totalidad. Nos tiñe por entero. Y el aura no se enciende y se apaga: no es accidental sino sustancial. Nos convertimos en seres enamorados que "además" trabajamos, cocinamos, nos entretenemos, dormimos. Nos convertimos. Y todo es además. El aura nos toma por completo. El carácter aurático del amor nos transforma ontológicamente.

Por ello, cualquier desconcentración es leída como una pérdida del aura. Es intolerable que compitan en nosotros otros intereses por fuera del lazo romántico. Y ni siquiera se trata de la cuestión monogámica, sino de algo aún más hondo: la competencia de intereses. Para el sentido común, el amor no es un aspecto más que entra en diálogo y tensión con otros aspectos de nuestra identidad siempre trunca y en reinvención incesante. Para el sentido común, el amor tiene un status sustantivo: nos convertimos sustantivamente en otra cosa. De ahora en más, somos individuos enamorados que hacemos y deshacemos lo que sea, siempre desde una nueva condición del ser: el pasar a estar esencialmente constituidos por el amor. De allí que no se concibe el que haya momentos del día donde el amor no se encuentre presente. Dos sustancias enamoradas tiñen todo lo que hacen de amor: se come enamorado, se trabaja enamorado, se va al baño enamorado. La ausencia provisoria del amor automáticamente supone una falla. Una merma en la atención amorosa producto de un interés en tensión como, por ejemplo, estar realizando cualquier actividad donde el otro no se encuentre implicado, es interpretada como una imperfección del amor.

Nadie está enamorado todo el tiempo, ni nadie es el mismo todo el tiempo. El carácter aporético del amor también supone que simultáneamente se dé y no se dé. O dicho de otro modo: desde una concepción post-sustantiva del sujeto, donde el amor es un fragmento más de una existencia en resignificación permanente, resulta imposible que acontezca la equivalencia. Nunca nos vamos a amar del mismo modo, en especial porque cada uno de nosotros nunca es el mismo...

Pero tal vez donde más se visualice el artificio de la equivalencia sea en los roles del amor, tal como lo presenta Platón en *El banquete*: se trata de la cuestión de la asimetría amorosa. Noción luego revisitada de diferentes maneras, en especial desde el psicoanálisis en la lectura de Jacques Lacan. El amor no solo es asimétrico, sino que enunciado con mayor radicalidad: solo hay amor porque hay asimetría. A la inversa del mito de la equivalencia, podríamos pensar que el movimiento del amor no es tanto la coincidencia entre los implicados, sino su *discordancia*; no tanto el acople sino el desacople. El amor es esa imposibilidad de encastre, ese resto que siempre nos augura la continuidad del deseo. Un deseo que pone todo su empeño en alcanzar lo imposible. El amor es imposible porque todo amor es un desencuentro. Todo amor es también un desamor.

Y no solo la asimetría se manifiesta en la falta de coincidencia, sino que sobre todo se plasma en el punto de partida del amor: nunca se trata de dos sujetos dispuestos en los mismos roles. No hacemos lo mismo en el amor ni nos pasa lo mismo. No es lo mismo dar amor que recibir amor, aunque a la larga demos y recibamos. No hay reciprocidad cuantitativa: no damos ni recibimos lo mismo, ya que no somos los mismos. Siempre estamos ejerciendo roles. Es cierto que cualquiera puede cumplir diferentes funciones en distintos momentos, pero el acontecimiento amoroso cuando acaece supone siempre, según este esquema, funciones asimétricas. No hay equidad: el amor siempre es injusto. Y lo peor es que es esa asimetría la que da inicio al movimiento amoroso: un movimiento que nunca es estático. Por eso, si el amor es de por sí asimétrico, entonces no solo no hay equivalencia, sino que entonces siempre estaría incluyendo al desamor.

Platón, en boca del sofista Fedro, describe a los interlocutores amorosos a partir de la asimetría. Claramente en la Atenas del siglo IV a. C. las instituciones y costumbres amorosas eran otras: se daba por natural la asimetría que además se acompañaba con una diferencia de edad. *El banquete*, además de ser un tratado filosófico, nos brinda información concreta acerca del modo en que se vivía el amor en aquella época. El discurso de Pausanias en el libro es emblemático e incluye una descripción de las costumbres amatorias de otras *poleis*: una sociología del amor en esos tiempos.

Fedro inaugura los elogios al dios Eros y en su discurso distingue a los *amantes* de los *amados*, figuras asimétricas de un amor que, si las llevamos a la abstracción, expresan posiciones diferentes en el lazo afectivo. El amante, como lo expresa su declinación, ejerce una acción: desea. Amante es el que ama. El amado (o *lo amado* que supuestamente se encuentra *en* el amado) es el objeto de este deseo: aquello que es amado por el amante. Participio presente y participio pasado: lo que ejerce la acción y aquello sobre lo que la acción es ejercida. Aquello que desea y aquello que es deseado. El amante, dice Platón, está poseído por un dios: aquello que lo impulsa ni siquiera le pertenece de modo taxativo. El deseo nos toma y nos orienta hacia lo deseado. A partir de esto, se despliegan dos preguntas fundamentales: por un lado, ¿qué es lo que posee el amado para ser deseado? Y por el otro: ¿qué le falta al amante que lo busca en el amado casi con desesperación?

Si abordamos este esquema desde la lectura del sentido común, nos encontramos con un pensamiento binario que se afirma en una forma de conocimiento denominada *realismo ingenuo*: se supone que lo deseado tiene algo que atrae y que el sujeto deseante se ve cautivado por ello. O sea, que lo deseado es deseado de por sí: hay algo objetivamente deseable en lo deseado que lo convierte en deseado independientemente de la acción del sujeto deseante. Denominamos *realismo ingenuo* a la presuposición que sostiene que entre el sujeto y el objeto no hay ninguna interferencia o mediación sino pura transparencia y que por ello la "verdad" del saber se halla en el objeto mientras que el sujeto se vuelve un mero espectador pasivo que solo recibe la información. Es *realismo* porque hay una prioridad de lo real –esto es del objeto– por sobre el sujeto.

Lo amado posee un atractivo que cautiva al sujeto, como por ejemplo, la belleza. Pero como el amante en este esquema es un ser pasivo que solo lee neutralmente la información, nos hallamos entonces con una concepción objetivista de la belleza donde al amado se lo concibe bello de por sí y su belleza puede ser contemplada y deseada de manera objetiva. Por ello además de *realismo* es *ingenuo*, ya que se supone que el sujeto es un mero ente pasivo y transparente que no ejerce ninguna distorsión, condicionamiento o interés sobre las cosas: que no activa. Casi como si en tono universalista supusiéramos que *lo deseado* es deseado por todos por igual, ya que no dependería de la subjetividad sino de la "verdad" de su belleza. De donde podríamos llegar a conclusiones disparatadas como, por ejemplo, que todos nos deberíamos enamorar entonces de las mismas personas de acuerdo a su objetiva condición de belleza. O peor; que si no fuese así es porque nos estaríamos equivocando en nuestros juicios estéticos.

Pero, sobre todo, la ingenuidad de esta forma de realismo está en creer que la estructura del deseo se vincula más con el objeto que con el sujeto. ¿De dónde surge el deseo? ¿Es simplemente una reacción del sujeto frente a un estímulo que lo convoca? ¿O no es el deseo una forma del sujeto de lidiar con sus propias limitaciones? ¿Buscamos al otro por lo que el otro es, o buscamos al otro porque nuestra propia carencia constitutiva nos arroja a una errancia infinita? ¿Deseo algo del otro o deseo algo de mí que no poseo y supongo que el otro lo tiene? Y para peor; si el deseo surge de mis propios límites, ¿por qué suponer que podrá finalmente satisfacerse si mi tragedia es que soy ontológicamente limitado? Es muy diferente pensar al amor como un movimiento del sujeto sobre sí mismo en busca de suturar el quebranto de la finitud a través del encuentro con el otro, que pensar al amor como una revolución inesperada provocada por la irrupción de un otro que me socava extasiadamente. En el primer caso, el otro, sobra; en el segundo caso es uno mismo el que empieza a sobrar...

El punto de partida del movimiento del amor es clave: no es lo mismo concebirnos como seres pasivos deslumbrados por una belleza que nos cautiva y desencadena el impulso amoroso, que reconocernos como perseguidores de la plenitud a partir de una falta originaria que nos constituye. Pero igualmente, en uno o en otro caso, nos encontramos con una presunta *correspondencia*: la del amante con el amado: la del encuentro entre el amante y el amado. Por eso, deconstruir el amor es deconstruir la correspondencia lineal que supone de modo eficientista un encuentro entre ambos intereses. El esquema resultadista de la correspondencia establece una correlación exitosa entre el amante y el amado: el que ama busca algo que, evidentemente no posee y cree que es en el amado en donde lo va a encontrar. O sea, el amante parte de una falta y cree que el amado es quien puede colmar esa carencia. Casi como una reformulación más flexible de la idea de la otra mitad: el amante supone que el amado posee lo que a él le falta. El amante no sabe lo que le falta, pero cree que el amado lo posee, mientras que el amado se da cuenta de que es deseado por el amante, pero no entiende bien qué es lo que tiene que supuestamente genera el deseo.

En una primera lectura, la correspondencia no generaría ningún problema: me enamoré de alguien. Algo en el otro me atrae. Algo que quiero para mí. Me atrae algo del otro que se supone que yo no tengo y por eso quiero. No entiendo bien qué es lo que me falta, pero entiendo que el otro lo posee. En el trajín de colmar mi falta, voy en busca del otro: mi anhelo es que el otro me complete. Algo en el otro me convoca y ello inicia el movimiento del amor. Mi deseo por el otro es deseo, aunque no entiendo todavía bien deseo de qué. Pero en tanto objeto de mi deseo, lo quiero para mí. En el discurso de Sócrates, Platón lo enuncia con todas las letras: uno ama lo que no tiene. Y cuando lo alcanza, lo quiere para siempre.

Alguien me gusta. Puedo intuir por qué me gusta. Puedo incluso enumerar las características que me gustan de la persona que me gusta. Pero la enumeración de características evidencia, sin embargo, que aquello que me atrae del otro no tiene que ver tanto con el otro sino con su adecuación a los rasgos previos que me suscitan el deseo, sea esta persona, o sea cualquier otra que posea las mismas características. Hay una despersonalización doble: se desarma la supuesta singularidad ya que la persona en cuestión resulta un caso más de tantos otros que cumplen con la misma serie de rasgos; y por otro lado, aquello que amo del amado menos tiene que ver con algo que el amado tiene y más con algo que yo necesito suponer que el otro posea. Obviamente hay algo en la particularidad del amado (condiciones que pueden variar de modo muy amplio y que van desde cuestiones físicas a traumas históricos) que nos convoca, pero el enganche supone otra lógica: ¿qué me engancha del otro? ¿De dónde surgen esas características que supongo que el otro tiene?

Todo modelo del amado ideal comienza en la falta del amante. La falta nos impulsa. El deseo tiende permanentemente a querer apropiarse de aquello que supuestamente nos completa. Una apropiación imposible ya que la matriz misma del deseo es que nunca nada ni nadie nos va a poder plenificar. El deseo es el nombre de esa imposibilidad. En el intento de comprender qué es lo que nos falta, vamos a tientas bocetando modelos ideales que después creemos encontrar en el amado (o en lo amado del amado: gestos, cuerpos, planes, proyectos, bienestares). Pero el problema nodal del amante es que nunca puede terminar de saber qué es lo que le falta. Es que no se puede dar presencia justamente a una ausencia. La complejidad de la finitud es que nos marca no solo lo que no podemos, sino que nos lo sustrae a su posibilidad de ser nombrado: claramente si supiésemos qué es lo que nos falta, ya no sería una falta. Por ello, la deriva del amante es que busca algo en el otro que no sabe qué es. Y su tragedia es mucho más devastadora: supone que el amado lo tiene.

En realidad, nadie tiene nada, pero todos suponen que hay algo a tener. Tampoco el amado entiende qué es lo que posee que suscita tanto deseo en el amante: solo se sabe deseado, pero no sabe bien por qué. De nuevo, almas, piernas, besos, paseos por las plazas, hay millones. Lo inentendible es el enganche con alguien particular. Lo inentendible es el enganche. La lógica indica exactamente lo contrario al mito de la otra mitad: lo increíble es que habiendo tantas personas tan similares en tanto ejemplares de una especie, nos enamoremos específicamente de una sola. ¿Qué tiene esa persona que la hace tan especial? ¿Tiene algo?

Evidentemente no. Tener, no tiene nada; pero claramente me da algo. En un movimiento casi milagroso, dice Lacan, el objeto se convierte en sujeto: lo amado se vuelve amante. Aquello que como amantes amamos del amado es que el amado nos desee. No amamos lo que tiene, sino algo previo: su disposición hacia nosotros: amamos que el otro nos dé. No importa qué: solo que nos dé. Deseamos el deseo del otro.

En la búsqueda de aquello que no tiene, nos encontramos con su disposición hacia nosotros. Pero no resignamos nuestra pesquisa: nunca nos damos por vencidos en la convicción de que hay algo en el amado que nos convoca. Buscamos en el otro lo que a la larga nunca vamos a encontrar. El amor es exactamente esa discordancia y nunca una equivalencia. Aquello que el amante busca en el amado no coincide con lo que el amado tiene. Fundamentalmente porque el amado no tiene nada en particular. Para que haya amor no tiene que haber encuentro. Todo lo contrario: tiene que seguir habiendo siempre el deseo de poder encontrar en el otro lo imposible.

El amor es ese desencuentro con el otro. Hay amor porque hay desencuentro. La motivación del que ama es el intento infructuoso de encontrar en el otro aquello que sin embargo desde el principio nunca ha tenido. Y es ese ir permanente, como las olas del mar yendo hacia la orilla, aquello que va modelando el amor. Lo va esculpiendo. El amante y su deseo van hacia el otro, pero lo amado siempre se nos escabulle. Se nos escapa como el fantasma de Eurídice. Se nos escapa porque nunca hay en el otro lo que yo pretendo que el otro sea. Nunca. Solo hay una única cosa: un otro. O sea, lo inapropiable, lo que me excede, lo que me sobrepasa.

Se trata de una acción muy propia de la filosofía, o sea del *amor por el saber*: ir en busca de un saber que sabemos que no hay. La filosofía deseante supone que detrás de lo que se nos aparece se esconde una "verdad", un fundamento, lo puramente real. Kant sostiene, en este sentido, que el sujeto va constituyendo, en el acto de conocer, las condiciones de posibilidad del objeto. O sea, nunca conocemos a las cosas en sí mismas, sino a lo que se va constituyendo en el particular encuentro entre el sujeto humano y la realidad que se nos presenta. En otras palabras: el objeto conocido no coincide con la cosa en sí. Cuando conocemos, por ejemplo, una pared, estamos destinados a conocerla solamente desde las limitantes propias de la subjetividad humana: nuestro cuerpo, nuestra razón, todo lo nuestro en contacto con lo real. Pero la pared en sí misma se nos escapa.

Algo así sucede entre el amante y el amado. Cuando nos enamoramos de alguien suponemos habernos enamorado de una esencia del otro que nos atrae. Direccionamos nuestro deseo a la consecución de eso que en el otro nos atrae, pero el problema de base es que el otro, como cualquier entidad, no "tiene" una esencia, ni algo oculto, ni un tesoro escondido que refulge. Sin embargo encaramos hacia el otro como si lo tuviera y no cejamos en nuestro tender incesante suponiendo que el amado posee ese secreto anhelado que, de conseguirlo, nos colmaría. Nos representamos fantasmagóricamente un núcleo que solo ratifica nuestra instancia previa: el creer que amar es encontrar en el otro lo que nos falta. Pero el otro es un otro, o sea, no solo no tiene lo que nos falta, sino que no tiene nada por detrás.

Hay desamor en cada intento infructuoso de alcanzar lo amado. De allí que el amor y el desamor se confundan. La no coincidencia amorosa deconstruye de modo lapidario a la equivalencia; ya que, a la inversa, si hubiese equivalencia, el amor se difuminaría. No hay equivalencia, pero hay una forma de lo imposible que provoca el movimiento amoroso: el amante mientras desea se encuentra con lo inapropiable: el deseo del otro. Nada satisface más al amante que el convertirse en amado. Es una satisfacción sin objeto que no hace más que incentivar la intensidad de la búsqueda propia. Mi deseo no cede, no ceja, no se calma, pero se encuentra con el deseo del otro. Y entre ambos deseos, el amor cambia de plano: arde, chispea, se estremece, estalla, goza.

El desamor no es la falta de amor sino su pérdida. No es el desinterés, sino la pérdida de interés. No es que el otro no me desee, sino que alguna vez el otro me deseó, pero ya no. Es ese "ya no": la sensación de dilución de algo que hasta hace muy poco me llenaba. No es la inexistencia del amor, sino su derrumbe, su vaciamiento. El desamor es la constancia de desaparición del deseo del otro en mí. O desde el otro lado, la cada vez mayor certeza de que el otro ya no me convoca. Aquello que nos desesperaba e incitaba a su apropiación ya no nos dice nada. Ni siquiera es un silencio, sino un acallamiento. Es básicamente un desenganche. Un desenganche del otro, un desenganche del vínculo, pero sobre todo un desajuste de uno con uno mismo, esto es, con ese sujeto que se encontraba sujetado a la relación amorosa.

El desamor es antes que nada un desgarramiento con nuestra subjetividad: es un dolor tan potente que nos da la posibilidad de romper los marcos y transmigrar de estructura. Nos separamos del otro, pero en especial de nosotros mismos en nuestro vínculo con el otro. Toda separación con un otro es al mismo tiempo la irrupción de un otro en mí. ¿De qué nos separamos? ¿A qué estábamos unidos? ¿Qué representación de la unidad con el otro teníamos cuando habitábamos un vínculo amoroso? La existencia es una separación: siempre nos estamos desvinculando. ¿Podemos pensarnos completamente por fuera de todo vínculo? ¿Hay una separación definitiva? ¿Hay alguna etapa de la vida donde no estemos duelando?

Así como hay un sentido común para el amor, también lo hay para el desamor. El sentido común no visualiza al desamor como un desplazamiento geológico: no hay cambio de estructuras. La matriz del amor permanece: lo que cambian son los protagonistas. Un desamor se cura con otro amor. Hay una matriz que no se mueve y en todo caso se trata de poder dar con quien mejor se acomode al esquema. A lo sumo, se flexibilizará uno u otro rasgo, pero siempre se trata de transformaciones parciales. El desamor no provoca una revolución, sino un lento reformismo: se supone que cada nuevo amor irá aprendiendo de los equívocos anteriores, en una especie de progreso evolutivo hasta alcanzar el estrato más cercano al ideal.

Pero también como hay amores que rompen con el sentido común, hay desamores que nos socavan en un lugar tan raigal que provocan un desensimismamiento radical. Lo revolucionario del desamor es que haciendo implotar nuestra subjetividad, no abre una puerta sino un portal hacia otro mundo. Ya no se trata de personas sino de arquetipos. La separación es tan a fondo que descubre que nunca hubo ninguna totalidad de la que separarse. Es una separación sin nadie del otro lado: el ejercicio infructuoso de separarse de una ilusión, de un artificio. Una pareja es siempre un artificio. Es siempre la construcción binaria de un posible otro que se articula con nuestro deseo. Pero si el amor es siempre del otro, no solo no hay paridad, sino que no hay amor en los términos tradicionales. La separación más importante de nuestra existencia, lo es sobre todo porque subvierte lo que hasta ese momento entendíamos que era la verdad de nuestro ser en el mundo. Y así como el amor es imposible, el desamor también lo es: el único desamor verdadero es el desamor imposible.

En el desamor no hay equivalencia. Y no nos perturba que no la haya. A los sumo tal vez anhelemos que el desprendimiento del otro resulte lo más parejo posible. Pero no suscita demasiado dramatismo el saber que, aunque los vínculos se quiebran debido a que hay algo entre los interlocutores que ya no sucede, siempre hay uno que mueve primero (donde *mover* puede ser tanto el planteo de separación concreta como un proceso mucho más lento de desenamoramiento que se va plasmando en un cotidiano en decadencia).

Mucho más que en el amor, en el desamor se vislumbra la falta de equivalencia. Tal vez si incorporáramos esta información desde el inicio del vínculo, viviríamos la etapa desamorosa desde otro lugar. Asumir el desamor es también aceptar justamente la ausencia de equivalencia: siempre alguien ama más o ama menos. Y así como en el amor hay roles, podemos hipotetizar especularmente que en el desamor hay aquello que ya no desea y hay lo indeseado, hay quien ya no ama y hay quien ya no es amado: hay un dejante y hay un dejado.

Si el amante no sabía qué era aquello de lo que carecía, pero suponía que el amado lo poseía, el dejante (que como lo sostiene el participio presente, no finaliza nunca su tarea) permanece en la falta, pero está cada vez más seguro de que el dejado no posee nada que lo convoque. Va enhebrando una certeza (nunca un saber): va experimentando en su propio ser la disminución del deseo. *Decadencia* es un buen término: algo decae y ya no genera la sinapsis erótica. La deserotización va conduciendo al vínculo a un clima decadente. Se respira el intento denodado por volver a encender aquello que se está apagando. Alguna salida específica que se disfruta y recupera en parte el deseo, alguna relación sexual que rompe con la monotonía del último tiempo, algún llanto compartido de quienes prefieren continuar en el vínculo, aunque vayan cada vez más percibiendo que el acontecimiento es irremontable. Es que tampoco se trata de la voluntad. Podríamos decir al revés que justamente en el desamor la voluntad logra sostener más tiempo de lo debido relaciones que ya no comulgaban. Es desesperante la sensación de aquel que pone en disputa dos deseos: el deseo volitivo de querer permanecer en el vínculo y el deseo de salirse (del vínculo y de sí mismo).

Si hubo amor en alguna de sus formas arriesgadas (aunque se haya tratado de ramalazos), el dejante padece amargamente la contradicción entre aquello que ya no es y aquello que desea que siga siendo. Lo desesperante se invierte: si antes como amante buscaba algo que sabía casi con convicción que el otro poseía, pero que no podía encontrar, ahora como dejante busca algo que cada vez más sabe que el otro no tiene. Ruega que retorne la eficacia artificiosa del deseo. Prueba nuevas formas, se anima a la experimentación de novedades sexuales, lúdicas, organizativas. Cree que el reencantamiento se puede producir, cuando tiene muy en claro que el desencantamiento no resultó la consecuencia de algo producido.

Mientras tanto, el dejado no entiende. Nunca va a entender. No puede asumir que aquello que no sabía que poseía, pero que fascinaba al amante, ya no funcione. Se rompió la ficción. O peor, la ficción se disuelve y muestra una realidad también ficcional, pero oculta. El desamor habla siempre desde un realismo exasperante, pero la supuesta realidad mordiente no deja de ser también una composición. El dejado ya no es deseado. Su desesperación es el intento de volver a construir en el otro el deseo. Volver a provocar excitación. Su tragedia es haber creído que la excitación del otro tenía que ver con él. Se vuelve un revisionista extremo que intenta cumplir con todo aquello de lo que siempre fue demandado. Como si el cumplimiento de la norma encendiera el deseo. El dejado cumple. Se vuelve un fanático de la eficacia. Pero no solo no alcanza, sino que justamente hay deseo siempre en la tensión con la ley. Cuanto más acople haya, menos posibilidad de encuentro. No hay estrategia para el desamor. Todo intento estratégico no hace más que profundizar la separación. Hacer bien los deberes no nos hace diferentes, sino indiferentes.

Por eso, cuando hay separación, nunca hay reencuentro. No hay separaciones parciales. Si hay reencuentro y el nuevo amor emerge ya no se trata de un reencuentro sino de un nuevo amor. De nuevos protagonistas. De nuevas matrices. De nuevas subjetividades. Somos claramente otros los que nos reencontramos en un nuevo vínculo. Tenemos que ser otros para reencontrarnos. Tan otros que ni siquiera se trataría de un reencuentro. Por eso, toda separación es definitiva. Y por eso el duelo es imposible.

Asumir el desamor es asumir que el duelo es imposible. O como sostiene Derrida, todo duelo es una aporía ya que supone la puesta en cuestión del límite entre la presencia y la ausencia: ¿cómo *me* relaciono con el *otro* que ya no está? ¿Qué deseo de la ausencia del otro? ¿Qué es extrañar lo irrecuperable? Toda separación es definitiva, pero de alguna manera el otro sigue en mí. La aporía evidencia la falta de sentido lógico: ya no estamos juntos, pero ahora separados no dejamos de ser el efecto histórico del vínculo. Toda separación es definitiva, pero nada es definitivo. ¿Habrá alguna otra forma del desamor que pueda profundizar la aporía y deconstruir la idea de que solo podemos binariamente, o bien estar juntos o bien estar separados? Y no se trata de una gradación de formatos institucionales del amor que plantean vínculos con mayor o menor acuerdos, sino de una experiencia post-vincular: ¿cómo continuar el vínculo con quien ya no tengo un vínculo?

Asumir que el duelo es imposible no significa que no se puede hacer un duelo, sino sacar al duelo de las formas de lo posible. De nuevo aquí, siguiendo a Derrida, se trata de lo imposible como deconstrucción: no hay una resolución eficiente para la partida del otro. Una separación no es un problema a resolver sino una problematización de lo que hasta ese momento creíamos que constituía nuestra existencia. Quedar enganchado con el otro, o por el contrario, negar el paso del otro por nuestra vida de modo trivial o despojada, son formas de lo posible. Pero lo imposible desplaza la estructura misma desde la que se construye todo vínculo: no importa cuál es el lugar que pasa a ocupar el otro en mí, sino el modo en que *yo* entro en conflicto conmigo mismo. O dicho de otro modo: es la irreductible apropiación del otro lo que me empuja a un resquebrajamiento de mí mismo. Es tan irresoluble la pérdida que solo se transita desde la desestabilización de mi subjetividad. Caso contrario, permanezco al interior del esquema binario de sustitución: el consumo afectivo en su esplendor serial.

Asumir lo perdido es un ejercicio indefinido. Es entrar en una experiencia de espectralidad: cuanto más queda el otro en mi memoria, menos es el otro. Y cuanto menos queda en mi memoria, más me desentiendo de su huella en mí. En el primer caso al otro lo niego. En el segundo caso, me niego a mí mismo y a mi proveniencia. En la ruptura amorosa, el acto de desasimiento tiene que ser por un lado lo suficientemente virulento para no quedar engrampado en una melancolía paralizante, pero por otro lado, tiene que poder ser una forma de agradecimiento: el otro sigue en mí, siempre.

El duelo es imposible porque el vínculo que se rompe permanece en nosotros en la forma del recuerdo. Pero la memoria incorpora al otro de modo espectral; o sea, el otro que recordamos nunca es el otro. Nuestra memoria desotra al otro y se queda con el otro que necesitamos que habite en nosotros. Y sin embargo, siempre hay un otro por fuera de mí: hay un resto inapropiable. Nuestra imposibilidad de lidiar con lo perdido convierte al otro en alguien a ser expulsado. El ideal del sujeto soberano no puede depender de una presencia por ausencia que me condicione. Pero por más voluntad de invisibilizar el recuerdo del otro, no hay una intervención depurativa que lo extraiga de mí de modo definitivo. El otro me habita, con mayor o con menor presencia, pero me habita. En los sueños, en los gustos, en ciertas rutinas, en ciertas gestualidades. Suele irse diluyendo hasta quedar solo en las nominaciones, pero nadie se desprende de modo absoluto de aquello que nos constituye. Por eso no se trata tanto de apaciguar un dolor como de dejar que el dolor desarme nuestras concepciones arraigadas del amor. Deconstruir el amor es también deconstruir el desamor.

La nominación más usual es la del prefijo *ex*. En las separaciones continuamos afirmando un tipo de vínculo a través de su desfase. Mi *ex*. El vínculo que se funda en la ausencia de vínculo, o más bien, en el deshacerse del vínculo de proveniencia. Somos también en la medida en que no solo nos separamos del otro, sino también en que ese otro nos constituyó en su momento y hoy lo sigue haciendo desde su ausencia. Pero para que este post-vínculo nos siga implicando, no se trata tanto de una dosificación de las emociones con el otro, sino de habernos emancipados de quiénes éramos antes de la separación. No se trata de no poder ejercer la separación, sino de entender que al mismo tiempo que toda separación es definitiva, el otro sigue de alguna manera en mí. Hablar de post-vínculo es asumir la pérdida de la relación al mismo tiempo que nos damos cuenta de que entramos con el otro en un tipo de lazo inédito.

El prefijo *ex* de hecho remite a la idea de un afuera, de un salirse. Pero no es tanto un salirse de la relación sino un salirse de lo que nosotros éramos como parte de esa relación. Nueva paradoja: el post-vínculo solo puede darse en la medida en que todos los implicados vayamos desplazándonos cada uno de nosotros mismos. Claro que si el desplazamiento es radical entonces ya no se trataría de un post-vínculo sino de un vínculo nuevo. De allí que el post-vínculo también sea imposible. O dicho de otro modo: es posible en la medida en que sea un encuentro desde el desencuentro. Algo del otro ya no es lo mismo y por ello podemos reencontrarnos en ese lugar ambiguo donde nos reconocemos cada vez más con cierta extrañeza.

Sin embargo, para el sentido común no hay instancias medias: o nos separamos, o no nos separamos. O quedamos a medio camino, pero siempre dando por supuesto el esquema binario del estar o el no estar juntos. El duelo es imposible porque el binario nos compele a soluciones binarias; o sea, nos exige ingresar en casilleros taxativos. Nada es más extraño para una cultura de la identidad, del orden, del sujeto, de las instituciones, del cálculo, de los contratos, de la ganancia y de la soberanía que una experiencia post-vincular. En especial porque no hay un modelo a seguir, ni recetas, ni manual de instrucciones. No sabemos cómo relacionarnos con el otro después de la separación. Algo de esta experiencia post-vincular a descifrar puede ser indicio de una reconfiguración del desamor: no solo el amor siempre es un desamor sino que un desamor siempre es amoroso.

¿Qué es ser *ex*? Ser *ex alumno* por ejemplo es haber dejado de ser alumno, pero asumir lo perdido como parte de lo que somos. Todas las vivencias escolares siguen de alguna manera presentes. El trayecto escolar finalizó, nos formamos, recibimos el título, pero toda esta preparación de hecho permanece en nosotros como una huella que nos delinea. Nuestros recuerdos irrumpen de vez en cuando desde la nostalgia, desde los sueños, intentando explicar nuestras frustraciones, o simplemente como relatos de transmisión para con los hijos, los amigos, algún extraño en una fila haciendo un trámite. Ya no somos alumnos, pero seguimos estudiando. Ya no tenemos un vínculo, pero seguimos amando. Nuestra historia en común sigue presente en la figura de la huella. Más nítida, más difusa, pero huella que delinea.

Claro que en una separación, el otro sigue ahí. Tal vez lo más difícil es poder poner palabra, casi como en una teología negativa, al tipo de lazo que permanece siendo otro: ¿qué somos ahora? Ya no somos pareja, ya no somos novios, ya no estamos erotizados, ya no compartimos proyecto común, tampoco somos amigos, ni amantes. ¿Qué somos? Somos aquellos que extrañamos extrañarnos…

Un buen ejemplo del duelo imposible es cuando volvemos a ver al otro del que nos separamos después de un tiempo. Es muy usual que en algún reencuentro fortuito con quien se ha roto un vínculo amoroso, escuchemos al otro en una conversación y no lo reconozcamos. Lo escuchamos hablar, lo observamos, ponemos en juego todos los sentidos, lo vemos tocarse el pelo, carraspear, escuchar un mensaje en el celular, pero nos arrebata su extrañeza. Si no lo hemos visto por mucho tiempo, la sensación que tenemos es de ajenidad: este otro no era el otro. En todo este tiempo separados, mientras la permanencia del otro en mí fue diseminándose por donde nosotros necesitábamos que así lo hiciese, el otro verdadero que ahora reencontramos se fue convirtiendo en un otro del otro del otro; o sea, siguió su vida. El choque suele ser impactante: la singularidad del otro me excede. Por suerte, no aplica. De nuevo la aporía: la singularidad del otro me excede, pero el acontecimiento amoroso es un encuentro entre singularidades. Siempre hay lo inapropiable. El duelo es imposible porque lo que hace otro al otro es justamente lo que no puedo interiorizar. Por eso, no disponemos de herramientas lúcidas para saber qué hacer, cómo seguir.

Nada es más difícil en el desamor que la continuidad de un vínculo por fuera de las trazas hegemónicas de toda relación afectiva. Y así como el sentido común establece para el amor el imperativo de la plenitud, así para el desamor establece el corte radical de todo afecto.

Pero si el duelo es imposible, ¿cómo se da en la práctica cotidiana el encuentro con el otro en el desamor? ¿Cómo poder vivir una experiencia post-vincular por fuera de todo binario? ¿Cómo entrar en nuevos vínculos sabiéndonos nómades de duelos imposibles? ¿Cómo convivir con todos nuestros fantasmas sin que se vuelvan asediantes y aterradores, sino anfitriones de otra matriz amorosa? ¿Es posible una transformación de las instituciones del amor? ¿Es posible vivir desde la aporía?

Dice Nietzsche en *Humano, demasiado humano II*: "No en cómo un alma se acerca a otra, sino en cómo se aleja de ella, reconozco yo su afinidad y homogeneidad con la otra". Conocer al otro en el desamor. Encontrarse en el desencuentro. Siempre nos estamos separando para que haya amor…

TESIS 7

El amor es imposible debido a los condicionamientos institucionales del amor.

Lo imposible asedia como fantasma. Nos recuerda que la finitud es todo lo que tenemos, pero que no es todo lo que hay. Asedia y molesta ya que no se asume la finitud desde la complacencia o desde el desapego. No alcanza. Nos molesta que no todo cierre. No hay tranquilizante, ni verdad, ni fe que funcionen. No han funcionado. El fantasma lo recuerda. No se trata de aceptar *lo dado* desde la renuncia, pero menos se trata de la mansedumbre de la creencia ingenua. La finitud no es un punto de llegada sino una práctica de resistencia: cada vez que nos creemos dueños del mundo, necesitamos volver sobre nuestra finitud para salir del ensueño. No se puede ser dueño del infinito, pero esta imposibilidad nos resulta insoportable. Lo imposible nos resulta intolerable. Nos sabemos finitos, pero nos queremos infinitos...

¿Cómo adueñarnos del mundo? ¿Cómo vencer lo insoportable? Hay un fragmento de Heráclito que sostiene que el ser humano en vez de vivir en lo común, vive como si tuviera una inteligencia particular (fragmento 2). Y lo común es el *logos*, esto es, la misma disposición lógica para todo. Hay una racionalidad única para todo, pero los humanos nos apartamos y vivimos como si hubiera un *logos* propio. Este corte nos aísla del mundo, aunque internamente construyamos un dispositivo coherente donde todo funcione perfectamente. Por eso la ya temprana crítica de Heráclito apunta a una reconciliación total de un ser humano que nunca fue algo separado por fuera de la naturaleza, del mundo, del *cosmos*, esto es, del orden universal.

El problema es la separación. El dualismo no tiene sutura. Nuestro mundo humano vive enclaustrado sobre sí mismo. La finitud no es otra cosa que esto: no sabemos si lo que pensamos, sentimos, deseamos, amamos, tiene un ápice que ver con lo real. Solo queremos que así sea. Ni siquiera aspiramos a la inmortalidad sino a ser parte de un sentido trascendente: que nuestro paso efímero por la tierra no sea en vano. Pero la muerte todo lo hace vano. Por ello resulta tan impúdico el operativo de supervivencia con el que buscamos encauzar esta existencia a la deriva. No podemos ser esclavos de nosotros mismos de espaldas a una realidad inaccesible. Y como no podemos asegurar alguna trascendencia, intentamos construir cauces de contención, propósitos existenciales, representaciones de lo real: necesitamos creer que el modo en que vivimos refleja algo de lo que hay.

Nos necesitamos formando parte de algo más grande. Nada nos resulta más expulsivo que la contingencia, esto es, que todo pueda ser de otro modo. Necesitamos que funcione el pacto de credibilidad que hace *corresponder* nuestra existencia con lo real. No podemos vivir en un sueño, ni en una mentira, ni en una ilusión, ni en un artificio que se sostiene reproduciéndose a sí mismo. Necesitamos de la *correspondencia*. El gran ideal del sentido común es la *correspondencia* entre las palabras y las cosas, entre el pensamiento y la realidad, entre el mundo que habitamos y la totalidad del ser, entre las instituciones y los acontecimientos. Necesitamos que el orden humano y el orden de las cosas sean uno y el mismo orden. Necesitamos que nuestra finitud tenga un sentido infinito.

Y sin embargo, el abismo. La correspondencia quebrada. El quebranto existencial. La correspondencia imposible: nunca sabré que hay del otro lado. Ni siquiera sé si hay otro lado. Condenados a esta orilla, enclaustrados en nuestro *logos*: ningún ser humano desde su inteligencia particular podría demostrar que hay un *logos* común. De Heráclito al final del *Tractatus* de Wittgenstein: (y por eso), "de lo que no se puede hablar es mejor guardar silencio". O el silencio, o asumirnos textos: hablar solo de palabras. Hablar con palabras sobre palabras. Hablar con palabras que ya existen y que ya se hallan insertas en un sistema que las apaña, las contiene, las empodera. El abismo es la caída de saber que nunca tenemos la opción de empezar de cero, que nunca podemos plantear a priori una invención total de categorías. Sabemos que siempre estamos ya al interior de dispositivos que poseen su propia lógica, independientemente de la lógica que pudieran tener las cosas. No hay correspondencia en la medida en que nunca podemos salirnos de las palabras; o sea, no es que no haya, sino que es incomprobable. Por eso lo imposible asedia como fantasma: para que no creamos que, cuando decimos algo, estamos realmente refiriéndonos de modo taxativo a lo real tal como exactamente es. Hablar ya es disponer de cierto modo. Todo es de cierto modo y por eso el abismo también es que todo puede ser de otros tantos modos posibles.

Siempre ya nos encontramos lanzados a un mundo que es siempre ya. Y siempre ya hay un orden previo que configura las cosas y las determina en una cierta forma. Un orden que nos antecede y nos constituye. No hay un estado original donde aún no estemos inmersos en ningún lado y podamos desde allí construir la anhelada correspondencia mimética y transparente. Incluso la ilusión de un estado virgen es absolutamente funcional al ideal de la correspondencia. Por eso, o aceptamos la ilusión de que hay una realidad de la cual nosotros somos meros espectadores y vivimos felices al interior del dispositivo, o asumimos que aunque haya una realidad, siempre accedemos a ella a través de categorías previas que la condicionan. Y si aceptamos esta última opción, no se trata de experimentarlo como una falencia negativa. Se trata entonces de remontar los condicionantes: ir río arriba. No podemos salirnos de los condicionamientos, pero otra cosa es naturalizarlos e invisibilizarlos. Podemos vivir en el interior de la caverna toda la vida sin darnos cuenta; o podemos salir hacia otra más grande para volver a salir y así buscar, sin cesar, nuevas salidas. De nuevo; o creemos que lo imposible es alcanzable, o lo imposible es ese *resto* fantasmal que nos recuerda siempre que se trata de un objetivo inalcanzable. Y como *resto* tiene una función clave: incomodarnos.

Es que una cosa es que *haya* y otra cosa son todos los intentos infructuosos del ser humano por poder comprender lo que *hay*, ponerle palabra, darle un sentido. El drama es el hiato que separa eternamente lo que *hay* de aquello que nosotros podemos finalmente comprender. Es drama porque, aunque hagamos lo que sea para que se provoque la correspondencia, la discordancia siempre emerge. Hay algo que no cierra. El mito de la transparencia se cae a pedazos. Somos un fragmento tan ínfimo de lo que hay, que suponer que podemos desde afuera comprenderlo de manera lineal requiere demasiada inocencia, o demasiada omnipotencia. Pretender que todo lo que *hay* –que es infinitamente excesivo frente a nuestra existencia– puede ser cooptado por un dispositivo lingüístico conceptual, supone el derrumbe de la lógica elemental en su axioma que sostiene que "el todo es siempre mayor que cada una de sus partes": el lenguaje humano es solo una ínfima parte de la totalidad que sea.

Tiene mucho sentido suponer exactamente lo contrario: nuestro lenguaje, nuestra forma de pensar, el *logocentrismo* que nos determina, no solo no refleja a la realidad tal como es, sino que más bien la encorsetan, la disponen, la ordenan, la captan, la capturan, la incorporan al interior de su sistema de reglas. Y obviamente no solo la restringen y la reducen, sino que además la adecuan a su matriz. No solo no hay espejo de la naturaleza, al decir de Rorty, sino que lo que llamamos *naturaleza* misma no es más que un producto de la maquinaria *logocéntrica*. El reduccionismo ontológico es eficaz, pero desesperantemente mutilador. La representación de lo real que finalmente llega a nosotros es tan mínima que parece más bien el resultado de un diseño industrial enfocado a la producción de un mundo fácilmente manipulable, operable, mensurable, espectacularizable; pero que al mismo tiempo lo despojan de toda densidad, ambivalencia, libertad, indeterminismo. Los dispositivos eficientistas necesitan insumos prácticos y funcionales que no interrumpan la productividad de la maquinaria. No se tolera una ontología de la ambigüedad, de la demora, de lo amorfo, de lo abyecto, de la impureza. El objetivo es más que evidente: a lo insoportable de la finitud, oponemos ideales de una vida feliz, fácil, efectiva y sobre todo con sentido de trascendencia. La enajenación no solo nos domina, sino que sobre todo nos tranquiliza.

El lenguaje es una institución. Una institución es un conjunto de normas interconectadas que garantizan el correcto funcionamiento de un sistema. Una institución es un determinado tipo de orden. Y su objetivo es que el orden funcione lo más aceitado posible. Una institución es eficiente cuando el orden fluye, casi sin obstáculos, pero sobre todo cuando sentimos que enlaza con lo real: la eficiencia de su buen funcionamiento se ve acompañada por un relato de transferencia. Por ejemplo, el lenguaje no solo funciona, sino que además nombra a las cosas. O por ejemplo, la institución familiar no solo se ejecuta adecuadamente sino que por sobre todo representa del modo más fiel la naturaleza misma de las relaciones humanas primarias…

La fuerza de las instituciones se halla en su pretensión de estar accediendo al corazón mismo de lo real. Su fuerza es su supuesta normalidad. Por eso, cuestionar las instituciones es, para el sentido común, un intento subversivo por escindir el orden humano del orden natural de las cosas. Para el sentido común la vigencia de una institución es la prueba de su verdad. Y en todo caso, las modificaciones que pudiera haber sufrido cualquier institución a lo largo de la historia no son otra cosa que su propio recorrido de progreso, purificación y actualización a la época. Una vez más, el último presente siempre se absolutiza y marca la corrección. Cuanto más transcurre el tiempo, más nos vamos puliendo hasta alcanzar el estado más cercano al orden mismo de la realidad.

Por ejemplo, en nuestra sociedad capitalista la propiedad privada es un derecho inalienable. El derecho es una institución. Al interior del derecho se establecen las condiciones de legalidad e ilegalidad. Pero para que las leyes tengan fuerza y convicción en la sociedad, necesitamos suponer que toda legislación intenta representar el orden natural de las cosas. La filosofía que está supuesta detrás de este esquema jurídico es que la legalidad de la propiedad privada se basa en la certeza de que la apropiación de la naturaleza a través del trabajo conforma un derecho para los individuos. Para el mundo del derecho positivo se trata del cumplimiento o no de la ley. Para el sentido común, el derecho funciona como institución en la medida en que representa nuestra relación correcta con la propiedad y con la naturaleza. Necesitamos un pacto de credibilidad que es al mismo tiempo un acto de fe. Pero como en todo pacto, algo perdemos…

O por ejemplo, el tiempo. Para el sentido común, el reloj cuando mide el tiempo logra capturar su naturaleza en su máxima esencia. Supone que la cronometría no adapta el tiempo a sus necesidades productivas, sino que es la creación humana que después de múltiples instancias evolutivas encuentra su mejor exponencia: la medición del tiempo refleja del modo más verdadero la naturaleza misma del tiempo y no a la inversa. Mirar el reloj es medir el tiempo. Medir es observar el modo en que el tiempo se dispone. Observar es contemplar lo real. No hay, para esta lectura, un sujeto activo que maniobra e introduce su propia forma. Medir el tiempo no es disponer del tiempo en términos productivos sino aprovechar el modo esencial del tiempo y sus tramos para construir una cultura de la productividad. Siempre a favor de salvar las instituciones que es una manera de asegurarnos paz. Por eso, las instituciones son el intento más cercano por expresar en la legalidad del orden humano lo que las cosas son en sí mismas. Hay lo real, y hay el intento por acarrearlo al dispositivo propio del orden humano que busca traducirlo con la mayor fidelidad posible. Reducir lo real a aquello que el ser humano puede manipular como realidad. Delimitar lo real a su sola y mera función manipulable. Lo que está a la mano. Lo que la mano puede dominar. La inmensidad de lo real reducida a aquello que solo puedo tomar con la mano.

¿Creemos que podemos tomar a la realidad toda con nuestras manos o podemos ir comprendiendo el mecanismo por el cual denominamos realidad al orden que nuestras manos le imprimen? ¿Y si fuese entonces exactamente al revés y lo real no se expresa en ningún dispositivo institucional? ¿Y si fuesen los diseños categoriales previos los que fuerzan a la realidad para que encaje a la perfección en sus necesidades productivistas, utilitarias, mercantilistas? Vivimos al interior de un enjambre de instituciones interrelacionadas con intereses muy concretos que despojan a la realidad de su desborde e intensidad: la necesitan sin ningún atisbo dionisíaco. Es el triunfo apolíneo del orden que como buen filtro nos asegura cierto control. Instituciones que nos garantizan que nada se escape de lo previsible: todo funciona. No hay arrebatos, ni descoloques. Nos volvemos diestros en el manejo de aquello que indefectiblemente tiene que funcionar. Conductores de transportes que ya están sobre rieles. A lo sumo marchamos más rápido o más despacio, pero el camino está ya prefijado. Así nos creemos que podemos controlar nuestro lenguaje, nuestros tiempos, nuestro hacer, nuestro amor. Diestros. Capaces de nuestro propio adiestramiento. Anulamos lo imposible y nos concentramos en la destreza de lo posible. Diestros en lo posible.

Pero hay algo más: la correspondencia es prescriptiva. Ergo, las instituciones no son otra cosa sino regímenes prescriptivos. Con la excusa de estar administrando para su mejor *performance* cualquier aspecto de la vida, no hacen más que producir ideales normativos que rigen el cotidiano: al tiempo no hay que perderlo, tenemos que enamorarnos de quien nos convenga, el lenguaje tiene que ser transparente, aunque nuestras existencias no sean otra cosa sino una deriva. Las instituciones no solo se arrogan la representación más fiel de la realidad, sino que ese mismo acto de expropiación de cualquier otra versión es siempre una instancia normativa: las instituciones prescriben el modo normal, correcto, eficaz, bueno, excelso, de todo comportamiento. Marcan un *deber ser* y en ese acto condicionan al *ser*.

Si una institución es un conjunto de normas, entonces se exige que la realidad se adecue al cumplimiento de las reglas. Se disciplina. Las instituciones se vuelven soberanas en la determinación de la frontera no solo entre lo legal y lo ilegal, sino sobre todo entre lo normal y lo anormal. En nombre de la normalidad, se nos va induciendo en nuestras prácticas cotidianas a ajustarnos lo máximo posible a sus valores últimos: estudiar no es estudiar sino calificar bien, trabajar no es realizarse sino operar de acuerdo a los contratos establecidos, el tiempo no es un enigma que nos estremece, sino la medida de valor de cualquier acción. Lo normativo cuaja fuerte en nuestros cuerpos. Promueve ideales que delinean realización o frustración. Lo prescriptivo introduce un esquema binario que condena al transgresor a un lugar patológico y delictivo. Quien no acepta la realidad dominante o es un enfermo o un delincuente. Si las instituciones son el orden, por fuera solo hay caos. O sea, no hay nada. Solo el horror que no hace más que confirmar la dureza y solidez de las fronteras. *Nada hay* fuera de las instituciones sino lo monstruoso. Es imperioso que esa *nada* que *hay* sea monstruosa. El otro siempre es un monstruo. Y a los monstruos se los civiliza o se los incinera.

¿Cuáles son las instituciones del amor? Hay amor –o lo que sea– y hay todo un compendio de formatos desde los cuales vivimos la experiencia del amor en nuestra realidad cotidiana. El acontecimiento amoroso, aquel que es *nada* porque está fuera del texto, asedia como un fantasma a las instituciones del amor. Les recuerda en cada perturbación que el amor no es el amor sino lo que hiere a cada formación amorosa que se presenta como su realización posible. Lo que *hiere*. No hay amor sino *resto* amoroso. El derroche dionisíaco del desborde amoroso no encauza en ningún borde concreto. No hay figura que delimite al amor y que al mismo tiempo no lo traicione. Nada contiene el derroche amoroso. Ningún acuerdo lo puede sostener. No hay acuerdos en el amor. Ni siquiera hay acuerdos entre seres humanos. En todo caso, hay acuerdos entre estas formas del sujeto que necesitan pactar para resguardar su seguir siendo sujetos. No somos sujetos que acordamos sino que, en la medida en que producimos acuerdos, nos ratificamos como sujetos.

El amor resta, pero las instituciones buscan maximizar rendimientos, buen funcionamiento, previsibilidad. Ingresar a las instituciones del amor es saber de antemano cuáles son sus recetas, sus problemas, sus éxitos y hasta sus formas de derrumbe. Nada hay más previsible que una institución amorosa. Todos sabemos lo que tenemos que hacer siendo novios, esposos, amantes, siendo pareja. Es irritantemente consolador avenirse a esquemas prediseñados con una previsibilidad extrema. Todo es irritantemente normal y sobre todo legal, y por ello injusto. O no justo. Es normal y legal porque no es justo. Como sostiene Derrida, siempre hay un corrimiento entre lo legal y lo justo. Por ejemplo, nada hay más normal y legal que cobrar un salario a fin de mes por nuestro trabajo, pero otra cosa es que en ese trabajo nos sintamos realizados. Las instituciones son contundentes: se firma un acuerdo, se cumple el acuerdo, se hace el trabajo y se cobra lo pactado. Así funcionan las instituciones amorosas: se cumple con lo acordado. Se trata de *cumplir*. No importa lo originario. No hay lugar para las preguntas por el sentido. De nuevo el impersonal "se": se trabaja, se come, se sana, se ama, siempre de un único modo. No hay lugar en las instituciones amorosas para la perplejidad, o sea para la pregunta radical: ¿por qué el amor? Las energías eróticas se ven absolutamente domeñadas por una burocracia que reduce al amor a su capacidad de suministrar voltaje a la maquinaria social. Solo es una cuestión de dosis: una cuestión farmacológica.

El trabajo puede ser una expresión vocacional de nuestra realización existencial o puede ser insumo para que el dispositivo de la enajenación succione nuestras energías productivas. El amor puede ser revolucionario o puede ser el combustible necesario para que el sistema se regule. El

único y definitivo problema del amor no es su represión sino su banalización. No hay un amor que funcione bien. No tiene nada que ver el amor
con el funcionamiento. El amor de hecho subvierte todo buen funcionamiento, hace añicos cualquier grado de estabilidad, derriba cualquier
acuerdo, destituye nuestra mismidad. El amor es imposible porque, si lo
hay, ninguna institución lo representaría: nada quedaría en pie.

Amamos. No sabemos lo que es. Algo nos toma y nos tiende hacia
el otro. Nos saca de nosotros mismos. Nos eclosiona. Nos evidencia que
no alcanza con nosotros. Ni con nuestra mismidad, ni con la proyección
de nuestra mismidad en la acción de desotramiento del otro. Tendemos
hacia el otro con el deseo de encontrarlo, pero por suerte la confluencia
es imposible. Hay otro porque no hay confluencia. Amamos al otro y no
entendemos lo que nos sucede. Solo comprendemos que algo o alguien
nos convoca. Nos llama. Nos llama sin llamarnos. Nos atrae. Damos amor
a un otro que no lo pide. Amar es esa frontera imprecisa donde el dar
es al mismo tiempo ganancia y pérdida. Dar amor crea una tierra de
nadie donde no se entiende quién se regocija. El amor es siempre tierra de
nadie. Sin dueños porque desestructura la idea misma de lo propio. Y sin
fronteras porque el derroche no se deja contener por ninguna estructura.

Pero entonces, ¿cómo conciliar lo desbordante del amor con sus
ensambles institucionales? ¿Cómo vivenciar lo imposible del amor en el
mundo de lo posible? O dicho de modo más contundente: ¿se puede tener
una experiencia del amor desde las instituciones amorosas? De nuevo; ¿se
puede tener una experiencia de lo imposible?

¿Cómo transitar el puente que enlaza al amor como acontecimiento
originario con las formas en que el amor acaece al interior de nuestras
sociedades? Es casi un problema teológico: el problema de la encarnación. Lo maravilloso de la historia de Cristo es su imposibilidad: no
hay cuerpo humano que soporte tanta divinidad. La cruz fue siempre el
destino. Desde el principio. Y por ello adoramos su ausencia. Lo mismo
sucede con el amor. Podemos contemplar algunos destellos, apariciones,
remembranzas, experiencias oníricas, pero el amor siempre se presenta
como huella. No hay nombre, palabra, formato, institución que pueda
albergar y hacer presente aquello que nos recorre más allá de cualquier
camino. El amor es lo indeconstruible y todas sus formas sociales son,

por suerte, pasibles de deconstrucción. Todo el problema se reduce a la
quebrada que separa al amor de su ejecución práctica. Cualquier formato
institucional amoroso es deconstruible, pero el amor –diría Derrida–, si
lo hay, es indeconstruible.

Derrida propone en *Fuerza de ley*, y lo repite en otros textos, una
lectura de la relación entre el derecho y la justicia a través de la deconstrucción. En un primer paso diferencia muy taxativamente a la *justicia*
como algo infinito de las formas finitas de su posible administración en el
mundo del *derecho*. Los sistemas de derecho, como todo lo que acontece
en lo mundano, son deconstruibles; esto es, resultan pasibles de un desarme que evidencie la trama que los sostiene y que sin embargo permanece
oculta. Todo sistema de derecho remite a una localización espacio temporal y por ello como mínimo se adecua a la materialidad de su época. Un
mundo en permanente cambio demanda que el derecho siempre se esté
revisando a sí mismo, o sea, nunca el derecho es definitivo. Y no lo puede
ser porque con el correr de tiempo van apareciendo nuevos sujetos, nuevas necesidades, nuevas exclusiones. Solo en un mundo estático podría
hacer pie un derecho definitivo.
Todo sistema de derecho, como es una creación finita, se encuentra
limitado. El límite no es una falta sino una manifestación de la contingencia: no puede haber leyes que duren para siempre. En especial, porque nada en el mundo es eterno. Si el derecho no fuese deconstruible y
por ello mismo transformable, lo más probable que sucediese es que se
reprodujera un sistema de privilegios cada vez menos sensible con las
necesidades de los que quedan afuera. O incluso con la creación tecnológica de nuevas entidades que requieren su inserción en el mundo jurídico
institucional. El derecho es deconstruible por dos causas evidentes: por
un lado, debido a la necesidad de actualización constante; y por otro lado,
porque siempre es discutible su toma de partido por algunas versiones
de lo justo sobre otras. Cuando el derecho traduce lo justo, toma partido.
Ningún sistema de derecho contenta a todos y una vez más parece haber
tenido razón Trasímaco cuando, en la discusión con Sócrates que abre *La
República*, sostiene que la justicia es el derecho del más poderoso. ¿Hay
alguna forma de escapar a este designio?

Hay una matriz que intenta conectar a la justicia y al derecho desde otro lugar y es la propuesta misma de la deconstrucción tal como la enuncia Jacques Derrida. Como matriz es posible vislumbrarla también en otros acontecimientos, como por ejemplo en el amor. La justicia es indeconstruible y ello significa que nunca la puedo terminar de definir. Hay un horizonte hacia el que tienden las diferentes formulaciones que desde el derecho intentan interpretarla. El derecho es definible, pero la justicia es indefinible. Ni siquiera sé de qué estoy hablando cuando balbuceo la palabra "justicia", aunque entiendo el horizonte que se abre y tiendo hacia él. El derecho es un intento de interpretación de la justicia, pero como es finito, siempre deja a alguien afuera. La justicia no puede dejar a nadie afuera y por ello es *imposible*, ya que toda delimitación jurídica pone límites.

Las instituciones jurídicas son un intento finito de acceder a la justicia infinita. Los intentos no son negativos. Las leyes van ampliando derechos en su acercamiento cada vez más próximo a la justicia. Salvo en regímenes donde se utiliza escrupulosamente al derecho para legitimar la supremacía de una facción, las legislaciones surgidas del consenso democrático van intentando acercarse cada vez más a la justicia. Pero nunca lo logran. Y es aquí donde Derrida pega el martillazo final: y es mejor que nunca lo logren. Es que cuando un sistema de derecho cree ser la fiel expresión de la justicia, entonces se cierra a cualquier tipo de reforma. Se corre el riesgo, dice Derrida, de su totalización. Siempre tiene que haber un corrimiento entre el derecho y la justicia. Nunca ningún derecho tiene que atribuirse haber alcanzado la esencia de lo justo, ya que si así fuese, impondría su contingencia como si fuera un absoluto.

La justicia siempre es del otro, dice Derrida, y el otro es imposible. Todo el empeño está en intentar construir democracias institucionales cuyas legislaciones tiendan a la justicia, aunque nunca la realicen acabadamente. Nunca acabadamente. Esa es la fórmula. No hay un final para la deconstrucción, como no hay un final para la búsqueda de justicia: el otro siempre irrumpe donde menos lo esperamos.

Pero al mismo tiempo es solo desde las instituciones que podemos avizorar lo indeconstruible. Solamente deconstruyendo el derecho le damos lugar a la justicia, ya que son sus irrupciones fantasmales las que hienden en las leyes sus cuestionamientos y nos obligan a continuar resignificando las legislaciones. Sin embargo, ante el carácter de huella, de espectro, de imposible de la justicia, la única forma que tenemos de tender hacia ella es desde las instituciones mismas. Necesitamos de las instituciones para deconstruirlas. No hay otra manera de arrimar a la justicia que no sea desde el envés que se despliega en el ámbito institucional. La justicia no está en el cielo y tampoco de modo pletórico en un sistema de derecho, pero se encuentra fantasmagóricamente asolando toda ley. Nunca la podemos mirar de frente ni entrarle de lleno. Solo podemos aproximarnos a ella en la crítica a la falencia de cualquier ley. Deconstruir no solo no es destruir, sino que es un acercamiento no invasivo en busca del otro imposible. Acercamiento no invasivo en busca del otro imposible: ¿tendrá algo que ver con el amor?

El amor es a sus instituciones como la justicia es al derecho. O como lo religioso es a la religión institucional. O como el tiempo es al reloj. Amor, justicia, Dios, tiempo: figuras de la otredad. El otro imposible se nos presenta desde su huida, desde su retirada, desde su exilio. El amor es imposible porque nunca lo terminamos de comprender sino desde un entendimiento paradójico: son las aporías de las instituciones del amor las que nos van mostrando el rastro. El amor es el rastro. Sus formatos, sus versiones, sus definiciones, sus instituciones lo deforman. Deforman lo que no tiene forma. Es una deformación que va creando la forma de lo informe. Las instituciones amorosas delinean una forma del amor que nunca es el amor, pero en su proceder práctico suponen una naturaleza del amor, la instauran. Un matrimonio, un noviazgo, la monogamia, suponen una determinada idea del amor. Incluso aunque se presenten con cierta lejanía, no dejan de suponer una definición del amor hacia la que tienden. Por ejemplo, un matrimonio es una forma de comunidad que en algún punto supone un ideal del amor como proyecto mutuo. Ya hay una toma de partido, un posicionamiento con respecto al modo de concebir el amor. El matrimonio como institución, más allá de las diferentes maneras en que puede organizarse, y más allá también de sus diferentes formulaciones culturales, da por supuesto un ideal de mancomunión como uno de los rasgos fundamentales del amor.

Sin embargo, tal vez una de las problemáticas centrales del modo de institucionalización del amor tenga que ver con la prevalencia de lo común sobre las diferencias. La maquinaria matrimonial aúna y hace convergir las singularidades en un proyecto común que supuestamente refleja el deseo de acomunamiento propio del amor. Como si el matrimonio fuese la traducción práctica del amor. Pero para ello tenemos que suponer como característica central del vínculo amoroso el deseo de cierta forma de comunión. Y así como partimos de una definición del amor que privilegia el encuentro de lo común, así la instancia matrimonial concretiza esa tendencia hacia lo común desde su formato: vivir juntos, administrar juntos el hogar, criar juntos a los hijos. ¿Pero qué es ese *"juntos"*? ¿Qué tipo de unión es la que se da por supuesto en la institución matrimonial? ¿Por qué es más importante lo que une ese *juntos* que aquello que sin embargo *juntos* mantiene como diferencia? ¿Cuánto de ese *juntos* supone entonces como ideal último a la fusión de las singularidades? Y sobre todo resulta evidente la proyección retrospectiva que el matrimonio realiza con la forma de definir al amor: no es el matrimonio la expresión del amor como fusión, sino que el matrimonio como fusión necesita una concepción del amor afín.

Y así como la justicia provoca espectralmente un cimbronazo a la seguridad del derecho, así el fantasma del amor acomete para poner en entredicho cualquier tipo de totalización amorosa: ¿no se juega más el amor en el potenciamiento de las diferencias? ¿No es más importante en ese común la diferencia como desencuentro? Es decir; ¿por qué en la tensión entre lo común y lo singular, suponemos que el propósito del amor es propender a lo común y no que lo común esté al servicio del despliegue de las diferencias? Incluso aunque ese despliegue genere más discordancias que encuentros. ¿Por qué damos por obvio que la atracción amorosa busca el encuentro como semejanza y no el disfrute la singularidad del otro?

Esta deconstrucción del amor irrumpe a partir de la construcción institucional del amor en la figura del matrimonio. O sea, solo desde el matrimonio se nos vuelve posible su propia deconstrucción. Lo construido es hilo conductor para comprender su diseño, su modalidad, su orden, sus intereses, sus formas a través de las épocas. Es la historia misma del matrimonio como institución la que nos va develando lo oculto, lo extirpado, lo excluido, lo supuesto. La pureza y sacralidad de la institución matrimonial revela sus zonas oscuras, sus patios traseros, sus víctimas: desde la matriz heteronormativa que ocluye la falsa igualdad de los participantes hasta la instancia regulativa que normaliza de modo inhibitorio cualquier deseo por fuera de la institución; desde la presencia siempre oculta de terceros periféricos en el lugar de la ilegalidad hasta la expresión más acabada del aburrimiento como manifestación propia de la rutina cotidiana; desde el monopolio de la vida sexual hasta la burocracia afectiva diaria.

El matrimonio tradicional es una forma de disciplinamiento del tiempo, del deseo, del erotismo, del trabajo y hasta de nuestras posibles angustias. Nos inserta en un sistema jurídico institucional que va moldeando –o sea, domesticando– nuestras energías eróticas. Domesticar etimológicamente remite a la idea de hogar. El matrimonio es la consolidación del hogar como unidad productiva y reproductiva. Pero sobre todo es el control de nuestra propia estabilidad. Si el amor es básicamente riesgo, arrojo, miedo, incertidumbre, el matrimonio es la garantía de la estabilidad diaria.

Foucault dice que "donde hay poder, hay resistencia". Y es en esa misma línea que la deconstrucción se revela en el anverso mismo de lo construido. Es desde el matrimonio que podemos empezar a vislumbrar la estrategia de apropiación de un modelo de amor como si fuera el único, el normal, el ideal. Y también es desde el matrimonio que es posible plantear una resistencia a partir de una serie de opciones que, aun sabiéndose provisorias, se ofrecen como alternativa, como disrupción, como futuro incierto. No hay una institución superadora del matrimonio porque lo que hay es una deconstrucción del amor. Y en ese deconstruir se resiste desde instancias provisorias, casuísticas, más preocupadas en alejarse de lo instituido que en instituir nuevos órdenes amorosos. Un matrimonio nunca está deconstruido sino en deconstrucción permanente: se revisa, se reacuerda, se desdogmatiza, se corre de los mandatos, se crea a sí mismo. El amor es imposible debido a los condicionamientos institucionales del amor. De lo *imposible* depende que ninguna institución amorosa se instale como definitiva.

Cómo no aburrirme. No es tanto una interrogación como una exclamación. Como en ese título del texto de Derrida: "Cómo no temblar". Como quien afirma algo inevitable. No puedo no aburrirme, pero al mismo tiempo hay un énfasis. No es un interrogante sino una afirmación enfática. Es que no habría respuesta si esto fuera una pregunta. O sería una respuesta evasiva. ¿Cómo no aburrirme?: buscando entretenimientos. Evadiríamos el problema del aburrimiento postergándolo con cada pasatiempo. Siempre oponemos el aburrimiento al entretenimiento. Y en el pasatiempo no me doy cuenta de lo que está sucediendo: no me doy cuenta del tiempo. Solo queremos que pase. Tal vez toda la inquietud existencial se reduzca a ello: ¿adónde nos lleva una indagación sobre nuestra relación con el tiempo? Y también la inquietud en el amor: ¿qué significa compartir el tiempo con el otro?

¿Cómo no aburrirme del otro? ¿También es una cuestión de entretenimiento? ¿Es el otro un pasatiempo? ¿O es el otro quien hace eclosionar el tiempo? En principio, mientras el otro sea un otro, no hay lugar para el aburrimiento. Lo que nos aburre es justamente que el otro deje de ser un otro para convertirse en lo que estábamos buscando. La otredad del otro nos mantiene en búsqueda, pero ¿en búsqueda de qué? No se trata simplemente de que el otro me entretenga, ya que solo se transformaría en un artefacto para pasar el tiempo. ¿Pero por qué hay que pasar el tiempo? Si el otro es un artefacto, la lógica se modifica: solo pedimos que el artefacto cumpla con su servicio. Y así, si el otro me cierra, me aburro; pero si el otro no me cierra, me impaciento. Necesitamos poder salir del binario entre tedio e impaciencia, pero para ello claramente necesitamos repensar el lugar del otro en el amor.

Un gran drama de las instituciones amorosas tradicionales es el aburrimiento y el diagnóstico suele ser muy claro: el tedio llega necesariamente con el paso del tiempo debido a la permanencia en el vínculo con la misma persona durante muchos años. Aquello que nos aburre es que el otro sea siempre el mismo. O sea, que no sea un otro. La duración sostenida de un vínculo con la misma persona parece implicar ineluctablemente un agotamiento del deseo. La estructura misma del deseo en su renovación constante choca contra la repetición de lo mismo en su duración y extensión: hay algo de la subida del deseo que colisiona con lo estanco de lo estable. Es cierto que hay un tedio propio de la falta de planes, los programas repetidos, las rutinas, pero hay un aburrimiento más bien esencial que tiene que ver, taxativamente, con el agotamiento del deseo como efecto de permanecer siempre en el vínculo con la misma persona: el aburrimiento se conecta así con la problemática de la monogamia.

En una pareja tradicional se puede combatir el aburrimiento, pero es propio de la normativa de las instituciones amorosas tradicionales la recaída en la falta de deseo. Es cierto también que hay un tiempo de reconocimiento mutuo donde la repetición engendra una zona compartida que nos place, nos anima, nos realiza, nos regocija. Y también es cierto que no necesariamente la exclusividad de por sí genera tedio. Sin embargo, cuando el aburrimiento se presenta en un vínculo de pareja, lo primero que suponemos es que saldríamos del tedio si entabláramos un encuentro amoroso con otra persona. Creemos que el aburrimiento no es una cuestión de matriz sino de personas: si ya nos aburrimos de pasar el tiempo con alguien, entonces solo debemos empezar a pasar el tiempo con otro alguien. Nunca nos preguntamos por qué solo pensamos el encuentro amoroso desde la matriz de *pasar el tiempo*. Y nunca nos cuestionamos por la pervivencia de la pareja exclusiva como dispositivo amoroso. Lo propio de la institución monogámica con centro en la pareja es indisponernos para otras relaciones por fuera del vínculo central. La posibilidad que brinda la monogamia de un tiempo extenso en el conocimiento y disfrute con el otro entra en tensión con una percepción de ese mismo tiempo como un tiempo en demasía. Pero sobre todo se manifiesta como agotamiento del deseo. En ese sentido, aquello que entendemos como que el otro nos aburre, lo ligamos directamente con cierta apatía: al otro ya no lo deseo. El problema es que cambiar de pareja no resuelve el problema sino que lo va reproduciendo en cada nuevo vínculo.

¿Pero qué es aburrirse? ¿Por qué necesariamente asociamos al aburrimiento con la falta de deseo? ¿Por qué pensamos que es solo una cuestión de cambio de personas? ¿No necesitamos repensar de cuajo la matriz misma de los vínculos? ¿Quién es el otro en el encuentro amoroso? Está claro en primer término que partimos de una idea del otro que abjura de su otredad ya que, si el otro se mantiene como un otro, es muy improbable que el aburrimiento acontezca como algo negativo. El otro me aburre en la medida en que deja de ser un otro y así el aburrimiento se nos vuelve problemático. Los infinitos intentos de acercamiento al otro y su infructuoso éxito son la clave de una discordancia que está en las bases mismas del amor: es imposible que nos aburramos si el otro es un enigma. No haremos otra cosa que intentar seguir descifrándolo. E incluso desde el tedio...

Descifrar el enigma del otro lejos está de ser un entretenimiento. Por eso es fundamental antes que nada comprender la definición implícita que estamos usando para referirnos al aburrimiento: solo si el otro se halla cosificado y se nos vuelve un objeto de consumo, planteamos entonces el vínculo amoroso bajo la lógica del pasatiempo. El amor no tiene nada que ver con el entretenimiento, ya que no se trata de pasar el tiempo con el otro sino de detenerlo, de discontinuarlo, de distenderlo, de mirarlo de frente, de habitar sus contornos, de temerle. Estar con el otro en el tiempo.

Sin embargo, desde el sentido común solo se trata de ocupar el tiempo con estímulos recurrentes. Se arma así una engañosa antinomia entre "el otro me aburre" y "el otro me entretiene", donde necesariamente a la larga toda relación transita de un extremo al otro sin plantear el problema de fondo: el otro no es una cosa. Solo si el otro es una cosa se inserta el amor en el dispositivo óntico de ocupar nuestra atención y desviarnos de nuestras preocupaciones existenciales. El amor es imposible porque, mientras las cosas nos evaden, el encuentro genuino con el otro nos sumerge en el imposible éxtasis del sentido.

En el amor el otro ni me entretiene ni me aburre, básicamente porque su ser otro lo soslaya de cualquier tipo de configuración desde el consumo y el rendimiento. Que no me entretenga no significa que no nos divirtamos con el otro, que no la pasemos bien: no significa que no haya un encuentro placentero. En todo caso significa que lo propio del amor no se reduce al entretenimiento vigente en su formato consumista y mercantil. Al contrario; si hay amor con el otro, cualquier evento nos entretendría a cada instante. Cualquiera y ninguno. Y así, reconvertiríamos la idea misma del tedio. El otro me aburre solo en la medida en que lo incrusto en la lógica de la novedad, el descarte, el recambio, la exaltación permanente, el ocio industrial. Solo si damos por supuesto los axiomas fundantes de la sociedad de consumo exacerbada, cualquier cosa se nos vuelve siempre objeto de aburrimiento. Y el otro del amor, en una sociedad así, es una cosa más entre otras.

Por eso hace falta pensar al aburrimiento desde otra perspectiva, quitarle su connotación negativa. Heidegger, por ejemplo, en *Los conceptos fundamentales de la metafísica* plantea no solo que no hay que huir del aburrimiento, sino que hay que despertarlo. Aburrirse es una forma de recuperar una relación con el ser que no se vea intermediada por el frenesí del estar ocupado todo el tiempo. El aburrimiento supone una conexión con el tiempo y de hecho la palabra alemana para "aburrimiento" es *"langewelle"* que significa literalmente *"largo rato"*. El tiempo se hace largo para una subjetividad disciplinada ya en el consumo frenético de estímulos. Pero es permitirle al aburrimiento abrir una brecha que escape al bombardeo de novedades y ocupación sin fin. Poder tener una experiencia del aburrimiento que revele la condición inauténtica de la sociedad de consumo o del dispositivo tecnocientífico.

Muy en precedencia de la idea misma de deconstrucción, el despertar este aburrimiento esencial promueve una discontinuidad en la homogeneidad de la aceleración cotidiana. Nos enfrascamos en pasatiempos y actividades recurrentes con el único objetivo de evadir la conciencia del tiempo que nos sumerge en nosotros mismos. La ocupación permanente en nuestra sociedad de consumo choca con la preocupación de un ser humano que vislumbra detrás de la sobreocupación un intento de evasión de nuestra condición finita. Por eso el temple del aburrimiento no es solo un aburrirse con un objeto en particular. Puede comenzar como una relación específica con algo que me aburre, pero se trata –como la angustia– de un temple que a la larga irrumpe sin objeto. Siempre nos estamos aburriendo, siempre nos estamos angustiando, pero nos ocupamos de quehaceres para poder evadirnos de esta realidad: huimos hacia la cotidianidad. Las instituciones nos escinden para que durmamos nuestra preocupación existencial y nos aboquemos a vivir un cotidiano que no nos da tiempo para aburrirnos. Y entre ellas, las instituciones amorosas. Ingresamos al dispositivo amoroso y mientras reproducimos sus exigencias, el tiempo pasa y no nos damos cuenta.

"Uno se aburre", dice Heidegger para caracterizar al aburrimiento profundo o esencial. Lo repetimos como cuando decimos "uno se muere". Lo volvemos inauténtico. Uno se muere y por ello no hay nada que se pueda hacer. Uno se aburre y por ello solo se trata de buscar cada vez más estímulos para que aplaque. El "uno" heideggeriano habla de lo inauténtico de un sistema anónimo donde todos nos vemos subsumidos por un general que nos prescribe y frente al cual perdemos singularidad. Pero además el inauténtico "uno" se conjuga con el impersonal "se": no se trata nunca de un tedio personal sino del arrastre del sentido común. *Uno se aburre* porque somos *uno* y porque somos un impersonal *se* que, al aburrirnos, tenemos como mínimo dos opciones: o bien buscamos farmacológicamente evadirlo, o bien nos sumimos en lo que el temple nos abre: poder desapropiarnos de la inautenticidad hacia una preocupación existencial.

El aburrimiento esencial pierde así su connotación negativa y se nos vuelve una fisura en la homogeneidad de un mundo cosificado. Hay un aburrimiento que no se aplaca con pasatiempos sino que su vocación es resistir todo aplacamiento. No hay aplacamiento para la finitud. El aburrimiento esencial nos lleva hasta los confines. En esa zona liminar se revela el artificio. *Uno se aburre* porque el mundo está saturado de cosas y en esa saturación vemos los efectos de la cosificación: las cosas valen más como cosas y no como enigmas. El tedio, a diferencia de la angustia, no tiene que ver con la nada, sino con el todo: todo se nos revela idéntico, todo se nos vuelve homogéneamente lo mismo.

No solo no hay remedio para el aburrimiento con el otro en el amor, sino que es ese veneno (recordar la sinonimia entre remedio y veneno) el que nos incita a una experiencia del amor imposible. No intentar aplacar el aburrimiento sino deconstruir la idea misma del amor como entretenimiento. Un amor que se fugue de la falsa antinomia entre aburrirse o entretenerse.

Tal vez la otra cara del aburrimiento con el otro sea el mero *estar*. El hecho de *estar* sin rellenarlo de instancias hacendosas. No estar haciendo aquello o lo otro, sino simplemente estar. A secas. Sin hacer nada. O reconvertir el estar también en un *hacer*: un hacer sin hacer. Encontrar en el anverso de nuestras prácticas cotidianas el mero hecho de *estar* con el otro. Compartir el tiempo largo, o sea, no tener *nada* que compartir, o compartir esa *nada* que nos sustrae de cualquier atisbo de cosificación. Caer juntos. Perdernos juntos en el abismo de una existencia que nos convoca a la pregunta. Compartir el abismo. Estar con el otro sin incurrir en ninguna de las exigencias de las instituciones y arriesgar a lo que se abre. Aunque lo que se abra no sea nada.

En las instituciones amorosas siempre estamos haciendo algo y por ello cuando ya no sabemos qué más hacer, nos aburrimos. Si ese aburrimiento anula al otro, entonces el otro nunca fue un otro. Si ese aburrimiento debe ser aplacado entonces no salimos de la matriz. Tal vez el problema sean las instituciones cuyo propósito parecer estar más dirigido a mantenernos ocupados que a retirarse para que emerja la preocupación existencial. Pero es desde las instituciones que podemos hacer una experiencia de la diferencia desapegándonos de sus normativas. Vivir cada tanto el tiempo largo. Mirarse hasta aburrirse. Perderse. Despertar el aburrimiento es aminorar los planes, los proyectos, los mandatos, las rutinas. Aburrirse con el otro de los dispositivos sociales para que brote lo imposible.

¿Qué es ser fiel?

En su versión más extendida, la fidelidad se asocia al dispositivo de la pareja monogámica como la sustancia misma de un acuerdo mutuo de exclusividad. Resulta uno de los pilares fundamentales de la monogamia ya que descarta cualquier posibilidad de concreción efectiva de alguna relación sexoafectiva por fuera de la pareja; o sea, concentra la efectividad del deseo al interior del vínculo oficial. Es decir, concentra, regula, administra. Es cierto que en principio no acomete con las fantasías privadas o el deseo íntimo de los integrantes de las parejas: la infidelidad se establece una vez consumado el encuentro. En todo caso puede haber dudas en algunas situaciones fronterizas, desde el "solo fue un beso" hasta el "solo fueron intercambios virtuales", pero es difícil que incluya el ámbito de la imaginación personal: no se es infiel por imaginarse en situaciones sexuales con otra persona, y en ese sentido se asocia más con la ilegalidad: ser infiel es romper un pacto con una acción concreta de consumación.

Lo paradójico es que, sin embargo, la categoría de fidelidad no deja de ser una forma de disciplinamiento y por ello imprime efectos decisivos en nuestra subjetividad, o sea, previo a cualquier acto de consumación. De manera permanente se busca que el acuerdo de fidelidad se transforme en un dilema moral: violar el pacto de fidelidad connota mucho más de lo que se supone que es la transgresión de un pacto. En realidad, no cumplir con un acuerdo no es otra cosa que no cumplir un acuerdo (que no significa que no tenga consecuencias graves). Sin embargo, en la ruptura del acuerdo de fidelidad se dota al incumplimiento de una fuerte y decisiva carga moral: ser infiel es ser un inmoral. Revela una personalidad despiadada, artera, pero sobre todo poco confiable. El infiel, como en su momento el ateo, desprovisto de moral puede transgredir cualquier límite. (Incluso para la narrativa machista, en la reversión del concepto, se celebra fundamentalmente el arrojo: el infiel es un ganador cuyas dos principales virtudes son la astucia y la osadía). Por todo esto es que el disciplinamiento se inscribe directamente en el fuero íntimo de la persona que, aunque no deja de tener fantasías de todo tipo, las vive también como una ruptura del pacto no solo legal sino también moral: la fidelidad exige la exclusividad total del deseo.

Casi un corolario del mandamiento bíblico "no desearás a la mujer del prójimo", ya que si el mandamiento está más preocupado por el daño supuestamente generado entre varones, aquí el acento está más bien puesto en el control de uno mismo: no consumarás tu deseo por fuera del acuerdo oficial. La fidelidad se encuentra de este modo elevada a un nivel de cierta sacralidad. Y así como en el casamiento religioso ser fiel se vuelve una obligación de los cónyuges disfrazada de vocación propia, en los acuerdos monogámicos seculares el acuerdo también se inviste de cierto status sagrado. De alguna forma el pacto de fidelidad emula el tipo de contrato social que rige a las sociedades en su conjunto. Y cuanto más institucionalizado se encuentre el matrimonio, más cerca la infidelidad se verá reprimida con los mismos dispositivos de castigo de cualquier transgresión a la ley.

Hay algo que se rompe en la infidelidad que tiene que ver con la confianza mutua en la sujeción al acuerdo. Cualquier institución monogámica –no solo el matrimonio– se basa en una lógica contractual. En todo caso las diferencias entre las instituciones (del noviazgo al matrimonio) se encuentran en su inclusión en el dispositivo jurídico. Pero en términos de infidelidad, el pacto monogámico prescribe contractualmente las bases mismas de todo vínculo: en la monogamia, las parejas replican el acuerdo de fidelidad. Toda refrenda al acuerdo fundacional también tiene valor, pero siempre como adenda al pacto original. Una pareja que decide ciertos permisos de vinculación sexoafectiva por fuera del acuerdo monogámico central, permanece en la suscripción de la fidelidad en la medida en que se respeten los acuerdos. Se vuelve claramente más difícil sostener la categoría de fidelidad en una *pareja abierta*, pero la condición de fiel tiene mucho más que ver con la sujeción a los acuerdos que con otra cosa.

De allí, la pregunta sobre la naturaleza misma de la fidelidad: ¿qué valor tiene ser fiel si lo único que se está confirmando es la sujeción al contrato? O dicho de otro modo, ¿cuál es la *diferencia* que introduce la fidelidad en una pareja que suscribe la exclusividad sexoafectiva mutua? Lo único que parece brindar el esquema de fidelidad monogámica es un dispositivo de control y castigo en una lógica de la reciprocidad invertida: ambos decidimos sernos fieles más preocupados por no ser cada uno objeto de la infidelidad del otro. El acuerdo siempre nos garantiza a nosotros mismos y al resguardo de nuestra mismidad. Nunca tiene que ver con el otro sino con uno mismo. De alguna manera, acordar fidelidad es anularme en mi deseo por otras personas a cambio de garantizarme la exclusividad del deseo del otro: una garantía que por ser fruto de un pacto lejos está de monopolizar ningún deseo. Dicho de otro modo; si lo que uno busca es garantizarse el monopolio del deseo del otro, no es el dispositivo de la fidelidad por acuerdo el mejor camino, ya que lo único que alcanzamos es la seguridad de que el otro cumpla con el acuerdo y no que el otro solo nos desee a nosotros. No hay deseo que pueda ser controlado por la sujeción a un acuerdo. Incluso, podemos suponer al revés, que nada concita más al deseo que la institucionalización de sus límites. Cuánto más reduzcamos la fidelidad al cumplimiento del acuerdo, más impulsamos el anhelo de su transgresión por parte del deseo.

La palabra "fidelidad" etimológicamente se asocia con "fe", de donde se deriva también "confianza". Los fieles son también devotos de una creencia, o sea de una fe. Ser fiel es un acto de fe. Fe en el otro. Fe en el otro que lejos está de la confianza en que el otro cumpla los acuerdos. De hecho, solo se firman los acuerdos justamente porque no hay confianza en el otro. Si hubiera confianza, el acuerdo no sería necesario. Casi como que podríamos sostener, al revés de lo usual, que un pacto de fidelidad es la constatación de que la fidelidad es imposible. Como la fidelidad es insostenible, entonces firmamos un pacto de mutuo cumplimiento y repleto de consecuencias negativas a la hora de su transgresión. Firmar un acuerdo de fidelidad es no tener fe en el otro, pero no tener fe en que el otro cumpla con el acuerdo. Otra cosa es tener fe en el otro en tanto otro. Y allí la cosa cambia: no se trata de tener confianza solo en que el otro respete el pacto, sino que tener fe en el otro supone la ruptura estructural de todo el dispositivo contractual. Si tengo fe en el otro, no hace falta ningún acuerdo. Tener fe en el otro es un acto tan subversivamente revolucionario que invalida cualquier contrato, lo deja sin sentido, lo empequeñece, revela un cambio copernicano de prioridades, redirecciona al amor hacia otro lugar: ser fiel al otro es apostar al otro, sin restricciones ni estrategias ni contratos. Retirarme para que el otro sea. Y así *quizás* el otro, desde su libertad y deseo, me transforme.

Quizás. En *Políticas de la amistad*, Derrida recupera el modo en que Nietzsche anuncia una filosofía del *quizás*. El *quizás* es la marca más patente de la inseguridad existencial. Nada de lo que hacemos puede ser seguro. Y si lo fuese, ya no sería algo que hacemos sino algo que nos hacen. El arrojo del *quizás* es la contracara de la certidumbre donde todo se encuentra previsiblemente diseñado. Los acuerdos aseguran. Si el otro ya está pactado, no hay sorpresa. No hay sorpresa, pero tampoco hay un otro. No hay un otro sino una proyección de mí en el otro bajo la figura del acuerdo. Los acuerdos siempre son para uno mismo. Pero si hay un otro, se modifica ostensiblemente la modalidad del vínculo: todo el tiempo nos vamos buscando, retirando, seduciendo, confundiendo, atrayendo, encontrando. Siempre con el otro es un quizás. Y el quizás inspira una relación menos programada y más viva. El *quizás* no es lo opuesto a la certeza, sino su deconstrucción: por ahí se da, por ahí no, quizás se dé.

Quizás el otro me transforme, quizás no. Ya en concebir al otro como otro y no como una proyección mía se ha provocado un giro. Ser fiel al otro no es ser fiel a uno mismo. Es tener fe en el otro y en su libertad de ser otro: en sus tiempos, en sus derivas, en su intensidad. Si le tengo fe al otro, no hace falta ningún acuerdo de fidelidad: ninguno. Serle fiel al otro es reivindicar la otredad del otro, su deseo, su fragilidad, su incertidumbre. Se trata de una fe sin objeto. No es la fe dogmática sino la apertura al *quizás*. No hay pacto de fidelidad, sino que al haber fidelidad, no hace falta ningún pacto. Tener fe en el otro es estar abierto a lo inasible, a lo incapturable, a lo indominable, a lo imposible.

Deconstruir la monogamia no es una acción individual y ni siquiera afectiva. Aunque podamos en nuestros vínculos tomar decisiones que flexibilicen los acuerdos de exclusividad, el dispositivo monogámico nos atraviesa de un modo más estructural. No tiene tanto que ver con las posibilidades de apertura que pueda disponer una pareja sino con la idea misma de la *pareja* como centro nuclear de los vínculos sexoafectivos. Como plantea Brigitte Vasallo en *El desafío poliamoroso*, no es tanto el tema de la exclusividad sexual en una pareja, sino la entidad de la pareja misma como único orden posible en las relaciones sexoafectivas. Seguimos creyendo que el amor es una cosa de a dos. La pareja también supone una estructura binaria: uno y el otro, donde el otro es otro uno. El binario y su reduccionismo circunscriben al otro a la mera figura de una única persona. No importa si se trata de la pareja oficial, de la pareja extraoficial o de alguna relación esporádica: lo que importa es que el lazo amoroso en cualquiera de sus formas se juega siempre de a dos.

El drama de todo binario es siempre el mismo: la reducción de un sinfín de posibilidades a una sola. Y así como no ser blanco no necesariamente es ser negro, sino una diversidad muy amplia de opciones que se disponen bajo la noción de no ser blanco; o no ser varón de ninguna manera es ser mujer, sino no-varón, esto es, un variado e indefinido abanico de posibilidades; del mismo modo ese otro con el que se establece el vínculo amoroso no tendría que reducirse a una única persona. No solo me puedo enamorar de múltiples personas, sino que además me puedo enamorar de personas múltiples: o sea, me puedo enamorar y establecer un vínculo entre varias personas, escapándole así al binario como única opción en el amor en sus diferentes formulaciones. Deconstruir la monogamia por ello es mucho más que cuestionar las relaciones exclusivas: es un intento revolucionario por romper con toda una estructura de pensamiento y orden instituidos.

La monogamia es una estructura social con una narrativa que la naturaliza. Es un orden, una organización de la vida social a partir del elemento afectivo que sin embargo concebimos como algo natural. Está más cerca del modo en que naturalizamos la libertad individual como única forma de la libertad posible, o la propiedad privada como único modo de concebir la propiedad. Una estructura que internalizamos como natural deja de mostrar sus contornos, o sea, deja de mostrar su contingencia. Y ello significa que no solo no da lugar a otras opciones, sino que se presenta como la única opción posible. Permea nuestros cuerpos, delinea nuestro deseo, configura nuestra normalidad, disciplina nuestra moral. Y sobre todo, patologiza lo que no encaja, construye toda discusión sobre su legitimidad en fuente de anomalía. Cuestionar la monogamia se vuelve un cuestionamiento hacia la naturaleza misma de lo humano y por ello solo puede ser una opción para discursos faltos de sensatez y de racionalidad, casi una enfermedad. Para el sentido común, la monogamia se ha vuelto indiscutible. Y es que claramente una disolución de la monogamia acarrearía el colapso de todo un orden social que excede por lejos al mundo de los afectos.

En nuestros tiempos no hay un afuera de la monogamia, sino que hay prácticas que buscan distender las formas instituidas de los lazos amorosos. No hay un afuera de la monogamia como no hay un afuera del capitalismo: en todo caso, hay intentos de fisura de un orden a tal grado naturalizado que se nos vuelve imposible pensar una alternativa. Una pareja que resuelve abrir su vínculo y aceptarse mutuamente en relaciones amorosas con otras personas no rompe la monogamia, sino que evidencia sus limitaciones. Del mismo modo que la decisión de realizar trabajos gratuitos no rompe el capitalismo, pero demuestra sus criterios supuestos. O de la misma manera que la resolución en un vínculo heterosexual de desarmar los lugares instituidos del varón y de la mujer no derriba al patriarcado, pero claramente focaliza sus ejes vertebrales. ¿Pero, alcanza?

Monogamia, capitalismo y patriarcado son dispositivos sociales. Las afrentas individuales nos permiten una suerte de salida provisoria que no solo no rompe la lógica del dispositivo, sino que la configura desde la negación transgresora. En un orden social monogámico, una salida individual no solo no rompe el orden, sino que construye identidad de ruptura desde la existencia y ratificación del dispositivo que se pretende transgredir: identidades contra-hegemónicas. El dispositivo monogámico heteronormativo no se ve afectado, a la vez que despliega todos sus componentes: sus ortodoxias y sus heterodoxias. Nada mejor para la monogamia que las experiencias que la ratifican con cada acción de transgresión.

Fredric Jameson decía que es más fácil imaginarnos el fin del mundo que el fin del capitalismo. Del mismo modo, es más fácil imaginarnos el fin del amor que el fin de la monogamia. De hecho, las instituciones amorosas funcionan más allá del amor. O peor, funcionan porque ya no tienen nada más que ver con el amor sino con la lógica de su propia institucionalidad. Demasiado amor incluso las pondría en peligro. Un matrimonio puede sostenerse toda una vida sin que exista más amor entre las partes; pero a la inversa, si hay amor entre personas, nos resulta inimaginable que no se incurra en alguna propuesta institucional. No podemos vivir el amor sino desde alguna institución, pero podemos subsistir en instituciones amorosas aunque ya no haya más amor. Sin embargo, todavía podemos dar un paso más: no nos podemos imaginar el fin de la monogamia, pero mucho menos nos podemos imaginar el fin de la pareja. El amor sigue siendo para el sentido común una cuestión de a dos. Pensar al amor por fuera del dispositivo de la pareja supone tal radicalidad que percibimos que del amor ya no quedaría nada.

Imaginemos una posible salida de la monogamia. Un mundo donde finalmente el orden de exclusividad basado en la pareja caduca y el amor se relanza en un formato otro. O incluso se relanza en el más temerario desafío de esquivar cualquier recaída en algún formato. Una sociedad no monogámica: ¿cómo sería?

Hay una primera versión de la sociedad no monogámica que supondría la deconstrucción de los acuerdos de exclusividad sexual. Las parejas podrían establecer vínculos con otras personas por fuera del lazo central con el objetivo primigenio de vivir una vida sexual no exclusiva. Podría organizarse de diferentes modos, por ejemplo, instaurando días regulares donde la pareja se separa y cada uno se encuentra con otras personas, o también en una opción más espontánea dejando siempre abierta la posibilidad de encuentros sexuales por afuera de la pareja como algo normal y cotidiano: como si alguien dijese que se encontró con un amigo y se juntó a tomar un café un rato.

Nada de esto se supone que hoy no esté sucediendo. Pero una vez más: no se trata de situaciones que puedan darse en algunos vínculos particulares, sino en el modo en que nuestro *ethos*, nuestras costumbres, nuestro sentido común instituye a la monogamia como estructura naturalizada. El hecho de que hoy muchas parejas se abran a este tipo de acuerdos sobre los pactos fundantes no habla del fin de la monogamia, pero sí de su crisis. Hay algo en las instituciones del amor que no cierra.

Y además, pone en evidencia el conflicto central que se produce entre la estabilidad institucional amorosa y la exclusividad sexoafectiva. En la mayoría de los casos se trata de una disminución del deseo sexual, pero sobre todo se trata de una crisis del erotismo. Hay una importante tensión entre la pareja en su duración estable y las formas hegemónicas de una vida sexual que promueve la innovación y el recambio permanente. Como bien analizó Paul Preciado, en una cultura fármaco-pornográfica la práctica sexual se ha espectacularizado, pero sobre todo se ha vuelto insumo de un orden social que nos mantiene desconectados en la tarea incesante de provocar sucesos sexuales que nos exciten de modo rápido y eficaz. El sexo como consumo escinde a nuestros cuerpos de su posibilidad de reconexión con una instancia amorosa que lo subsuma como parte del encuentro con el otro. Pensar la salida de la monogamia solamente como el final de la exclusividad sexual es no cuestionar las formas de la sexualidad dominante. Preguntar, como hace Foucault, ¿cuál sexualidad es la que se ha normalizado? O pensado desde su posible deconstrucción: ¿cómo pensar una vida sexual que no se disuelva por un lado en una metafísica del amor, pero que tampoco recaiga por el otro en la cosificación y mercantilización de nuestros cuerpos?

Pensar el fin de la exclusividad sexual en la pareja es antes que nada comprender bajo cuál dispositivo de la sexualidad nos hallamos insertos. Dejar de coger exclusivamente con la pareja para empezar a coger con otras personas no solo no cuestiona el modo en que cogemos, sino que además ocluye que gran parte de este hastío es efecto de la sexualidad dominante. Y en ese sentido se trata de desmarcarse de las dos formas hegemónicas desde las que a grandes rasgos el sentido común insiste en experimentar la vida sexual: o se piensa al sexo como un medio trivial para propiciar un objetivo más profundo asociado con un amor trascendente, o se vive el sexo desde un ensimismamiento egoísta que hace del otro un mero objeto a disposición de mi placer. De allí la vocación deconstructiva por disociarse de ambos polos: una vida sexual que no incurra ni en metafísica ni en cosificación. Ni pensar que coger tiene otra carga que no sea coger, ni pensar que coger no tiene ninguna carga...

Si solo se tratara de una disrupción de la monogamia cuyo objetivo fuese que todos podamos desde el consenso social coger con personas por fuera de la pareja, pero coger al interior del dispositivo de la sexualidad dominante, entonces no solo no hay salida de la monogamia, sino que se produce una ratificación de sus estructuras. Está claro que, por un lado, la necesidad de salida tiene que ver con emancipar al placer sexual de su supuesto condicionamiento metafísico (coger es un medio para el amor que es un medio para la reproducción de la especie). Deconstruir el nexo esencializado entre amor y sexo es clave para liberarlos a ambos de sus supuestos propósitos metafísicos, relacionados siempre con la heteronormatividad, o sea, con el dogma de pensar todo lazo sexoafectivo en términos de la reproducción de la especie. Pero también está cada vez más claro que lo otro de la metafísica no es la cosificación y anulación del otro, que en el fondo no deja de ser también una metafísica del sujeto que dispone del otro para su propia soberanía. El sujeto se alimenta de los otros: los come, los enajena, los empaqueta, los coge. Por eso, profanar la vida sexual para que deje de ser un instrumento menor cuya función última es ser soporte del amor trascendente y la reproducción de la especie implica también profanar la otra sacralidad: la condición sagrada del sujeto que concibe que todo existe para su necesidad y disposición.

¿Hay algún lugar intermedio que no recaiga sobre alguno de estos dos polos? ¿Es posible que el final de la exclusividad sexual suponga un nuevo tipo de narrativa? O planteado de otro modo, ¿cómo seguimos relacionando amor y sexo? Ni el sexo como un instrumento para el amor, ni el sexo que se despega del amor para volverse consumo cosificado del cuerpo del otro. Hay un concepto que podría comenzar a desarmar este dualismo entre metafísica y cosificación y que incluso podría volverse un hilo conductor para poder ir rompiendo los condicionamientos institucionales de la sociedad monogámica: es la idea de *amorosidad* o también en alguna de sus formulaciones, la idea de *ternura*. La *amorosidad* como un encuentro amoroso que en su facticidad se vive desde el aquí y ahora, pero que se vive con total intensidad y registro del otro. Un encuentro amoroso que tiene más de desencuentro que de encuentro: poder tener una experiencia plena sin el anhelo de la plenitud. Ni siquiera se trata de encuentros esporádicos como norma, sino la vocación de que el encuentro con el otro sea con el otro. No importa cuánto dure, ni importa su proyección, pero el acontecimiento amoroso en tanto acontezca se vive como un acontecimiento. Puede ser más sexual, más conversado, más fogoso, más calmo. Puede constituirse en un vínculo más estable o absolutamente inestable en su periodicidad, pero en la medida en que hay encuentro, entonces hay encuentro. Ni profundo ni superficial. Ni eterno ni efímero. Presencia intensa sin más expectativa que su consumación en un aquí y ahora que puede o no repetirse. Celebración del encuentro, en tanto encuentro y en tanto otro. Presencia de un amor por fuera del sentido común tanto en su versión romántica idealizada como en su versión ensimismada y consumista.

Lamentablemente hemos ido abandonando el uso de la palabra "ternura" en el mundo sexoafectivo. De hecho, la confinamos a cierta deserotización al asociarla más con la niñez. Pero *ternura* es también dulzura, suavidad, un erotismo que deconstruye tanto el polo afectivo más invasivo como el polo más utilitario. Ser suave con el otro es antes que nada un reconocimiento de su otredad, pero al mismo tiempo el descubrimiento de nuestra propia dulzura. Hay un placer muy propio de la dulzura que con otros tiempos potencia el deseo hasta su éxtasis. Y sobre todo se trata de la ternura como *cuidado*. Otra palabra que puede conducir exactamente a su significado opuesto. Nunca un cuidado que en nombre del amor se fagocite al otro, proyecte sus intereses propios, lo apabulle, sino un cuidado de la otredad: una celebración del otro. Nada más erótico en el amor que un cuidado del otro que no recaiga ni en su avasallamiento ni en su banalización: una presencia ni lejana ni cercana, ni apropiativa ni expropiativa.

La ternura es blandura. Una fisura por donde se cuelan las subjetividades, se van desagotando, se desinflan. La blandura expone la fragilidad del sujeto, lo exuda, lo desnuda, lo desarma, muestra sus artificios. La blandura es la inminencia de una rotura que nunca acontece. Siempre parece a punto de quebrarse. Un mínimo movimiento del otro puede romperme. Por eso, el cuidado es su resguardo, su defensa para que lo blando se plasme sin temor a su destrucción. Pero sobre todo la blandura presenta otra forma de lo bello. Hay una belleza muy particular en la ternura que deconstruye cierta soberbia de lo bello: la belleza de lo frágil, la belleza de la entrega. Otra experiencia de lo imposible.

En la ternura hay un reconocimiento de nuestra vulnerabilidad. No es el tipo de amor que supone la invasión y conquista del territorio del otro, sino al revés: es siempre un ejercicio de retracción. Me muestro en mi vulnerabilidad y acompaño la precariedad del otro. Mostrarnos vulnerables es arriesgar a la derrota, al rechazo, al desencaje, al incumplimiento de las expectativas, a todo lo que el ideal del amor romántico considera de poca valía. Es que para el sentido común, el sujeto enamorado, el amante platónico imbuido por un dios, es siempre una tromba que acomete cualquier acción con tal de ir por su botín. Un deseante devorador del otro. El amante es un guerrero, pura voluntad de poder (de amor), un arrojado, pero por ello es el sujeto de la fuerza. El que ama, para el sentido común, posee una fortaleza. El tierno es débil, frágil, precario, no es estratégico, su deseo no es prominente ni voraz, sino un deseo de cuidado. La *amorosidad* es por el otro, esto es, por el encuentro de otredades.

Si nos imaginamos una sociedad no monogámica desde el fin de la exclusividad sexual pueden darse dos situaciones: o bien se sostiene en su matriz y habilita encuentros con otras personas por fuera de la pareja, sin renunciar a la uniformidad de la sexualidad dominante; o bien, desde la *amorosidad*, se replantea una modalidad diferente en el encuentro con todo otro. Pero en este último caso, la *amorosidad* nos anima a hacer explotar el binario que separa tan taxativamente el sexo y el amor: ¿y si en una sociedad no monogámica más que el fin de la exclusividad sexual se plantea el fin de la exclusividad amorosa? ¿Se puede salir de la monogamia con vínculos varios por fuera del vínculo central, cuyo principal propósito lo constituya relaciones sexoafectivas atravesadas por la *amorosidad*? ¿No haría sucumbir la naturaleza misma de la diferencia entre vínculo central y vínculo periférico? O dicho de otra manera: ¿se puede estar enamorado de más de una persona? ¿Cómo pensar una sociedad no monogámica donde, más allá del fin de la exclusividad sexual, podamos pensar en relaciones amorosas varias sin que exista ninguna jerarquía entre ellas? ¿Se puede pensar en una vida amorosa sin un vínculo central? Y además, ¿se puede pensar todo esto por fuera del patrón de la pareja? ¿Seguiría siendo amor? ¿No se nos vuelve imposible el amor por fuera de todo condicionamiento institucional? ¿Cómo conectar con ese amor imposible que no se aviene a ninguna institución? ¿Cómo es la experiencia del amor más allá de las instituciones si todas nuestras experiencias existenciales se canalizan sobre un marco institucional?

Imaginemos una posible salida de la monogamia con un trazado de vínculos varios donde prime el amor y el deseo a partir de la libertad de no incurrir en ninguna normativa más que la voluntad de los participantes. Un amor no normado. Un amor que no se convierta en una excusa para la implantación de legislaciones afectivas. O peor, para que en nombre de la dimensión afectiva de la existencia se nos induzca a ser parte de un engranaje institucional mucho más preocupado en su propio funcionamiento que en su ser supuesto cauce para el amor.

Por ejemplo, si la moral alcanzara, no haría falta la ley. Todos nos comportaríamos debidamente. Ahora, ¿qué es comportarse debidamente? Portarse bien es ya dar por supuesto un ideal de la moral inalcanzable. Se postula un ideal del bien y del mal, se demuestra que es inalcanzable y se establece la ley para actuar donde la moral hace agua. Pero entonces, ¿viene la ley a subsanar las lagunas de la moral o es la ley la que termina modelando una moral supuestamente insuficiente? No serían las insuficiencias de la moral las que conminarían al pacto social, sino que ya el pacto y sus leyes construirían con carácter retroactivo una idea de la moral insuficiente. Y en nombre de la imposibilidad de dominarnos a nosotros mismos, se justifica la intervención permanente sobre nuestra subjetividad. De lo que no parece caber duda es de que, si en algún mundo posible solo la moral alcanzase, claramente no se trataría de esta moral cuya naturaleza es justamente ser inalcanzable. Una moral por fuera del derecho probablemente manifestaría otro formato sobre el bien y el mal disfuncional al dispositivo social dominante.

Con el amor sucede lo mismo: si con el amor alcanzara, no harían falta los acuerdos, no haría falta la ley. Pero claramente un amor sin acuerdos lejos estaría de aproximarse al ideal romántico del amor que privilegia su condición de sumatoria, de ganancia, de acumulación propia. Como el ideal romántico del amor resulta inalcanzable, los acuerdos ayudan a sostenernos en nuestras lagunas. ¿O será al revés y vivimos la experiencia del amor absolutamente encorsetada por los mandatos de la institución legislativa que en nombre de los pactos nos disciplina afectivamente?

Un amor sin acuerdos significa que los acuerdos no prescriben al amor, que no es lo mismo que el descarte de todo pacto. En un vínculo siempre hay diálogo, consenso, seducción, retórica, convencimiento. Estamos hablando sobre todo de resistir a la burocracia amorosa que disuelve al amor en una serie de pactos normativos. El problema son los pactos regulatorios que van licuando al amor de su vocación originaria para convertirlo en mera energía erótica al servicio del funcionamiento de las instituciones. Un matrimonio tiene mucho más que ver con una institución social que con una promesa de amor mutuo. Se rige por contratos jurídicamente regulados y no por el deseo amoroso. Se erige como uno de los pilares mismos de la organización social ya que en una sociedad heteronormativa el matrimonio es su célula primordial. Toda la sociedad se eslabona a partir de esa partícula elemental que es el pacto heteronormativo familiar llamado matrimonio. Casi como que la sociedad puede pensarse más que como un conjunto de átomos, como un conjunto de instituciones matrimoniales.

Y es obvio que la diferencia la hace el amor. De nuevo, nos es más fácil imaginar el fin del amor que el fin de la monogamia. Podemos asistir al funcionamiento de las instituciones con total prescindencia de la presencia del amor. Un matrimonio se desenvuelve en sus funciones aunque el amor ya no exista. O tal vez, la existencia insistente del amor no haga otra cosa que ponerlo en crisis. Tal vez haya más crisis en un matrimonio por sobreabundancia de amor que en un matrimonio desamorado. Y esa crisis tal vez constituya la posibilidad de que esa institución se fuerce a sí misma a desbordarse. Como dice Derrida, se necesita rellenar el contrato matrimonial de algo más que lo saque de su mero procedimentalismo y lo vivifique. Sin ese amor, sin ese don, sin lo imposible, el matrimonio se vacía y se vuelve mero contrato. Un matrimonio vivo es aquel que siempre se está desbordando porque no alcanza con la formalidad de la ley. Hay una estructura de la que salirse, pero hace falta una estructura ya que, si no, no habría salida. O dicho de otro modo: no es tanto el final de las instituciones sino su permanente desbordamiento.

Entonces, imaginemos una sociedad no monogámica en donde las instituciones se van desmoronando y se revolucionan todos los formatos conocidos. Por ejemplo, vivir en el entrecruce de varios vínculos que desatados de cualquier reglamentación prescriptiva se vuelven casos *sui generis*: un amor casuístico. Cada vínculo es una invención de su propio *por venir*. Crear, con cada relación amorosa, una nueva manera de relacionarse. Como, por ejemplo, si el lenguaje se transformara en un reservorio del cual siempre quisiéramos estar escapando y cada vez que damos con un acontecimiento inédito, tuviéramos la posibilidad de crear en el acto una nueva palabra para nombrar lo singular. Un lenguaje imposible. Así, con el amor, crear con cada vínculo la singularidad de su amor: un amor imposible...

La multiplicidad de encuentros eróticos, sexuales, amorosos, tiernos, discontinuos, con personas de diferente tipo, una, dos, varias, subvertiría nuestra organización ordinaria del tiempo y del espacio. Un amor fuera de eje, fuera de quicio, un amor desquiciado. Ni siquiera un amor, sino amores. Amores yuxtapuestos, fragmentados, con intereses diversos, no sujetos a ninguna institucionalidad más que a la de su propia fluencia. Y no se trata de no acordar un encuentro desde una agenda; de nuevo, hace falta una estructura para salirse de ella. Lo erótico está en el salirse. No se trata de no convenir el próximo encuentro a una hora y en un lugar determinado, sino de que el amor no esté determinado por la necesidad del cumplimiento de la agenda. El problema no es la agenda, sino la "agendización" del vínculo.

La anarquía vincular va corroyendo también al sujeto. De alguna forma tampoco somos los mismos en cada relación, ya que cada una, a su estilo, pone en juego la fragmentación de nuestra subjetividad. No hay una unidad totalizante que se presenta a sus diferentes citas: hay una subjetividad estallada cuyas esquirlas se conectan con otras esquirlas, todas y cada una de ellas desde lugares distintos. Es una anarquía vincular fundamentalmente porque se rescata el sentido del término *anarquía* como ausencia de un orden prescriptivo. Tampoco hay centro, claramente, ni un único orden prefijado, pero sobre todo no hay una prevalencia del impulso normativo del orden. Anarquía vincular, en este contexto, significa que no hay que encajar en ningún plan previo, en ninguna institución que supuestamente conduzca al amor por sus carriles correctos.

Un día entretejemos una relación. Otro día otras. Otros tantos días vamos entregándonos al disfrute y realización de los diferentes encuentros. La energía es imponente. El tiempo se disipa. Casi como que nuestra existencia misma se va transformando en un sinfín de multiplicaciones eróticas que van variando con cada vínculo en concreto. Lunes abocado a un amor, martes a otro, miércoles a otro, jueves, viernes, fines de semana, todos los días erotizados. Pregunta obvia: ¿cuándo trabajamos? Y no es una pregunta irónica: ¿cómo sostener un afuera de la monogamia desde una anarquía vincular genuina en un contexto social donde impera un orden social basado en la explotación y productividad de nuestros cuerpos? ¿Cómo conciliar un cuerpo entregado al placer y a la *amorosidad* en el marco de un dispositivo productivo que requiere cuerpos domesticados, políticamente dóciles y económicamente rentables (tal como insiste Foucault)?

O dicho de otro modo: ¿no es la monogamia absolutamente funcional a un tipo de organización social basada en la administración de las fuerzas productivas dispuestas exclusivamente para el rendimiento laboral? ¿No se vuelve la monogamia una economía de los afectos entrelazada con otros aspectos de la existencia, todos juntos atravesados por la misma motivación de direccionar la vida social hacia la productividad extrema? ¿No se reconduce todo erotismo a su mercantilización? ¿No se lo subsume, al igual que tantos otros aspectos de la vida, al único fin indiscutible del rédito y la conveniencia? ¿No es clave para una sociedad de la explotación tanto de nuestros cuerpos como de la naturaleza toda, el sostenimiento de estructuras primarias que normalicen de modo armonioso y controlado todas las formas de amor?

El dispositivo monogámico promueve la administración de nuestras fuerzas eróticas escindidas, por un lado, en una supuesta realización profesional en el trabajo, y, por otro, en su burocratización normativa en la familia tradicional. Trabajar todo el día y volver a un hogar sin conflictos ni demasiado gasto de intensidad. Las energías reguladas para que el circuito funcione correctamente: levantarse, desayunar casi sin interacción, pasar el día en un trabajo mayoritariamente enajenado, volver a casa, cenar casi sin interacción, coger cada tanto casi sin interacción, dormirse. Todo ello acompañado por las fauces mismas de la sociedad fármaco-pornográfica que describe Preciado: cuerpo y alma colonizados.

Por eso, salir de la monogamia no trata de los acuerdos posibles que una pareja pueda darse para experimentar una posible salida de la exclusividad sexual. Se trata de asumir que la monogamia es un dispositivo político; esto es, una narrativa que busca naturalizar formas contingentes de nuestra vida afectiva. Naturalizar formas contingentes significa que aquello que siempre puede ser de otro modo sin embargo es reconducido a un tipo de necesidad natural. La monogamia se presenta como la forma natural, normal y sana del lazo sexoafectivo: el mito funciona. Nada más eficiente para un orden social que su inoculación como normalidad, esto es, como sentido común. Nada más eficaz que la despolitización del amor, esto es, la convicción de que en el amor no se juegan cuestiones de poder. Si la monogamia es una condición natural del vínculo amoroso, entonces no hay posibilidad de una salida. Instalar como una ley natural aquello que es efecto de una intervención social constituye una forma muy eficaz de inhibir cualquier distensión o revuelta. No se plantea nunca salirse de la ley de la gravedad o de la ley de inercia: cuanto más naturalizada y despolitizada se presente la monogamia, más imposible será su desarme.

Por eso es que se nos vuelve bastante dificultoso pensar en la organización efectiva de una sociedad no monogámica. De hecho, la anarquía vincular supone que todo ordenamiento en uno u otro sentido termina encorsetando y por ello devaluando las posibilidades del amor. Pero en este caso, como en toda deconstrucción, el ejercicio de pensar un orden no monogámico tiene más bien el objetivo de evidenciar los nexos siempre invisibilizados entre la organización de los afectos y el resto de la vida social. Desplazar la discusión sobre la monogamia del plano afectivo al plano político es clave. No se está discutiendo de modo aislado si en una pareja es posible o no es posible poder tener un vínculo con alguna otra persona: se están discutiendo los fundamentos mismos que naturalizan los modos en que concebimos socialmente nuestras relaciones afectivas con los otros.

De allí la importancia de volver sobre la fórmula que enuncia que "lo personal es político"; en especial porque el sentido común patriarcal se legitima a sí mismo a partir de esta escisión entre lo público y lo privado, despolitizando aspectos de nuestra existencia que gozan de una suerte de consagración inmunizados de cualquier conexión con las relaciones de poder. La crítica a la sociedad patriarcal en este caso es un hilo conductor para visualizar los modos de separación taxativa entre esferas e incumbencias sociales, cuyo objetivo primordial es eximir ciertos aspectos de la vida de su condición política. De allí la conveniencia permanente de reducir la cuestión monogámica a decisiones personales y llevarla lúdicamente a su espectacularización y banalización como propuesta *poliamorosa*. El modo en que el sentido común plantea la cuestión del *poliamor* es un claro ejemplo de despolitización y remisión de la crisis de la monogamia a la esfera privada y afectiva. Solo si suponemos que la temática amorosa no tiene nada que ver con las relaciones de poder, asociamos el debate sobre la salida de la monogamia con una atmósfera más ligada al mundo del entretenimiento que a la deriva existencial. El despliegue de una noticia rimbombante en alguna revista de moda sobre algún personaje reconocido que se decide a incurrir en el mundo poliamoroso no hace más que volver a ocultar nuevamente la temática. Se presenta lo otro de la monogamia manteniendo la separación entre lo público y lo privado, confinando la decisión sobre la vida afectiva a una cuestión de elección personal. Y para colmo, la sociedad massmediática refrenda la despolitización en el bombardeo permanente de las historias de vida de los protagonistas del poliamor: todos podríamos potencialmente elegir una vida poliamorosa como nuestros ídolos.

Lo otro de la monogamia no es necesariamente el poliamor sino las infinitas modulaciones por distender la normativa de la exclusividad de la pareja. El poliamor es una de las tantas experiencias que además no es unívoca ni homogénea. Pero sobre todo no es lo que se busca presentar burdamente en el remanido ejemplo de una cantidad exorbitada de gente compartiendo una cama o descubriendo que en el fondo nadie no puede tener celos. Nada resulta más funcional para la monogamia que

el reduccionismo que la plantea confrontando con la caricatura poliamorosa. El estereotipo funciona a pleno: la monogamia crea su antinomia
para ratificarse a sí misma.

En realidad, nada se encuentra más lejos de cualquier atisbo poliamoroso que su adecuación a la sociedad del consumo afectivo. Nada más
lejos de un amor revolucionario que su subsunción al individualismo de
los afectos: si el amor es el otro, el poliamor es menos una práctica de consumo individual y más una entrega por la libertad y realización del otro.
Hay muchas experiencias de poliamor con sus conflictos, sus aprendiza-
jes, sus zozobras. El poliamor es una experiencia abierta, de reinvención
incesante de sus fundamentos. Pero, sobre todo, el poliamor no es lo que
la sociedad monogámica construye como su opuesto funcional.

La frase "lo personal es político" es lanzada a finales de los años sesenta como un manifiesto feminista que revela el lugar de mayor supremacía
del patriarcado: la promoción del ámbito privado de la persona como
reflejo esencial de las características propias del ser humano. Para el sentido común patriarcal, así como para todo sentido común, "no todo es político". Es más; se trata de distinguir permanentemente el avasallamiento
que desde lo político se realiza sobre la vida privada. En especial porque
se supone que el ámbito de lo personal es una manifestación de nuestra naturaleza innata. Hay una obsesión por denunciar todo el tiempo
el sobrepasamiento de lo político en contraposición directa con aquellas
posiciones que insisten en la necesidad de una repolitización general de
la existencia. "Lo personal es político" significa que todo, incluso aquello que consideramos íntimamente lo más personal, supone relaciones
de poder, esto es, intervenciones previas que definen el ordenamiento de
las cosas. En ningún lugar se juega más el poder que en aquellos lugares donde insiste en defender su ausencia. Y su ausencia se corresponde
directamente con aquello que es dado por naturaleza.

Por eso mismo, para el sentido común, la identidad de la mujer deja
de ser una cuestión política para pasar a ser una cuestión natural: se tras-
lada de modo lineal la narrativa biológica a la narrativa identitaria. Ser
mujer no es una construcción (de acuerdo a la clásica formulación de
Simone de Beauvoir) sino un hecho biológico. Y por ello inamovible. Y
además, munido de rasgos que al ser naturales, resultan inmodificables.

De allí que los asuntos estéticos, emocionales y hasta maternales sean postulados como parte de la naturaleza misma de la condición femenina. Un buen ejemplo es la temática de la belleza que, en su afán de no politizarla, el sentido común la presenta como un dato absolutamente objetivo. Una cierta forma de la belleza adquiere hegemonía e interviene activamente en el disciplinamiento de nuestros cuerpos. Un ideal de belleza se impone para que nuestros cuerpos diseñen su desarrollo en el único objetivo de cumplir con los mandatos estéticos dominantes. La belleza se vuelve normativa. Se vuelve entonces una cuestión política.

Si para el sentido común, el amor, la belleza, la familia, la maternidad, son asuntos de la esfera personal y se dirimen en el plano de la naturaleza humana; una deconstrucción de todos estos conceptos nos permite avizorar exactamente lo contrario: la naturaleza está desde siempre ya intervenida por dispositivos que construyen una representación fija del amor, la belleza, la familia y la maternidad, entre tantos otros conceptos. Construyen e instauran representaciones fijas allí donde todo puede ser siempre de otro modo. Censuran, reprimen, normalizan.

A la cristalización esencialista de la mujer se le suma la crítica a la politización de los lazos afectivos. De allí que el sentido común patriarcal se enoje tanto con la politización de lo cotidiano. "Lo personal es político" revela también que ningún sentimiento es desinteresado. Y de nuevo no se trata de una situación específica sino de una matriz: hay ya condicionamientos jerárquicos y asimétricos en el modo en que está concebido nuestro ideal de familia. El amor de un padre por sus hijos puede ser lo más auténtico posible, pero lo que intentamos pensar son los supuestos estructurales de un modelo de familia que incluso desde el amor esté reproduciendo situaciones de injusticia.

Cuando se coloca a la monogamia del lado de "lo personal" se soslaya su condición política. Cuando se plantea que la salida de la monogamia se puede dar a través de la decisión privada de la pareja en la proclamación de nuevos tipos de acuerdos personales se oculta su raíz estructural. Cuando se presenta jocosamente un estereotipo del poliamor como lo opuesto a la monogamia se construye adecuadamente un otro funcional que no hace más que ratificar la jerarquía binaria del sistema monogámico. No hay modo de salir de la monogamia con prescindencia de una transformación social general. No se trata de un aspecto accidental a poder vivir de otro modo sino de una de las formas sustanciales sobre las que se edifica nuestro sentido común.

Una vez más la aporía: si el mundo de lo posible con sus instituciones es restrictivo, ¿la única manera de vivir el amor en su verdad es como amor imposible? ¿Y cómo vivir esa experiencia de lo imposible en lo cotidiano? De nuevo, ¿hay un afuera? ¿Cómo salirse de la monogamia sin recaer en otra institucionalidad normativa? Si el problema fundamental de la monogamia es el dogmatismo burocrático de las normas a cumplir, ¿se puede por fuera de la monogamia vivir los vínculos sexoafectivos eximidos de toda norma? ¿No encontramos muchas veces en las formas no monogámicas, finalmente, más regulación invasiva sobre el amor que en la monogamia misma? O dicho de otro modo; ¿hay un afuera de las instituciones?

No nacimos en el éter. No hay una instancia preinstitucional, ni siquiera presocial. El estado de naturaleza es una hipótesis. Demasiado efectiva, pero hipótesis. Ya estamos siempre arrojados a una dimensión del ser. Ya nacimos impregnados de un sinfín de categorías que conforman nuestra subjetividad amorosa y nuestra subjetividad en general. Ya nacimos al interior de un dispositivo amoroso que se encarna en sus instituciones hegemónicas. No hay una elección desde cero. No existe el desde cero. No hay un momento original donde aún nadie se encontraba subjetivado. Nacer es ya desde siempre estar siendo parte de diferentes ensamblajes, gramáticas, dispositivos, idealizaciones, identidades, instituciones.

No elegimos la heteronormatividad: nacimos al interior de su influjo. Después podemos ratificarnos en ella, como podemos padecerla, o como podemos intentar distenderla, escaparle, hacer lo que se puede. No elegimos la monogamia: nacimos en una sociedad que encastra tres instituciones fundamentales como el matrimonio, la monogamia y la pareja. A lo sumo, si nos interesa, podemos visualizar antes que nada su contingencia, y a partir de allí intentar trascenderla. Deconstruir es siempre un ejercicio de escape, pero el que fuga se va desprendiendo lentamente de todo aquello que nos fue constituyendo desde siempre. Lentamente y nunca por completo. Deconstruir es un ejercicio de desidentificación.

Una pareja tomando la decisión de abrir el vínculo e incorporar a otras personas a la vivencia amorosa cotidiana no derrumba el sistema monogámico, pero es un inicio. Como también es un inicio permanecer en una relación cerrada, pero absolutamente consciente de las determinaciones del dispositivo. Lo importante es no confundir las implicancias. Es como en la militancia ecológica: transformando nuestra experiencia cotidiana de relacionarnos con la naturaleza no llegamos al fondo de la cuestión: el extractivismo como política de dominación. Pero es un comienzo fundamental porque, sobre todo, "lo personal es político". Y ello supone la desarticulación de las pequeñas acciones cotidianas que conforman el ámbito de lo personal. Modificar nuestras prácticas alimentarias no detiene al extractivismo, pero da pelea donde los dispositivos más consiguen ejercer su disciplinamiento: en los gestos más ínfimos de lo cotidiano.

El amor es imposible porque cualquier manifestación institucional lo cercena y lo desvía. Pero al mismo tiempo no podemos no desplegar nuestra existencia sino en instituciones. Tal vez el gran desafío es encarar el vínculo amoroso sin saber hacia dónde nos vamos dirigiendo. O bien, sabiendo que no se trata de una nueva fundación regulativa. No estamos buscando una nueva y más emancipada institución del amor, sino que buscamos lo imposible: un amor sin instituciones. O mejor: un amor que pueda desembarazarse de cualquier sojuzgamiento normativo y que en ese liberarse vaya intentando construir no tanto lo nuevo como lo otro. Los prófugos del amor no van en busca de la libertad, sino que la libertad es el escape. No van buscando un nuevo lugar para amarse, sino que se aman mientras escapan. El amor va aconteciendo en esa fuga incesante. No hay paz. Nada tiene que ver el amor con la paz, con la estabilidad, lo que no significa que los prófugos no se arrojen a estar juntos mientras pierden el tiempo, tirados en la tierra mirando el cielo. Ser prófugo es también deconstruir las instituciones del tiempo y del espacio. Amarse por fuera de cualquier secuencia temporal y más allá de cualquier lugar posible.

Y ello no significa un amor religioso, sino todo lo contrario: bien profano. La religión de la que se desmarca el amor imposible es la religión del capitalismo, de la cosificación, de la mercantilización. Profanar las instituciones es sostener con ellas una relación irónica: la deconstrucción no puede sino ser siempre una experiencia de la ironía. Pero nunca la ironía del arrogante sino del perdido. De aquel que contagia a todos en el desafío de lo caduco: el problema no es el matrimonio sino tomárselo en serio. Y no tomárselo en serio no implica una actitud descomprometida, sino todo lo contrario: se trata de estar comprometido no con los mandatos sino con el deseo. Comprometerse con el deseo: tal vez solo se trate de eso. Más allá de cualquier formato.

No hay un afuera de la monogamia porque no hay un afuera. Salirse de la monogamia siempre nos arroja a situaciones aporéticas. Se trata de recorrer la experiencia de la aporía o bien de buscar otro modelo para el amor. Y tal vez el modelo se encuentre más próximo de lo que parece: ¿qué relación hay entre el amor y la amistad?

En el parágrafo 14 de *La gaya ciencia*, Nietzsche afirma categóricamente la conexión esencial entre el amor y la posesión. Nuestro amor al prójimo, nuestro deseo de adquirir nuevos saberes, incluso nuestra caridad, encuentran como motor de su impulso a la voluntad de apropiación e incorporación del otro a lo nuestro. Querer saber, por ejemplo, es de alguna manera querer apropiarse de un saber que nos falta para poder incorporarlo a lo que hasta entonces constituía nuestro conocimiento. Pero, dice Nietzsche que donde más se revela este deseo de posesión es en el amor sexual: "el amante quiere poseer en exclusiva a la persona que desea, quiere ejercer un poder exclusivo tanto sobre su alma como sobre su cuerpo, quiere ser amado por esa persona con exclusión de cualquier otra, permanecer en esa alma y dominarla como si esto fuera para dicha persona su más supremo y deseable bien". El amor posee una afinidad indisoluble con el egoísmo: lo que amamos, lo hacemos propio, pero sobre todo exclusivo.

Lo desaforado de Nietzsche en su asociación entre el amor y la codicia, recibe sin embargo sobre el final del texto un pliegue impensado, ya que nos propone una posible superación de este tipo de amor egoísta por "un anhelo nuevo", una forma diferente y superadora del amor (Nietzsche incluso la llama "una prolongación"): "Su verdadero nombre es *amistad*". La amistad, frente a la cual la codicia amorosa "ha retrocedido" o en palabras de Nietzsche: "Ahora bien, podemos encontrar sin duda en la tierra una especie de prolongación del amor en el curso del cual esta codicia ávida y recíproca entre dos personas ha retrocedido ante un ansia nueva, un anhelo nuevo, una sed superior y común de un ideal que los supera; pero, ¿quién conoce este amor?, ¿quién lo ha experimentado? Su verdadero nombre es amistad".

La relación entre el amor y la amistad siempre ha sido ambigua, en especial porque se trata de dos temples fronterizos. Y sobre todo porque al interior del amor hay tantas subdivisiones que en alguna de sus bifurcaciones necesariamente los límites entre alguna figura del amor y de la amistad se chocan (así como se chocan con cualquiera de las relaciones familiares). La amistad es una forma de amor y el amor es una forma de amistad. Ello resulta indiscutible. Lo discutible no es tanto el plano que comparten sino todo aquello en donde se diferencian; en especial en los vínculos sexoafectivos donde la relación amorosa se juega primordialmente en el encuentro sexual. Estamos en presencia de una de las preguntas más remanidas de todos los tiempos: ¿qué lugar puede, o no, tener el sexo entre amigos? ¿Oficia el encuentro sexual como un rito de pasaje que transforma a la amistad en otra cosa? O dicho de otro modo: si los amigos cogen, ¿cambia el status de la amistad? Es una pregunta por el status, de ahí que nos importe la cuestión del rito de pasaje, o sea, de ciertas prácticas que parecen transformar la matriz misma del vínculo. Está claro que para el sentido común el encuentro sexual modifica el tipo de relación. En nuestra sociedad, coger tiene la importancia necesaria para definir la metamorfosis del vínculo: si se coge, ya no hay amistad "pura", sino otra cosa. Como si el deseo sexual de alguna manera contaminara o impurificara cierto valor desinteresado de la amistad. Como si incluso se tratara de cierta traición, de intereses escondidos, más cerca de la posición nietzscheana sobre la codicia. Ahora, ¿por qué el encuentro sexual entre amigos, dinamitaría el vínculo amistoso? ¿Qué es lo que se confunde? ¿Por qué el encuentro sexual haría explotar los contornos mismos del modo en que se define la amistad? ¿No estamos demasiado estaqueados en definiciones dogmáticas tanto de la amistad como de la sexualidad? Estaqueados y compelidos por ideales normativos que regulan lo que se supone que es una amistad verdadera y una sexualidad sana.

Pero además, la insistencia en tratar de dirimir estos interrogantes suele dejar de lado también la pregunta inversa: ¿es un vínculo sexoafectivo también una relación amistosa? ¿Pueden ser amigos los integrantes de una pareja? Es una pregunta que se encuentra presente también en otros vínculos tangenciales como los familiares o aquellos donde hay un contrato explícito con otra motivación como la relación jefe/empleado o también docente/alumno: ¿pueden ser amigos un padre y su hijo, un maestro y sus estudiantes? De nuevo, para el sentido común hay una sobreidealización de la amistad según la cual, cualquier presencia tanto de intereses de otro tenor (como el placer o el aprendizaje), como de instancias jerárquicas, revelan que detrás del supuesto deseo de amistad se esconden otras motivaciones que por egoístas desacreditan el verdadero motivo del vínculo. Pero de nuevo; solo si concebimos al amor como una apropiación del otro, entonces la exposición y apertura que se da entre amigos resulta más bien una debilidad aprovechada para la conquista. En definitiva, sea como fuere, la amistad se nos vuelve un itinerario posible para repensar el amor.

Nietzsche nos indica un camino: ¿y si la amistad fuese una prolongación del amor? O dicho de otro modo, ¿si en la búsqueda de lo imposible partiéramos de la amistad como modelo e intentáramos llevar alguna de sus lógicas al amor? Los condicionamientos institucionales parecen condenar al amor a su propia devaluación, y sin embargo, en la amistad, la institucionalización es muchísimo más leve, por no decir, inexistente. No hay una institución para la amistad como la hay para el amor. Tal vez este hecho pueda ser el punto de partida para que una deconstrucción del amor lo transporte hacia otras formas más flexibles de estructuras. O de ausencia de estructuras: no hay un pacto efectivo en la amistad. Es cierto que, al igual que el amor, cuando la amistad se convierte en un mero cumplimiento de mandatos pierde toda vocación; pero paradójicamente uno de los pilares de la amistad es cierta incondicionalidad más allá de todo mandato: podemos ser amigos casi sin cumplir ningún acuerdo, mientras que en el amor todo se reduce a los acuerdos mutuos.

Podemos ser amigos sin cumplir ningún acuerdo significa que la virtud de incondicionalidad pone en un plano secundario lo estricto de la reciprocidad. Si en el amor la desproporción en la reciprocidad es vivida como una falla, en la amistad por el contrario incluso se inviste de cierta épica: los amigos no ceden, no piden retribución, están siempre, dan sin pedir nada a cambio. Y además se entreteje un vínculo que desarticula la dimensión temporal: se puede ser amigo en ausencia, pero no se puede sostener una relación amorosa sino desde la presencia. De nuevo, en la amistad, los tramos temporales donde los amigos no se pueden ver en presencia, muchas veces profundizan y empoderan el vínculo.

La amistad como modelo para el amor significa que muchas de las características que damos por supuestas en nuestras relaciones amistosas puedan regir directamente como parámetros para los vínculos amorosos. Aprovechamos para ello la ambigüedad fronteriza entre la amistad y el amor e intentamos traspasar matrices. ¿Cómo se construirían los lazos amorosos si el modelo fuese la amistad? ¿Cómo sería el amor si su lógica ya no fuese la propia sino la de la amistad? Y todo ello sin ensalzar a la amistad como si constituyera un tipo de vínculo inmejorable. En la amistad también hay turbulencias de raíz. Siempre corre el riesgo de convertirse en una relación societal, un acuerdo de intercambio de favores y contenciones. Pero más allá de sus propios monstruos, la relación entre amigos puede ofrecer deconstructivamente una posibilidad de diferencia para el vínculo amoroso. Proponer a la amistad como modelo para el amor no es idolatrarla como si fuera una relación afectiva sin problemas, sino, concretamente en este caso, es apostar a que quizás nos pueda dar un aire para que el amor encuentre una manera de desasimiento sin perderse definitivamente ni entregarse a un nuevo dogma. No se trata de una propuesta de ejecución práctica sino de una propuesta de deconstrucción, esto es: al hacer este ejercicio de trasplante de la lógica de la amistad hacia el amor, tal vez podamos entrever maneras de desarmar lo compacto del ideal romántico del amor para el sentido común.

En primer y casi definitivo lugar, en la amistad no hay monogamia. Todos tenemos mejores amigos y hasta tenemos muchas veces una competencia por quién ocupa el lugar prominente de ser considerado nuestro amigo número uno. Sin embargo, no hay una estructura ni de exclusividad y menos un formato binario. Aunque tengamos amigos de a uno, tenemos *amigos*, así en plural. Nadie dice "tenemos amores", pero sí decimos "tenemos amigos", aunque ocupen lugares jerárquicos afectivos varios. La monogamia priva el "tenemos amores" o más bien lo destina a una zona ambigua que transita desde la fantasía hasta la ilegalidad. Para la monogamia hay un amor único, casi en clave monoteísta: la demanda normativa del amor único se afinca en el ideal romántico del amor como búsqueda de nuestra otra mitad. Por ello, en términos institucionales no debemos ni podemos tener muchos amores. Con la amistad ocurre lo contrario: podemos tener muchos amigos. La clave, claramente en este caso, es la no institucionalización de la amistad. Cuanto más ingrese el tener amigos a un dispositivo institucional, probablemente más se perdería esta libertad casi anómica. De hecho, tenemos muchos amigos porque justamente no se nos exige institucionalmente ningún tipo de sujeción a ninguna normativa.

Tenemos amigos que vemos poco, otros con lo que compartimos cuestiones específicas como alguna pasión o algún vicio. Tenemos amigos a la distancia y otros con los que solo compartimos el tiempo. Amigos donde podemos desplegar nuestros miedos y otros con los que solo nos entretenemos y bebemos vino. No hay un barómetro que delinee los rasgos fundamentales que debe tener un amigo para constituirse en nuestro mejor amigo de modo definitivo. Hay algo anárquico en la amistad. Anárquico en el sentido de no partir de un diseño previo que defina la esencia del amigo ejemplar. Es la diversidad amistosa, en sus diferentes formas de crear distintos acontecimientos amistosos, lo que hace de la amistad algo poco administrable. Y es esta falta de límite concreto lo que hace de la fluidez amistosa una virtud. No hay que cumplir con ningún requisito de corrección para constituirnos en amigos. O pensado al revés: ¡cuánto pierde la amistad cuando intenta regirse por una matriz ortodoxa!

Tenemos amigos y tenemos muchos amigos. Pero además tenemos amigos en formas vinculares que cuestionan el otro gran pilar de la monogamia que es la pareja. Es cierto que hay parejas de amigos, pero hay amistades que no solo no se reducen a una pareja, sino que justamente su esencia es la presencia numerosa de muchos amigos construyendo el vínculo: los denominados *grupos de amigos* que tal vez tengan su origen en un pasado común, pero que luego se independizan y continúan su lazo. Podemos tener muchos grupos de amigos, pero no podemos tener grupos de amores. Resultaría absolutamente abyecto para nuestro sentido común la idea de una relación sexoafectiva entre una cantidad numerosa de personas. Algo que el sentido común ha estereotipado en las formas caricaturizadas del poliamor.

De nuevo: se trata de salirse de otro binario extremo que en este caso opone al amor monogámico como símbolo de compromiso contra el poliamor como síntoma de descompromiso, descuido y desconexión. La monogamia se vende siempre como aquella estructura que más hace por resguardar al otro. Pero además le reprocha al poliamor justamente una forma de descuido que culmina en anulación. Es por ello que resulta fundamental distinguir una vez más entre el modelo de poliamor que la sociedad monogámica instala como modelo estereotipado por un lado, y todas aquellas experiencias provisorias, inquietas, casuísticas, de aprendizaje incesante que representa el poliamor simplemente como el inicio del desarme del patrón monogámico. En última instancia, lo único que se pretende en el amor es poder encontrarse con el otro sin que en ese encuentro el otro deje de ser otro. Al otro se lo puede negar de maneras diversas, tanto desde la falta de cuidado como desde su absorción absoluta en nombre del supuesto amor pleno. Para que el otro siga siendo un otro tiene que haber una zona de zozobra, de cierta ambigüedad, pero sobre todo de un tender hacia el encuentro que no es lo mismo que encontrarse. Si, en términos absolutos el encuentro con el otro es imposible, el amor es ese intento imposible. Cualquier otra normativa institucional afectiva puede funcionar muy bien, pero pierde al otro, lo destierra, lo cosifica, lo anula. Sea la monogamia, o también en cualquiera de las pretendidas formas normativas que por fuera de la monogamia construyen un engranaje de reglas a cumplir bajo la excusa del poliamor.

La amistad es poliamorosa: *poliamistosa*. Si solo concibiéramos al poliamor como un grupo de amigos que se encuentran, probablemente ninguna de sus caricaturizaciones se sostendría. La monogamia se proyecta de modo invertido en el poliamor con el único objetivo de legitimarse a sí misma. Lo otro de la monogamia en realidad está más cerca de pensarse como un grupo de amigos que se aman de distintos modos que como el estereotipo comercial y espectacularizado del poliamor. Lejos está lo otro de la monogamia de ser un guion de un teatro de comedia. En todo caso, si un dispositivo parece una obra de comedia es la monogamia: una tragicomedia.

En la amistad no hay monogamia. Y la amistad no está institucionalizada. Dos componentes que pueden servir como inspiración para un amor que desee salirse de sus lugares normativos. Y no es que entre amigos no haya compromiso. Otro gran error es asociar el compromiso con lo normativo. El sentido común establece que el cumplimiento de las normas garantiza el compromiso con el otro, cuando en realidad no hace más que desentenderse del otro al enajenar este compromiso solo en una cuestión de cumplimiento formal. Dicho de otro modo; hay compromiso cuando, aunque no haya norma ni obligación, se desea el encuentro con el otro. Si es la norma la que prescribe el encuentro, entonces el vínculo es más un resultado de la regulación que del deseo por el otro. Cualquier obligación en el mundo del amor lo vacía de su principal componente: el deseo. Tanto en la obligación de seguir ciertos formatos hegemónicos de lo que es una pareja normal, como en las obligaciones presentes en las pequeñas cosas: por ejemplo, en las fórmulas amorosas a desgano (si el otro me dice que me ama, debo responder lo mismo), o en la agenda que burocratiza los encuentros, o en el tener que compartir el tiempo juntos aunque ese día nuestro deseo hubiese sido otro.

Y de nuevo: si nuestro anhelo es un encuentro con el otro que se sustraiga a su normalización por medio de la regla, entonces, si hay un afuera, no puede estar también sujeto a reglas. No hay normas mejores o peores si el propósito es desligar al amor de la reglamentación. Y por ello, ni siquiera se trata de abdicar de toda regla, sino de no vernos reglamentados en cada ínfimo instante de nuestra existencia amorosa. Un poco en la línea con la que Foucault explica la biopolítica diciendo que el poder invade la vida "enteramente". Si la norma administra la vida amorosa enteramente, entonces también el afuera es el adentro. Y es obvio que no es lo mismo la monogamia que cualquiera de sus distensiones, pero en la medida en que haya normativa, nos queda abierta la pregunta por un amor que pueda sustraerse a todo formato previo que lo delinee y lo prescriba.

De allí tal vez la propuesta de una experiencia irónica en la relación entre el amor y sus instituciones. Una experiencia irónica del amor se constituye en una distancia lo suficientemente cercana para que las supuestas obligaciones se desinflen y se vuelvan parodia: como el amor es imposible, solo podemos aspirar a él desde las menudencias de lo posible. El mundo de las instituciones se vuelve una encarnadura de la cual siempre hay que poder ir distendiéndose. Pero para ello hay que aceptar su insignificancia que básicamente consiste en no darle más lugar que el que les corresponde: por ejemplo, un reloj no mide el tiempo de nuestro amor, pero nos ayuda a definir el horario de nuestro próximo encuentro; o el que seamos *novios* no se rige por ningún manual de instrucciones, pero crea la trama para nuestro contingente y deseado encuentro.

Esta fenomenología de la amistad no busca ser un orden alternativo para el amor sino un desfasaje. Hay algo en la ambigüedad de la amistad que puede volverse para el amor una invitación de desarme. Y claramente la ambigüedad tiene que ver con su carácter no institucional. La retracción de las instituciones deja a los temples más expuestos a sus fluctuaciones, a su fluencia, a su libertad, a su indefinición, y por ello a algo más genuino. Tampoco es cierto que la amistad es un tipo de lazo social exento de problemas: solo hurgamos en aquellos rasgos que por comparación con el amor puedan dar algún indicio de fuga. En el espejo de cierta ambigüedad de la amistad, tal vez la rigidez institucional del amor pueda empezar a desarticularse. Claro que, para que algunas de estas características puedan regir en el amor, haría falta un resquebrajamiento mucho más de raíz. Por ejemplo, no se trata únicamente de incluir en el actual lazo amistoso la posibilidad del encuentro sexual, o bien de redimensionar a la pareja como un vínculo de amigos: es que no se trata de reformar lo existente sino de dejarlo expuesto. Deconstruirlo para que se manifiesten sus tramas, sus exclusiones, sus intereses ocultos.

Si la amistad fuese el modelo para el amor, ninguna de las instituciones del amor quedaría en pie. En especial, el modo en que articulamos el amor con nuestra experiencia del encuentro sexual. Para el sentido común sigue siendo el encuentro sexual un acontecimiento que oficia de rito de pasaje: amigos que cogen transforman la relación en otra cosa. Incluso en los casos en lo que suponemos que el sexo pueda darse como un elemento más liviano que comparten los amigos, el vínculo amistoso necesita recalcar que se trata de "amigos que cogen". Coger no es algo más que comparten los amigos: supone una excedencia. Es cierto que tenemos amigos con los que jugamos al fútbol o amigos con los que compartimos algo específico, pero el encuentro sexual siempre provoca una conversión. Supone un excedente porque el modo en que concebimos la sexualidad supone una diferencia. Como si el sexo desnudara algo de nosotros. O como sostiene Foucault, "queremos *saber* de sexo y suponemos que el sexo *sabe* de nosotros". Tiene que ser un saber muy esencial para que la experiencia sexual resulte tan definitoria. ¿Pero por qué suponemos que el sexo sabe de nosotros? Y además, ¿cuál sexo?, y sobre todo, ¿cuál nosotros?

Es evidente el lugar central que la monogamia otorga al encuentro sexual como elemento decisivo a la hora de definir lo que es una pareja. En definitiva, para el sentido común aquello que diferencia a un par de amigos de una pareja es el encuentro sexual. La pregunta surge entonces por sí sola: ¿por qué el encuentro sexual posee tanta fuerza de conversión? ¿Por qué coger con alguien posee tanta relevancia? ¿Qué revela el sexo de nosotros? Pero sobre todo, ¿qué une el sexo entre las personas que lo ponen en práctica? ¿Por qué coger supone una suerte de pacto?

Claramente y volviendo a Foucault, antes que nada, resulta fundamental comprender que no estamos hablando del sexo como un todo, sino solo de una de sus versiones: no hay una esencia natural de la sexualidad sino un dispositivo de la sexualidad en el que estamos insertos: hay también un sentido común de la experiencia sexual. Y es al interior de ese sentido común donde dos amigos que cogen entonces reconvierten su vínculo. También hay un impersonal del coger donde "se coge" siguiendo los parámetros instituidos de lo que se encuentra justificado como un encuentro sexual normal y correcto.

Dicho de otro modo, el lugar predominante del sexo en la relación afectiva con los otros es parte de todo un dispositivo social que comienza con la monogamia, continúa con la matriz heteronormativa, se alinea con los mandatos naturalizados del patriarcado, pero también asocia nuestra vida sexual a toda una serie de variables propias de la sociedad en la que vivimos: utilidad, efectividad, acumulación, rendimiento, productividad. Coger es conveniente para una buena vida, productivo, sano, útil; lo que importa en el encuentro sexual es que los cuerpos tengan resistencia, sean rendidores, repliquen a la perfección las formas instituidas del coger bien. Toda una serie de supuestos que aproximan más a la sexualidad con la economía, la medicina y hasta con cierta neoespiritualidad, pero sobre todo que la desposee de cualquier búsqueda propia. Foucault sostiene en su célebre tesis de *Historia de la sexualidad I* (La voluntad de saber) que no se trata tanto de la represión sexual sino de su normalización, o sea, de todo aquello que damos por obvio en el sexo. Las obviedades son el territorio propicio del sentido común que impregna nuestros cuerpos de mandatos y propósitos. Si hay algún atisbo revolucionario en el amor, claramente la resistencia comienza en su desidealización romántica y reconciliación sin mediación con toda la potencia de nuestros cuerpos. No se ama sino desde los cuerpos, pero el cuerpo es el objeto exclusivo del disciplinamiento.

De allí que, para el sentido común, se establezca el tradicional binario entre sexo con amor y sexo sin amor. En el primer caso, las relaciones sexuales son pensadas como un medio corporal para sustanciar algo más importante que supuestamente se juega en el amor. Si el sexo es solo un medio, entonces pierde entidad propia: solo ayuda a que algo más profundo se plasme. En el segundo caso, se trata de un encuentro entre cuerpos que eventualmente acuerdan de manera libre por la distribución del placer mutuo. Darle un espacio al placer por el placer mismo es también una conquista después de toda una historia de menoscabamiento de cualquier hedonismo. Aunque el sentido común privilegie el sexo con amor, no juzga negativamente al sexo sin amor, sino que lo legitima dando por supuesto que los participantes acuerdan sin coacción su voluntad de pasar un buen momento. Sin embargo es clave en este caso deconstruir la supuesta libertad e igualdad en el acuerdo: hay una delgada línea que se traspasa entre la posibilidad de vivir el placer mutuo sin condicionamientos y la cosificación del cuerpo del otro (que en nuestra cultura patriarcal es el cuerpo de la mujer). Si hay sujetos que acuerdan libremente, resulta fundamental demostrar que a la hora de acordar los sujetos actúan sin ningún tipo de sujeción.

Ahora, el sexo con amor puede ser solo la manifestación corporal del amor profundo, o bien puede ser el medio para la consumación de la profundidad en el único objetivo real de todo el encuentro: la reproducción de la especie. Hay un lugar donde todavía desde el sentido común se sostiene que el amor mismo posee como objetivo la trascendencia a través de la reproducción. (¡Qué interesante podría ser que los hijos sean hijos no de la heteronormatividad amorosa sino de los vínculos entre amigos!). (Y qué interesante problema se va a plantear cuando la reproducción ya no sea una cuestión estrictamente natural sino plenamente tecnológica: ¿cómo se repensarían el sexo y el amor completamente por fuera del paradigma reproductivo?). Estamos tomando aquí la idea de sexo con amor en su posición más extrema donde el sexo se vuelve un mero instrumento al servicio de un propósito superior. Hay, obviamente, posiciones intermedias. Está claro que se puede coger desde distintas implicaciones afectivas; en especial desde el encuentro genuino con el otro. De allí, la categoría de *amorosidad* que nos inscribe en un encuentro con el otro que tal vez no tenga otro propósito que el placer mutuo, pero desde una conexión despojada a la otredad del otro. *Conexión despojada* significa en este contexto, una conexión desenajenada de los mandatos hegemónicos.

Pero si nos sostenemos en el binario, o bien el sexo es un medio para algo más grande, o bien el sexo se vuelve cosa. O bien recaemos en una concepción metafísica de la sexualidad, donde el objetivo superior que le da sentido al acto sexual supone una teleología: se coge en busca de la plenitud, se coge para alcanzar la eternidad de la especie; o bien el sexo se vuelve una mera práctica hedonista como cualquier otro disfrute, pero absolutamente condicionada por los esquemas de cosificación de la actual sociedad de consumo. El problema nunca es el placer, sino su normalización como usufructo de los cuerpos y en un dispositivo patriarcal, como apropiación y explotación del cuerpo de la mujer.

En todos estos casos partimos de uno de los dualismos más clásicos de la cultura occidental: el dualismo alma y cuerpo. Un alma que se fue transfigurando en mente, conciencia, pero siempre en la adscripción exclusiva del *yo*. Hay un *yo* que tiene un cuerpo. La idea del cuerpo como una posesión, como un envase, como un recipiente, como una armadura: un cuerpo que "tengo" y no un cuerpo que "soy". La diferencia es crucial: la idea del cuerpo como algo exterior a nosotros, como una entidad que poseo, define consecuencias directas sobre el status mismo del encuentro sexual. Si no "soy" un cuerpo, sino que "tengo" un cuerpo, entonces de alguna forma vivimos el sexo en términos de un intercambio de posesiones. Ponemos en juego lo más propio –nuestro cuerpo–, que sin embargo, aunque es lo más preciado, nunca se confunde con lo que soy. Roberto Espósito explica, desde la filosofía y el derecho, la historia de un cuerpo que siempre queda a mitad de camino entre las personas y las cosas: se lo ha definido lo más cercano a lo personal, a lo propio; pero también y sobre todo se lo ha definido en su estrechez con el mundo de las cosas. El cuerpo es una cosa más. Una cosa muy valiosa, pero cosa al fin. Y cuanto más cosificado se encuentre el cuerpo, más se lo hace ingresar a la lógica de las cosas: propiedad, utilidad, mercantilización.

Así, el *yo* que posee un cuerpo, arrojado al interior del dispositivo de la mismidad, dispone todo para su propia realización que es siempre su reaseguro y expansión. Acuerda las mejores experiencias placenteras, encuentra los mejores momentos para vivir su sexualidad, elige en el mercado de la belleza contemporánea las mejores propuestas, compite del mejor modo en la búsqueda de su otra mitad. El cuerpo está al servicio para que el *yo* pueda alcanzar su mayor rédito. Y se vuelve una herramienta fundamental además para propiciarnos la mayor felicidad posible que es siempre el modelo de felicidad propio del mundo en que vivimos. De allí la necesidad de adecuar nuestros cuerpos a los estándares dominantes de salud, belleza y amor. Nuestros cuerpos también están institucionalizados.

Pero si no "tengo" un cuerpo, sino que "soy" un cuerpo, no hay separación entre lo interno y lo externo. Todo es cuerpo. Incluso la interioridad que también es carne, pasión, sensación. El alma también está hecha de átomos, pensaba Epicuro. Se cae el dualismo y todo se multiplica. Por eso si todo es cuerpo, entonces también somos en todo: no hay un *yo* que posea un cuerpo, sino que el *yo* se desparrama hasta en los lugares más ínfimos de nuestro ser. Nuestro ser que es el devenir perpetuo de nuestros cuerpos en transformación. Cuerpos porosos que se potencian en el encuentro con los otros cuerpos: cuerpos abiertos, cuerpos múltiples.

No hay una instancia jerárquica que nos defina, sino más bien una multiplicidad discontinua. No hay un *yo* que dispone de un cuerpo, sino que en todo caso la soberbia del *yo* es más bien un exabrupto de la insegu-

ridad de nuestros cuerpos, de nuestros miedos. Por eso es clave deconstruirlo, desparramarlo, capilarizarlo. Casi como una constancia inaca-
bable de sensaciones efímeras. Un *yo* que no es causa sino efecto; o más
bien que desarma el binario entre causa y efecto. Un *yo* que se disemina
en un caleidoscopio desintegrado de percepciones intensas y que por ello
disuelve la frontera entre lo erótico y no erótico. Si no "tengo" un cuerpo,
sino que "soy" un cuerpo, entonces todo es erótico, todo es sexual: todo
se vuelve un acto de amor. Un beso, un encuentro furtivo, una conversación. Un brazo, un fluido, una fantasía mutua. Una ausencia, una orgía,
unas vacaciones. Una angustia, un libro aburrido, una contemplación.
Una cogida, un árbol, una noche sin luna.

No hay nada más revolucionario que los cuerpos lanzados hacia una
erotización general de la existencia, absolutamente por fuera de cualquier
sentido común amoroso. Así como las vanguardias buscaban reconciliar
el arte con la vida, tal vez se trata de una reconciliación de lo amoroso
con lo cotidiano, donde cada evento por menor que parezca se convierta en un singular acontecimiento amoroso. No se trata de que el amor
descienda desde el cielo y lo tiña todo con su sustancia homogénea, sino
exactamente de lo contrario: que todo en su singularidad e insignificancia
se revele como un acto de amor.

De allí que frente a la pregunta sobre el encuentro sexual entre amigos, la respuesta intente ser más una deconstrucción tanto de la amistad
como de la sexualidad y sobre todo del dualismo que nos disciplina en
la idea de que somos un *yo* encerrado en un cuerpo: una deconstrucción
del mundo de lo posible. El amor es imposible debido a los condicionamientos institucionales del amor. Tal vez solo se trate de seguir buscando
lo imposible del amor en el desarme de sus instituciones.

TESIS 8

El amor es imposible porque el amor es el otro.

El amor es imposible porque el amor es el otro y el otro es imposible. Es *otro* porque es imposible. Si fuera posible, no sería el otro. El amor es el intento imposible de alcanzar al otro. Su belleza, su ardor, su pasión, se juega en esta imposibilidad. Se juega en el *durante*, en el *mientras*, en el tiempo infructuoso en el que se provoca el tanteo. El amor es siempre un tanteo, un fondo desfondado, una superficie detrás de la cual no hay nada. Un ir hacia ningún lado. Un roce. El amor es el otro. Es más importante que el amor sea el otro y no que sea posible.

Como el otro es imposible, no hay un punto de llegada, sino la aporía de ir hacia donde sabemos que nunca vamos a llegar. No hay meta en el amor, sino deriva. Vivir la experiencia del amor como un arrime, como un toqueteo que quiere y no quiere hincar lo propio en el otro. Como un avance que también es retirada, un ir y venir, una danza. El amor es todo lo contrario a la conquista: el territorio del otro es impenetrable. Se lo visita, se lo recorre, se pasa un tiempo, se lo conoce, pero nunca se lo ocupa. No hay colonialismo amoroso sino encuentro de diferencias. En todo caso, el visitante se retira transformado. El otro siempre nos transforma.

El otro es imposible porque si fuera posible ya no sería el otro. Todo intento de alcanzar al otro es siempre el inicio de su propia disolución. No es que no haya contacto con el otro, pero cuando el contacto acontece, ya no se trata del otro. La otredad del otro es justamente lo que permanece siempre por fuera de mi alcance. El amor es imposible porque el amor es el otro, pero el otro es aquello con lo que no puedo tomar contacto.

Solo puedo encontrarme con su estela, con sus huellas, con su eco. Es un encuentro de espectros. El otro es lo que siempre se me escabulle. Si lo alcanzara, demolería su otredad, lo haría propio y en mi apropiación lo desapropiaría. Hay una singularidad del otro que es siempre escurridiza. El amor es el intento inapropiado de alcanzar esa singularidad imposible. Pero mientras intentamos inocuamente alcanzar lo singular del otro, nos vamos contaminando con sus huellas. El tiempo del amor es el *mientras* y su espacio es la *huella*.

La palabra *contaminación* supone un debilitamiento, un déficit. Contaminarse es perder la pureza, la distinción y volvernos efecto de una mezcla, de una mixtura, de una hibridación. Algo se pierde. Contaminarse con el otro es habilitar la pérdida de algo propio: el otro me impurifica. Por eso, en defensa de la pureza, toda contaminación es siempre vista como la incorporación de un aspecto negativo: la mezcla no solo es rechazada debido a la presencia de lo foráneo, sino que esa presencia extraña nos provoca una debacle, una devaluación. Si lo puro es siempre limpio, entonces al contaminarnos nos ensuciamos. El encuentro con el otro es una recaída en la suciedad.

Pero lo que a menudo se soslaya es la génesis misma de la pureza de inicio: ¿cómo se alcanzó tamaño estado de inmunización originaria? ¿Nacimos puros? La clave de una metafísica de la pureza es la no admisión de un origen histórico: para toda metafísica nunca puede admitirse que todo punto de partida es siempre también un punto de llegada. Siempre ya estamos intervenidos, siempre ya estamos contaminados, pero es esa construcción del *uno mismo* la que se sustrae a cualquier causa previa. Demasiada devoción por uno mismo solo puede pensar a la contaminación como un acto invasivo y nunca asumir que incluso la mayor de las purezas es también el efecto de una mezcla.

El encuentro con el otro se juega en la diferencia entre suponer que el otro me invade o que el otro me transforma. Si el otro me invade es porque supongo que poseo algo propio que define mi ser de modo taxativo. Si el otro me transforma es porque supongo que ni poseo, ni tengo nada propio, ni me puedo definir de modo taxativo, pero sobre todo que el *ser* no es, sino que deviene…

En sus diversos análisis sobre la amistad, Aristóteles en algún momento define al amigo como "mi otro yo". Tal vez todo el problema del encuentro con el otro resida en dónde poner el acento: ¿es más importante lo que de "yo" tiene el otro, o es más importante lo que de "otro" tiene el yo? ¿Me convoca más que siendo un "otro" sin embargo se me asemeje, o me convoca más que en su semejanza, sin embargo persista una diferencia?

En el encuentro con el otro, o bien se subraya el valor de lo común, o bien se subraya el valor de la diferencia. Todo vínculo es al mismo tiempo la construcción de lo común y la potenciación de las diferencias. Si la diferencia es muy extrema, no hay contacto; pero si lo común es demasiado intrusivo, hay fusión. Toda la cuestión del vínculo con el otro puede resumirse en esta pregunta: ¿cómo sostener un espacio común con el otro que no solo no devalúe las diferencias, sino que las exacerbe? Una comunidad de otros...

¿Pero qué busco del *otro*? ¿Acoplarlo a lo propio o que su presencia me desacople? ¿Deseo abrirle mi casa o deseo que me lleve de viaje? Es un juego ambivalente donde buscamos la compañía del otro para la ratificación de lo que somos, pero al mismo tiempo nos atrae lo que el otro tiene de otro y desde esa diferencia nos destierre de nosotros mismos. El encuentro amoroso es simultáneamente una propuesta para que el otro nos visite, pero también para que en nuestra visita salgamos de nuestra morada. Compartir es tanto que el otro reciba lo nuestro como que nosotros recibamos al otro: en el primer caso se trata de una confirmación de lo propio; en el segundo, se trata de una dislocación. Recibir al otro, acogerlo, mimarlo no deja de ser un acto expansivo, un acto de desotramiento. Salvo que, en estos gestos, la otredad del otro se imponga y algo nuestro se resquebraje...

La expansión de nuestra mismidad no nos permite el encuentro con lo distinto de nosotros. Si crecer es un asunto acumulativo, buscamos que el otro se acople a lo que ya somos; pero si crecer es fundamentalmente agrietar nuestros cimientos, entonces solo el otro es quien nos dinamita. Acrecentar lo propio nos da alegría, placer, seguridad, paz, pero nos confina a lo existente. La irrupción del *otro* nos desmadra, nos angustia, nos horroriza, nos perturba, nos inquieta, pero nos coloca frente a frente con lo otro, o sea, con lo que no tiene frente…

¿Qué me atrae del otro? Me atrae su otredad, pero su otredad es inapropiable. Si fuera apropiable ya no sería una otredad. Por lo tanto, me atrae lo que nunca podré alcanzar. Casi como que me atrae *debido a que* nunca lo podré alcanzar. Sin embargo, tiendo hacia el otro y en esa búsqueda imposible me voy encontrando con sus huellas. Cada una de sus huellas me va expropiando, me obliga a abandonar mi morada; a veces decidido, a veces con resquemor, a veces desistiendo en el camino y regresando. Las huellas del otro me van transformando y por ello mi morada se desplaza constantemente. Cuando vuelvo sobre mí, ya no estoy en el mismo lugar. Ni siquiera sé si yo mismo, mientras regreso, sigo siendo el que se supone que era…

El otro me descubre mundos. No me atrae tanto su propio mundo como su impulso a presentarme mundos otros. Me atrae su impulso. Me enamora su deseo de descubrirme mundos. Me enamora su deseo. A veces me asusto, a veces negocio, a veces vacilo, a veces me entrego…

(Cuán habitual es que después de una separación nos fanaticemos con algo que era propio del otro, pero que en su momento rechazamos: una música, un lugar, una idea, una comida, un mundo…)

No deseo la verdad del otro porque no creo en la verdad. No deseo la verdad del otro porque creo que el otro es imposible. No deseo la verdad del otro porque no deseo más que su deseo. Si hay un otro, no hay una verdad. El otro es otro porque excede toda verdad. La verdad es una construcción, pero el amor es el otro. Nada de lo que conforma este mundo puede tener que ver con el amor. Si hay amor, no es de este mundo…

Y *mientras*, vemos series, comemos porquerías, cogemos, trabajamos, tenemos hijos, estudiamos, hacemos los deberes, cuestionamos que la vida sea solo hacer los deberes, reímos, soñamos, lloramos, tomamos conciencia, anhelamos lo imposible, tenemos un momento de lucidez absoluta que al mismo tiempo nos empodera y nos angustia, nos enamoramos de un otro que nos descubre otros mundos posibles, nos decimos para adentro "todo ya está consumado", intuimos lo imposible, nos morimos.

Roberto Espósito ha trabajado en sus distintos textos la cuestión de la "comunidad". Una de las controversias sobre su significado remite a una polémica etimológica: todo hace suponer que la palabra "comunidad" refiere a aquello que tenemos en común. "Comunidad" derivaría de "lo común" y así se privilegia aquello que poseemos sustantivamente en común todos los integrantes de un determinado recorte: una nación, una religión, una etnia, un barrio, un movimiento ideológico. Hay comunidad cuando se comparte lo propio; o más bien, cuando lo propio se encuentra afín con lo propio del otro. Pero en esta exaltación de lo propio se escinde el sujeto entre aquello que pone en común y aquello que, como un *resto*, queda por fuera de la comunidad, o sea de lo común. En la necesidad de propender hacia lo común, potenciamos ciertos aspectos y descartamos (reprimimos) otros, pero el problema es que aquellos que quedan por afuera hacen justamente a nuestra diferencia; o dicho de otro modo, constituyen nuestra propia otredad. O dicho de otro modo, ¿dónde se juega más lo propio? ¿En lo que encontramos de afín con el otro, o en lo que permanece inasimilable? ¿No hay en la singularidad un *resto* que nos define en lo que somos? ¿De qué modo podríamos compartir con los otros ese *resto*? ¿No es justamente ese *resto* lo que no se puede compartir? O tal vez, ¿no tendríamos más bien que deconstruir la idea misma de "compartir", o sea, de lo que entendemos como lo común?

Espósito va a plantear que en realidad, y a diferencia de la lectura tradicional, *lo común* no es un compartir lo propio, sino lo opuesto: lo común es *lo impropio*, o sea aquello que nos une más allá de lo que nos determina en lo que somos. Lo común es que todos somos *otros*. No hay nada sustantivo que compartamos, ya que cualquier identidad no haría más que imponer su mismidad sobre la del resto. Lo común, en todo caso, es la vocación por que las diferencias afloren sin imponerse sobre los otros. Lo común es el otro, pero el otro es imposible: la comunidad, por ello, también es imposible.

¿Cuál es el lugar del otro en una comunidad? Si sostenemos la idea de que "comunidad" proviene de lo común sustantivo, no hay lugar para el otro. Es que justamente es otredad porque queda afuera de lo común sustantivo. La idea de comunidad, si prioriza lo sustantivo, descarta la diferencia. Todo aquello que nos diferencia se vuelve conflictivo y atenta contra la mismidad. La diferencia resiste toda mismidad, pero la búsqueda de lo común necesita sacarse de encima todo aquello que quede afuera.

Por eso Espósito propone otro recorrido para la idea de *comunidad*. Otro recorrido tanto etimológico, pero sobre todo conceptual. ¿Y si lo que importa en una comunidad es la apertura al otro? ¿Y si no es tanto ir en busca de lo común como una vocación de recepción del otro, de encuentro entre otredades? ¿Y si lo común no es lo que nos identifica sino lo que resiste a toda identidad? Una afinidad desde la ausencia. Pensar una comunidad como un entramado de relaciones donde más que poner el acento en aquello que nos une, se pone el acento en aquello que nos diferencia. Lo *impropio* (luego Espósito va a hablar de *lo impersonal*) como esa apertura previa a la consolidación de cualquier subjetividad: hay una instancia previa a cualquier identidad donde todos somos *cualquiera*. Amar al otro en lo que tiene de *cualquiera*.

"Comunidad" puede provenir también etimológicamente del acto de compartir el *munus*, una figura romana que refería entre otras cosas a un tipo de deuda que mantenemos siempre con el otro. Compartir una deuda no es encontrar algo en común, sino asumir que nuestra presencia en la comunidad es siempre por el otro. Y no se trata de una deuda contraída, sino de una deuda ontológica: nos debemos al otro, incluso al otro que nosotros también somos.

Pero no se trata de un deber devorador y mucho menos regulativo. Deberse al otro es más bien un acto de retracción que no avanza sobre la fragilidad de quien, por ser otro, se muestra en su precariedad. Es todo lo contrario de aquella tradición que, en nombre de la salvaguarda del otro, no ha hecho otra cosa que fagocitarlo. Es un acto al mismo tiempo de retirada y de contaminación. En la medida en que no avanzo sobre el otro, sus huellas me transforman. Es tal vez la pregunta más difícil de toda comunidad: ¿cómo sostener la diferencia del otro en un espacio común? ¿No está siempre lo común colonizando al otro, desapropiándolo? "Nada en común", dice Espósito. Apostar a una *nada* que como un reverso del sujeto, nos una en lo que no tenemos juntos: que aquello que nos junte sea lo que nos diferencia. Lo común es que somos otros.

Lo común no puede surgir del encuentro entre lo que cada uno tiene de más propio, ya que justamente si es lo más propio entonces no puede ser lo común. Se corre el riesgo de instalar como común a alguno de los sujetos que expandan su propia identidad como si fuera la misma para todos. Es el gran problema de cualquier universalismo: no deja de ser siempre una versión de lo humano la que se impone como la única.

Por eso no se trata para Espósito de encontrar lo que todos tenemos en común sino exactamente al revés: encontrar aquello que más allá de cada identidad subsiste en todos. Ese *resto* impersonal que está más allá de cualquier persona, ese *resto* impropio que está más allá de cada propio.

Este resto es inefable e inasible, ya que ni bien le adjudico una identidad, tomo partido por alguna de las versiones posibles de lo humano. Pero la comunidad no es una comunidad de los posibles sino de lo imposible. Este resto es siempre una huella: la figura misma de lo otro. Si lo que tenemos en común es que todos somos otros, entonces no tenemos nada en común. Una comunidad sin comunidad...

Pero así como la comunidad, según Espósito, radica en un deber por el otro, así también están aquellos que se consideran exentos de deuda. Aquellos que no comparten el *munus*: los inmunes. Si la comunidad es una invitación al otro, la inmunidad es una protección. Las palabras se resignifican en el vocabulario de Espósito: las formas tradicionales de la comunidad se vuelven, en su lectura, figuras de la inmunización, mientras que la apuesta por la comunidad que viene es una apuesta decididamente al otro.

Estar inmunizado, en este sentido, implica una suerte de encierro en uno mismo. Una protección contra la contaminación que todo otro infringe. Un territorio plagado de fronteras y alambrados que se administra solamente para beneficio de los propios. Los propios y los otros: un mundo binario dividido taxativamente en dos campos bien delimitados, sin ambigüedades y sobre todo, sin hibridaciones. La vieja idea de una comunidad de los propios: los compatriotas, los hermanos, los fieles. Inmunizados frente al ataque del ajeno, del extranjero, del hereje, del raro, del abyecto, del impuro. El otro es un peligro. Estar abierto al otro es arriesgar a la propia desarticulación de uno mismo: la extrañeza del otro me contagia, me contamina, me enferma, me quita firmeza.

El amor es una forma de enfermedad, de insalubridad. No solo duele, sino que sobre todo nos derrumba. La comunidad de los enamorados es una comunidad de enfermos. El otro es un agente de contagio. El amor demuele toda barrera. El amor infecta. Nos deja con las defensas bajas. Fisura las murallas, abre las puertas. El amor no solo deja entrar al otro: el amor es el otro. La comunidad de enfermos no persigue un fin común. No actúa para los propios sino que se deja invadir, se entrega al arrasamiento.

¿Pero hay una vacuna contra el amor? Inmunizarse frente al amor es reconvertirlo en herramienta de disolución del otro. Si el amor supone el desasimiento de uno mismo, solo se trata de redirigir sus influjos hacia el efecto contrario: el amor como sostén absoluto del yo en su más despiadado acto de negación del otro. La vacuna garantiza que el otro no ingrese, pero al mismo tiempo nos condena a no poder salir de nuestro encierro. Aquello que es *remedio* es también *veneno*: la lógica farmacológica. Cuanto más nos abroquelemos en nosotros mismos, menos peligro correremos, pero nunca más saldremos de nuestros cauces: no abrirle la puerta al otro es también no abrirnos la puerta a nosotros mismos. Nadie entra, pero nadie sale...

La vacuna nos protege del otro, pero así nos inhibe del otro que nosotros también somos. La inmunización avanza en la decisión de incorporar en nombre del amor cada vez más a los propios, abjurando cada vez más de los extraños. Es el ideal tradicional de comunidad que en la supuesta defensa de lo común se blinda con los semejantes y expulsa a los ajenos. Todo elemento foráneo es desterrado, incluso toda extranjería encontrada en uno mismo. La inmunización restringe el horizonte amoroso: primero los semejantes, luego los parecidos, los próximos, los comunes. El amor solo se vuelve posible al interior de los propios. El amor como una relación de uno mismo con uno mismo…

En *El banquete* de Platón, Sócrates explica los sucesivos pasos del amor, desde la atracción inicial que sentimos por alguien hacia una compenetración cada vez más íntegra con el otro. La atracción física por una persona da lugar, dice Sócrates, a la contemplación de la belleza de todos los cuerpos: el encandilamiento frente a la belleza de una persona es al mismo tiempo el encandilamiento frente a toda belleza. El hecho de que nos atraiga alguien –su cuerpo, sus gestos, su sensualidad– es una plataforma que nos conduce a una atracción más amplia por el cuerpo en términos generales, por la gestualidad de la persona, por la sensualidad del ser humano.

Como en una escalera entonces, vamos subiendo de estrato, y así el amor por lo físico nos direcciona hacia el amor más profundo –dice Platón– por el alma misma de esa persona: si hay amor, no permanecemos en la mera atracción, sino que nos vamos enamorando de algo más esencial. Aquello que desde el sentido común se diferencia como un amor más profundo, más espiritual, más maduro. Enamorarse del alma de una persona, a su vez, es un escalón hacia el amor más general por el alma del mundo: por sus ideas, por sus creaciones, por sus textos. Amar a alguien en lo profundo nos conduce a amar lo profundo del mundo.

En una especie de ascensor hacia el absoluto, el amor es la fuerza que nos va dirigiendo desde el enamoramiento primero que podemos tener con alguien concreto hacia un estado de plenitud propio de aquel que se encuentra con la idea misma de la belleza en sí. La belleza de una persona es un hilo conductor hacia la contemplación de lo bello por sí mismo: acceder a la belleza de alguien es una manera de alcanzar la esencia misma de la belleza. O dicho de otro modo; cuando nos enamoramos de alguien, nos enamoramos también del amor mismo. El estado de enamoramiento erotiza nuestra relación con el mundo. De alguna manera, la persona que nos atrae se vuelve como una plataforma que nos eleva hacia una conexión más sublime con las cosas.

Podemos pensar nuestro vínculo con el *otro* a partir de una trasposición con el esquema de la escalera platónica. Es el encuentro inesperado con la alteridad del otro el que nos va conduciendo lentamente a una sensibilidad cada vez más abierta a la ajenidad. Nuestro impulso primigenio que nos une con el semejante va dando lugar al reconocimiento de lo que el prójimo tiene de lejano. Vamos descubriendo la extranjería del otro en el anverso mismo de su parecido a nosotros. Y así la otredad convoca cada vez más otredad: el otro es el que piensa diferente, pero es también el otro extranjero, el otro animal, el otro naturaleza, el otro materia. Estar abierto en principio a la alteridad de alguien cercano nos inspira a una apertura osada por lo radicalmente otro.

Y es que en general, frente a los primeros atisbos de diferencias importantes, solemos extirpar todo vínculo para no incurrir en conflicto alguno: me voy dando cuenta de que no tenemos mucho en común y por ello mejor separarnos. De allí que sea toda una decisión política hurgar en la alteridad del otro para que en el choque con nosotros nos habilite una escalada cada vez mayor a la diferencia. Cuanto más me abro a la otredad del otro, más me abro a la otredad en general. Amar al otro en lo que tiene de lejano y no en lo que tiene de cercano, de próximo, de prójimo. ¿Pero cómo podemos amar al otro, o sea, a aquello que siempre se nos escapa?

"¿Quién es mi prójimo?", repreguntó el Maestro de la Ley cuando Jesús le respondió al difícil interrogante sobre como alcanzar la vida eterna. Jesús había dicho: "ama a tu Dios con todo lo que piensas, con todo lo que vales y con todo lo que eres, y cada uno debe amar a su *prójimo* como se ama a sí mismo". Pero el Maestro de la Ley, en su afán de querer ponerlo a prueba, insistió: "¿quién es mi prójimo?".

Este famoso pasaje del Nuevo Testamento (Lucas 10), conocido como "el buen samaritano", busca desnaturalizar la prioridad de la pertenencia en la definición del prójimo. "Prójimo" (palabra que proviene de "próximo") no es quien por una condición identitaria cumple los requisitos normativos, sino quien a pesar de su extranjería realiza una acción revolucionaria, esto es, inesperada de amor al otro. Inesperable más que inesperada; o sea, no hacía falta la acción, no le era necesaria, no ganaba nada.

Fundamentalmente eso: no ganaba nada. ¿Por qué hizo algo sin ningún tipo de beneficio?

La historia es conocida: Jesús relata el drama de un hombre que queda medio muerto después de un asalto camino a Jericó. Dos compatriotas pasan a su lado y lo dejan tirado, y solo un extranjero de Samaria lo ayuda, lo lleva a un hotel, paga su comida. Los propios lo dejaron a la deriva, mientras que el ajeno lo rescató. ¿Por qué lo rescató? No hay una razón desde el punto de vista del cálculo. Podríamos decir que lo hizo por amor, salvo que supongamos un cálculo íntimo donde de algún modo el samaritano ayuda al herido para que Dios, si lo hay, lo observe y lo recompense oportunamente. Y si no hay Dios que, de alguna manera, alguien le devuelva el gesto en un futuro posible si a él le sucediera lo mismo.

Pero al Evangelio le interesa la pregunta: ¿quién es mi prójimo? Busca cuestionar el gesto endogámico en una inversión de actitudes: al final, los propios que se jactan de cuidarse a sí mismos, no han hecho otra cosa que dejar abandonado a su prójimo; mientras que solo el extraño, desde su lejanía, creó un acto de amor. El prójimo fue un extraño y el extraño fue un prójimo. La cercanía formal o natural o normativa no hace ninguna diferencia. Es más, termina siendo autodestructiva.

Es en este sentido interesante detenerse más que en la actitud del samaritano, en el abandono de los propios: ¿por qué los propios lo abandonaron?

Espósito, en su análisis de la inmunidad, profundiza las formas de autoinmunización que lleva a los integrantes de una comunidad a dañarse a sí mismos con el supuesto argumento de maximizar los cuidados propios. Como en la inoculación de la enfermedad que se produce en la vacuna con el fin de generar anticuerpos, las políticas de inmunización se vuelven tan rígidas que arrasan también con lo que se supone que buscan defender. Es tal el miedo al otro, que el miedo se vuelve el lugar común que todo lo administra, incluso se vuelve miedo a los propios. Probablemente los dos compatriotas no se detuvieron frente al hombre golpeado en el camino porque creyeron que era una trampa. Desconfiar del otro instaura una matriz de desconfianza permanente: todo propio se vuelve también un otro a desconfiar. Para Espósito la lógica de la inmunización, aunque establecida como protección contra el otro, se lleva puesto a uno mismo. Tengo tanto miedo de que se me rompa mi copa de vidrio favorita que entonces nunca la uso: la copa no se rompe, pero es como si se rompiera, ya que igualmente queda afuera de mi posibilidad de uso. Si el otro es un riesgo contra mí mismo, entonces el único amor posible supone la negación del otro. Pero si el amor es el otro, todo vínculo se vuelve decididamente un riesgo.

Para los griegos hay distintas formas del amor. Aquello que en nuestra lengua pierde distinción debido a la presencia de un solo término para formas del amor muy diferentes, en los griegos toma distintas manifestaciones a través de sus diversas formulaciones: el amor es *eros*, pero también *philia*, *storgé* o *agape*.

A diferencia de *eros*, el amor *philia* es un amor que no desea aquello de lo que carece, sino que celebra lo que hay y busca en todo caso desplegarlo lo máximo posible. Es el amor de los propios, casi familiar y hasta amistoso, pero sobre todo comunitario. Un amor –como explica en *Ni el sexo ni la muerte* el filósofo francés Comte-Sponville– que disfruta la alegría de la filiación, que ama la presencia del otro en la medida en que se vuelve parte, que ama compartir todo con el otro. No es el deseo que surge a partir de su confrontación con la falencia (como en el caso de *eros*), sino el deseo de querer perseverar en ese ser común al que ambos (o todos) pertenecemos. No es deseo por lo que no hay, sino un deseo de potenciar aquello que sí hay: no estar pendiente acongojado por lo faltante, sino feliz por lo presente.

Si *eros* es el amor apasionado, romántico, un amor que es puro fuego, propio del enamorado que casi al borde de la desesperación necesita el encuentro con el otro, la *philia* es un temple de muchísimo mayor sosiego, con el norte puesto más bien en todo el recorrido hecho y no en lo que aún infructuosamente resta recorrer. Si *eros* se encuentra siempre pendiente de aquello que se le sustrae, a *philia* siempre le sobra, o en todo caso se dedica a resguardar lo conseguido. Si *eros* es un amor más juvenil, *philia* es un amor más propio de tiempos de la madurez. Si *eros* es enamoramiento de novios, *philia* claramente es amor conyugal. Si *eros* es amor por lo que de otro tiene el otro, *philia* es amor por lo que de común tiene el otro.

Eros y *philia* suelen convivir. Del mismo modo que en cualquier persona en situación vincular conviven aquello que es puesto al consenso del otro y aquello que permanece siempre insondable. Como si hubiera dos otredades simultáneas: la otredad que concilia y la otredad que se escapa. En cualquier vínculo, el otro es al mismo tiempo aquel con el que construyo y aquel que se me escabulle. Tal vez esta aporética dualidad resulte necesaria para que un vínculo pueda oscilar entre sus tiempos de armonía y sus tiempos de conflicto. Sus tiempos de impostura y sus tiempos de verdad (una verdad que siempre se nos evanesce). El poder coincidir recostados en la tierra observando el cielo y la discordancia por transitar emociones muy disímiles durante un encuentro.

En *philia* hay algo en común, con *eros* lo común se vuelve una limitación. ¿Qué es lo que busca el yo del otro en el encuentro amoroso? *Philia* es la familia, la pareja, el matrimonio, la filiación, lo comunitario, lo amistoso, pero sobre todas las cosas es poder consumar el encuentro con el otro. *Eros* es el ardor que nos alerta que el encuentro es imposible.

En algún sentido, el amor por lo mismo no hace una diferencia, sino que más bien la difumina. Se blinda, se inmuniza, expele toda alteridad. El amor al prójimo en tanto amor al próximo es amor por lo mismo. Es una extensión de lo ya existente, una prolongación de nuestro ser, y por ello su cristalización. Pero la diferencia irrumpe cuando toda la cristalería se hace añicos: el otro arrasa, nos desbarranca. Es *otro* porque nos impide su dominio, se vuelve inapresable, inadministrable. Es cierto que se vuelve agotador estar siempre juntando los pedazos de cristales rotos, pero más agotador es el enclaustramiento en la repetición homogénea de lo continuo.

Amar al prójimo es amar lo próximo, aquello que el otro tiene de proximidad y no de otredad. Todo otro es al mismo tiempo un prójimo y un lejano, es ambos a la vez. El amor es ese vaivén impredecible entre esos dos polos y sus matices. Un vaivén inquieto, molesto. No nos alcanza. Amamos lo próximo, pero apuntamos a lo lejano. Buscamos desbordar lo próximo hacia lo lejano, incluso comprendiendo que en nombre de la proximidad se suele ocluir a lo extraño, enajenarlo, desterrarlo. El acto de ensimismamiento de uno con lo que el otro tiene de uno es siempre un acto de opacamiento de lo que el otro tiene de otro: un acto arbitrario, negador, violento.

La fórmula "amar al prójimo como a uno mismo" tal vez resuma el enclaustramiento doble del sujeto, primero en su idea del otro como próximo (o sea, nunca como un otro), pero sobre todo en el modelo de un amor que prioriza todo aquello que desde el amor nos nutra a nosotros mismos. Resulta tautológico ya que el amor a lo propio, a lo cercano no puede ser sino la proyección del sí mismo como fuerza anuladora del otro. Lo tautológico estriba en que este modelo de amor me ratifica en lo que soy: es muy propio del yo repetirse y ratificarse a sí mismo. Desde allí que para el sentido común, todo amor no puede ser sino un amor de resguardo, de aseguramiento, de borde: un amor que en su marcha hacia el otro, lo disuelve. Si el prójimo es el semejante, entonces el amor al otro no es más que otra forma del amor por los propios. ¿No es un amor que hace del prójimo un mero medio para la satisfacción y expansión de lo propio?

Todos los elementos conceptuales presentes en el precepto pueden ser deconstruidos. En primer lugar, cabe la pregunta por el tipo de amor del que se trata: ¿cuál es el amor del "amar al prójimo como a uno mismo"? ¿Es un amor *eros* o es un amor *philia*? ¿Tiene sentido la fórmula con alguno de estos dos amores? ¿O es otro tipo de amor?

En segundo lugar, no cabe duda de que la restricción del prójimo a los propios invalida la vocación amatoria de la fórmula. Por eso, se trata más bien de un universal abierto del tipo "ama a cualquiera" en lo que tiene de impropio, de impersonal. Ni siquiera en lo que tiene de diferencia sustantiva. No es tanto "ama al extranjero", ya que el extranjero se yergue en su propia identidad; o sea, es un sí mismo para sí. El *cualquiera* trasciende toda personificación. Incluso la humana: ama "lo que sea" porque en la previa de toda entificación, ya hay un atisbo del *cualquiera*.

Y por último, ¿quién es el *sí mismo* de la fórmula? ¿Quién soy el que se vuelve parámetro de todo amor? ¿Qué amo más de mí?: ¿aquello que se repite como un yo o aquello que me escinde en una diferencia? Si no somos más que una conflagración azarosa de fuerzas en conflicto, ¿cómo puedo volverme parámetro? Ama a tu prójimo como el abismo inquieto de una caída desesperada que en su clamor desiste de toda subjetividad. O como mínimo, ama a tu prójimo *más* que a ti mismo. Y ya...

El amor es imposible porque el amor es el otro. ¿Pero quién es el otro? En *Así habló Zaratustra*, Nietzsche reflexiona sobre el amor al prójimo. En nuestra histórica forma de negación de lo insondable de nuestra subjetividad, construimos un ideal del prójimo al que sacralizar como una manera de no hacernos cargo de la tensión de fuerzas que constituye lo que somos. De allí que Nietzsche, todo el tiempo hable de "huir al prójimo". Huimos de nuestra contingencia en el reposo que nos brinda cualquier idealización que, en tanto tal, se muestra siempre estable, segura y definitiva. Para no hacernos cargo de nosotros mismos, escapamos hacia el prójimo. Para no lidiar con el caos de fragmentos inestables que nos constituyen, construimos el ideal de un prójimo en el que canalizamos toda nuestra obligación moral y afectiva. Le dedicamos la vida a un falso prójimo para no iniciar el proceso de nuestra propia deconstrucción. ¿Por qué "falso"? Porque el ideal del prójimo reproduce la estrategia de producción de un falso otro: amar al otro no tiene nada de "amable". Es la desarticulación misma de lo que suponemos incluso como definición del amor. Amar al otro es al mismo tiempo una subversión en nuestra manera de amar.

En la deconstrucción del ideal de amor al prójimo no solamente se desarma el ensimismamiento de la cercanía del otro, sino sobre todo el punto de partida: amando lo lejano, todo lo que hasta entonces concebíamos como propio se desarticula. "¿Os aconsejo yo el amor al prójimo? ¡Prefiero aconsejaros la huida del prójimo y el amor al lejano!", dice Nietzsche en el texto del libro con el título "Del amor al prójimo". No es una contraposición entre dos tipos de amores, sino que en el amor al prójimo voy descubriendo sus limitaciones y se me vuelve un trampolín para aspirar a lo lejano, esto es, al extraño, al extranjero, al otro. Es tanta la lejanía que hay dos puntos de partida que comienzan a desmembrarse: por un lado, el yo que ama; y por el otro, el modo en que concebimos el amor.

Pero de nuevo, ¿qué es amar el otro? ¿Quién es ese "otro" del amor al otro? ¿Cuánto podemos amar al otro sin traicionarlo? Y sobre todo, ¿cuál es su alcance? Dice Nietzsche: "Más elevado que el amor al prójimo es el amor al lejano y al venidero; más elevado que el amor a los hombres es el amor a las cosas y a los fantasmas. Ese fantasma que corre delante de ti, hermano mío, es más bello que tú; ¿por qué no le das tu carne y tus huesos? Pero tú tienes miedo y corres hacia tu prójimo".

Aquí hay una palabra clave: "venidero". Por eso el fantasma corre por delante. El otro siempre está por venir y es el desacoplamiento de nuestra soberanía, o sea de nuestro lugar de ejercicio de poder sobre los otros. El otro es otro porque nos desarma. El sujeto seguro de sí mismo se derrumba en el amor al lejano (que para Nietzsche es el amor al amigo).

¿Pero quién es nuestro amigo? Todo aquello que inicie el desarme de lo que hasta ahora fue el mundo. Amar lo otro de todo aquello que disponemos como propio. Por ejemplo, amar a la madre, pero en lo que tiene de otro y no en lo que tiene de la forma instituida de maternidad para nuestro sentido común. Amar todo lo que de extranjero se encuentre solapado en lo compatriota: comprender el carácter híbrido que antecede a todo esencialismo. Amar todo lo no humano reprimido en lo humano: lo mamífero, lo animal. Amar a las cosas en lo que tienen de mundo compartido y resonancia común, y no en tanto se han convertido en insumos para el despliegue de nuestra productividad: amar el mar, un árbol, una piedra. Amar siempre a los fantasmas, a lo fantasmagórico, a la ambigüedad destituyente de toda firmeza arbitraria y violenta.

Lo venidero para Nietzsche es el *superhombre* que no es más que la deconstrucción de aquello que hoy nos convalida en lo que somos como humanos. El *superhombre* no es un humano mejorado sino deconstruido. Pero para ello hace falta el encuentro con el otro, con la lejanía que nos destierra de nuestra prisión: "Vuestro mal amor a vosotros mismos es lo que os trueca la soledad en prisión". Amar al otro revela nuestra propia otredad. Cierra Nietzsche el texto: "Hermanos míos, yo no os aconsejo el amor al prójimo: yo os aconsejo el amor al lejano".

Todo el amor tal vez se reduzca a ese pedido que un día, sin rumbo y en el más absoluto estremecimiento, pude hacerte casi a murmullos, ya que mi voz se encontraba demasiado quebrada y mi voluntad ausente. Recuerdo que te dije tocándome el pecho: "sacame de acá".

No importa si pudiste. Hubo amor porque pude pedírtelo...

En otro famoso pasaje del Evangelio, mientras Jesús se encontraba hablando con gente, le avisan que su madre y su hermana se hallaban presentes para saludarlo. Pero Jesús los negó y les preguntó a todos en forma retórica: ¿quiénes son mi madre y mis hermanos? Y señalando a todos sus discípulos dijo en Mateo 12, 50: "éstos son mi madre y mis hermanos. Porque *cualquiera* que obedece los mandamientos de mi Padre que está en el cielo, es en verdad mi madre, mi hermano y mi hermana".

Mi familia es *cualquiera*. O sea, la filiación excede toda pertenencia. El otro me saca de mí mismo, pero sobre todo diluye la idea de mismidad como una idea restrictiva. No importa lo que tengamos de común, sino lo que tenemos de *cualquiera*. Más allá de la formulación religiosa y la referencia a los mandamientos del Padre celestial, la negación de la madre se vuelve una deconstrucción de toda mismidad: en la búsqueda obsesiva de lo que tenemos en común, olvidamos que el amor al otro es amor a *cualquiera*.

La escena es impactante porque la madre es la figura por antonomasia de la filiación natural. Jesús no anula a su madre, sino que revela que aun en el caso más íntimo como el de la propia madre, hay un otro. Donde más consensuado está el amor es donde más necesario resulta intentar un acontecimiento deconstructivo. La deconstrucción del vínculo familiar no es destructiva sino propedéutica: todos son mi familia, indica Jesús, o sea nadie en el fondo tiene un privilegio, salvo todos. ¿Pero quién es ese todos? ¿Cuál es su alcance?

"El ser que viene es el ser *cualsea*". Así comienza Agamben su libro *La comunidad que viene*. "El ser-*cual* está recobrado fuera de su tener esta o aquella propiedad, que identifica su pertenencia a este o a aquel conjunto, a esta o a aquella clase". El prójimo es *cualsea*, o sea, *cualquiera*. Esto es, no importa la propiedad, su particularidad, su mismidad, sino que al mismo tiempo que es un sí mismo es también un *cualquiera*.

En el habla cotidiana, un *cualquiera* remite justamente a quien de acuerdo a los valores establecidos ni siquiera aplica para ser considerado alguien. Muchedumbre, poca cosa, indigencia. El otro es siempre cualquiera. Es también la figura de la indigencia. Amar lo que el otro tiene de *cualquiera* es amar al otro más allá de los roles en que el otro se desotra cotidianamente para pasar a ser alguien.

Agamben señala además que en la palabra *cualquiera* hay un rastro de voluntad (el que quiera), pero también de deseo (en ese otro sentido del verbo *querer*). "El amor no se dirige jamás hacia ésta o aquella propiedad del amado (ser blanco, pequeño, dulce, cojo), pero tampoco prescinde de él en nombre de la insípida abstracción (el amor universal): quiere la cosa con todos sus predicados, su ser tal cual es". Amar al otro en tanto otro es amarlo más allá de cualquiera de sus impostaciones; esto es, amarlo en tanto es *cualquiera*. Amar a cualquiera es finalmente amar a todo y por ello amar a *nadie*. No es no amar a nadie, sino amar a cualquiera en lo que tiene de *nadie*. Un amor imposible...

Huir de los universales. Amar al otro no es jamás un acto de inclusión sino de disolución de toda exclusión. No es lo mismo. La inclusión aspira a una totalidad imposible y no cesa de excluir; en cambio el movimiento de disolución de la exclusión es siempre por venir y nunca cesa. No se trata de asumir que en el fondo somos todos humanos porque por un lado no hay fondo y por el otro la demarcación de lo que es un ser humano siempre es política, siempre es una cuestión de saber y poder. Pero sobre todo porque nunca está claro el alcance del universal: si es universal, ¿por qué no alcanza a los animales, a las plantas, a los *cyborgs*, a las montañas, a las cosas?

No se trata de amar a todas las personas sin exclusión, sino que se trata de amar lo impersonal de cualquier persona. Amar es abrirse a lo impersonal. Nunca a lo común sino a ese *resto* que subsiste a cualquier determinación: amar al otro.

La misma negación de la familia en Lucas 14, 26-27 adquiere otro corrimiento del límite. "Si alguno viene a mí, y no aborrece a su padre, y madre, y mujer, e hijos, y hermanos, y hermanas, y aun también su propia vida, no puede ser mi discípulo. Y el que no lleva su cruz y viene en pos de mí, no puede ser mi discípulo". Lo mesiánico en cuestión. Desde una lectura, podemos estar leyendo a quien se cree *el elegido* conminando a las personas a un acto de devoción sacrificial absoluto. Si quieren ser mis discípulos, tienen que aborrecer no solo a los propios sino a lo propio: la propia vida. Pero si le quitamos el contenido sustantivo y permanecemos en la esfera del significante, el acto de despojamiento es total: si el otro me convoca, nada importa más. Ni la madre, ni los hermanos, ni los hijos. Ni siquiera uno mismo. En una lectura simbólica del texto, el llamado puede ser leído como el llamado de todo *otro*, la convocatoria de toda otredad para que cada uno se salga de sí mismo. ¿Qué muere en la cruz? Y ni siquiera, ya que el texto no habla de la muerte, sino del hecho de estar llevando la cruz: aborrecerse a sí mismo es poder deconstruir la matriz de un sujeto centrado en el yo. Y mientras acontece la *pasión*, la gente insulta al condenado, lo escupe, lo niega, le arroja cosas. Salirse de uno mismo duele...

El llamado del otro es, por un lado, la cada vez mayor evidencia de cuánta alteridad hay en lo más próximo. ¿Cuál es el alcance del amor? ¿Solo podemos amar lo más cercano? ¿Cuánto se encuentra reducida nuestra capacidad de amar? La presencia de lo *otro* en la intimidad de lo más cercano nos inspira a traspasar cada vez más todo límite. Descubrir la otredad del otro es siempre una manera de encontrarnos con nuestra propia diferencia.

Por eso, por otro lado, el llamado del otro es una invitación al desierto propio, esto es a desertar cada vez más de aquello de lo que nos aferramos para resguardar nuestra propia tranquilidad existencial. Lo desértico del amor es que no conduce a ningún lado sino a la experiencia de una errancia infinita. Deambular no porque no sepamos adónde ir, sino porque en el desierto no hay lugares: todo trazo se crea en el momento. "El desierto crece", dice Nietzsche, "Ay de aquel que alberga desiertos".

Mucho esperaron Abraham y Sara para tener un hijo. En todo el inicio del relato del llamado de Abraham, se hace patente que no hay una descendencia directa. Hay una tensión permanente entre un Abraham que no puede ser padre y la promesa divina de ser el origen de un pueblo maravilloso (la patria). El texto especifica que era Sara quien no podía tener hijos. Por eso, cuando unos ángeles le informan a un Abraham de casi cien años que finalmente había llegado el momento (cuando ya nadie lo esperaba) de ser padre, una Sara incrédula, también grande de edad, suelta una carcajada. De aquel gesto surge el nombre del niño: Isaac, en referencia a aquella risa. El niño nace. Pero a todo esto, Abraham había tenido otro hijo: Ismael, de su esclava egipcia Agar. Ante el nacimiento de Isaac, Sara exige inmediatamente el destierro de Agar y su hijo. Tal vez en uno de los pasajes más desoladores del Génesis, ambos son expulsados al desierto…

Un día Dios puso a prueba a Abraham y le ordenó sacrificar a su hijo Isaac. Así de directo comienza el pasaje de Génesis 22: un día Dios puso a prueba a Abraham. Nada dice el texto sobre los pensamientos interiores del padre: ¿se enojó?, ¿se conflictuó?, ¿se deprimió? El texto solo dice que a la mañana siguiente de la aparición divina, sin comentarle nada a nadie, –o sea manteniendo el pedido de Dios en secreto–, Abraham le ordenó a su hijo a acompañarlo a un viaje que culminaría con el sacrificio de un animal. Isaac, al observar la ausencia del mismo, le preguntó al padre por el animal ausente para el sacrificio. Su respuesta ambigua pasó a la historia: "Dios proveerá", respondió Abraham y continuaron la marcha.

Cuando llegaron al lugar establecido el padre ató a su hijo a una piedra, pero en el momento en que se disponía a matarlo clavándole un cuchillo, un ángel lo detuvo y le agradeció el amor por Dios: la prueba resultó satisfactoria. Por lo menos, a los ojos de Dios, Abraham eligió bien. El padre y el hijo sacrificaron entonces a un carnero que se hallaba atrapado en un matorral. Dios bendijo la decisión de Abraham y se comprometió a recompensarlo con una descendencia multitudinaria. Esta es la historia del sacrificio de Isaac.

Mucho se ha escrito sobre este relato. En especial sobre la confrontación entre dos amores: el amor al hijo y el amor a Dios. O también, el amor a lo propio y el amor a lo otro. La conflictiva relación de impropiedad que tenemos con los hijos, por un lado; y la sacralización de lo otro de mí en la metáfora de Dios, por el otro. Todo es dramático en la escena: el padre llevando a su hijo hacia el sacrificio, Dios poniendo a prueba a un ser humano a través de lo más querido, el hijo que no sabe pero acompaña leal y confiadamente, la esposa que no es anoticiada; incluso la trama que se inicia con un hijo demorado, demasiado esperado, llegado cuando ya se había perdido toda esperanza y finalmente solicitada su vida (o sea, su muerte) como un gesto de amor. Dios poniendo a prueba a Abraham es Dios promoviendo una decisión entre amores; algo que puede ser leído tanto como un acto perverso, o como la necesidad de recordar todo el tiempo que ningún amor humano se equipara con el amor al otro. ¿Pero qué clase de amor es aquel que demanda un sacrificio? ¿O será que siempre que amamos a alguien, sacrificamos a otros?

Si Dios es el otro, algo del relato se aliviana, sobre todo porque como sostiene Derrida en *Dar (la) muerte*, Dios no es el Otro con mayúsculas, sino *lo radicalmente otro*; esto es, Dios es *cualquiera*. Siempre hay un otro que pone en jaque nuestra relación con lo propio, sobre todo con lo más propio como lo es en este caso un hijo. Vivir en este mundo es una experiencia sacrificial donde siempre estamos tomando decisiones que dejan afuera a alguien. Derrida es lapidario con su lectura: incluso cuando nos entregamos al otro, hay muchos otros que quedan afuera. La misma opinión pública que en su lectura del relato se escandalizaría éticamente con un padre que asesina a un hijo por un supuesto llamado de Dios, dice Derrida, no se escandaliza con los miles de niños que mueren de hambre por día. Derrida hasta pone como ejemplo su propia relación con su gato: le doy de comer a mi gato, pero en este mismo acto muchos otros gatos no reciben comida: siempre hay un otro. ¿Será entonces por eso que Abraham avanza hacia el sacrificio en *secreto*? Siempre vivimos con el secreto de saber que toda elección supone un sacrificio. En el fondo más íntimo de nuestro ser sabemos que siempre alguien queda afuera…

Amar al otro es imposible incluso porque en el acto de amar a algún otro, se desprenden otras otredades que nos sobrepasan. Dios, o *lo radicalmente otro*, o sea *cualquiera* siempre nos está demandando una responsabilidad, un gesto de amor. El sacrificio de Isaac es el sacrificio que nos exige todo *otro* que, desde su carencia, nos interpela. Pero el amor al otro choca permanentemente con esta paradoja: el otro es imposible.

Son muchas las víctimas en este texto de Génesis 22. Tal vez la pregunta tenga que ser entonces más precisa: ¿quién es el *otro* en el relato? ¿Hay una sola víctima? Por un lado, nos topamos con el *otro* como víctima que demanda la desapropiación de lo más propio; pero al mismo tiempo también Isaac es una víctima: el niño que sin embargo acompaña y se dispone a lo que el padre decide ejecutar. También es cierto que Abraham es otra suerte de víctima en tanto sujeto que es puesto a prueba, pero como repite Derrida: todos los días a cada hora estamos decidiendo si sacrificamos lo propio frente a un otro que es *otro* porque sufre. Todos somos Abraham.

Tal vez sea importante reparar en otras víctimas silenciosas, como por ejemplo Sara, sustraída a la información y separada como la mujer que no interviene en la toma de decisión. O también Agar y su hijo Ismael, personajes supuestamente secundarios que padecen la expulsión y el destierro, o sea, ya hubo un sacrificio previo. Sin embargo Derrida, se detiene en otra figura: la víctima del relato por ser la menos pensada como tal es claramente el carnero. La menos pensada, pero puesta allí a la vista en el escrito. La deconstrucción solo cambia el foco de atención, pero todo siempre está allí a la vista. La víctima del relato es el carnero, el animal. Aquel por quien nadie se detiene ya que tenemos naturalizada su entrega. Ese animal del que disponemos en su sacrificio diario: como comida, como mascota, como límite de nosotros mismos. Incluso enredada su cornada en una situación de indefensión absoluta.

El *otro* es el que siempre está disponible y damos por obvia su muerte como salvaguarda de nuestra necesidad. El otro es aquel que nadie concibe como un otro. Nadie repara sobre el final del relato en la muerte del carnero, ya que por suerte hay un ser humano que se salva. El drama del relato tiene un final feliz: se salva quien se tiene que salvar. Todo está allí, a la vista, en el escrito. Todos consumimos palabras, relatos, animales, sacrificios. El otro, el animal. El otro, quien sea se vuelva insumo, alimento, medio, juguete, compañía. ¿A quiénes sacrificamos todos los días y avalamos su muerte en nombre de nuestra supervivencia? ¿Quién es el otro?

Nadie sabe en realidad de dónde vino. Suponemos que acompañó durante un tiempo a alguna persona que vivía en la calle. Lo suponemos por ciertos gestos, por ciertas reacciones, por sus otros tiempos, por su templanza. También suponemos que tuvo muchas crías en distintos momentos, aunque la última vez fue rescatada con sus cachorros y llevada a una casa humana. Allí esperó. Nos esperó. La fuimos a conocer en pleno invierno un domingo a la mañana. Caminamos unas cuadras junto a ella. Su extrañeza nos convocó y la adoptamos. Llegó un primero de agosto a casa: no quería entrar. Se quedó en la puerta esperando que quien la trajo, la vuelva a buscar. Esperó algunos largos minutos y cuando ya suponíamos que su deseo resultaba irremontable, pegó un salto con un movimiento imprevisto y se acomodó en el sillón que durante tres años cuidamos al detalle para que no se le pegara ni media pelusa. Nunca más lo abandonó. Hoy el sillón es su hogar. Su nombre es Mina. Llegó con ese nombre y tras un breve debate, decidimos sostenérselo. No hay mucho consenso sobre su edad, pero no sobrepasa los cuatro años. Amamos a Mina, pero ¿cómo se ama a Mina?

Estuve tres años cuidando un sillón obsesivamente y sin ningún otro motivo que la obsesión; y sin embargo la perra, con un salto decidido, no solo se apoderó del espacio, sino que me lo desapropió hasta con dulzura. Se apropió de lo más nuestro en un acto de expropiación tierno. Su debilidad dejó sin sentido cualquier apego a cualquier cosa. Ese primer día, en ese salto, en ese mismo instante, supe que el sillón era de ella. Cuidé ese sillón casi con un grado de puntillosidad compulsiva: eché a mis hijos cada vez, perseguí a quien osara llevar un plato o un vaso para sentarse allí mientras se alimentaba, lo limpié una vez por día con una pulcritud excesiva y hasta me prometí que ese sillón sobreviviría con su limpieza el día de mi propia muerte. Y sin embargo, un día llegó Mina y no solo desarticuló mi vínculo con el sillón, sino la relación entre lo propio, lo amoroso y lo ajeno. Fue un instante donde no dudé: el otro me llevó puesto. Su debilidad, su necesidad: su orfandad me desajustó. Me había decidido a adoptar un perro, pero, más allá de lo formal, se sucedieron cinco minutos de extrañeza donde Mina llegó, no quiso entrar, la obligaron a la fuerza, permaneció en la puerta a la espera, algo se le movió, de un golpe saltó al sillón que nunca más abandonó y aquello que había resultado obsesivamente crucial en la concentración de mis últimos tres años de vida se revirtió no solo con liviandad sino con amor. Algo del amor se presenta en ese gesto mutuo de tomar y dejar, de la evanescencia rápida y hasta placentera de lo supuestamente inclaudicable.

Mina saltando al sillón. Hay algo en este gesto de la perra que escapa a toda antropomorfización. No creo que con un ser humano yo hubiera reaccionado del mismo modo. O tal vez sí, pero entonces mi reacción hubiera tenido que ver con vislumbrar en ese ser humano lo que de no humano también lo constituye. ¿Por qué con un perro sí y con un humano no? Nos pasamos deconstruyendo equiparaciones humanas con los animales, pero tal vez se trate también de restaurar la animalidad perdida del ser humano. Además de una crítica al antropomorfismo, nos debemos un cuestionamiento a la desanimalización del animal humano. Hace rato que entre seres humanos solo nos dedicamos a establecer acuerdos. Máquinas que establecen acuerdos: lo previsible, lo planificable, lo obvio. Máquinas que necesitan descartar del ser humano todo lo extemporáneo, corporal, lo espontáneo. No hay lugar para que en un acuerdo con el otro, el otro se coma el papel. O lo huela. U orine en él.

Si el otro es el sujeto del acuerdo, ya no es entonces un otro. El acuerdo es justamente aquello que, al ponernos en común, deja afuera nuestra propia diferencia: en este caso la normativa, el consenso y la pulcritud del sillón limpio. Hace rato que el encuentro entre seres humanos ya no es un encuentro con el otro. Ningún ser humano saltaría al sillón, como Mina, para convertirlo en su lugar. Y menos si se convino no hacerlo. Tal vez, el encuentro con el otro animal pueda devolvernos algo de la alteridad extraviada, algo de la diferencia perdida entre seres humanos.

Cuenta Emanuel Levinas en *Difícil libertad* que en los campos de concentración durante la guerra, los nazis trataban a todos los prisioneros como si no fuesen seres humanos. El trato se asemejaba a aquel que la humanidad media establece con lo animal: carne al servicio, o bien del esfuerzo, o bien del alimento, o bien del maltrato. Ser tratado como animales, esto es, como el ser humano dispone del animal. Así, partían por fuera de las barracas al trabajo durante todo el día. Nunca una palabra, un mirar al rostro, un gesto de mínimo reparo y siempre el golpe artero, la violencia inmediata, la agresión continua. Era la pérdida absoluta de toda humanidad.

Sin embargo, cuando regresaban después del día de trabajo forzado a las barracas, había un perro que los prisioneros llamaban "Bobby" que los recibía a ladridos puro, feliz del regreso de sus compañeros. Dice Levinas que ese ladrido los recomponía con lo que aún les quedaba de humanos. El ladrido les recordaba su humanidad perdida. Si los nazis, o sea, si unos humanos les negaban su humanidad, solo el animal se las devolvía siendo animal. El ladrido como gesto de reconocimiento, aun previo a la palabra.

Es que ni siquiera se trata de una cuestión de lenguaje: cuánta palabra se ha enunciado para aniquilar al otro. La extrañeza del ladrido en un gesto amoroso. Solo el otro nos reconcilia con nuestro devenir...

Me quedo mucho tiempo observando sus gestos. Las lamidas, los movimientos de sus patas, sus saltos, sus recorridos sin sentido, sus esperas, su olfato, sobre todo su olfato. Me enamoré de su olfato, de su disposición a oler. Todos sus gestos me enternecen, pero sobre todo me pueden aquellos que se dirigen a mí. Mina se dirige a mí. Me quiere a mí. Y me puede; esto es, dispone de mi poder. ¿Pero por qué me puede?

Es obvio que todo puede ser traducido a una racionalidad de movimientos mecánicos, conductas reflejas, satisfacción de necesidades, del tipo: no te besa o huele a vos, sino que huele los vestigios de olores de comida que hay en tu cara porque tiene hambre. Puede ser, aunque también valdría el mismo argumento para cualquier aproximación entre seres humanos y todo registro amoroso se nos volvería un mero mecanicismo orgánico. Puedo comprender desde cierta narrativa que todo movimiento canino obedece a una cuestión de necesidades y satisfacciones, pero que un perro –que no besa– me bese, me desestabiliza emocionalmente (para bien). ¿Pero besan los perros? ¿Se trata de un beso?

Un perro no besa porque el beso es un rito humano. Un perro no besa como besan los humanos en un rito que fue perdiendo cada vez más lo más amoroso del beso que es el encuentro con el otro. Si hubiera un beso de Mina, no podría ser un beso tal como acontece entre seres humanos, esto es, la reproducción sistemática de aquello que el sentido común establece como un beso correcto. Un beso correcto es cualquier cosa menos un beso. Encontrarse con el otro desde la boca, los labios, la lengua, la saliva, supone un salto al vacío del placer y la extrañeza que lejos está del cumplimiento normativo del beso ideal. Si el beso es el encuentro con el otro, entonces el beso es imposible. Y nada más placentero que la experiencia de lo imposible.

Si un beso fuese un encuentro con un otro, el beso con Mina sería realmente un beso. El problema es la normalización de los besos que cada vez menos inspiran a los cuerpos a un descubrimiento de su alteridad y cada vez más se han vuelto una práctica mecánica, serial y burocrática.

Dicho de otro modo: ojalá los besos entre seres humanos recuperaran la extrañeza que puede suscitar un beso con un perro y ojalá que no le exijamos a un animal que bese como un ser humano. Si el amor es el otro, el deseo es poder vincularnos con Mina en lo que de animal Mina sea: de animal en tanto otro y no del animal como proyección de la representación humana.

Del mismo modo, no podemos reducir el movimiento de la cola del perro a la alegría propia de los seres humanos. Está claro que mover la cola para un perro es un gesto de alegría. Lo que no está claro es qué tipo de alegría se juega en ese gesto. Siempre el problema es la normalización que reduce la multiplicidad de versiones de cualquier fenómeno a una única lectura. Nuestro pensamiento binario entiende a la alegría dicotómicamente siempre en oposición a la tristeza. Dispositivo ontológico excluyente: estar alegre es no estar triste y viceversa. Pero, sobre todo, se trata de temples directamente alineados con un ideal de vida exitista y paliativo: la alegría como posesión, la tristeza como carencia.

¿Será así cómo se manifiesta en los perros? Probablemente no. ¿Y si lo pensamos a la inversa? Es decir, no proyectando la concepción humana de alegría al movimiento de la cola del perro, sino recuperando como seres humanos una experiencia de la felicidad más diseminada tal como irrumpe de manera continua en el cuerpo del animal. Ser más felices a partir de situaciones mucho más nimias. Incluso el movimiento rítmico de una parte del cuerpo del perro en la expresión de su alegría puede ser el comienzo de un desplazamiento de los lugares estancos de nuestros propios cuerpos: más que adjudicarle alegría al movimiento de la cola del perro, poder emancipar nuestros cuerpos humanos de sus mandatos normativos y que el placer nos atraviese capilarmente. Cuánto podemos aún contagiarnos de formas no humanas de expansión de nuestra corporalidad…

Además, un beso es mucho más que un beso. Un beso es un encuentro con el otro que es siempre un desencuentro. Intenta encajar, pero si hay encaje, el otro se difumina. Los labios resisten y marcan el espacio de lo inapropiable, de lo inencajable. El beso es la distancia que al mismo tiempo atrae y diferencia. La boca que traga, sin embargo, en el beso se detiene y percibe. La misma boca que devora, sin embargo, en el beso se sosiega y recibe. Disfruta el acecho, la caricia, el recorrido que imprime la mínima fuerza. Con la boca podría tragarme al otro, pero el beso es una experiencia de detenimiento, de demora, de interrupción. Besar es al mismo tiempo dar y recibir. Como en el amor: mientras doy placer, siento placer. El doble sentido del *dar* donde la celebración del otro es al mismo tiempo una forma de bienestar propio. La tierra de nadie. Ni mío ni tuyo. Un beso también es una tierra de nadie. Incluso, si en el beso ejerciéramos una fuerza con el objetivo de apropiarnos del otro, la misma estructura del beso revelaría su imposibilidad: no solo no puedo devorarme al otro, sino que en el beso en la boca, los labios nunca terminan de encajar. Siempre queda una fisura abierta. El otro es esa fisura. Lo más subversivo del beso es esa fisura. El beso, como el amor, es una búsqueda infructuosa de lo imposible. Bella por infructuosa, bella por imposible.

Un perro me besa y en ese acto se derrumba toda una metafísica del beso que solo aspira a la fusión entre los pares. El beso nunca es de a pares y el beso es la constatación de la imposibilidad de la fusión. De nuevo, lo animal recomponiéndonos con otra forma de lo humano...

En nuestra cultura al otro se lo come. Se lo ingiere. Se lo devora. El otro, el animal. Demasiado otro. No encaja. No aplica. Ser comida es un acontecimiento que se desentiende de su ser vivo. Ser recurso como una parte más del reservorio de materiales que la naturaleza nos provee. El otro es tan otro que es traducida su otredad a necesidad propia. Nadie cuestiona una empanada de pollo o una milanesa de carne. Hay una desconexión que invisibiliza el proceso. Y cuanto más segmentado e incognoscible sea el proceso, mejor. La soberanía del ser humano es básicamente un ejercicio de poder que consiste en convertir a toda otredad en recurso necesario para su supervivencia. No solo todo animal es un otro, sino que todo otro es un animal. Ser soberano es disponer del otro: que en nuestra cultura al otro se lo coma significa, al mismo tiempo, según Derrida, que nuestra cultura humana solo tiene sentido y se autoerige a partir del hecho sacrificial de disponer del otro de modo absoluto. ¿Quiénes son nuestros animales?

La pregunta por lo animal es la pregunta por el límite, o sea, por lo que nos delimita como seres humanos, o sea, es la pregunta por la otredad. Nos definimos siempre a partir de una frontera exterior que nos diferencia con lo animal y sin embargo no dejamos de ser animales. Negamos la alteridad que también nos constituye. Ocluimos nuestro ser animal en un intento desesperado por despegarnos de aquello que consideramos inferior en nuestra naturaleza y por ello asociamos lo animal al cuerpo, a lo cambiante, a lo que se descompone, a lo indominable, a lo bestial, a la carne.

Aristóteles define al ser humano como un *animal racional* y nuestra cultura no ha hecho otra cosa que ponderar el aspecto racional a despecho del animal. Como si ser humano no fuese más que el intento denodado por desanimalizarnos. De hecho, la frontera entre lo humano y lo animal nos la representamos siempre como una frontera exterior cuando lo animal en todo caso permanece en nosotros como condición originaria. ¿Qué es lo animal que hay que domesticar? ¿El mundo animal exterior o el animal que en nuestro interior seguimos siendo?

Domesticar proviene etimológicamente de casa, hogar, morada, de donde proviene también doméstico. Domesticar es hacer de lo animal alguien con quien compartir la casa, o sea hacer de lo animal un "alguien". Pero ese alguien ya no es un otro, sino un semejante al que asemejamos a cambio de sacrificar su diferencia. Nunca se trata del semejante sino del lejano. Nunca se trata de lo doméstico, sino de lo salvaje: lo salvaje que pervive en nosotros. Lo no domesticado…

O bien condenamos a lo animal al mundo de lo salvaje y lo combatimos, o bien lo cosificamos como recurso alimentario y lo comemos, o bien lo hacemos mascota y lo humanizamos. En cualquier caso, a lo animal lo perdemos…

¿Cómo podríamos conectar de otros modos con lo animal?

Cuando amamos a alguien nunca amamos su animalidad y nunca amamos desde nuestra animalidad. Nuestro amor ya es un amor humano, demasiado humano. Es un amor que nos convierte en seres humanos y nos expulsa de todas las otras formas posibles del amor, esto es, de todas las otras formas posibles de lo vivo.

La cuestión del límite nos exige poner en discusión la cuestión de los criterios de justificación a la hora de decidir cuándo una vida "merece" ser defendida y cuándo "merece" ser sacrificada. Si la vida en sí misma se vuelve un valor sagrado, no se entiende entonces por qué hay vidas que se anulan para ponerse al servicio de otras. Siempre hay un grupo que se arroga una supremacía y dispone del resto para su necesidad y supervivencia. El ser humano ha hecho de su supervivencia el argumento central para disponer de la vida de lo animal. Incluyendo al animal humano...

Dejar que lo animal venga. Con su extrañeza, desde su alteridad. Nos cuesta tanto ser hospitalarios con cualquier ser humano que imaginar la hospitalidad con lo animal parece algo imposible. Pero, como insiste siempre Derrida, es desde lo imposible que se puede empezar a resquebrajar algo de la seguridad que nos provee el estar encerrados en nosotros mismos.

Recibir lo animal es dejar lugar a lo impensado. Para nosotros a los animales se los mata, se los come o se los domestica, pero nunca se los recibe. ¿Será muy diferente el modo en que nos relacionamos con el animal humano? ¿O no estamos todo el tiempo matándonos, domesticándonos, devorándonos?

Encerrados en nuestras casas, disfrutamos de la tranquilidad que nos brinda la disposición de todos sus elementos de acuerdo a nuestros deseos y necesidades. La casa es el lugar más propio, casi una extensión del cuerpo. Todo fabricado a nuestra imagen y semejanza; en especial el orden general que acomoda todo detalle para que nada se salga de su lugar. Una casa, en realidad, es una excusa para que el orden se establezca, una pieza de ajedrez débil al servicio de una estrategia de funcionamiento eficiente y repetitivo, la separación óptima para no ser despojados de nuestra propiedad más preciada: nosotros mismos. Así, inmunizados, el interior de la casa es también un resguardo, una estrategia de defensa, la experiencia de la tranquilidad tanto existencial como cotidiana. La casa es el lugar de lo cotidiano.

La eficacia de la cotidianeidad es la ausencia de conflictos existenciales. Los conflictos cotidianos se resuelven, pero los existenciales son los que ponen en cuestión la naturaleza misma de lo cotidiano. Por eso hay que disuadirlos. Infantilizarlos, estetizarlos o patologizarlos: volverlos una anomalía a excluir de la seriedad de la vida productiva. El orden disuelve cualquier anomalía ya que todo lo que sobra es recortado sin ningún tipo de complejo: la seguridad de lo propio todo lo justifica. Al interior del sistema todo es acomodable.

Por eso, como todo en el interior funciona correctamente y nos encontramos a gusto en nuestro hogar disfrutando de lo nuestro (con sus problemas, con sus oscilaciones), el único conflicto posible solo puede provenir del exterior. El otro. De allí lo fundamental que resulta munirse de la mejor infraestructura para que cualquier atisbo de peligro pueda ser domeñado con toda la firmeza necesaria. Si la casa es el parámetro de lo propio y la amenaza proviene del afuera, hay un lugar que se vuelve clave para la seguridad a ultranza de nuestro espacio: la frontera.

Una casa es una estructura firme que básicamente no permite que desde el exterior nos invadan. Las fronteras pueden ser permeables o pueden ser firmes y alambradas. Sin embargo el espacio más problemático de toda morada sin dudas alguna es su puerta. Resulta necesario en pos de un cuidado excesivo de nuestra seguridad y la de nuestras pertenencias que la puerta sea segura, controlada, afirmada, impenetrable. Si el peligro viene desde afuera y el conflicto por ello siempre lo trae el otro, solo se trata de disponer de la puerta más efectiva; esto es, aquella que pueda cerrarse con absoluta solvencia, pero también aquella que me permita manipular mi relación con el exterior, o sea disponer con total soltura a quién le abro y a quién decido dejar afuera…

Un día cualquiera, vivimos encerrados en nuestro cotidiano, seguros con nosotros mismos, y con la convicción justificada de que no le debemos nada a nadie: no hay deuda con el otro ya que lo propio –entendemos– lo merecemos. Mientras comemos, o descansamos, o amamos, o lo que sea que estemos haciendo, golpean la puerta de la casa. "¿Quién es?", preguntamos. "El otro", nos responden del otro lado. "¿Qué quiere?", volvemos a preguntar. "Necesito", escuchamos como respuesta.

El otro es la figura de la debilidad. Todos somos otros. La debilidad nos atraviesa. Podremos ocupar roles, lugares, jerarquías; podremos invisibilizar nuestras carencias y erigirnos en amos soberanos de nosotros mismos y por ende del mundo, pero la hora final es la misma para todos. Y no solo el final de la vida sino los distintos finales de cada recorrido contingente, de cada historia que por suerte nunca cierra. Ser débil es que nunca cierre. Entregarse a la fragilidad no es abdicar sino resistir desde una discontinuidad. En el binario que nos constituye, la fortaleza es el polo positivo, mientras que la precariedad es juzgada como un mal. De nuevo; golpean la puerta de mi casa. ¿Qué hago? ¿Abro o no abro?

Podemos dejar pasar al otro o podemos cerrarle la puerta. Son siempre las dos alternativas posibles. No atender al otro, no escucharlo, dejarlo afuera con su necesidad es la forma más arraigada de un mundo que se ha consolidado a partir del encierro de uno en sus propias convicciones. Pero también abrir la puerta genera sus tensiones. Por un lado, debido al riesgo de que el otro se aproveche y me invada. Una puerta abierta puede trocar la debilidad en fuerza, que no es lo mismo que la fuerza, como dice San Pablo, se manifieste en la debilidad. Si abro la puerta y el otro se lleva todo lo mío, entonces mi gesto de apertura se me volvió en contra. Se me volvió en contra en la medida en que valore más la cantidad de cosas que hacen lo propio, por sobre la apertura como gesto ante el otro.

Por eso, es fundamental comprender que disponer de la puerta es ejercer siempre un poder. Abrir la puerta y dejar que el otro entre supone también cierto condicionamiento con el huésped en su recibimiento. Dejar entrar al otro, como sostiene Derrida, desencadena una nueva paradoja entre el ideal de una apertura incondicional y las formas concretas de hospitalidad que siempre suponen alguna restricción, alguna norma. Si yo abro la puerta es porque la casa es mía. Tiene que haber una casa de alguien para que la puerta se abra. O dicho de otro modo: en la medida en que haya casas de alguien, el gesto es de una puerta que se abre ante la solicitud del otro.

El problema de abrirle la puerta al otro es que el otro ingrese a un hogar ya constituido que moldea y exige cierta adecuación. El visitante tiene que adaptarse al lugar al que llega. Hay un esquema que no se modifica: hay un propietario y hay un visitante que irrumpe desde cierta carencia ("necesito", dice). En el momento en que la puerta se abre, lo que se discute es el modo en que se recibe al que llega. El lugar tiene reglas, pero el huésped no necesariamente las conoce o las comparte. De hecho, es un otro justamente por ello, esto es, por su extranjería. Dilema ético político: ¿debe el huésped adaptarse a las reglas del lugar, aunque ello implique incluso cierta pérdida de su subjetividad, o por el contrario, es su diferencia la que desencadena cierta transformación de las reglas mismas de la casa?

Se trata de discutir una vez más las paradojas de la cultura de la *tolerancia*. Tolerar al otro es siempre un ejercicio de cierto condicionamiento, donde el otro pierde algo de su otredad para ser aceptado. El que tolera ejerce un poder: dispone. Se erige en patrón de racionalidad y normalidad. Abre la puerta, pero no deja de remarcar este hecho como parte de un sacrificio que busca algún tipo de recompensa. Abre la puerta, pero exige que el otro se adecue a los parámetros de lo posible.

Tolerar, etimológicamente se asocia con el verbo *soportar*. Soportar al otro es ya predestinarlo a un lugar subsidiario donde su diferencia no genera en nosotros ninguna transformación. Mis fronteras no se ven en zozobra, sino que al contrario: la tolerancia ratifica la laxitud de un borde que en su elasticidad se justifica cada vez mejor a sí mismo. O dicho de otro modo, la tolerancia cristaliza al otro en un lugar negativo dejando en claro la asimetría entre el dueño de la casa y el extranjero. El otro solo es bienvenido en la medida en que se *desotre*: su ingreso al hogar debe adecuarse a lo que las reglas disponen, o sea, ordenan. El otro es aceptado en la casa en la medida en que deje cada vez más de ser un otro. El mundo de lo posible no sufre ninguna transformación radical: nada cambia en la casa.

De allí que, siguiendo a Derrida en su propuesta de llevar al extremo las aporías de los conceptos, ser tolerante con aquello que desde antemano acepto como posible no es a ciencia cierta verdadera tolerancia. La verdadera tolerancia, si la hay, supone un forzamiento que sobrepasaría los límites de lo para mí aceptable. Y así como el verdadero perdón sería perdonar lo imperdonable, la verdadera tolerancia sería tolerar lo intolerable. Solo se juega la verdad de la tolerancia en ese salto que dejaría atrás al mundo de lo posible. ¿Pero quién tolera lo intolerable, si justamente es intolerable porque marca el límite de lo posible? La verdadera tolerancia es imposible…

Por eso, frente a las aporías que plantea la tolerancia, tal vez se trate de pensar otra modalidad del encuentro con el otro que no implique la acción farmacológica de cuidar haciendo daño. Hay una ética de la *hospitalidad* que prioriza no tanto la acción de ir hacia el otro como de recibirlo. Ya *ir hacia el otro* supone un efecto de *desotramiento*, especialmente porque el dirigirse hacia el otro implica buscar algo del otro: hay siempre un interés en juego. Como mínimo el interés de preguntarnos qué hacemos con el otro. Pueden ser intereses benévolos o nocivos (en realidad no importa porque siempre justificamos nuestras acciones), pero nos encontramos en situación de pretender del otro una respuesta, una reacción, una consecuencia. Incluso aunque lo que pretenda darle al otro no sea otra cosa que amor: siempre que sea la proyección de un interés propio, al otro lo estoy *desotrando*.

Sin embargo, la hospitalidad es una experiencia desinteresada. Es una experiencia conflictiva ya que el huésped siempre nos trae un problema. Sobre todo, un problema central: la hospitalidad resulta más hospitalaria cuanto más hostil sea el huésped. Hay una afinidad etimológica entre hospitalidad y hostilidad (*hospes/hostis*), e incluso conceptualmente el acto de hospitalidad cobra más sentido cuanto más nos cueste el movimiento de apertura. Se trata no tanto de recibir a quien estamos esperando y confiando, sino de abrirle la puerta a quien *a priori* nunca se la abriríamos. En la misma forma de la aporía del perdón y de la tolerancia, la verdadera hospitalidad supone un acto revolucionario. ¿Cómo podemos abrirle la puerta a quien suponemos que nos va a arrasar? ¿Y si la hospitalidad tiene un límite, no es en el fondo entonces una experiencia de lo imposible?

El otro llega y toca la puerta: ¿le abro o no le abro? La ética de la hospitalidad es una ética del desierto. En el desierto no hay casas, sino tiendas. Y las tiendas no tienen puertas: están siempre abiertas. Otra forma del habitar, otra forma de relacionarnos con lo propio. Las tiendas permanecían un tiempo y luego se levantaban en busca de otro sitio: siempre en movimiento. El extranjero, el viajero, el forastero, el otro, llegaba de su largo viaje, débil y hambriento, entraba y comía. Siempre...

¿Quién es el otro?

El otro *no es*. Es otro porque *no es*. No encaja. No aplica. No tiene nombre. No *tiene*. Ni siquiera es alguien. Ni siquiera. El otro ni siquiera es. Es el *ni siquiera*...

No tiene nombre ni entidad ya que, si los tuviera, no sería el otro. Por eso cada vez que lo nombro ya no es el otro, sino lo que nosotros necesitamos que el otro sea. Nosotros hacemos que el otro sea el otro desde el momento en que lo *desotramos* para incorporarlo como parte de nuestra *mismidad*. La gran tragedia del otro es que su aceptación es también su exclusión. Cada vez que lo visualizamos y abrimos el espectro de lo tolerable, se despliegan sin embargo nuevas otredades. El otro es aquel que siempre queda afuera. Es el *afuera*. ¿Pero podremos relacionarnos con el otro o el otro es la figura de lo imposible?

Amar lo animal del otro, amar lo mamífero, amar lo carnal, amar ese *resto* inmanente que hace del otro un otro. Y después volver para que el encuentro ya esté atravesado por lo imposible...

No es solo amar la diferencia del otro, sino que la diferencia del otro nos abisme a nuevas formas del amor. El amor es el otro...

El otro es otro porque su captura es imposible. Mi deseo por el otro se termina cuando al otro lo devoro. En ese acto de apropiación, calmo por un tiempo mi deseo a expensas de la pérdida de lo irreductible del otro. Y es justamente ese nunca poder ser aprehendido lo que hace que el otro aún me atraiga. Nunca me atrae del otro lo que del otro es asimilable, sino lo que del otro es imposible. Amar al otro es una experiencia de nunca acabar...

Pero hay otra forma del amor que no es ni *eros* ni *philia*; o sea, otra forma del amor que no es deseo por lo que no se tiene, pero tampoco la alegría de compartir con los propios. Otra forma del amor que fundamentalmente no tiene que ver con la plenitud, ya que no supone ni el sentirse completo ni incompleto. Es que en estos dos casos el amor sigue constituyéndose en una conexión directa con un ideal de lo pleno, donde el acontecimiento amoroso, a partir de la formulación clásica de Platón, se define como el impulso por completarnos. Sea en un caso desde la carencia y sea en el otro caso desde el logro, el parámetro que rige es la ecuación según la cual los seres humanos oscilamos desde la falta hacia la plenitud. Si el ideal que persigue el amor es la sensación final del ser humano de completarse a sí mismo, el punto de partida supone la constatación de una necesidad original desde un estado de carencia: algo nos falta y el amor nos lo provee.

La idea de *agape* sin embargo rompe este esquema; en especial porque a la inversa, se parte del estado de plenitud y se piensa al amor no como una búsqueda sino como un acto de retirada. No salimos de la carencia, sino que vamos hacia ella. Retirarnos de nuestro posible influjo sobre el otro, pero sobre todo retirarnos de nosotros mismos...

Si el amor es el otro, solo hay prioridad del otro en la medida en que el que ama renuncie a cualquier interés propio en función del despliegue del otro, en función de su felicidad, incluso de su libertad. Si el amor es un acto de entrega por el otro, entonces hay algo nuestro que se pierde. Damos amor porque lo poseemos, pero al darlo, lo perdemos.

Se trata de cambiar el eje, de poner el acento en otro lado: no tanto preguntarnos qué ganamos cuando amamos, o sea qué nos brinda el amor mientras amamos, sino qué efectos genera en el otro. Pero sobre todo comprender que el acontecimiento amoroso solo tiene sentido en la única medida en que se prioriza de modo absoluto al otro. *Perder*, entonces, no es tanto una apreciación en función de lo que nos sucede a nosotros mismos, sino de un cambio de plano más radical: se trata de salir del binario entre la ganancia y la pérdida que supone la oposición entre el yo y el otro. Si el amor es el otro, nada de lo que viene constituyéndonos como sujetos se sostiene.

En el amor como *agape*, no se trata del deseo de sentirnos más plenos sino de la necesidad de sentirnos más vacíos. El amor está más cerca de un vaciamiento de lo propio que de una acumulación. Si estamos llenos de amor, entonces hay que darlo. Pero dar amor se vuelve de esa manera un acto de entrega que nos vacía, aunque paradójicamente es este mismo vaciamiento el que nos realiza. Ni siquiera podríamos decir de modo taxativo que nos regocija, ya que el amor adquiere afinidades más cercanas con otros temples como la perplejidad, cierta forma de la angustia, o la perturbación. Tampoco se trata de negar el placer o el bienestar, pero no en sus formas tradicionales. De nuevo, la prioridad es del otro, más allá de que el acontecimiento amoroso nos regocije o no: el efecto en nosotros es absolutamente contingente. La retirada es básicamente con respecto a uno mismo y por ello siempre nos provoca una zozobra.

La prevalencia del otro, en el amor como *agape*, supone muchas veces una retracción de uno mismo con lo que uno considera su propio ideal o su propio deseo. Por eso, la *pérdida* además no es una categoría objetiva, sino que se encuentra siempre en relación con aquello que uno supone que posee o que desea poseer y que sin embargo abandona. Es tanto el amor por el otro que nada de lo propio se mantiene. Todo se diluye amorosamente, a veces con gozo y a veces no, pero no se juzga nada desde estos parámetros: el efecto en el que ama es claramente secundario.

El despojamiento es tan radical que nos resulta imposible concebirlo, pero sobre todo nos resulta imposible resolver su aporía fundamental: si damos todo, no solo no queda nada, sino que ni siquiera quedamos nosotros mismos que somos los que damos; con lo cual parecería entonces que el amor tiene un límite. ¿O será que siempre estamos teniendo amor para dar? Y si así fuera, ¿no se vuelve entonces el amor al otro algo imposible de consumar? ¿O se trata de comprendernos un medio por donde el manantial amoroso continúa discurriendo?

La concepción de amor como *agape* comienza a utilizarse en la Grecia tardía y en especial en el Nuevo Testamento. Son los primeros cristianos los que necesitan otra noción del amor para sostener una teología donde Dios muere para redimir a los seres humanos. La muerte de Dios en la cruz, de su Hijo, esto es, de una parte de sí mismo, es también una forma de anonadamiento. La *kenosis* divina es enunciada por San Pablo en la Carta a los Filipenses como un acontecimiento de vaciamiento absoluto: "Él compartía la naturaleza divina, y no consideraba indebida la igualdad con Dios. Sin embargo se redujo a nada tomando la condición de siervo y se hizo semejante a los hombres. Y encontrándose en la condición humana se rebajó a sí mismo haciéndose obediente hasta la muerte y muerte de cruz" (Fil. 2, 6-9).

El amor de Dios es tal que se vacía a sí mismo, primero para ser humano y luego para morir en la cruz como el más bajo de los humanos. *Amar* aquí adquiere todo el significado de una desapropiación, de un despojo, de un rebajamiento; o sea, amar es dejar de ser uno mismo, en especial ese *sí mismo* pleno, poderoso, firme, sólido. "Se redujo a *nada*", dice el texto, esto es, *perdió* todo. Por amor al otro, uno se sale de sí mismo, renuncia al ejercicio de su propio poder, de su propia potencia. Dios se vuelve esclavo, dice también el texto, tal la mayor expresión de la falta de posesión propia. Rebajarse a sí mismo para encarnar en un ser humano cuyo destino es la fatalidad de la crucifixión.

Todos estos elementos se encuentran presentes en el *agape* como modelo de un amor humano que debe emular el amor divino. Sin embargo, la idea de amor como sacrificio, como una entrega desde la penuria y el dolor, monopolizan un significado que no necesariamente tiene que recaer en una versión flagelante del encuentro con el otro. Está claro, siguiendo esta línea, que el amor queda lejos de cualquier forma de lo superfluo, pero mucho menos tiene que asociarse con el lamento y el sufrimiento: retirarse para que el otro sea no nos condena a la pena eterna, sino a poder revolucionar de raíz las bases mismas del amor. No es renuncia como flagelo, sino renuncia al dispositivo procreador del *sí mismo* que permanentemente privilegia al yo por sobre el otro. Incluso, podríamos avizorar esta renuncia como un gesto emancipador del enclaustramiento de nuestro placer a sus formas instituidas: ¿y si el placer (como el poder) no *es*, sino que circula?

Del mismo modo, lejos está el amor como *agape* de la asimétrica demanda de servicio por el otro. Es más, se manipula tanto esta relación conceptual que resulta fundamental insistir en esta diferencia. El mandato del amor servicial tomó la forma en la cultura patriarcal de la supuesta vocación de la mujer al servicio de la especie. Se trata de una concepción de la entrega que se encuentra en las antípodas de todo *don*: no hay don si es por obligación normativa. No hay don si la exigencia servicial se halla en función de la reproducción de una sociedad desigual e injusta. Es clave desvincular la idea del amor como renuncia al lugar en el cual se endilgó a la mujer una afinidad natural para con el hogar y los hijos. La matriz heteronormativa hizo de la renuncia de la mujer a su deseo la esencia misma de su normativa asimétrica.

Por eso es fundamental deconstruir la idea de *renuncia* para emanciparla de su uso como justificación de la asimetría de género. Deconstruir en primer lugar la idea de renuncia como exigencia o deber: el amor como retirada nunca puede ser un mandato que se impone desde afuera. O más bien, nunca puede ser una obligación ni dogmática ni burocrática. No puede venir ni desde un afuera prefabricado ni desde un adentro artificial. En todo caso, es una decisión que no responde a una deliberación sistemática cerrada sobre sí misma. Es una decisión a lo Derrida, como un acto de locura: la tierra de nadie entre lo elegido y lo intuido.

Y en segundo lugar es necesario deconstruir las formas de autodisciplinamiento a partir de las cuales se naturaliza desde el sentido común la asociación esencial entre las obligaciones de la mujer como pilar del hogar y la abdicación de su deseo en función de la familia. Es muy evidente la necesidad de una deconstrucción de raíz de la idea de familia. Y justamente no para socavarla, sino para poder recuperarla despojada de sus asimilaciones absolutas. O dicho de otro modo: salir del binario. No reducir todo a naturaleza sí o naturaleza no, sino comprender que la relación entre naturaleza y cultura no es dicotómica ni excluyente.

Tal vez entonces, entre las preguntas pendientes tengamos que replantearnos incluso si el amor como *agape* no implica, desde la deconstrucción de una sociedad patriarcal y heteronormativa, una acción de retirada, en primer término, del varón como sujeto de privilegios. Si el amor es pérdida, perdemos todos, o sea, pierde *cualquiera*; aunque es claro que no todos nos encontramos ubicados en el mismo sitio de partida. Es fundamental insistir sobre todo en el desenmascaramiento del mito de la igualdad de condiciones. Los involucrados en el amor ya parten de lugares socialmente construidos atravesados por una asimetría naturalizada donde todo el esquema redunda en una práctica de acumulación donde el varón gana desde el inicio. El *falocentrismo* es antes que nada una estructura donde se encuentra normalizada la afinidad directa entre ser varón y poseer. El binario funcionando a pleno: unos poseen y otros carecen. Pero en un esquema de amor como retiro, es clave entonces dimensionar la asimetría: ¿no es por ello el varón el que primero tendría que promover la retirada? ¿No necesita el amor como *agape* en su camino hacia lo imposible un movimiento de retracción en primer lugar de aquellos que históricamente ocuparon un lugar de privilegio?

Es clave disociar la renuncia de la deserotización. O erotizar la renuncia. O en todo caso se nos vuelve patente una nueva aporía: ¿cómo poder erotizar un acontecimiento de entrega por el otro? ¿Por qué nos resulta tan difícil alegrarnos por la felicidad del otro, aunque ese estado no nos involucre? ¿Solo se disfruta lo propio? Si el amor es el otro y el otro puede vivir a pleno su libertad (inclusive sin nosotros), ¿por qué no sentirnos también nosotros realizados, aunque nada de ello nos convoque?

Es cierto que la prevalencia del otro supone un resquebrajamiento de uno mismo, pero nunca un descuartizamiento desde la pena más dolorosa. Un amor que se vuelve dolor en términos absolutos, ya deja de ser amor. El resquebrajamiento resulta estremecedor ya que los lugares seguros se van desarmando mientras nos adentramos en una sensación de cierta inestabilidad que nos inquieta. ¿Pero cómo vivimos ese estremecimiento? Nacimos demasiado seguros de nosotros mismos. Toda la cultura no hace otra cosa que alimentar esa idolatría propia. No es casual que unos renglones después de enunciar la *kenosis*, San Pablo llame a la salvación con "temor y temblor": ningún movimiento tan inesperado como el temblor para comprender los límites de nuestra autonomía.

Pero de nuevo la aporía. "Seguir procurando la salvación con temor y temblor", dice el texto; donde también podemos pensarlo no de modo secuencial sino simultáneo: ¿y si el temblor ya es la salvación? ¿Y si la redención se juega más en el terreno de un estremecimiento que, sacándonos de nosotros mismos, deja que el otro sea?

Retirarse para que el otro sea…

Uno va por allí, con su conjunto de intereses propios. Uno y su mismidad, impulsado por el deseo de acaparar un mundo para nuestro deleite, nuestro crecimiento, nuestra satisfacción. Una mismidad que no puede dislocarse, ya que todo lo que provoca es parte de lo mismo. Es lo mismo, la mismidad, como en una suerte de metástasis, ampliando sus contornos, apropiándose de todo lo que toca, convirtiendo todo lo otro en lo mismo.

Pero lo *otro* se resiste, opone resistencia: el otro es *otro* porque opone resistencia. ¿Acaso logra la resistencia detener el colonialismo de una mismidad que a todo lo homogeneiza con su solo contacto? ¿Cómo se plasma la resistencia del otro? Mientras que el otro no pueda disociarse de su lugar al interior de un sistema cerrado sobre sí mismo, entonces la resistencia termina siendo funcional al mismo dispositivo que busca confrontar. Toda expansión necesita de territorios libres para conquistar. Toda expansión necesita de una fuerza de choque. El poder avanza porque algo se le resiste; de lo contrario no tendría contra *qué* expandirse, no tendría contra *qué* avanzar.

Necesidad última de un poder que sin resistencia no tendría sentido. "Donde hay poder, hay resistencia", enuncia Foucault, en ese doble sentido de un resistir que intenta salirse de lo opresivo, pero que al mismo tiempo se sabe convertido en algo absolutamente funcional al expansionismo de un poder que solo avanza. El amor, como el comer, avanzan sobre el otro y lo devoran. Hacen del otro un insumo para su propia supervivencia, nutrición, beneficio y acaparamiento. ¿Cómo podría ese atisbo de resistencia configurarse en una instancia liberadora? ¿Cómo puede volverse el amor por el otro una manera de desconfiguración de lo dado? ¿Cómo resistir el poder sin devenir su insumo?

Tal vez frente a esta encrucijada, el único camino es ir en contra de uno mismo: un camino imposible. Una retracción, una retirada, una renuncia, pero sobre todo una interrupción de nuestra supuesta propensión a desplegar nuestra voluntad de poder y de querer; una voluntad que solo se materializa en el acaparamiento del otro. Ir en contra de uno mismo no es un ejercicio de aniquilación de lo propio. No hay un propósito concreto en destruir lo que somos.

Deconstruir no es destruir, y del mismo modo, retirarse no es un acto destructivo sino un desplazamiento del deseo. Se trata de poner en jaque nuestro propio querer: ¿hay un *querer* cuyo deseo nos exceda a nosotros mismos y se plasme como realización del otro? ¿Puedo ser feliz con la felicidad del otro, incluso si esa felicidad atenta contra lo que yo supongo que es el contenido mismo de mi felicidad? ¿Puedo amar al otro, aunque el otro no me ame?

Retirarse es también deconstruirse...

Un sujeto que se constituye a sí mismo a partir del principio del beneficio permanente moldea al otro a su interés y necesidad. Tanto cierto liberalismo clásico con la idea de que todo lo que hacemos se halla motivado por una ambición individual o deseo de lucro, como también el concepto nietzscheano de *voluntad de poder*, o de cualquier teoría que postule que el ser humano antes que nada intenta sobrevivir y que por ello la totalidad de sus acciones insisten en este propósito. Es cierto que no es lo mismo el instinto de supervivencia que la violenta anulación de cualquier otredad, pero hay una prioridad del *uno mismo* que se yergue siempre por sobre la debilidad del otro. Del mismo modo, tampoco es lo mismo sobrevivir o hacer cosas desde el beneficio personal que una deliberada planificación del usufructo del otro para nuestras necesidades, incluso las menos básicas; pero de nuevo, tal vez la pregunta nos inspire a poder pensar desde los confines: ¿por qué hacer algo que no redunde en un beneficio para uno?

Simone Weil da una respuesta contundente: por amor. La naturaleza del ser humano es expansiva, dice Weil: por eso el amor excede lo natural, trasciende lo humano. No se trata de algo trascendente en un sentido metafísico, sino de algo más bien *posthumano*. Más en el sentido con el cual Nietzsche delinea a su *superhombre*: un amor que deconstruya la supremacía del ser humano tradicional. Si el amor es retirada, claramente, el sujeto que ama no es un sujeto, sino un sujeto en deconstrucción: alguien que mientras ama desde el retiro va retirándose al mismo tiempo de todo aquello que también lo constituye como tal.

El amor como *agape* se despliega como una deconstrucción de un ser humano soberano y autotélico: un ser humano que dispone del otro, y solo piensa y actúa para sí mismo. Por eso, la deconstrucción siempre supone un desarme. Lo construido que el amor deconstruye en su retirada es un ser humano cuyo único objetivo es consolidarse a sí mismo. De allí que la retirada sea primero una acción de renuncia al deseo propio específico, pero que se vaya volviendo también un retiro de todos aquellos lugares que nos fueron constituyendo como especie. Como en una explosión en cadena: si puedo retirarme para que mi pareja sea, es probable que pueda también retirarme para que mis hijos sean; y es mucho más probable que pueda retirarme para que todo lo que me rodea sea. Un animal, un río, un árbol, el vacío. Lo otro llama a lo otro: la otredad revela cada vez más otredad…

Retirarnos para que el otro sea, puede ser el inicio de un recorrido impensable que nos va desviando de los dispositivos establecidos para el amor, y sobre todo nos va haciendo implosionar en el modo en que concebimos el amor por el otro. No tanto en lo que definimos como amor, sino en cómo definimos al otro.

Amar al otro desde el retiro es fugarnos de todas las expectativas sociales e industriales sobre el amor, pero también es ir desafectándonos de sus instituciones. Es amar al otro en lo que tiene de otro y no en los roles que asume para convertirse en alguien. Una otredad que recupera sonidos, texturas, animalidades, pieles, silencios, pero que nunca encaja. Un vínculo que desde el otro se desplaza al horizonte abierto e infinito de la otredad, donde el amor no aplica en alguien concreto, sino que su fluencia desprovista de entidad nos va conectando en un arrebato imposible.

Dice Simone Weil que si Dios es el todo, nada entonces puede ser creado. Nada puede añadirse al todo, salvo que el todo no sea el todo. Dios se basta a sí mismo. La creación del mundo solo puede ser un decrecimiento, una renuncia, una disminución, casi una mutilación. Si Dios es el todo y crea lo otro de sí mismo, esa otredad solo puede darse por retiro divino: hay mundo en la medida en que Dios renuncia a algo de sí. Y como Dios es el soberano bien, entonces solo puede crear el mal. Es más que obvio que nuestro mundo es un mundo carente.

¿Por qué crea Dios algo inferior a sí mismo? Por amor. Dios él solo es mucho más que Dios y el mundo juntos, ya que el mundo lo rebaja a Dios ontológicamente. ¿Pero entonces por qué lo hace? Por amor.

Dios renuncia a ser todo y por ello hay creación. Dios renuncia a sí mismo y por ello hay encarnación. Dios incluso renuncia a ser humano y por ello hay crucifixión. La renuncia de Dios a sí mismo es por lo otro de sí. Dios renuncia a ejercer al máximo su poder y su ser: gracias a su retracción hay mundo. El amor es esa renuncia...

Retirarse para que el otro sea porque la vocación es que el otro salga de su opresión y se libere. Desarmar la presión que ejercemos sobre él: el retiro es al mismo tiempo el final de una supremacía. Siempre ya estamos invadiendo al otro. No hay una situación original y ni siquiera hipotética donde todos estemos en igualdad de condiciones. Como sujetos del amor ya estamos ejerciendo fuerza sobre el otro, ya estamos siempre al interior de relaciones de poder.

El amor, para el sentido común, sigue siendo una disposición del sujeto que busca desplegar su *ser*, colmar su falta, realizarse. Siempre ya estamos avanzando sobre el otro y por eso la retracción se da sobre un trasfondo ya en conflicto. Mientras me doy cuenta de mi avanzada sobre el otro, me retraigo. El amor no es sobrenatural, pero tampoco es natural, sino todo lo contrario: es una interrupción, dice Simone Weil, de nuestra propia naturaleza apropiativa, del ejercicio al máximo de nuestro poder. Hay un elemento inesperado, mágico, loco, estremecedor, sobrerreal que interrumpe. Y en la confusión escapa. El amor es siempre un deseo de fuga...

Es tanto el amor que en mi retracción voy perdiendo todo lo que hasta ese momento poseía. Es más, me voy dando cuenta de que, aunque puedo apropiarme del otro, en un gesto amoroso no ejerzo esa fuerza. El amor es esa interrupción. Es un éxodo, primero desde el territorio del otro, y luego desde el territorio propio. Comte Sponville cita un texto de Adorno en su *Minima Moralia*: "Serás amado el día que puedas mostrar tu debilidad sin que el otro se sirva de ella para afirmar su fuerza". Exponerse, mostrarnos en nuestra debilidad, abrirnos, disolver las puertas, abrir las fronteras, y que no solo este gesto suponga un encuentro imposible con el otro, sino que distienda el encriptamiento de un mundo cerrado sobre sí mismo.

Tengo allí al otro a mi disposición, pero me detengo. Puedo disponer, incluso puedo justificar mi avance desde las coordenadas del sentido común imperante (es *mi* hijo, por ejemplo), y sin embargo freno. La debilidad del otro es manifiesta: es otro porque su debilidad está expuesta. Una parte de mí me insta a fagocitarlo, a utilizarlo, a subsumirlo, a contenerlo, a incorporarlo, a incluirlo. Es lo que siempre hemos hecho. Nuestro cuerpo lleva impregnada esa huella, esa inercia. Mi parte humana es efecto de tiempos memoriales que fueron configurando una subjetividad del acaparamiento, del beneficio, del aprovechamiento, de la salvaguarda. El amor como un encuentro con el otro donde el otro deja de ser el otro para volverse combustible de mi propio desempeño, de mi andar: combustible que se consume y desaparece.

Pero hay una parte no humana que no es sobrenatural sino *poshumana*, la deconstrucción de una humanidad abocada a volverse sujeto de la soberanía supremática. Hay un aspecto *posthumano* que se reconcilia con lo animal, con lo ancestral, con lo lúdico, que se detiene. El amor como *agape* rompe con lo humano, pero lejos está de una metafísica de lo absoluto donde lo humano se extasía a sí mismo proyectándose como divinidad infinita y perfecta (toda teología es una antropología, decía por allí Feuerbach). Rompe con lo humano y con su obviedad. Deconstruye lo obvio: nadie, en su sano juicio, si el otro se nos presentase entregado y expuesto en su debilidad, no avanzaría (incluso con el benéfico fin de protegerlo)…

Sin embargo, de lo que se trata es de desarmar todo un ensamblaje. En nombre de la protección y el cuidado del otro también al otro se lo devora. En nombre del amor por nuestros hijos, proyectamos en ellos nuestras frustraciones. En nombre del bien del otro, imponemos nuestra propia concepción del bien. En nombre del amor por una pareja ejercemos sobre ella las peores formas de arbitrariedad y posesión. Desarmar el ensamblaje es sobre todo deconstruir la idea de que el otro me pertenece: hijo, pareja, animal. El otro es otro porque no pertenece. Ni a mí, ni a nadie…

Retirarse para que el otro sea. El retiro tiene que ver con mi propia deconstrucción, ¿pero y el "*sea*" del otro? ¿Qué es ese *ser* que ante mi retiro resignifica al otro? ¿No incurre siempre el *ser* en diversas formas de cosificación? ¿Y no es justamente la otredad aquello que queda por fuera de lo cosificable?

Está claro que en primer lugar hay un desandar sobre las huellas marcadas. Una revolución es siempre frente a un estado de cosas. Una deconstrucción supone un diseño construido. El otro comienza una experiencia del ser que desborda todas las limitaciones de las que fue parte. La ruptura de las cadenas se siente primero en aquellos lugares del cuerpo donde las cadenas hacían presión: las estructuras dejan una fuerte marca que lentamente van perdiendo forma.

También es cierto que, como en la caverna platónica, el prisionero se aferra a las cadenas sueltas y necesita volver a sentirse contenido. Por lo menos al principio su reacción es de cierta búsqueda de lo estable, de lo conocido, en especial frente al vértigo que le da comprender que afuera de la caverna hay una realidad infinita. Pero el impulso parece indetenible. El otro va recuperando una libertad originaria que nunca se hubiera imaginado. ¿Cómo se despliega un *ser* que siempre estuvo maniatado bajo un marco opresivo que le brindaba todo su sentido? ¿Hacia dónde se despliega?

Para Heidegger el ser no *es*, sino que acaece. Acontece. Escapa a su emparentamiento con todo ente, a su delimitación desde la metafísica de la presencia, esto es, a su ser posible como instancia fundante. El ser se presenta yéndose. Es una ráfaga, un destello, un desquiciamiento, lo inaprensible, lo evanescente. Por eso, "que el otro sea" tal vez sea la mejor manera de asociar al *otro* con su desmarque incesante. La otredad es ese destello. Si para la tradición el ser es fundante de todo lo posible, tal vez se trate de pensar al otro como lo imposible. Salirse por fuera de toda cosificación; esto es, de toda expectativa ontológica. El amor como *agape* no solo transforma al que ama: transforma y libera sobre todo al que es amado.

¿Pero cómo me relaciono con el otro? De nuevo la aporía: ¿y si el ser del otro no me convoca? ¿Puedo amar al otro, aunque su otredad se juegue por fuera de mi interés? ¿Puedo amar al otro sin recibir nada de su parte? O dicho de otro modo: ¿no supone la otredad del otro cierto desencaje en el intercambio? "Me retiro para que el otro sea" significa sobre todo que el ser del otro me desborda. ¿Pero hasta dónde puedo emprender mi propio destierro? ¿Y si mi retiro es tan a fondo que implica mi propia desarticulación? ¿Puedo amar tanto que desaparezca directamente entonces como sujeto del amor? Pero si así fuera, ¿quién amaría? ¿No hay una aporía de lo imposible en amar al otro en tanto otro?

Hay en el amor una distancia extraña donde la opción de hacerse del otro está allí, al alcance de la mano. Pero la mano en vez a aprisionar al otro, lo acaricia. La caricia es un movimiento de acompañamiento de la diferencia. Acariciar al otro es recorrer su cuerpo, sus contornos, su ser, sin ninguna intención de apoderamiento ni de conquista. Es un tipo de poder que no imprime una fuerza invasiva, sino que mantiene esta distancia extraña donde el tocar a la vez da placer, pero también lo recibe. Una frontera donde todo permea y todo lo contamina. Una frontera que insiste en el encuentro y distiende toda separación, pero que por eso mismo también rechaza cualquier fusión. En la caricia, se honra al otro. Nuestras manos lo recorren y lo resguardan, pero sobre todo lo sacralizan. Se acaricia lo que el otro tiene de otro...

Emanuel Levinas propone una fenomenología de las caricias como un modo de encuentro con el otro. La caricia es la representación del encuentro imposible: es un encuentro que al juntarnos nos mantiene sin embargo siempre disonantes. Para que haya caricia tiene que haber entrega, pero sobre todo un riesgo permanente: el que acaricia podría ejercer mayor fuerza y sin embargo no lo hace. Prefiere el recorrido del otro en su otredad, su celebración. Celebrar la otredad del otro en la caricia, reconocer con las manos esa tierra de nadie del placer mutuo. Hay una retracción en la caricia que no es un abandono, sino un no ir a fondo con la propia fuerza. Algunos lo llaman ternura...

Tal vez todo el cuidado se reduzca a esto: ni abandono ni fusión. Ni negación ni apropiación. Ya nacimos en un dispositivo amoroso del que necesitamos salirnos. Por eso el amor es una experiencia de retirada: necesitamos desidentificarnos con la idea instalada de que en el amor el otro nos pertenece; sea una pareja, un perro o un hijo. Reivindicar lo imposible del amor es profanar sus templos institucionales que nos exigen una devoción por nosotros mismos. El amor es siempre del otro, pero el otro es imposible. Por suerte es imposible. Nada como un amor imposible para que el otro siga siendo el otro…

Amar al otro es salirse de uno mismo. De lo que hicieron con nosotros, pero también de lo que somos en términos ontológicos. De nuestra propia biografía, pero también de la metafísica de un sujeto cerrado sobre sí mismo. Amar al otro es el inicio de una radicalización que por un lado nos va arrojando a la extrañeza, al mismo tiempo que nos vamos desensimismando de nosotros mismos. Lo abierto llama a lo abierto. La irrupción del otro es el advenimiento de toda otredad. Es un recorrido donde nos vamos encontrando con cada vez más asomo de la diferencia: la otredad personal de alguien es el camino para ir remontando toda alteridad en busca de lo originario.

Poder avizorar que hay una otredad más allá de lo que uno proyecta en la otra persona no solo nos encuentra con los aspectos encubiertos del otro, sino con planos del ser históricamente desterrados del amor: un cuerpo, la animalidad, lo salvaje. Lo indisponible, lo soterrado, lo descartado. Amar en un vínculo lo que el otro tiene de otro nos convoca entonces a amar lo que *todo* tiene de otro. Lo que *cualquiera* tiene de otro y lo que *cualquier cosa* tiene de otro. Nos enamoramos cada vez más de aquello que siempre nos fue evadido, de aquello que siempre se nos inhibió de la mirada, de aquello que fue puesto en el lugar de lo inenamorable, de lo inerotizable.

Lo humano se fue convirtiendo en una barrera, por no decir en una rémora, en una cripta, en una prisión, en un átomo. ¿Cuánto de humano permanece en lo humano? El amor se fue volviendo un encuentro entre sustancias que se veían afectadas entre sí en mayor o menor medida. Sustancias que pactan a partir de un ilusorio contrato entre iguales. El amor entre seres humanos que solo ponen en juego en el vínculo aquello que los constituye como humanos, desterrando de sí todo lo otro que la maquina antropológica desecha. La máquina antropológica produce lo humano a través de la negación de todos los otros aspectos que también nos atraviesan, pero cuya presencia haría colapsar el buen funcionamiento del producto humano. Un producto que entreteje relaciones con otros productos a partir de criterios de beneficio, efectividad, utilidad, productividad, y que descarta todo aquello que frenaría la marcha eficaz de los circuitos de la existencia. Y el amor es la energía que mantiene al dispositivo en buen funcionamiento. Cualquier distracción del sistema lo haría implosionar. No está permitido amar por fuera de los circuitos. El amor con el otro es puesto en el lugar de la anomalía, de una abyección que es preciso extirpar de raíz.

Si el amor es el otro, todo es erótico. Si el amor no es el otro, lo erótico se circunscribe a sus instituciones disciplinarias. Si el amor es el otro, la maquinaria se traba, en especial porque comenzaríamos a erotizar lo inerotizable: un cable, una chispa, un plástico derretido. El encuentro afectivo trasciende lo humano, hasta trasciende lo vivo. Y así la maquinaria dejaría de funcionar no por un desarreglo sino por distracción. Un amor distraído que circula por el anverso del dispositivo: que se enamora de materiales, colores, olores, de lo impropio, de lo impersonal, del otro. El otro distrae y así todo deja de funcionar. Si el amor es el otro, todo implosionaría catastróficamente.

Apostar al encuentro con el otro es apostar a la catástrofe y por ello es apostar a lo imposible. Lo imposible no está en el futuro ni se encuentra en algún otro lugar, sino que es solo un recalibramiento del modo en que nos relacionamos con las cosas. Desplazarnos unos grados de la realidad y que la espectrología nos asalte. La catástrofe es que todo deje de funcionar y que en ese acontecimiento todo se vuelva de una afinidad más íntima. La intimidad de las cosas: tal vez otro de los nombres del amor…

Lo imposible no se manifiesta como ausencia, pero tampoco como presencia, sino que se trata de una *sobrepresencia*, una lejanía demasiado cercana, la rememoración permanente de que todo así no cierra y que por ello siempre podemos continuar en movimiento. Lo imposible es esa sensación impotente del agua escurriéndose entre los dedos, pero agua bien presente en su inaprensibilidad. Pero también lo imposible es la puerta abierta –como decía Benjamin– por la que en cualquier instante puede ingresar el Mesías. Lo imposible es *ya*, pero un ya en demasía que rompe también nuestra experiencia del tiempo.

El amor es imposible. Lo imposible es la aporía viva entre dos cuerpos que se encuentran y mientras arden intensamente buscan no dejarse encorsetar por la multitud de categorías que rápidamente salen al encuentro para apropiarse de su amor. Hay encuentro porque las categorías resbalan: hay encuentro porque hay desencuentro. Mientras nos amamos, nos sabemos parte del *mientras*.

Lo imposible es asumir la paradoja de una finitud donde el amor no es una plataforma hacia la inmortalidad, pero mucho menos una farmacología de la seguridad. Nada más riesgoso que el amor porque pone a todo el mundo en riesgo. Amar siempre es demasiado. Lo imposible es amar en demasía una existencia que por efímera tiende a presentarse superflua. Por eso, el dispositivo necesita de cuerpos disciplinados en la ejecución adecuada de sus roles. No puede ser que al final de cuentas todo se reduzca a venir a la existencia con el objetivo de ser un insumo para la maquinaria. Nada más banal que creer ciegamente en uno mismo.

Amar es que todo explote. Se derrita. Se marchite. Se disuelva. Todo diluyéndose aquí al lado, aunque todo parezca que continúa igual. El amor nos desanuda, nos despega, nos volatiliza, nos emancipa, nos precariza, nos libera. Nos escinde de la pertinencia de lo real. Nos vuelve impertinentes. Y así nos vamos convirtiendo en fantasmas, en cosas, en huellas, en fragmentos, en fuerzas efímeras, en fuego. Nos vamos reconciliando con lo que somos de *otros*. Amar al otro es salirse de uno mismo para seguir siendo otros. Otros que aman a otros. Amar al otro es imposible. Es lo imposible. Si el amor es el otro entonces el amor es imposible.

Y sin ninguna duda, si hay una única cuestión que nos importa, nos erotiza, nos calienta, nos atrae y nos desespera, es el destello de lo imposible…

Las ideas de este libro se fueron elaborando a partir de años de lecturas, presentaciones, escritos, diálogos, programas de televisión, programas de radio, y obviamente mis experiencias personales concretas (y todas las sesiones de terapia). La problemática del amor la fui presentando en diferentes clases de la Facultad Libre de Rosario a partir del año 2016. En los dos volúmenes del libro *Filosofía a martillazos* hay una transcripción y edición de dos de estas clases bajo el título de "El amor" y "El postamor". También en *Filosofía en once frases*, en el capítulo dedicado a la frase "Ama y haz lo que quieras", de San Agustín, se van exponiendo algunas de las problemáticas presentes en este libro.

Son clave también los distintos cursos sobre el amor que fui dando en la Ciudad Cultural Konex durante la pandemia, entre los años 2020 y 2022, bajo el formato *streaming*, con trece clases sobre la temática. El núcleo de *El amor es imposible* se ordenó allí, en especial en uno de los cursos donde una de las clases llevaba como título: "10 tesis sobre la imposibilidad del amor".

Del mismo modo, muchas otras cuestiones centrales de este libro fueron anticipadas en algunos de los espectáculos que, desde 2012, vengo presentando con la filosofía como divulgación en los escenarios, pero sobre todo en sus mixturas con otras disciplinas. Por ejemplo, el show "Desencajados" junto a Lucrecia Pinto en el cruce entre filosofía y música; el diálogo con Luciana Peker en los diferentes formatos de "Deconstruir el amor" con un ida y vuelta entre el feminismo y la filosofía; una de las temporadas de "Preguntas de la historia y la filosofía" junto a Felipe Pigna con una conversación entre la historia y el pensamiento filosófico; y en "Comer, pensar, amar" junto a Soledad Barruti donde intentamos pensar al amor desde y más allá de lo humano.

También en algunas propuestas audiovisuales ya están presentes varias nociones que atraviesan este libro. En tres temporadas de la serie *Mentira la verdad* producida por Mulata Films para Canal Encuentro hay programas sobre el amor, donde la filosofía intenta encontrarse con diferentes géneros artísticos, como la ficción y la danza.

Pero fundamentalmente, un texto es un ejercicio infinito de reescritura y de relectura. Sobre todo de relectura. Son muchos los libros con los que este escrito dialoga, a veces directamente a través de citas expresas, y otras veces de manera indirecta, desde sus influencias o acompañamientos. Este listado que transcribo a continuación no es completo ni justo, pero intento, sobre todo, agradecer las inspiraciones:

Agamben, Giorgio; *Cuando la casa se quema.*

Agamben, Giorgio; *El tiempo que resta.*

Agamben, Giorgio; *Infancia e historia.*

Agamben, Giorgio; *La comunidad que viene.*

Agamben, Giorgio; *La potencia del pensamiento.*

Agamben, Giorgio; *Lo abierto.*

Agamben, Giorgio; *Profanaciones.*

Badiou, Alain y Truong, Nicolás; *Elogio del amor.*

Baudelaire, Charles; *Poemas en prosa.*

Benjamin, Walter; *Tesis de filosofía de la historia.*

Biblia (Antiguo y Nuevo Testamento).

Bompiani, Ginevra; *La otra mitad de Dios.*

Butler, Judith; *El género en disputa.*

Caputo, John D.; *La deconstrucción en una cáscara de nuez.*

Caputo, John D.; *La debilidad de Dios.*

Comte Sponville; *Ni el sexo ni la muerte.*

Cortázar, Julio; *Deshoras.*

Cragnolini, Mónica; *Extraños animales.*

Danowski, Deborah y Viveiros de Castro, Eduardo; ¿Hay mundo por venir?

Derrida, Jacques; *Dar (la) muerte.*

Derrida, Jacques; *Dar (el) tiempo.*

Derrida, Jacques; *De la gramatología.*

Derrida, Jacques; *Fuerza de ley.*

Derrida, Jacques; *El monolingüismo del otro.*

Derrida, Jacques; *Historia de la mentira.*

Derrida, Jacques; *Memorias para Paul De Man.*

Derrida, Jacques; *Políticas de la amistad.*

Derrida, Jacques; *Psyché.*

Dufourmantelle, Anne; *Elogio del riesgo.*

Dufourmantelle, Anne; *En caso de amor.*

Epicuro; *Cartas a Meneceo.*

Espósito, Roberto; *Communitas.*

Espósito, Roberto; *Immunitas.*

Espósito, Roberto; *Las personas y las cosas.*

Espósito, Roberto; *Tercera persona.*

Foucault, Michel; *Historia de la sexualidad Vol. 1: La voluntad de saber.*

Foucault, Michel; *Historia de la sexualidad Vol. 2: El uso de los placeres.*

Foucault, Michel; *Historia de la sexualidad Vol. 3: La inquietud de sí.*

Foucault, Michel; *Las palabras y las cosas.*

Garrido Maturano, Ángel; *Los tiempos del tiempo.*

Garrido Maturano, Ángel; *Sobre el abismo.*

Heidegger, Martin; *Introducción a la fenomenología de la religión.*

Heidegger, Martin; *Los conceptos fundamentales de la metafísica.*

Heidegger, Martin; *Ser y tiempo.*

Hesíodo; *Teogonía.*

Kohan, Alexandra; *Y sin embargo, el amor.*

Nietzsche, Friedrich; *Así habló Zaratustra.*

Nietzsche, Friedrich; *Ecce homo.*

Nietzsche, Friedrich; *El crepúsculo de los ídolos.*

Nietzsche, Friedrich; *Humano, demasiado humano; I y II.*

Nietzsche, Friedrich; *La gaya ciencia.*

Nietzsche, Friedrich; *Más allá del bien y del mal.*

Lacan, Jacques; *Seminario 8: La transferencia.*

Levinas, Emmanuel; *Cuatro lecturas talmúdicas.*

Levinas, Emmanuel; *Totalidad e infinito.*

Lowy, Michel; *Walter Benjamin: Aviso de incendio.*

Lucrecio; *De la naturaleza de las cosas.*

Lutereau, Luciano; *Adiós al matrimonio.*

Platón; *Crátilo.*

Platón; *El banquete.*

Platón; *La república.*

Preciado, Paul; *El manifiesto contrasexual.*

Preciado, Paul; *Testo yonqui.*

Preciado, Paul; *Un apartamento en Urano.*

Rorty, Richard; *Contingencia, ironía y solidaridad.*

Rorty, Richard; *Escritos filosóficos.*

Rorty, Richard; *La filosofía y el espejo de la naturaleza.*

Vasallo, Brigitte; *El desafío poliamoroso.*

Vignale, Silvana; *Filosofía profana.*

Weil, Simone; *La gravedad y la gracia.*

Wittgenstein, Ludwig; *Tractatus lógico philosophicus.*

Quiero agradecer a la Editorial Planeta y especialmente a mi editor Mariano Valerio.

A mis hijos María, León y Teo con quienes nos adentramos en estos últimos años en otra forma del amor. El agradecimiento eterno por seguir eligiéndome como padre.

A Sole Barruti, con quien mantuve un diálogo constante en relación a cada nuevo parágrafo escrito: un diálogo que significa sobre todo el acompañamiento frente a cada nuevo fastidio, subidón, escepticismo, agonía, resurrección. Sole encontró el título, además de una serie de cuestiones de edición claves para que el libro sea lo que es. Pero sobre todo, con Sole compartimos epicúreamente la vocación de intentar no dejarnos llevar por el dispositivo: sobrevivientes que intentan crear el amor en cada nuevo acontecimiento.

A mis padres, Enrique y Felisa. Ambos murieron mientras escribía este libro. Me dieron mucho. Les di muy poco. Algo de este libro tal vez sirva de consuelo.